高等

Quantitative Methods for International Finance

国际金融数量分析技术

邱越 谢天 ◎ 编著

图书在版编目(CIP)数据

国际金融数量分析技术 / 邱越，谢天编著. -- 上海：上海财经大学出版社，2025.8. -- (高等院校经济管理类课程教材). -- ISBN 978-7-5642-4659-4
Ⅰ. F831
中国国家版本馆 CIP 数据核字第 2025VK6107 号

本教材由上海对外经贸大学资助出版

□ 责任编辑　王　芳
□ 封面设计　贺加贝

国际金融数量分析技术

邱　越　谢　天　编著

上海财经大学出版社出版发行
（上海市中山北一路 369 号　邮编 200083）
网　　址：http://www.sufep.com
电子邮箱：webmaster@sufep.com
全国新华书店经销
上海市崇明县裕安印刷厂印刷装订
2025 年 8 月第 1 版　2025 年 8 月第 1 次印刷

787mm×1092mm　1/16　17.5 印张　426 千字
定价：65.00 元

前　言

国际金融学,作为经济、金融和商科领域中的一个重要分支,专注于研究货币、资金和资本在不同国家和地区间的流动与运作。这一学科不仅深入探究了经济周期、政治变迁和文化差异等因素对金融活动的影响,还详细分析了全球化背景下的金融联系。在这样的背景下,国际金融学的量化分析变得极其重要,而这也是本教材专注探讨和传授的核心内容。

《国际金融数量分析技术》旨在满足广大学生和自学者对于国际金融学量化方法的需求,尤其是那些渴望深入了解国际金融领域并希望应用先进技术解决现实问题的人士。我们致力于将最前沿的学术文献和最实用的方法融入本教材,帮助读者更深入地理解并运用国际金融学的核心理念。

本书的编撰遵循了三个主要原则:细致的内容编排、紧贴实际的案例分析以及实用的程序指导。首先,考虑到国际金融学内容的广泛性和部分章节的独立性,我们在编排上力求章节独立完整,使读者能够根据个人兴趣和需求选择性阅读,而不受先前章节概念或术语的限制。其次,本书以实证分析为基础,结合大量的实际案例和真实数据,旨在将理论与实践紧密结合,使读者能够更加容易地理解和应用所学知识。最后,为了进一步助力读者将理论应用于实践,我们提供了详尽的MATLAB程序示例。这些程序特别适合初入学术研究领域的研究生使用,他们可以通过这些程序进行模仿、复制,甚至进一步的改进和创新。

综上所述,本教材不仅是高等院校经济、金融、商科类专业"国际金融"相关量化方法课程的理想教材,也是自学者的宝贵参考资源,兼具理论深度与实践应用价值。

编　者
2025 年 7 月

目 录

第一章　导论 ··· 1
　1.1　本书的研究对象 ·· 1
　1.2　研究方法 ·· 2
　1.3　章节设计 ·· 2
　1.4　内容概览 ·· 3
　1.5　本章结语 ·· 7

第二章　国际风险传导与高维数据分析 ·· 8
　2.1　引言 ··· 8
　2.2　文献回顾 ·· 11
　2.3　实证模型 ·· 13
　2.4　数据描述 ·· 19
　2.5　实证结果 ·· 25
　2.6　稳健性分析 ··· 43
　2.7　本章结论 ·· 48
　参考文献 ··· 48

第三章　数字货币与机器学习算法 ·· 54
　3.1　引言 ··· 54
　3.2　比特币简介 ··· 57
　3.3　比特币数据与波动率预测模型——HAR ·· 58
　3.4　机器学习算法在波动率预测中的应用 ··· 61
　3.5　社交媒体数据 ·· 64
　3.6　实证结果 ·· 66
　3.7　稳健性检验 ··· 77
　3.8　本章结论 ·· 91

参考文献 ·· 92
　　本章附录　H－MIDAS 数据重采样技术 ··· 94

第四章　传统字符分析与国际直接投资预测 ······································· 97
　　4.1　引言 ·· 97
　　4.2　FOMC 会议数据与文本清洗 ·· 100
　　4.3　词嵌入与单词图 ·· 103
　　4.4　情感分析 ·· 107
　　4.5　实证分析 ·· 114
　　4.6　国别分析 ·· 121
　　4.7　本章结论 ·· 125
　　参考文献 ·· 126
　　本章附录 ·· 128

第五章　自然语言识别与国际资本流动分析 ···································· 133
　　5.1　引言 ·· 133
　　5.2　美国资本流动数据 ·· 136
　　5.3　量化 FOMC 文本数据 ·· 139
　　5.4　数据描述 ·· 142
　　5.5　实证检验 ·· 145
　　5.6　2008 年金融危机前后对比 ·· 149
　　5.7　对投资偏好的解释 ·· 151
　　5.8　结论 ·· 153
　　参考文献 ·· 154
　　附录 A　随机森林与文本指标构建 ·· 156
　　附录 B　补充的实证检验 ·· 158

第六章　中文政策文本分析与国际资本流动 ···································· 164
　　6.1　引言 ·· 164
　　6.2　数据来源与处理 ·· 166
　　6.3　实证设计与检验 ·· 175
　　6.4　进一步检验 ·· 181
　　6.5　结论 ·· 192
　　参考文献 ·· 193

附录　MATLAB 介绍与应用 …………………………………………………… 196
　　A. MATLAB 简介 ………………………………………………………… 196
　　B. 样条与平滑 …………………………………………………………… 214
　　C. 分类树与回归树 ……………………………………………………… 226
　　D. Bootstrap 与 Bagging Tree …………………………………………… 236
　　E. 随机森林与提升树 …………………………………………………… 248
　　F. 支持向量机与混合树 ………………………………………………… 262
参考文献 ……………………………………………………………………… 270

第一章

导　论

国际金融学是一门研究货币、资金和资本跨国流动的学科，涉及经济、政治、文化等多个层面。它对全球经济的繁荣与衰退、金融市场的波动以及国际政治关系的紧张与缓和具有深远影响。为了全面理解这一领域的复杂性，本书采用了最前沿的量化工具，如机器学习方法、结构动态因子模型、脉冲响应分析以及自然语言处理等，以更准确地分析国际金融现象，深入探讨其内在规律和运行机制。此外，本书的章节设计旨在满足不同读者的需求。各章节自成体系，读者可以根据自己的兴趣和需求选择阅读。同时，本书注重理论与实践的结合，通过实证分析使理论更具可操作性。此外，本书还提供了详细的程序代码，以帮助读者更好地理解和应用所学知识。总之，本书旨在为高等院校的经济、金融和商科专业学生提供关于国际金融量化方法的全面教育，也为自学者提供宝贵的参考资源。通过深入的理论探讨、实证分析和实际应用，希望读者能够更好地理解和应对国际金融领域的挑战，为未来的研究和职业生涯做好准备。在接下来的章节中，我们将深入探讨国际金融领域的各个方面，包括国际风险传导、汇率预测、数字货币等重要主题。

1.1　本书的研究对象

国际金融学，作为一门深入研究跨越国界的金融运作的学科，其研究对象极为广泛和复杂。它不仅关注货币、资金和资本的流动，更进一步深入探索这些流动背后的驱动因素和经济、政治、文化等多层面的联系。

首先，货币的流动是国际金融学的重要研究对象。这包括货币的跨境交易、汇率的变动、货币价值的决定因素以及货币政策在不同国家间的传递和影响。例如，研究货币的跨境交易可以帮助我们理解贸易不平衡的原因，以及货币投机的潜在影响。而汇率的变动则与国际贸易、投资和资本流动有着密切的联系。

其次，资金的跨国流动也是国际金融学的研究重点。这包括国际投资、证券交易、跨国公司的资金运作等。资金流动受到多种因素的影响，如经济周期、政策变化、市场情绪等。例如，在经济繁荣时期，资金往往会流向回报率较高的领域；在经济衰退时期，资金则会趋向于安全资产。

此外，资本的国际流动也是国际金融学的研究对象。这包括国际借贷、资本外流、资本市场的开放和一体化等。资本的国际流动不仅影响国家的经济增长和发展，还对全球金融稳定产生深远的影响。例如，研究资本外流可以帮助我们理解金融危机的形成机制和传播途径。除了货币、资金和资本的流动，国际金融学还关注这些流动如何受到经济、政治、文化等各种因素的影响。例如,政治局势的变化可能影响汇率的走势,经济政策的调整可能引发资金的跨国流动,而文化差异则可能影响跨国公司的经营策略和投资决策。

国际金融学的研究对象广泛而复杂,它不仅关注货币、资金和资本的流动,更进一步探索这些流动背后的驱动因素和经济、政治、文化等多层面的联系。通过对这些问题的深入研究,我们可以更好地理解国际金融市场的运作机制和规律,为政策制定者和市场参与者提供有益的参考和指导。

1.2 研究方法

为了更好地理解国际金融的复杂性,本书采用了多种研究方法和工具。首先,我们依赖于量化分析。这意味着我们将采用数学和统计方法来解决问题,并利用实证数据来验证我们的假设。这种方法的优势在于其客观性和精确性,可以有效地揭示国际金融现象背后的规律和趋势。

其次,本书涵盖了多种先进的量化工具。其中包括机器学习,这一强大工具可以自动从大量数据中提取有用的信息和模式。结构动态因子模型则用于分析多变量之间的动态关系,以及这些关系如何随时间变化。脉冲响应分析则能够捕捉到金融市场中的即时反应和长期影响,对于理解市场动态至关重要。而自然语言处理,使得我们可以对大量的文本数据进行深入分析,进而提取与国际金融相关的关键信息和观点。

最后,本书强调了实践导向。我们通过真实数据和实际案例,使读者能够将理论应用到实际问题中。这样的方法使得学术研究与现实世界紧密相连,有助于读者更好地理解和应对国际金融领域的挑战。

本书通过综合运用量化分析、先进工具和实践导向的方法,旨在为读者提供全面深入的国际金融学学术视角。我们希望这些方法和工具能够帮助读者更好地理解和应对国际金融领域的挑战,为未来的研究和职业生涯做好准备。

1.3 章节设计

为了更好地满足读者的需求,本书的章节安排经过精心设计,具有以下主要特点:

(1) 优化编排。为了帮助读者更好地理解和掌握国际金融学的核心内容,我们精心设计了各章节的编排,力求为读者提供一个清晰、完整的学习路径。各章节既相互独立,又相互联系,形成了一个有机整体。这样的设计使得读者可以根据自己的兴趣和需求选择阅读相关章节,同时也能够全面了解国际金融学的各个方面。

(2) 贴合现实。为了使读者更好地理解和应用国际金融学的理论知识,本书注重与现实世界的联系。我们通过引用大量真实案例和数据来支撑和验证理论观点,帮助读者深入理解国际金融市场的运作机制和规律。此外,我们还提供了实际应用的指南和工具,使读者能够将理论知识转化为解决实际问题的能力。

(3) 提供程序。为了满足读者对实践操作的需求,本书提供了详细的程序代码。这些代码是用MATLAB语言编写的,旨在帮助读者更好地理解和应用国际金融学的理论知识。通过这些程序,读者可以模拟和测试各种国际金融市场的情景和策略,提高自己的实践能力和研究水平。此外,这些程序还可以作为研究工具,为读者进一步探索国际金融领域提供支持。

通过以上精心设计的章节安排,本书旨在为读者提供一个全面、深入的国际金融学学习资源。无论是初学者还是专业人士,都能够从本书中获得有益的知识和指导。我们希望通过本书的帮助,读者能够更好地理解和应对国际金融领域的挑战,为未来的研究和职业生涯做好准备。

1.4 内容概览

在第二章中,我们专注于研究商品价格冲击对小型商品出口经济体银行风险的影响,并深入探讨了国际风险传导与相关高维数据的关联。在全球化日益加强的背景下,商品价格的波动对各国经济的稳定性产生了显著的影响。对于依赖商品出口的国家而言,这种波动无疑构成了对其经济稳定性的重大挑战。近年来,由于金属和原油等商品价格的波动,许多小型商品出口经济体遭受了商品价格冲击。这种冲击不仅对宏观经济产生了影响,还对金融机构的稳定性提出了严峻的考验。我们的目标是深入研究商品价格冲击对小型商品出口经济体银行风险的具体影响,为政策制定者和监管机构提供有价值的见解和建议。

在过往的研究中,学者们主要关注货币政策冲击对银行风险的影响,而忽略了商品价格冲击的作用。然而,商品价格的波动对小型商品出口经济体具有显著的影响。这些国家往往经济结构较为单一,高度依赖少数几种商品出口。因此,当这些商品的价格发生大幅波动时,会对国家的经济产生深远的影响。为了更准确地研究商品价格冲击对小型商品出口经济体银行风险的影响,本章采用了结构动态因子模型(Structural Dynamic Factor Model,SDFM)。这一模型在加拿大银行层面的数据基础上进行了拓展,不仅考虑了国内经济和银行业的动态交互项,还纳入了已确定的商品价格冲击的影响。通过这一模型,我们能够更准确地量化商品价格冲击对银行风险的影响。

研究结果显示,商品价格冲击对小型商品出口经济体的银行风险具有显著影响。当商品价格受到冲击时,银行的贷款行为和不良贷款份额都会发生变化。具体来说,由蓬勃发展的外国经济体驱动的商品价格冲击对加拿大等小型商品出口经济体的银行贷款和不良贷款份额产生显著的有利影响。在这一情境下,商品价格冲击明显增加了加拿大六大银行的非利息收入占比,但降低了其他银行的这一比率,使银行之间的非利息收入分布范围更广。这可能是因为大型银行在面对商品价格冲击时,能够更好地调整自身的信贷策略和风险控制,从而更好地应对冲击带来的风险。这一研究对于小型商品出口经济体的政策制定者和监管机构具有重要的指导意义。了解商品价格冲击对银行风险的影响有助于政策制定者制定更加有效的宏观经济政策,以维护金融系统的稳定。此外,银行业通过了解自身在面对商品价格冲击时的反应和策略调整,能够更好地管理风险和提高经营效率。

未来研究可以在多个方向上进行拓展。首先,可以进一步研究不同类型的商品价格冲击对银行风险的影响,以更全面地了解各种冲击的独特特征和影响机制。其次,可以深入探讨银行业在面对商品价格冲击时的具体应对策略和调整机制,为政策制定者和监管机构提供更具操作性的管理建议。最后,结合更多的实证数据和模型,可以深入挖掘商品价格冲击与银行风险之间的内在联系和动态关系,为未来的研究提供更有价值的见解。

第二章通过深入研究商品价格冲击对小型商品出口经济体银行风险的影响,为政策制定者和银行业提供了有益的启示和建议。在全球经济日益紧密联系的今天,了解和应对商品价格冲击对维护经济和金融稳定至关重要。未来的研究应继续关注这一领域,以期为经济发展和社会进步提供更有力的支持。

另一方面,随着大数据、数据科学和机器学习等领域的飞速发展,其在金融市场的应用也日益受到关注。尤其是在比特币市场中,由于其价格的波动性大,预测难度高,机器学习算法的引入为解决这一问题提供了新的思路。因此,本书第三章旨在探讨机器学习预测方法在比特币市场波动预测中的优势,并通过实证研究来验证其有效性。

机器学习在预测方面的优势在于其能够通过学习历史数据中的模式来提高预测精度。在传统的计量经济学方法中,人们通常会设定一些假设条件,如线性关系、平稳性等,但在实际市场中,这些假设往往不成立。机器学习方法则更加灵活,能够处理非线性、非平稳等问题,从而更准确地预测市场的走势。我们采用多种机器学习算法对已实现波动率进行预测。这些算法包括支持向量机、随机森林、神经网络等。为了评估这些算法的性能,我们使用了交叉验证等方法,并对不同的超参数进行了选择,以确保结果的稳健性。通过比较不同算法的预测效果,我们发现神经网络在预测已实现波动率方面表现最佳。

除了使用机器学习算法外,我们还尝试将社交媒体情绪变量引入预测模型中。社交媒体情绪反映了市场参与者的心理状态,对市场走势具有一定的影响。我们利用深度学习算法从 Twitter 数据中提取了市场情绪变量,并将其作为解释变量加入预测模型中。实证结果表明,引入市场情绪变量后,模型的预测精度得到了显著提高。这一研究具有重要的实际应用价值。首先,对于投资者而言,能够准确预测比特币市场的波动性有助于制定更加合理的投资策略。其次,对于监管机构而言,了解市场的走势有助于制定更加有效的监管政策。最后,对于政策制定者而言,掌握市场的波动情况有助于制定更加科学的发展规划。

当然,本研究也存在一定的局限性。首先,对于机器学习算法的适用范围还需要进一步探讨。虽然本研究发现神经网络在预测已实现波动率方面表现最佳,但其他算法是否也具有较好的预测效果还有待进一步验证。其次,对于市场情绪变量的提取方法还需要进一步完善。在本研究中,我们采用了深度学习算法从 Twitter 数据中提取市场情绪变量,但这种方法可能存在一定的主观性。未来可以尝试采用更加客观、全面的方法来提取市场情绪变量,以提高预测模型的准确性。

在全球化日益盛行的今天,外国直接投资(FDI)已经成为推动经济发展的重要引擎。它不仅涉及资金流动,更重要的是技术的传播、人力资源的共享和知识的转移。其中,美国作为全球最大的经济体,其货币政策对全球投资环境的影响不容忽视。美国联邦公开市场委员会(FOMC)是负责制定美国货币政策的机构,其会议记录往往能够反映出美国货币政策的走向和预期。这些会议记录包含了大量有关未来经济、金融市场和货币政策的讨论和决策信息,因此对预测 FDI 的变化具有重要意义。

在第四章中,我们研究的主要目标是探索美国货币政策情绪是否对外国直接投资的变化有显著影响。我们采用了一种全新的方法,对 FOMC 会议记录进行情感分析,以量化其中的情绪指标。这种方法不仅能够帮助我们理解货币政策制定者的情绪状态，而且可以为预测未来的 FDI 变化提供更准确的信息。

为了实现这一目标，我们首先对 FOMC 会议记录进行了详细的文本清理工作。这些会议记录包含了大量的专业术语、数据和复杂的句子结构，因此需要进行适当的处理和整理，以确保后续分析的准确性。在清理完文本后，我们采用了先进的自然语言处理技术，包括词嵌入和监督学习，来构建我们的动态词典并量化情感指标。这种动态词典能够随着时间和地区的不同而变化，从而更好地适应 FDI 的动态特性。

通过实证研究，我们发现，使用这种方法生成的美国货币政策情绪指标对于预测未来 FDI 变化具有重要影响。与其他传统方法相比，我们的方法在样本拟合和样本外预测精度上表现出了显著的优势。这表明，货币政策制定者的情绪状态对于 FDI 的决策具有重要的参考价值。我们还进一步分析了美国整体 FDI 的变化，并发现四个地区之间的强烈异质性。尽管如此，我们的情感量化技术在这四个地区都表现出了卓越的性能，这进一步证明了该方法的有效性和适用性。

总的来说，第四章的研究表明，美国货币政策情绪对于外国直接投资的变化具有重要的影响。通过深入分析 FOMC 会议记录，我们可以更好地理解货币政策制定者的决策过程和情绪状态，从而为投资者提供更有价值的预测信息。

除了外国直接投资，FOMC 政策公告和会议纪要对国际资本流动同样产生了深远的影响。这些政策不仅影响了美国经济，还对全球经济产生了溢出效应。许多学者已经研究了 FOMC 政策公告对利率、汇率、市场情绪等方面的影响，但很少有研究关注 FOMC 政策文本中蕴含的深层信息与国际资本配置之间的复杂动态关系。

在本书第五章中，我们利用随机森林算法与基金层面特征对数据进行建模，通过插值来对不确定的资产配置进行识别。具体地，我们关注区域投资组合重新配置，基于投资目标国家的不同，将每个基金的头寸分为三组：美国、除美国外的 OECD 国家与非 OECD 国家。如果基金对美国资产的持仓发生变化，我们将研究资金是否流入或流出 OECD 或非 OECD 地区，又或者是否被基金投资者追加或赎回。

然而，在上述分类过程中，我们发现每个重新配置途径（场外资金、OECD 持仓或非 OECD 持仓）都存在非常大的不确定性（高达 30.64%）。为了解决这个问题，我们借鉴了数据插值方法，利用随机森林方法结合基金层面的特征数据，对难以直接识别的情况进行了预测和插值。对模型的样本外评估中，根据样本外预测的伪 R^2，插值的准确率高达 98%。

除了我们已经探索过的数据插值方法，第五章我们引入了半监督学习方法，主要用于构建扩散指数，以此量化 FOMC 政策声明和会议纪要中具有预测性的信息。这与我们之前章节中应用的纯无监督学习方法形成了鲜明的对比。在自然语言识别领域，无监督学习方法主要侧重于对大量未标记数据进行深入的模式识别和特征提取。其目标在于挖掘数据内部的逻辑结构和相互关系，如词性标注、句法解析或语义角色标注等任务。然而，无监督学习的局限性在于它仅能从现有数据中学习，而无法利用已标记的数据进行精细调整或校准。

相比之下，半监督学习方法巧妙地结合了监督学习与无监督学习的优势。在自然语言识别任务中，半监督学习不仅利用大量未标记数据来提升模型的泛化能力，同时还能利用少量的已标记数据进行微调。这种策略通常被称为"自训练"，即先使用无监督学习算法对未标记数据进行训练，然后利用这些结果来初始化或更新有标记数据的模型。半监督学习的另一个显著优势在于,它能够高效地处理大规模未标记数据,从而在数据量大的情况下获得更好的性能。

具体实施步骤如下:我们首先对原始文本进行深度处理,将其转化为二元词组。接着,利用词频-逆文档频率这一度量标准对这些词组进行打分,并保留排名前100的词组,用于构建每只基金的专属预处理词典。为了更全面地考虑不同基金之间的偏好差异,我们采用半监督学习方法,并利用LASSO方法筛选出对每只基金最具预测性的关键词。构建的文本预测因子被分为与基金对未来美国持仓变动正相关和负相关两部分。最后一步是生成扩散指数,确保基金层面的文本预测因子在维度上保持一致,同时保留最关键的信息。通过这种方式,我们能够更精确地挖掘FOMC政策声明和会议纪要中的关键信息,为基金管理提供更具针对性的参考依据。

我们的研究结果显示,FOMC货币政策文本中的正面和负面信号对美国资产配置变化产生截然不同的影响。进一步的实证分析揭示,基金应对FOMC政策变动是通过净资产与重新配置两个渠道做出应对。我们还发现,在2008年金融危机之后,基金对FOMC政策文本的关注明显增加。这种增加的关注显著影响了通过基金自有资金调整其对美国资产的持仓。此外,我们比较了美国和非OECD基金与其他OECD基金在投资偏好上所体现出的异质性。我们的分析表明,美国和非OECD基金具有更强的本国偏好。

在本书第六章中,我们将介绍文本分析技术在中文环境下的应用。我们将借助前沿语言模型技术,深入解析中国货币政策在全球资本市场中的核心作用,并探讨其对国际资本流动逻辑的关键影响。在当前经济全球化的背景下,该研究对指导中国经济开放策略与政策制定至关重要。

我们从交叉学科的视角出发,特别是通过运用先进的文本分析技术,构建了一个针对国际资本流动的分析框架。这一框架考虑了中文政策文本的特点,提高了信息提取效率,精准捕捉政策变化。我们将这一框架应用于中国人民银行货币政策沟通的研究中,通过深入挖掘和分析,探索国际资本对央行沟通的微观反应及其动态变化。这一研究不仅有助于我们理解资本流动的内在机制,还能为政策制定者提供及时、准确的反馈。此外,本项目将比较中美央行沟通差异,并探究其对近二十年全球资本流动的影响。这一比较有助于全面理解各国央行策略对全球经济的影响。通过这一研究,我们期望能够为政策制定者提供有价值的参考,推动中国经济的持续健康发展,并为全球经济稳定做出积极贡献。

我们的研究结果发现,中国人民银行的货币政策沟通对于国际资本流动具有显著的影响:在国际基金的投资组合中,中国资产份额的变化显著地受到中国人民银行货币政策沟通中不同主题强度变化的影响。其中,中国人民银行关于通胀、监管以及宏观经济形势的沟通对于基金持有的中国资产份额的变化的解释能力最大。在进一步的分析中,我们发现国际资本对中国人民银行货币政策沟通的关注度具有显著的异质性和时变特征。我们根据国际基金的规模和投资策略对样本进行划分,基金之间的异质性主要体现在对中国人民银行不同沟通关注维度上的差异。具体而言,小型基金和集中型策略的基金更加关注中国人民银行对公开市场操作和社会融资等主题的沟通,这通常涉及央行短期的操作计划。而中、大型基金与分散策略的基金则会同时关注央行沟通的多个主题。最后,我们通过计算样本滚动窗口下的$partial-R^2$发现了国际资本对中国人民银行沟通不同主题关注度存在非常明显的周期性,而这也能够解释样本期内中国短期国际资本流动的波动。

最后,在本书的附录部分,我们特意编写了一章关于 MATLAB 基础的教程,目的是为初学者提供一个从零开始学习并逐步精通这款强大数学计算软件的指南。MATLAB (Matrix Laboratory 的缩写)作为一个广泛应用于各个领域的商业数学软件,不仅能够处理基础的数学运算,还能够进行复杂的矩阵操作和高级科学计算。由于其强大的功能和广泛的应用,MATLAB 已成为科研人员、工程师和学者们不可或缺的工具。

我们深入介绍了 MATLAB 的基础知识,包括变量分配、清除、矩阵创建,以及基本编程结构如循环语句和脚本撰写。此外,对于书中提到的各种机器学习算法,我们提供了详尽的描述和编程指导。通过学习这些内容,读者不仅能够掌握 MATLAB 的基本操作,还能深入了解高级功能如方程设计和算法实现。这将有助于读者更好地理解 MATLAB 的应用技巧,并提高在实际问题解决中的工作效率和技能。

此外,MATLAB 的一大特点是其简洁的语法和丰富的内置函数。用户可以使用几行代码完成复杂的数学运算和数据处理。同时,MATLAB 的数据可视化工具也极为强大,它使得复杂的数据集变得直观易懂。用户可以自定义图表的各种属性,如颜色、线型、坐标轴标签和标题等,使数据展示更加符合个人需求和偏好。

另一个值得关注的特性是 MATLAB 支持交互式图形用户界面(GUI)的设计。这意味着用户不仅能够创建标准的窗口界面,还能够添加各种控件,如按钮、文本框和菜单等,从而构建出完全符合自己需求的软件界面。这种灵活性使得 MATLAB 不仅是一款强大的数学和科学计算工具,更是一个全方位的软件开发环境。

综上所述,MATLAB 是一个功能强大、应用广泛的数学工具。无论是在学术研究还是工程实践中,它都能提供强有力的支持。通过学习和掌握 MATLAB,读者将能够更加高效地解决各种数学和工程问题,从而在各自的领域内进一步提升专业能力。

1.5 本章结语

本教材致力于为经济、金融和商科专业的高等院校学生提供国际金融量化方法的全面教育,同时也是自学者的宝贵参考资源。我们深入探讨理论、实证分析和实际应用,旨在帮助读者更深刻地理解国际金融领域的挑战,并为未来的研究或职业生涯做好准备。本书的后续章节将详细讲述国际风险传导、汇率预测、数字货币等关键议题,这些内容不仅基于严谨的学术研究,而且涵盖了当前国际金融领域的最新进展。我们采用了包括机器学习方法、结构动态因子模型、脉冲响应分析和自然语言处理等先进量化工具,以期让读者能够在理论与实践之间建立桥梁。本教材不仅提供了丰富的案例研究和实际数据分析,还包含了对国际金融领域重要概念的深入讨论,力求使内容结构清晰、逻辑严谨,同时易于理解。我们希望通过对这些内容的深入探讨,能够激发读者的学术兴趣,提高他们在国际金融领域的专业素养,从而在未来的学术研究或职业生涯中取得成功。

第二章

国际风险传导与高维数据分析

在关于银行的过往研究中,学术界重点关注货币政策冲击对银行风险的影响。然而,在本章中我们将从另一个视角展开研究,着重探讨商品价格冲击对小型商品出口经济体(如加拿大)的银行贷款和风险管理的影响。为了深入分析银行风险,我们选择了不良贷款份额和非利息收入比率这两个关键指标。我们在 Charnavoki 和 Dolado(2014)研究框架的基础上进行拓展,构建了一个名为结构动态因子模型(SDFM)的新模型。相较于传统模型,SDFM 的优势在于,它融合了国内经济和银行业的动态交互因素,这些因素受到已识别的商品价格冲击的影响。通过对加拿大银行层面数据的深入分析,我们观察到一个值得注意的现象:仅当商品价格冲击源自快速发展的外国经济体时,这种冲击对加拿大银行的贷款和不良贷款份额才有显著的积极影响。具体而言,商品价格冲击显著提高了加拿大六大银行的非利息收入占比,但其他银行似乎没有受到这一影响,甚至会导致其非利息收入比率下降。这一发现揭示了商品价格冲击在不同类型银行之间影响的差异性,导致银行间非利息收入分布的差异进一步扩大。通过本章的研究,我们能够更深入地理解商品价格冲击在微观经济层面上的作用机制,特别是在小型商品出口经济体中银行业的反应。这为银行风险管理和政策制定提供了新的视角和参考依据。

2.1 引　　言

商品价格的波动是宏观经济的重要驱动力,对商品出口国的经济政策带来了巨大的挑战(Céspedes 和 Velasco,2012;Gubler 和 Hertweck,2013)。2015 年第一季度贱金属和原油价格的急剧下跌,引发了对小型商品出口经济体可能出现的贷款违约和金融机构健康状况的担忧[①]。对这些国家的政策制定者来说,了解和量化全球商品价格波动对宏观经济的具体影响,特别是对金融机构稳定性的影响,至关重要。然而,现有的文献主要关注的是独立于银行业的商品价格冲击对宏观经济的影响(Blanchard 和 Gali,2007;Kilian,2009;Céspedes 和 Velasco,2012;Gubler 和 Hertweck,2013),或是使用银行和宏观经济的实证模型来量化货币政策冲击的影响(Jimborean 和 Mesonnier,2010;Dave,Dressler 和 Zhang,2013;Buch,Eickmeier 和 Prieto,2014b)。

---

① 2015 年 3 月 8 日,穆迪投资服务公司报告称,2015 年发生的 18 次违约中,有半数与商品公司有关。接下来的 12 个月内,金属和采矿业的违约率为 14%,而油和天然气类为 9.1%。六大海湾合作委员会成员国中,五个国家也因评级下降被审查。

本章旨在填补这一研究空白,通过模拟外国经济冲击与国内银行业动态的关系,进一步深化我们对商品价格冲击影响的理解。主要目标在于量化小型商品出口经济体中商品价格冲击对银行风险和银行贷款行为的具体影响。为了实现这一目标,我们构建了一个结构动态因子模型(SDFM),该模型加入了国内经济和银行业的动态交互项。这一模型不仅利用了银行业的数据信息,还对 Buch 等人(2014b)和 Charnavoki 和 Dolado(2014)构建的模型进行了扩展。SDFM 模型在所有可用数据的基础上,提供了一个直接的实证框架。在分析少量结构冲击对大量数据的影响方面,这一模型极为便捷(Mumtaz 和 Surico,2020)。

更为重要的是,我们假设加拿大各家银行在一定程度上存在相关性,它们同时受到全球范围内经济活动、国内经济状况和一些共同的银行业特定因素的影响。这一假设基于 Nkusu(2011)和 Klein(2013)的研究成果,他们发现宏观经济因素和银行业因素共同决定了不良贷款的水平。考虑到加拿大六大银行在国外拥有众多分支机构(Chapman 和 Demar,2015),这一假设是合理的。因此,本章提出的模型整合了大型面板数据集中三大类因素的信息:首先是全球的经济和贸易数据,其次是小型商品出口经济体的经济状况数据,最后是银行业数据。这三类因素共同体现了各家银行对某一冲击的共同反应。在第三章中,我们将为 SDFM 模型添加更多限制条件和详细说明。

加拿大作为小型商品出口经济体的代表,具有鲜明的经济特征。首先,加拿大的出口品不限于能源产品等初级商品,还包括各种制成品。这使得加拿大的经济结构更加多样化,而不同于以往文献中大量研究的能源出口型经济体(Kilian,2009)[①]。其次,加拿大拥有丰富且详细的季度统计数据,这为我们进行面板数据分析提供了宝贵的数据资源。这些数据能够揭示宏观经济和银行业之间的动态关系,进而进行深入的因子分析。最后,值得注意的是,加拿大金融系统在 2007—2009 年金融危机中受到的影响相对较小,这使得我们能够更专注于研究商品价格冲击对银行风险的影响,而不需要过多地关注金融危机的结构性影响[②]。

为了深入探究商品价格冲击对加拿大银行风险的影响,我们从 27 家加拿大银行的财务报表中收集了大量银行层面的信息。这些银行在 1996 年第一季度至 2016 年第一季度的数据涵盖了金融机构总资产的 90%。我们关注的是商品价格冲击对银行资产风险的影响,因此采用了两种重要的风险衡量方式:不良贷款率和非利息收入占净营业收入的比重。不良贷款率反映信贷存量质量的变化,是衡量银行风险的"向后看"指标;而非利息收入占比则反映了银行从贸易、资本市场和证券化活动中获得的收益占比,具有前瞻性,是衡量银行风险的"向前看"指标(Buch 等,2014b;De Young 和 Roland,2001;Brunnermeier、Dong 和 Palia,2012)。此外,我们还考虑了贷款增长值总额作为银行借贷活动的代理变量,以及权益资本比率和总资产收益率等其他银行业相关变量。

为了便于展示结果,我们根据银行层面的一些特征,包括银行投资组合以及资产规模等方面的相似度,从子样本中构建了三家代表性银行。这三家代表性银行分别为:大型银行、

[①] 2016 年 3 月,采矿业、采石业、原油和天然气开采业贡献了加拿大商品生产行业 27% 的产值。包括农林部门的基本产品和材料出口总额在内,2016 年商品部门占商品出口总额的 40% 左右。

[②] 感兴趣的读者可以参照 Calmès 和 Thèoret(2013)与 Calmèse 和 Thìeoret(2014),比较美国和加拿大银行业的区别。Calmès 和 Thèoret(2013)还解释了为什么加拿大银行业系统看起来相对健康。

地方银行和国外银行的分行。通过探究商品价格冲击对这三家代表性银行的影响,我们可以更全面地了解商品价格波动对不同类型银行的具体作用。

在构建模型时,我们参考了Kilian(2009)和Charnavoki和Dolado(2014)的一些设定:假设商品价格冲击并不是事先决定的,而是由全球范围内的实际经济活动、通货膨胀水平和商品实际价格指数的变化所驱动。具体来说,我们假设存在三大类因素在全球范围内共同影响商品价格:全球实际经济活动、全球通货膨胀水平和按商品类型分类的全球实际价格指数,这三大类因素捕捉了全球范围内的大部分波动性(Kilian和Murphy,2012)。我们选择了符号约束和冲击矩阵中某些元素的边界作为基准识别方案(Kilian和Murphy,2012)。我们还加入了一个常用的递归识别方法作为稳健性检验。

本章的主要结论认为,加拿大银行业的相关变量与全球性经济因素高度相关,特别是总资产回报率、总借贷增长率和非利息收入占比。在样本期内,实际商品价格受到全球需求和商品特有冲击的驱动,而不受全球通货膨胀冲击的影响。这一点与Kilian和Murphy(2012)以及Baumeister和Kilian(2016)的结论相一致。

当全球需求增长(GD)的积极冲击出现时,全球商品价格随之上升,这对银行业务经营和风险管理产生了显著的影响。我们的研究深入探讨了这些影响,旨在为银行界提供宝贵的见解,并增强对未来可能面临的风险的认识。

正向的GD冲击不仅提升了全球需求,也为银行创造了更多贷款机会。因此,我们观察到大型银行、本地银行和国际分支银行的借贷增长率分别增加了105、125和24个基点。这表明在全球需求增长的背景下,银行能够显著扩大贷款规模,从而增加收入和利润。同时,我们还发现这种正向冲击对不良贷款率产生了积极影响。随着全球需求的增长,企业更倾向于偿还贷款,降低了不良贷款率。这一发现对银行业至关重要,因为它突显了全球需求增长在降低信贷风险方面的作用。

然而,非利息收入占比的变化趋势因银行类型而异。大型银行的非利息收入占比上升了100个基点,显示它们通过提供更多金融服务来增加收入。相比之下,本地银行和国际分支银行的非利息收入占比呈下降趋势,这可能反映了它们在应对全球需求增长时调整业务模式的不足。面对全球商品特定冲击(GC)时,情况则有所不同。尽管商品价格上涨了50%,但大型银行和其他银行的借贷增长幅度较小,显示出商品特定冲击对银行业经营和风险管理产生了更复杂的影响。

此外,我们发现,无论面对哪种类型的商品价格冲击,大型银行在借贷方面的反应最为显著。这可能归因于它们更广泛的客户基础和更强的资本实力,使其能更有效地应对宏观经济冲击。通过分解预测误差方差的方法,我们进一步分析了GD冲击和GC冲击对银行业发展的重要性。短期内(一年期),这两种冲击对总借贷增长、不良贷款率以及非利息收入占比的影响都非常显著。但从长期来看(五年期),全球需求增长的影响更加突出。

我们还通过绘制非利息收入占比在两种商品价格冲击后的截面离差图来进一步验证我们的结论。这一分析显示非利息收入占比与实际产出增长呈正相关,为银行业提供了有价值的见解。为确保结果的稳健性,我们进行了多项检验。特别是,我们发现2014年油价大跌降低了加拿大银行对非利息收入占比的反应,从而进一步验证了我们的主要结论。

本章的结构安排如下:第二节回顾相关文献并分析本章的贡献;第三节描述实证模型和方法;第四节介绍数据和因子分析过程;第五节展示实证结果;第六节进行结果的稳健性

检验；第七节总结主要结论，并讨论未来研究方向。在附录中，我们提供期望最大化（EM）算法、贝叶斯估计步骤、数据清洗过程以及其他结果的详细信息，这对深入理解本章的研究方法和结论非常有价值。

本章深入分析了全球需求增长和全球商品特定冲击对银行业经营和风险承担的影响，为银行业提供宝贵的见解，帮助银行业更好地理解宏观经济环境对其业务的影响，并为风险管理提供有益参考。

2.2 文献回顾

在深入探讨与本章主题息息相关的文献时，我们可以明确地将其划分为两大类别。首要的一类文献主要聚焦于银行和宏观经济之间错综复杂的关系网。其中，Nkusu(2011)和Klein(2013)的论文尤为引人注目，他们巧妙地运用了向量自回归（VAR）模型，深入探讨了不良贷款与宏观经济之间的内在联系。这两位学者的研究不仅涵盖了发达经济体的数据，还广泛涉及发展中国家的信息，从而揭示了不良贷款是如何在宏观经济因素和银行业因素的共同作用下形成的。他们的研究进一步指出，不良贷款的急剧增加会对宏观经济的稳定运行造成严重的冲击。

然而，尽管Nkusu(2011)和Klein(2013)在不良贷款影响因素的选择上提出了独到的见解，但近年来计量经济学领域的飞速发展，为学者们提供了更广阔的研究视野。特别是随着大数据集的涌现，学者们现在能够充分利用这些丰富的信息资源，实证分析小规模冲击对大型宏观经济变量产生的深远影响。在这一背景下，Bernanke、Boivin和Eliasz(2005)的研究显得尤为突出。他们创新性地提出了因子推广的向量自回归（FAVAR）方法，这一方法不仅修正了货币传导机制的识别问题，而且对于全面理解货币政策对经济的多维度影响具有划时代的意义。

传统的VAR模型在处理复杂经济问题时常常受到种种限制，如信息集不足导致的偏差等。Bernanke、Boivin和Eliasz(2005)正是针对这些问题提出了FAVAR模型。他们指出，VAR模型由于使用的信息集相对有限，往往难以全面反映中央银行和私有银行之间的复杂互动关系，这可能导致政策创新衡量的失准。此外，VAR模型的脉冲反应通常仅限于模型中明确包含的变量，而这些变量往往只是经济总体中的一小部分，这无疑限制了模型的解释力和预测力。

近年来，Jimborean和Mesonnier(2010)、Zhang(2009)以及Buch等(2014b)的研究都采用了Bernanke等(2005)提出的FAVAR模型作为分析工具。他们通过实证分析发现，扩张性货币政策对银行借贷具有显著的正向影响，但对银行风险的影响则相对有限。值得注意的是，这些研究还揭示了一个有趣的现象：即使面临相同的宏观经济冲击，不同银行之间的反应也存在显著的异质性[①]。尽管如此，Buch等(2014b)也指出了当前研究的一个重要局限性，即过度关注货币政策对银行风险的影响而忽视了其他可能的冲击因素。这意味着未来

---

① 正如Buch等人(2014b)阐述的那样，这种异质性可能是银行规模、资本化程度、流动性、风险以及房地产贷款和消费者贷款的不同导致的。

的研究需要更加细致地探讨各种冲击对银行风险承担行为的有效性。在这一方向上，Buch、Eickmeier 和 Prieto(2014a)已经迈出了重要的一步，他们发现扩张性的房价冲击会显著增加商业银行所承担的风险水平。这一发现无疑为后续研究提供了新的思路和启示。

在深入探讨商品价格变化对宏观经济总量波动性的影响时，我们还发现了一类特别值得关注的文献。其中，Cespedes 和 Velasco(2012)的研究尤为引人注目。他们构建了一个理论模型，该模型在考虑名义刚性和金融摩擦的前提下，探讨了一个小型开放经济体在面对商品价格冲击时，其国内经济所受影响的多种渠道。这一研究为我们理解复杂经济环境下的价格冲击提供了有力的工具。

同时，Gubler 和 Hertweck(2013)的研究也从另一个角度强调了商品价格冲击的重要性。他们通过实证研究，衡量了这种冲击对美国经济周期的具体影响。然而，尽管这两项研究都极具价值，但它们都没有触及商品价格变化背后的结构性冲击问题。Kilian(2009)对此提出了批评，他强调不能忽视驱动商品价格变化的潜在动力。为了更深入地理解这一问题，Kilian 及其合作者(Kilian 和 Murphy，2012)以及 Lippi 和 Nobili(2012)等人将研究焦点转向全球原油市场。他们发现，原油价格和其他宏观经济总量对不同来源的冲击反应各异。例如，全球产量的扩张性增长可能导致原油供应中断或需求中断，这些都会对价格产生显著影响。

在初级产品市场的其他领域，Jack 和 Stuermer(2015)以及 Alquist 和 Coibion(2014)也进行了类似的结构性分解研究。这些文献共同强调了分解商品价格变化背后不同驱动力的重要性，因为这些冲击对宏观经济变量的影响具有显著差异。例如，短期原油产量的中断会迅速推高油价，从而对全球经济活动产生抑制作用；而对工业产品需求的全球性正向冲击则会导致油价长期上涨，尽管这种增长具有滞后性，但它会刺激其他部门的产出增长。因此，正确识别商品价格变化的来源对分析它们的经济影响至关重要。然而，在回顾这类文献时，我们发现它们往往将银行部门排除在分析之外。这一空缺为我们的研究提供了契机。

为了填补这一空缺，本章采用了近年来文献中常用的动态因子模型和因子增广的向量自回归模型进行分析。这些模型的优势在于能够将大量数据集归纳为相对较少的估计因子，从而提高预测精度。此外，Stock 和 Watson(2005)以及 Forni 等人(2009)的研究还证明了因子模型不仅可以用于预测，还可以结合 SVAR 识别技术分析宏观经济冲击及其传播机制。

Mumtaz 和 Surico(2009)在这一基础上进行了进一步扩展，他们估计了英国国内宏观经济变量对外国冲击的动态反应。此外，全球向量自回归模型(global VAR)由 Mauro、Smith、Dees 和 Pesaran(2007)提出作为 FAVAR 的替代方法。然而在我们的研究背景下，这些方法的应用并不简单。Mumtaz 和 Surico(2009)强调因子模型主要适用于检验特定国家冲击的影响并不适用于其他国家。

已有研究中对于商品价格下降是如何影响金融部门脆弱性的研究是相对欠缺的。Kinda、Mlachila 和 Ouedraogo(2016)的研究指出，将计算出的商品价格冲击视为外生变量并结合其他控制变量进行了 probit 和 logit 回归分析。他们的解释变量包括银行危机的二元变量以及一些金融脆弱性指标如不良贷款的数量等。研究结论表明商品价格的负向冲击确实增加了金融部门的脆弱性。同样地，Alodayni(2015)也证实了油价下跌对 6 个 GCC 石油出口国银行的不良贷款产生了显著的消极影响。

我们的研究结论与 Crean 和 Milne(2015) 的观点相呼应：他们指出商品部门是具有系统重要性的实体部门(SIRS)与 SIRS 相关的贷款更容易面临破产风险。这是因为这些行业的企业通常为了投资新的工厂和设备、支付日常运营成本而背负高额债务。当行业需求下降、竞争加剧时，这些高杠杆运营的企业很可能面临现金流短缺无法偿还债务的问题，从而导致贷款银行的不良贷款增加，不良贷款率上升。

本章的另一个重要贡献是为国际化如何影响银行风险提供了实证证据。Berger、Ghoul、Guedhami 和 Roman(2016)指出"国际化是否会加大银行风险"这一问题仍存在争议。他们认为，根据市场风险假说，国际化与许多银行风险的测度（包括不良贷款率）呈正向相关关系。由于国外市场中特有的因素与国内经济条件同周期变动，因此银行试图通过国际化来实现风险规避的多元化策略可能会失效。在我们的研究案例中，虽然只有 6 家大型银行在海外设有分行，但从不良贷款率和非利息收入占比等风险测度来看，这些银行对商品价格冲击的反应更为敏感。这表明国际化可能在一定程度上增加了这些银行面临的风险敞口。

2.3 实 证 模 型

本章的研究核心在于深入探索实际商品价格不同类型的全球性冲击如何传递至加拿大的宏观经济总量，并探讨这如何对加拿大的个体银行产生异质性影响。为了实现这一目标，我们主要参照了 Boivin 和 Giannoni(2008) 以及 Mumtaz 和 Surico(2009) 的研究，他们提出的开放经济体 FAVAR 模型为我们的研究提供了重要的理论框架。在数据充分的情况下，FAVAR 模型为我们研究国内变量与世界经济的动态影响过程提供了有力工具。

同时，受到 Charnavoki 和 Dolado(2014) 的启发，我们采用了结构化 DFM 模型来模拟随着时间的变化，外国经济体、国内经济以及加拿大银行的变化情况。这种模型能够更精确地捕捉到不同经济实体之间的动态联系，为我们深入分析商品价格冲击对加拿大经济的影响提供了有力支持。在模拟实际商品价格变动时，我们参照了 Kilian(2009) 的研究。他指出，潜在的结构性冲击对实际商品价格和加拿大经济的影响存在显著差异。这意味着实际商品价格的变动并非事先确定，而是受到各种结构性因素的综合影响。

此外，我们还参考了银行业有关 FAVAR 方法的研究（Jimborean 和 Mesonnier，2010；Buch 等，2014b；Buch 等，2014a）。这些研究为我们使用 DFM 模型提供了宝贵的经验。在模型中，我们从个体银行的面板数据中分别提取了银行业因子的向量，这有助于我们了解单个银行之间通过银行同业拆借市场或共同面临的共同冲击所产生的联系。在下一章，我们将详细介绍本章使用的模型及相关假设。这些模型不仅为我们提供了研究商品价格冲击传导机制的有效工具，还为评估其对加拿大宏观经济和银行业的影响提供了坚实的理论基础。

2.3.1 模型设定

在 Mumtaz 和 Surico(2009) 以及 Charnavoki 和 Dolado(2014) 的启发下，我们将可观测的指标划分为三个主要部分：世界经济 X_t^G，加拿大经济 X_t^C 和单个加拿大银行变量 X_t^B。我们假设每一部分的状况虽然不能直接观测，但是可以用一个 $K \times 1$ 的向量 F_t 进行概括：

$$\mathop{\boldsymbol{F}_t}\limits_{(K\times 1)} = [\boldsymbol{F}_t^{G\mathrm{T}}, \boldsymbol{F}_t^{C\mathrm{T}}, \boldsymbol{F}_t^{B\mathrm{T}}]^\mathrm{T}$$

向量 $\boldsymbol{F}_t^G$ 的上标 G 表示三个重要的全球性因素：$\mathop{\boldsymbol{F}_t^G}\limits_{(3\times 1)} = [F_{Y,t}^G, F_{\pi,t}^G, F_{P,t}^G]^\mathrm{T}$。第一个因子 $F_{Y,t}^G$ 包含全球实体经济活动的全部信息，从全球和地区产出、工业生产和贸易指标的向量 $\boldsymbol{X}_{Y,t}^G$ 中提取出来，维度是 $N_Y^G \times 1$[①]。第二个因子 $F_{\pi,t}^G$ 衡量全球通货膨胀的相关性，从全球和地区消费者价格、生产者价格和 GDP 平减指数的向量 $\boldsymbol{X}_{\pi,t}^G$ 中提取出来，维度是 $N_\pi^G \times 1$。最后一个因子 $F_{P,t}^G$ 衡量初级商品实际价格的相关性，从不同种类的初级商品价格指数的向量 $\boldsymbol{X}_{P,t}^G$ 中提取出来，维度是 $N_P^G \times 1$。全球经济序列向量 $\boldsymbol{X}_t^G$ 是一个 $N^G \times 1$ 的向量，包含3个面板数据子集 $\boldsymbol{X}_t^G = [\boldsymbol{X}_{Y,t}^{G\mathrm{T}}, \boldsymbol{X}_{\pi,t}^{G\mathrm{T}}, \boldsymbol{X}_{P,t}^{G\mathrm{T}}]^\mathrm{T}$，其中 $N^G = N_Y^G + N_\pi^G + N_P^G$。我们假设全球面板数据的每一个子集中只存在一个因子[②]。

我们收集了加拿大的宏观经济和金融序列的向量：$\boldsymbol{X}_t^C$，维度是 $N^C \times 1$，其中维度为 $J \times 1$ 的国内因子向量 $\boldsymbol{F}_t^C$ 被提取出来。与 Charnavoki 和 Dolado(2014)的做法类似，我们并没有对 $\boldsymbol{F}_t^C$ 内的因子做任何假设。$\boldsymbol{F}_t^C$ 内元素的线性组合可以看成是描述加拿大经济面板数据中经济周期波动的不同方面。

最后，我们从单个银行业变量的维度为 $N^B \times 1$ 的大型向量 $\boldsymbol{X}_t^B$ 中提取出了维度为 $(K-J-3)\times 1$ 的银行业因子 $\boldsymbol{F}_t^B$。假定 $\boldsymbol{F}_t^B$ 驱动了 27 家银行的 5 个银行业变量的共同变动。为了便于衡量宏观经济冲击对普通银行的影响，我们还在 $\boldsymbol{X}_t^B$ 中加入了 5 个银行业变量的中位数，以构建 3 个假设的银行。有关银行业数据的来源和构建的细节将在本章第四节详细介绍。

3 类因子通过观测方程与每个部分的指标相关：

$$\begin{bmatrix} \boldsymbol{X}_{Y,t}^G \\ \boldsymbol{X}_{\pi,t}^G \\ \boldsymbol{X}_{P,t}^G \\ \boldsymbol{X}_t^C \\ \boldsymbol{X}_t^B \end{bmatrix} = \begin{bmatrix} \boldsymbol{\Lambda}_Y^G & 0 & 0 & 0 & 0 \\ 0 & \boldsymbol{\Lambda}_\pi^G & 0 & 0 & 0 \\ 0 & 0 & \boldsymbol{\Lambda}_P^G & 0 & 0 \\ \boldsymbol{\Lambda}_Y^C & \boldsymbol{\Lambda}_\pi^C & \boldsymbol{\Lambda}_P^C & \boldsymbol{\Lambda}_H^C & 0 \\ \boldsymbol{\Lambda}_Y^B & \boldsymbol{\Lambda}_\pi^B & \boldsymbol{\Lambda}_P^B & \boldsymbol{\Lambda}_H^B & \boldsymbol{\Lambda}_U^B \end{bmatrix} \begin{bmatrix} F_{Y,t}^G \\ F_{\pi,t}^G \\ F_{P,t}^G \\ \boldsymbol{F}_t^C \\ \boldsymbol{F}_t^B \end{bmatrix} + \begin{bmatrix} \boldsymbol{e}_{Y,t}^G \\ \boldsymbol{e}_{\pi,t}^G \\ \boldsymbol{e}_{P,t}^G \\ \boldsymbol{e}_t^C \\ \boldsymbol{e}_t^B \end{bmatrix}, \quad (2.1)$$

其中，$\boldsymbol{\Lambda}_j^i (i=G, C, B; j=Y, \pi, P, H, U)$ 是合适维度的因子载荷矩阵。我们假设向量 $\boldsymbol{e}_t^G = [\boldsymbol{e}_{Y,t}^{G\mathrm{T}}, \boldsymbol{e}_{\pi,t}^{G\mathrm{T}}, \boldsymbol{e}_{P,t}^{G\mathrm{T}}]^\mathrm{T} (N^G \times 1)$，$\boldsymbol{e}_t^C (N^C \times 1)$ 和 $\boldsymbol{e}_t^B (N^B \times 1)$ 服从均值为 0 的独立同分布(i.i.d.)，并且加入了与对应因子不相关的时间维度特有的元素。我们还假设公共因子的数量远小于指标的数量，即 $(N^G + N^C + N^B) \gg K$。$\boldsymbol{\Lambda}_j^i$ 并没有加入滞后项，因为这里的 $\boldsymbol{F}_t$ 可以看成这些基本因子的天然滞后项(Bernanke 等，2005)。本章还对表示全球冲击的因子载荷矩阵设定了区块对角化限制，也就是说 $\boldsymbol{F}_t^G$ 中的每一个变量都由同一概念下的一系列全球指标来衡量。我们假设国内经济和银行业变量的三角形结构维度更低，以便 3 个全球性

[①] 我们把全球实体经济活动定义为：包括实际 GDP，行业生产，出口和进口量指数和 Kilian 干货运费率指数在内的变量。国家覆盖加拿大的全球 21 个主要贸易伙伴。更加详细的细节见本章第四节。

[②] 正如 Mumtaz 和 Surico(2009)所认为的那样，全球因子需要有其经济学含义。为了便于识别不同的全球结构性冲击，我们假设 $\boldsymbol{F}_t^G$ 中的每一个变量都是由全球面板数据集的每一个相同概念的子集衡量的。Kose, Otrok 和 Whiteman(2003)，Stock 和 Watson(2005)，Boivin 和 Giannoni(2006)也使用了这种施加在因子载荷上的限制条件。

因子都被明确加入加拿大经济区块中。

参照前人的研究(Jimborean 和 Mesonnier, 2010; Buch 等,2014b),加拿大经济区域中并没有包含银行业因子的变量 F_t^B,因为我们假设银行业的现状对加拿大经济变量不存在同期的影响。相反,F_t^B 对加拿大经济的影响具有滞后性,见下文的 SVAR 公式(2.2)。需要注意的一点是,F_t^B 和 F_t^C 都包含在银行业区块中,因为我们假设加拿大银行业状况同时取决于国内因素和国际因素。原因是非常符合直觉的,因为银行不具备预测未来的能力,银行的所有投资决策都是基于当期的经济状况形成的预期,所以会影响下一期的经济状况。

共同因子的波动可以用一个受限制的结构 VAR 模型表示:

$$\begin{bmatrix} F_t^G \\ F_t^C \\ F_t^B \end{bmatrix} = \begin{bmatrix} \Phi_{11}(L) & 0 & 0 \\ \Phi_{21}(L) & \Phi_{22}(L) & \Phi_{23}(L) \\ \Phi_{31}(L) & \Phi_{32}(L) & \Phi_{33}(L) \end{bmatrix} \begin{bmatrix} F_{t-1}^G \\ F_{t-1}^C \\ F_{t-1}^B \end{bmatrix} + u_t \quad (2.2)$$

其中,$\Phi(L)$ 是有限级 p 的具有一致性质的滞后多项式,$u_t \sim N(0, \Omega)$ 表示简化形式的残差,通过影响矩阵 $\mathbf{A}$ 与结构性扰动 ϵ_t 建立联系:$u_t = \mathbf{A}\epsilon_t$,其中 $\epsilon_t \sim N(0, \mathbf{I})$,$\Omega = \mathbf{A}\mathbf{A}^T$。加拿大是一个典型的小型开放经济体,因此我们提出了区块外生性假设:$\Phi_{12}(L) = 0$,$\Phi_{13}(L) = 0$,这个假设同 Cushman 和 Zha(1997)类似①。换句话说,国内经济变量受到世界经济滞后的影响,但受到的影响是独立的,且不受加拿大宏观经济和银行业变动的影响,因为我们只对国内经济状况对小型开放经济体的影响感兴趣,而并不关心彼此之间的相互影响。因此,矩阵 $\mathbf{A}$ 右上角 $3 \times (K-3)$ 的矩块都为 0。

为了严谨地验证这一限制条件,本章遵循了 Cushman 和 Zha(1997)的方法,对同期系数矩阵中的过度识别和区块外生性,以及滞后系数矩阵中的区块外生性进行了联合似然比检验。根据 AIC 标准,我们选择了 SVAR 的最佳滞后项 $L=2$,此时共有 48 个限制条件。然而,通过似然比检验,我们拒绝了存在区块外生性的原假设。我们怀疑这可能是由于遗漏变量或小样本性质导致的偏差。当我们进一步考虑 SVAR 的滞后项为 $L=1$ 时,发现在 5% 的置信区间上,我们并不能拒绝原假设,其 p 值为 0.065 6。因此,尽管根据 AIC 标准,$L=2$ 是最佳选择,但为了保持分析的一致性,本章中滞后项仍设置为 $L=1$。

对于其他部分的滞后多项式,我们并未施加更多的限制条件。参考金融加速器理论相关的文献(Bernanke, Gertler 和 Gilchrist, 1999),我们认为加拿大经济受到上一期银行业变量的显著影响。同样地,银行业也受到上一期加拿大经济状况的直接影响。

2.3.2 估计方法

为了估计本章的模型,我们选择了 Bernanke 等(2005)、Boivin 和 Giannoni(2008)以及 Mumtaz 和 Surico(2009)提出的两步法。这种方法的优点在于计算简便,能够有效地降低计算成本。Mumtaz 和 Surico(2009)指出,如果采用一步法进行估计,即同时估计未观察到的

---

① Cushman 和 Zha(1997)在研究加拿大货币政策冲击带来的影响时,提出了类似的假设。Cushman 和 Zha(1997)假定区块外生性对小型开发经济体,如加拿大,并不是一个强假设。因为来自加拿大的冲击对其他国家的影响可能微乎其微。而且,我们检验了去除区块外生性假设后的结果,结果基本不受影响。

变量、因子载荷和 SVAR 系数(即大型横截面数量集),会导致计算成本显著增加①。此外,Bernanke 等(2005)通过实证研究证实,一步法和两步法得到的结果相近,这意味着两步法的准确性是有保障的。两步法的另一个重要优点在于,我们可以通过 EM 算法系统地处理数据中存在的问题,如混频级数和数据缺失。这种方法能够更加精确地分析数据,并确保结果的稳健性。因此,综合考虑计算成本、准确性以及处理数据问题的能力,我们选择了两步法作为本章的估计方法。这为我们的研究提供了坚实的基础,确保了结果的可靠性和准确性。

第一步包括从各个面板数据集 $X_{Y,t}^G$,$X_{\pi,t}^G$,$X_{P,t}^G$,X_t^C 和 X_t^B 中提取出最大的主成分来弥补这些因子之间的跨度造成的空缺②。现实中,随意选取因子的数量可能会导致结果无效(Boivin,Giannoni 和 Mojon,2009)。因此,我们根据 Bai 和 Ng(2012)提出的多重信息标准,来确定 J 和 $K-J-3$ 的最佳值③。我们最终得到四个加拿大宏观经济因子($J=4$),四个银行业因子($K-J-3=4$)。这说明在第二步估计受约束的 VAR 模型时,我们有 11 个内生变量。如上文所述,我们还要选择一个滞后项来捕捉 SVAR 的变动项。本章中,每个变量大约需要用 81 个观测值,来估计 SVAR 模型中大量的自由参数。因此,遵循 Sims 和 Zha(1998)的做法,本章用了一个贝叶斯观测值来估计相关的参数,更多的细节详见附录 B。

同 Boivin 和 Giannoni(2008)的做法,在第一步中,我们施加了一个限制条件:将全球经济因子与银行业因子纳入国内经济区块的主成分分析中。为了弥补没有被全球经济因子和银行业因子包含的共同变量的维度,本章沿用了 Boivin 和 Giannoni(2008)提出的迭代步骤。

步骤(i) 通过从 X_t^G 和 X_t^C 中提取出主成分,来计算三个全球经济因子 $\hat{F}_t^G = [\hat{F}_{Y,t}^G$,$\hat{F}_{\pi,t}^G$,$\hat{F}_{P,t}^G]^T$ 和 $\hat{F}_{t,(0)}^C$ 的初始估计值;

步骤(ii) 将 X_t^C 对 $\hat{F}_{t,(0)}^C$ 以及三个被估计的全球经济因子 $\hat{F}_{Y,t}^G$,$\hat{F}_{\pi,t}^G$,$\hat{F}_{P,t}^G$ 做回归,得到相应的因子载荷矩阵 $\hat{\Lambda}_{Y,(0)}^C$,$\hat{\Lambda}_{\pi,(0)}^C$,$\hat{\Lambda}_{P,(0)}^C$,$\hat{\Lambda}_{H,(0)}^C$;

步骤(iii) 计算 $\tilde{X}_{t,(0)}^C = X_t^C - \hat{\Lambda}_{Y,(0)}^C \hat{F}_{Y,t}^G - \hat{\Lambda}_{\pi,(0)}^C \hat{F}_{\pi,t}^G - \hat{\Lambda}_{P,(0)}^C \hat{F}_{P,t}^G$;

步骤(iv) 估计 $\tilde{X}_{t,(0)}^C$ 的前 J 个主成分 $\hat{F}_{t,(1)}^C$;

步骤(v) 重复步骤(ii)至(iv),直到 $\hat{F}_{t,(s)}^C$ 收敛。

我们把收敛的 J 个加拿大经济因子记作 $\hat{F}_t^C$。从估计的全球经济因子和加拿大经济因子入手,我们用类似的方法得到了 $K-J-3$ 个银行业因子 $\hat{F}_t^B$。

2.3.3 识别驱动商品价格的全球结构性冲击

在这一部分,我们将深入探讨驱动实际商品价格的三大全球结构性冲击的经济含义,并

---

① Mumtaz 和 Surico(2009)认为一步法意味着对模型的完全贝叶斯估计,要求使用 Kalman 过滤器推导得出因子的条件分布的均值和方差。这也就意味着,计算 Kalman 增益时要用到非常高维度的因子载荷矩阵,而且每个时间段都需要重复这一过程。

② Stock 和 Watson(2002)证明,因子载荷矩阵中存在时间变动,以及存在少数的数据不规律时,只要指标数远大于每个指标的时间长度,即 $N^k \gg T$,其中 $k = G, C, B$,主成分依然具有一致性。

③ Bai 和 Ng(2002)提出了一些确定提取的因子数量的标准。这些标准的原则都是最小化模型的均方误差(MSE)。

分析两种用于识别这些冲击的机制。这些机制常见于资源经济学相关的文献，如 Kilian(2009)、Kilian 和 Murohy(2012)、Charnavoki 和 Dolado(2014)等研究中。与 Kilian(2009)、Kilian 和 Murohy(2012)的研究稍有不同的是，我们认为这三大全球结构性冲击是相互独立的，它们共同对实际商品价格产生影响。这里需要强调的是，我们并没有像 Kilian(2009)、Kilian 和 Murohy(2012)那样，直接将商品供应冲击或商品库存需求冲击作为识别目标，因为目前无法获取全面的初级商品供应和库存季度数据集。

因此，我们采用了一种间接方法来识别这些结构性冲击。首先，我们利用 FAVAR 模型来捕捉全球经济的动态联系，以及国内经济与世界经济的相互影响。通过这种方法，我们可以识别出对实际商品价格产生显著影响的全球性因素。其次，我们运用结构化 DFM 模型来分析单个银行的行为。这一模型能够帮助我们了解银行业如何受到这些全球结构性冲击的影响，以及不同银行之间是如何相互关联的。通过分析银行业因子的向量，我们可以进一步探讨单个银行如何受到共同的全球冲击或国内经济因素的影响[①]。

同 Kilian(2009)的假定，需求冲击 $\epsilon_{D,t}$ 代表全球经济增长导致的全球工业品需求的冲击。21 世纪初，当时的全球 GDP 增长多来自新兴经济体，导致了主要商品价格迅速上涨。而且，正向的 $\epsilon_{D,t}$ 冲击也使得加拿大生产的其他非资源商品的需求增加。另一方面，$\epsilon_{\pi,t}$ 代表着非由商品价格变化带来的改变全球价格水平的冲击。Rogoff(2003)的研究给出了抬高实际商品价格的正向 $\epsilon_{\pi,t}$ 冲击的例子：世界 CPI 从 20 世纪 80 年代初的 14.5% 下跌至 2003 年的 3.9%。他认为，国际贸易带来了更加激烈的竞争，使得国内企业的垄断租金迅速下跌，价格水平也急速下降。正向 $\epsilon_{\pi,t}$ 冲击还能降低价格紧缩指数，这一指数的作用是压低名义商品价格，从而提高实际商品价格。负向 $\epsilon_{\pi,t}$ 冲击降低实际商品价格的例子，如影响非商品出口国的自然灾害，比如，2011 年日本地震抬高了记忆芯片和显示面板的成本，相应提高了价格缩减指数，从而实际商品价格下跌。

估计过程最后的 $\epsilon_{C,t}$ 冲击，可以解释为同时导致某一商品的商品供给冲击和库存需求冲击[②]。商品供给冲击的定义是：实际商品供给曲线上任何未被预料到的移动，并导致商品生产和实际商品价格的反向联动。当未来生产突然出现短缺，或是预期未来需求上升，会使得库存需求上升，库存水平和实际商品价格上升，产生商品库存需求冲击。我们并没有对这两类商品市场特定冲击做严格区分，一方面因为缺少生产和库存相关的数据，另一方面因为这两类冲击对实际经济活动因子和实际商品价格因子的影响类似。突然的供给中断和库存需求上升时，实际商品价格都会上涨，世界范围内实际 GDP 增长都会放缓。

我们引入了最后一个冲击 $\epsilon_{C,t}$，可以解释为同时导致某一商品的商品供给冲击和库存需求冲击。商品供给冲击是指实际商品供给曲线上未预期到的移动，导致商品生产和实际商

[①] 由于数据限制，我们仅从 Datastream 上获得了原油、天然气和煤炭的全球生产季度数据。然而，这一数据局限性并不影响我们的研究，因为许多先前的研究已经发现，商品供给冲击对实际商品价格变动的影响相对较小，并且这种影响通常是短暂的。例如，Kilian(2009)和 Kilian 与 Murphy(2012)的研究指出，与需求冲击相比，商品供给冲击对实际商品价格的影响较小，并且这种影响通常是暂时性的。同样地，Jacks 和 Stuermer(2015)以及 Baumeister 和 Kilian(2016)的研究也支持了这一观点。

[②] 需要注意的是，Juvenal 和 Petrella(2015)也发现了原油市场的投机冲击，但对实际经济活的走向并没有决定性的影响。

品价格的反向联动。当未来生产出现短缺或预期未来需求上升时,库存需求也会相应上升,导致库存水平和实际商品价格上升,形成商品库存需求冲击。尽管我们没有对这两类商品市场特定冲击进行严格区分,但它们对实际经济活动因子和实际商品价格因子的影响是相似的。无论是突然的供给中断还是库存需求上升,都会导致实际商品价格上涨,并减缓世界范围内的实际 GDP 增长。由于缺乏生产和库存相关的数据,我们无法对这两类冲击进行严格的区分。然而,由于它们对实际经济活动和实际商品价格的影响相似,因此我们可以认为它们在某种程度上是相互关联的。

在上述讨论中,我们提到了虽然无法对商品供给冲击和库存需求冲击进行严格的区分,但它们对实际商品价格和实际经济活动产生了共同影响。因此,在研究实际商品价格的变动时,我们需要充分考虑这些市场特定冲击的影响。为了实现这一目标,本章采用了基于符号约束和影响矩阵 A 的某些元素约束的基准识别机制。这一机制的建立受到了 Kilian 和 Murphy(2012)、Charnavoki 和 Dolado(2014)等研究的启发。具体来说,我们规定了前四个季度的累积脉冲函数的符号应与表 2.1 中报告的符号一致。为了实现符号约束,我们采用了 Rubio-Ramirez、Waggoner 和 Zha(2010)给出的旋转步骤。

具体细节可参见表 2.1,其中列出了符号约束的具体规定。这些约束条件的设定是为了确保模型识别的准确性和可靠性,从而更好地反映实际商品市场的动态变化。

表 2.1 SVAR 模型对脉冲反应函数的符号约束

	GD 冲击 $\epsilon_{D,t}$	GI 冲击 $\epsilon_{\pi,t}$	GC 冲击 $\epsilon_{P,t}$
全球实际经济活动,$F^G_{Y,t}$	+	−	−
全球通货膨胀,$F^G_{\pi,t}$	+	+	+
实际商品价格,$F^G_{P,t}$	+	−	+

我们假设正向的全球需求性冲击会提高通货膨胀率,刺激经济增长,并推高初级产品的实际价格。相反,负向的全球通货膨胀冲击会导致总体价格水平上升,同时减缓经济活动和实际商品价格。至于负向的商品行业特有的冲击,如商品供应中断,它会降低商品产量,进而推高实际商品价格;同时阻碍经济活动,提高通货膨胀率。

正如 Kilian 和 Murphy(2012)所说明的那样,如果 VAR 识别机制只有符号约束,那么它面临的最大问题是可能的结构模型只是在设定上被识别了,结果并不是唯一的解,而是一组与识别假设同样的解。这种情况下,报告的 IRF 中位数和分位数可能会得出误导性的结论,因为每个点估计都可以对应不同的结构模型,其中一些模型可能并没有实际的经济含义。

为了尽量避免上述问题,我们参照 Kilian 和 Murphy(2012)的做法,限制了影响矩阵 A 的某些元素的范围,以缩小可行的结构模型的集合。我们与 Charnavoki 和 Dolado(2014)保持一致,假设短期内全球实际经济活动对商品冲击的弹性很小。具体来说,影响矩阵 A(1,3)的对应元素必须落在区间[−0.1, 0.05]内,这大致符合对美国 GDP 对实际油价的短期弹性的估计。在接下来的分析中,我们只报告 16% 至 84% 分位数的后验分布,因为这一区域只包含满足上述符号约束和 A(1，3)界限约束的结构模型。

此外,我们还进行了递归排序识别,进一步强化了对影响矩阵的限制条件(见表 2.2),作为备用方案和识别结果符号的稳健性检验。具体来说,影响矩阵必须是方阵,并假定影响矩阵是一个 3×3 下三角矩阵。这些额外的限制条件旨在提高模型识别的准确性和可靠性,确保我们的分析结果更加稳健和可靠。

表 2.2　影响矩阵的递归识别限制

	GD 冲击 $\epsilon_{D,t}$	GI 冲击 $\epsilon_{\pi,t}$	GC 冲击 $\epsilon_{P,t}$
全球实际经济活动,$F^G_{Y,t}$	x	0	0
全球通货膨胀,$F^G_{\pi,t}$	x	x	0
实际商品价格,$F^G_{P,t}$	x	x	x

三类全球因素按外生性降序排列如下:

(i) 全球需求性冲击:这是指全球经济活动中未被预知的创新。根据定义,这种冲击是外生的,并且对全球经济具有重要影响。

(ii) 全球通货膨胀因素和实际商品价格因素:这两者能在同一季度内对全球需求冲击作出反应。这意味着它们是中性的,并且与全球需求冲击有直接的联系。

(iii) 商品特定冲击:这种冲击只对实际商品价格有影响,且在冲击发生的同时造成影响。这表明商品特定冲击是内生的,并且主要影响商品市场。

Kilian(2009)的研究证实了上述限制与油价大幅上涨之后全球经济的缓慢调整相匹配。这进一步支持了上述全球因素按外生性降序排列的合理性。综合来看,全球经济的波动性可归结为几个关键因素。首先是全球需求性冲击,这类冲击源于经济体系之外,是外生性的,对全球经济活动产生了直接而深远的影响。其次,全球通货膨胀因素和实际商品价格因素,实际上是对这些全球需求冲击的反应和调整。它们紧密地与需求性冲击相连,共同塑造了全球经济的宏观轮廓。最后,针对特定商品市场的内生性冲击,它们主要是由该市场内部的动态变化引起的,对商品市场本身产生了显著的影响。这三个层面的相互作用和依赖关系,共同构成了全球经济和商品市场动态变化的复杂网络,理解这些层面及其交互作用对于准确分析和预测经济趋势至关重要。

2.4　数 据 描 述

本章的实证模型主要分析 1996 年第一季度至 2016 年第一季度的宏观经济和银行业的季度数据。这一部分将详细讨论这些面板数据。

2.4.1　宏观经济数据

宏观经济数据集是一个综合性的数据集合,包含了 285 个系列的数据,其中 53 个系列是国外的数据,232个系列是加拿大的数据。为了更好地处理和分析这些数据,我们遵循了相关研究的方法。首先,我们对非平稳的变量进行一阶差分,以稳定其时间序列特性。接着,我们进行降维和标准化,使数据更易于比较和分析。最后,通过主成分分析,我们从这些变量中提取了因子,以便进一步研究其内在的联系和动态。

在国外的数据区块中,我们纳入了世界经济数据以及一些大型区域组织的数据,包括经合组织、G7、欧盟和金砖国家,还有美国的经济数据。在选择区域组织时,我们不仅考虑了加拿大的主要贸易伙伴国,还考虑了主要发达国家的数据[1]。根据国际经济周期领域的文献和Kilian(2009)的研究,我们收集了实际经济活动、通货膨胀和实际商品价格指数的数据[2]。为了全面衡量实际经济活动,我们使用了16个系列的数据,包括实际GDP、工业生产、进出口总量,以及Kilian建立的全球实际经济活动指数[3]。在通货膨胀方面,我们包含了3个系列的数据:GDP平减指数、消费者价格指数和生产者价格指数。实际商品价格则用世界银行公布的五类商品价格指数来衡量,这五类商品分别是:能源、食品、农产品、普通金属和肥料[4]。

对于加拿大的数据,我们参考了Charnavoki和Dolado(2014)的研究以及银行业数据模拟宏观经济的相关文献[5]。加拿大的数据涵盖了许多不同的实际经济活动的指标、通货膨胀、汇率、狭义和广义货币、金融变量如不同的利率、S&P/TSX股票指数和实际房价[6]。考虑到房价与宏观经济的关联性,以及它对作为贷款抵押品的资产价格的影响,我们将其纳入

---

[1] 为了深入了解加拿大的贸易情况,读者可以查找在收支平衡表基础上编制的进口表、出口表和贸易差额表。这些详细数据按国家或国家组分类,可从加拿大统计局网站获取。该网站提供了丰富的社会经济信息,其网址为 http://www.statcan.gc.ca/tablestableaux/sum-som/101/cst01/gb/ec02a-eng.htm。在覆盖的贸易伙伴国方面,加拿大与美国、欧盟、墨西哥、日本、韩国、挪威、瑞士、土耳其、澳大利亚、巴西、俄罗斯、印度和中国的进出口贸易总额占了加拿大2015年进出口贸易总额的97%以上。这些国家是加拿大对外贸易的主要伙伴,对于理解加拿大的贸易动态至关重要。至于那些与加拿大的双边贸易量较小的国家,它们的影响已被纳入考虑,主要是通过CPB世界贸易监测的世界出口和世界进口指数来体现。这一考虑确保了研究的全面性和准确性,避免了因排除微小贸易伙伴而可能产生的偏差。

[2] 在本章所考虑的时间段内,我们遗憾地发现,关于"金砖四国"的季度实际GDP数据并不一致,因此无法纳入分析。然而,为了弥补这一不足,我们搜集了季度工业生产和通货膨胀数据。这些数据有助于反映主要发展中经济体的经济状况和趋势,从而更好地理解全球经济的动态变化。

[3] 正如Kilian(2009)所强调的,全球实体经济活动指数不是获得全球实际附加值的指标,而是衡量推动国际市场工业商品需求的全球实体经济活动的部分。

[4] 我们也了解加拿大银行和国际货币基金组织(IMF)构建的其他名义商品价格指数。然而,由于无法直接从这两种途径获取实际商品价格数据,我们采取了一种处理方式。首先,我们利用制造业单位价值指数对名义价格进行去通货膨胀处理。这一指数是15个主要发达经济体和新兴经济体中低收入经济体的制成品出口价格综合指数,以美元计价。通常,这一指数被视为比美国GDP平减指数更合适的价格平减指数。接着,为了更准确地衡量实际商品价格,我们将其他商品价格指数纳入回归方程中进行预测。经过验证,我们发现结果基本上不受影响,这进一步证实了我们所采用方法的可靠性和有效性。通过这种方式,我们能够更准确地反映商品市场的实际状况,并更好地理解其与全球经济活动的相互关系。

[5] 比如,Buch等(2014b),Jimborean和Mesonnier(2010),Dave等(2013)在研究中都考虑了实际GDP增长、央行政策利率、通货膨胀率和房屋相关的变量。

[6] 实际房价的衡量是由加拿大统计局制定的新住房价格指数(NHPI)完成的。正如其名称所示,NHPI专门用于记录自1981年以来的新房价格。使用NHPI的好处在于它在我们样本期间有一系列数据,而且还有省级数据可供参考。另一方面,我们用皇家LePage房价指数(RLHPI)来衡量现有住房的价格。但需要注意的是,该指数直到2015年第二季度才有记录,并且省一级的数据是缺失的。

考虑范围①。除了这些宏观变量外,本章还利用了许多关于居民支出的分解的平减指数和数量序列,这些数据来自 CANSIM 数据库。此外,我们还纳入了行业层面的 GDP 数据,因为我们预期行业层面的 GDP 对不同商品价格冲击的脉冲反应存在异质性。

2.4.2 银行业数据

在本部分中,我们通过访问加拿大金融监管局(OSFI)的网站,收集到了关于银行业务的详尽原始数据,这些数据包括月度资产负债表、季度损益表,以及减值资产报告②。值得一提的是,所有在 OSFI 网站上的数据都是由参与银行按月或按季度提交的,并由一家知名的大型会计公司进行审计,以确保数据的准确性和可靠性。

参考 Buch 等(2014b)的研究方法,我们选取了一系列关键的银行业变量,旨在全面评估银行资产负债表的优势、盈利能力、新增信贷和风险水平。这些变量包括:(1) 不良贷款与总贷款比率;(2) 股权资本占总资产的比例;(3) 净收入占总资产的比例;(4) 贷款总额的增长率;(5) 非利息收入占净营业收入的比重。

我们用不良贷款占比来衡量银行的资产风险,不良贷款率是指超期 90 天及以上的未偿还的贷款占银行总贷款的比重。这一指标的优势在于数据的可得性:许多银行有很长时间的数据记录,这一点对于未上市的银行尤为便利。另外一个优点是,它并不会受到会计标准和银行管理标准太多影响③。而且,这一指标与一些理论模型相一致——银行作为吸收存款、发放贷款的中介,贷款拖欠是银行系统风险的主要来源(Boyd 和 De Nicolo,2005;Zhang,2009;Martinez-Miera 和 Repullo,2010)。

尽管不良贷款率可以反映银行业传统的信贷风险,但近年来,人们也开始关注非利息收入占比这一指标,以衡量交易活动、投资银行和理财等非传统业务的风险。这些非传统业务在银行总收益中占据了相当大的比重,大约为 50%(De Young 和 Roland,2001;Brunnermeier 等,2012;Buch 等,2014b;Calmes 和 Theoret,2014)。实证研究表明,非利息收入占比更高的银行往往面临更大的系统风险。Brunnermeier 等(2014)的研究证实了这一点,他们发现非利息收入占比更高的银行在面对经济不确定性时,其风险敞口更大。此外,Calmes 和 Theoret(2014)的研究也指出,非利息收入占比的横向分散程度与经济增长的不确定性之间存在更紧密的联系。这意味着与美国同行相比,加拿大银行的非利息收入占比更大,这使得它们对商业状况更加敏感。尽管加拿大银行的非利息收入占比自 2006 年以来已经下降了 6.7%,但它仍然占据了总盈利的 44.3%。因此,在评估银行的综合风险时,除了不良贷款率外,非利息收入占比也是一个重要的考量因素。

除了不良贷款率和非利息收入占比之外,文献中还提到了其他多种银行风险的测度方

---

① 在研究小开放经济体时,Tomura(2010)使用了加拿大的数据,展示了贸易改善方面的不确定性与实际房价上涨之间的正相关关系。这种关系在家庭收入增长的情况下间接发挥作用。这种影响在加拿大西部更为明显。此外,Wang 和 Tumbarello(2010)以及 Ng 和 Feng(2016)也在澳大利亚和中国香港发现了类似的模式。

② 关于数据库的链接,可以通过访问以下网址获取相关信息:http://www.osfi-bsif.gc.ca/Eng/wt-ow/Pages/FINDAT.aspx。

③ 在会计报表中,与违约贷款密切相关的其他项是信贷损失拨备(PCL)和信贷损失准备金(ACL)。这些项目的具体数据由银行管理层自行决定。如果对此感兴趣,建议阅读 McKeown(2015)进行深入了解。

法。这些方法根据数据来源和计算方式的不同可以分为两大类：基于会计报表的数据和市场数据[①]。基于会计报表数据的测度方法中，经常使用的一个指标是 z-score。它是由平均股本资产比例和平均资产收益的和，并按预定期间内资产收益率的标准差进行加权计算得出的。z-score 用于衡量银行接近破产或进入破产程序的风险程度。一般来说，z-score 越高，说明银行的股本基数风险越低。然而，Buch 等 (2014b) 也指出了 z-score 的一个劣势，即我们需要事先任意确定一个计算利润波动性的时间窗口，这可能会导致对美国银行不良贷款率的滞后反应。

另外，基于市场数据的风险度量方法包括 CDS 利差、穆迪 KMV 的预期违约频率和银行总风险等指标[②]。这些方法利用市场数据来评估银行的风险程度。然而，需要注意的是，并非所有的样本期或银行的数据都是可用的，这可能会限制这些方法的适用性和准确性[③]。总的来说，银行风险的测度是一个复杂且多维度的过程，需要考虑多种因素和数据来源。不同的测度方法都有其优点和局限性，因此在实际应用中需要根据具体情况选择合适的方法，并进行综合分析和评估。

2.4.3 银行业数据与因子分析

在处理样本数据时，我们采取了几个步骤来确保数据的准确性和适用性。首先，我们从数据集中剔除了 72 家人寿保险公司、13 家互助社和 160 家财产和意外伤害保险公司，因为它们的业务线与我们对金融中介的定义存在较大差异。这些机构的主要业务与银行业务不同，因此将它们纳入分析可能会引入不必要的误差和混淆。此外，我们还剔除了信用合作社和合作零售协会，因为它们披露的金融数据不包括我们需要的会计报表。这些机构的数据不可用或不足以支持我们的分析，因此排除在外是必要的。进一步地，我们剔除了 31 家外国支行，因为这些银行没有股本要求，而股本是计算股本资产率的重要因素。股本资产率是衡量银行风险的重要指标之一，因此排除没有股本要求的银行可以确保分析的准确性和一致性。

经过初步筛选数据后，我们按照加拿大金融机构监督办公室 (OSFI) 的分类标准对数据进行分类。最终，我们的数据集包括 30 家本国银行、24 家外国银行、45 家信托公司和 18 家贷款银行。这些机构涵盖了不同类型的金融机构，使得我们的分析更具代表性和广泛性。通过以上步骤，我们确保了样本数据的准确性和适用性，为后续的风险评估和分析提供了可靠的基础。

为了确保数据的准确性和可靠性，按照以往文献中对微观银行数据的处理方法，我们对数据进行了清理和筛选。具体来说，我们剔除了含有不合常理的观测值或含有超过 8 个季度数据缺失的银行。这些不合常理的观测值可能包括五个银行业变量中有负值、比例大于 1 的值，以及永远处在最高或最低分位的数值。我们的目的是去除这些异常值，以确保分析的

---

① Berger 等 (2016) 在他们的研究中提供了一个表格，其中详细列出了各种计算银行风险指标的方法和公式。
② 在 Esty(1998) 的研究中，银行总风险是通过每个季度末计算的前 12 个月的股票日收益标准差来衡量的。
③ 由于我们样本中的机构并非全部都是上市公司，我们只有 27 家机构中的 8 家国内银行的市场数据可用。对于外国子公司来说，他们的市场数据更多地反映了其母公司所在国家的经济形势。

准确性和可靠性。同时,对于存在缺失值的银行,我们采用了 Stock 和 Watson(2002)提出的 EM 算法来填补缺失值。填补的标准是:存在缺失值,但缺失少于 8 个季度数据的银行,且数据缺失的原因不是银行突然倒闭或者至今未成立。EM 算法是一种常用的缺失值填补方法,其基本思想是通过迭代的方式,结合已知数据和概率模型,逐步估计缺失值。该算法在处理含有缺失值的复杂数据集时具有较好的效果和灵活性。通过以上数据清理和筛选过程,我们确保了数据的准确性和可靠性,为后续的风险评估和分析提供了坚实的数据基础。

为了确保因子分析的准确性,我们首先对所有五类银行业数据进行了平稳性检验,并进行季节性调整。金融报表中的各类比率通常是平稳的,这意味着它们的统计特性在时间上相对稳定。然而,管制措施等外部因素可能会导致数据出现结构性突变,即数据的统计特性发生突然的、非线性的变化[①]。在我们的样本期内,我们观察到了两次结构性突变。第一次发生在 2008 年第二季度,正值全球金融危机前夕,全球经济环境发生了巨大的变化,导致金融机构的报表数据出现结构性突变。第二次结构性突变发生在 2000 年第四季度,当时加拿大金融机构监督办公室(OSFI)调整了一级资本和全部资本的最低准备金率,分别提高到 7% 和 10%。

为了解决结构突变对因子分析的影响,我们对时间序列数据进行了去均值处理,并通过减去调整后的均值对结构突变进行了修正。这种处理方法可以帮助消除结构突变对分析的影响,使得因子分析的结果更加准确和可靠。

此外,我们还对所有的时间序列数据进行了标准化处理。对于异常值,我们采用了前五个观测值的中位数进行替换。这种处理方法可以帮助消除异常值对分析的影响,使得数据更加平滑和一致。通过以上处理步骤,我们确保了数据的平稳性、一致性和准确性,为后续的因子分析提供了可靠的数据基础。这种方法也得到了 Buch 等(2014b)以及 Jimborean 和 Mesonnier(2010)在因子模型中类似处理的认可和使用。

由于一次性追踪 27 家机构的脉冲反应是一个巨大的挑战,我们决定采用一种更为简洁的方法来处理这个问题。我们构建了三家假想的银行,它们分别代表了三类银行:六大银行[②]、其他本国银行[③]和国外银行分行[④]。为了确保这 3 家假想银行能够真实地代表其对应的银行类别,我们采用了中位数的方法。具体来说,我们从每个类别中的 3 个分样本中选取了 5 个银行业变量的中位数作为该假想银行的特征。这样做的目的是确保这些假想银行在关键指标上能够准确地反映其对应类别银行的平均表现。

通过这种方式,我们可以将这 3 家假想银行纳入银行业变量 X_t^B 中。这样一来,X_t^B 不仅包含了 27 家特许银行的详细信息,还包含了这 3 家代表性银行的特征。这种方法使得我们能够更有效地进行后续的因子分析,同时也避免了追踪大量机构所带来的复杂性。在构建 3 家假想银行时,我们充分考虑了不同类型银行之间的差异性。六大银行和其他本国银行在资产组成上存在显著差异,六大银行持有更多的风险资产,如非抵押贷款和私人证

---

① Chen 等(2012)提供了加拿大金融体系在 2010 年之前发生的重大立法修正案和监管变化的按时间顺序排列的清单。
② 加拿大六大银行是皇家银行、满银、丰业银行、国民银行、帝国商业银行和多伦多道明银行。
③ 这类银行中包括 5 家信托和贷款公司,不包括六大银行。
④ 我们剔除了外国银行分行,因为它们不需要持有股权,而股权是计算股权资本与总资产比率所必需的。相反,OSFI 要求外国银行分行在加拿大经批准的金融机构持有资本等值存款。

券。此外,六大银行和其他本国银行在不良贷款率、非利息收入占比和借贷总额增长率等关键指标上也有所不同。因此,为了准确地代表不同类别的银行,我们通过中位数的方法对每种类型的假想银行进行了适当的调整。这种处理方法的好处在于,它既简化了分析过程,又确保了数据的代表性和准确性。通过将注意力集中在 3 家代表性银行上,我们可以更有效地捕捉到不同类别银行之间的差异,从而更好地理解整个银行业的情况。

在我们的研究中,对银行的分类主要依据加拿大金融机构监督办公室(OSFI)的标准。这一分类标准是我们研究的重要基础,因为它为不同类型的银行提供了清晰的界定。值得注意的是,我们的研究与 Buch 等(2014b)的研究在分类方法上存在差异。Buch 等仅使用美国银行样本中的一家中位数银行来代表所有样本银行。然而,考虑到不同银行的资产组成存在显著差异,一家中位数银行并不能全面代表所有银行的特征。事实上,六大银行和其他本国银行在资产组成上存在显著差异。六大银行和其他本国银行持有更多的风险资产,如非抵押贷款和私人证券。在所有持有风险资产的银行中,六大银行持有的交易证券比例最高,因此它们面临的资产市场风险也最高[①]。此外,在研究国际冲击传递时,区分六大银行与其他国内特许银行尤为重要。六大银行更加国际化,通常拥有海外分支机构。相比之下,其他国内机构仅拥有跨境索赔权。这种差异使得六大银行在应对国际冲击时具有更高的风险敞口和独特的应对策略。

此外,美国和加拿大在管制金融机构的措施上存在本质的区别,这也为我们选取特定类型的加拿大银行作为样本提供了依据。根据 Chen 等的研究(2012),加拿大的金融管制措施是为国内银行量身定制的,对小型机构的监管尤为严格。相比之下,美国的监管制度对所有金融机构一视同仁,这使得美国的小型银行相对于大型银行更为脆弱,因为小型银行的杠杆率更高。这种差异在加拿大的银行业体现得尤为明显。随着时间的推移,越来越多的银行(尤其是六大银行之外的机构)通过降低杠杆率来应对监管压力。相比之下,美国银行的杠杆率分布更为集中。这表明,在加拿大,不同类型的银行在应对监管措施时采取了不同的策略,而美国银行业在这一方面则表现出更大的同质性。因此,只关注全体样本的中位数并不能很好地代表加拿大银行业的实际情况。通过对不同类型银行的细致分析,我们可以更好地理解它们的风险特征、资产组成以及应对监管措施的方式。这种深入的研究方法为我们提供了更准确、更全面的信息,有助于我们更好地评估银行业的风险和表现。

表 2.3 详细展示了 2016 年第一季度 5 个银行业变量的描述性统计数据。尽管样本量相对较小,但各变量之间仍然存在显著差异。首先,我们注意到非利息收入占比的分布最为分散,标准差高达 0.241 7。这表明不同银行在非利息收入方面的差异较大,可能反映了各银行在业务模式、风险偏好和战略定位上的不同。其次,股本资产比例和贷款总额增长率的差异也较为明显。这些变量的标准差分别为 0.085 6 和 0.036 5,表明不同银行在这些方面也存在一定的差异性。在不良贷款率方面,尽管其标准差为 0.054 7,相对较小,但仍然显示出一定的同质性。这意味着大部分银行的不良贷款率较为接近,但也有部分银行的比率较高或较低。

[①] Chen 等(2012)文章中的图 3 展示了按照规模、租赁类型和批发资金比率分类的不同类型的银行的资产负债表的组成部分。

表 2.3 5 个银行业变量数据描述（2016 年第一季度）

	均值	中位数	标准差	最小值	最大值
不良贷款率	0.018 5	0.004 1	0.054 7	0.000 0	0.312 8
股本比率	0.115 5	0.077 4	0.129 2	0.041 2	0.796 3
资产回报率	0.001 4	0.001 3	0.001 0	−0.001 6	0.004 5
总借贷增长	0.009 1	0.019 6	0.111 8	−0.243 2	0.498 3
非利息收入占比	0.327 2	0.286 7	0.241 7	−0.018 4	0.955 8

最后，资产回报率的同质性最高，标准差仅为 0.001 0。这表明大部分银行的资产回报率非常接近，显示出较为一致的盈利能力。通过仔细观察不同银行组别的数据，我们可以得出以下结论：六大银行和外国分行相比国内其他银行具有更高的风险。这主要是因为它们在不良贷款率、非利息收入占比和借贷总额增长率等方面的中位数较大。这些银行在某些关键指标上表现出更高的风险敞口和更强的波动性。相比之下，六大银行在股本比率和资产回报率上的表现由外资子公司和其他本土银行主导。这表明六大银行在这些方面可能具有一定的竞争优势或特定的经营策略。

综上所述，通过表 2.3 的描述性统计数据，我们可以更加深入地了解不同类型银行之间的差异，以及它们在各个关键指标上的表现。这些数据为后续的风险评估和银行业分析提供了重要的参考依据。

2.5 实 证 结 果

在我们的研究中，核心问题在于理解不同区块的变量与所有因子之间的关联程度，以及全球、国内和银行业因子对 5 个银行业变量的影响程度。为此，我们进行了深入的统计分析，并绘制了 3 个全球因子的估计值图，以展示这些因子的历史分解情况以及它们对全球冲击的响应动态。通过分析，我们发现正向的全球需求冲击和负向的商品冲击在解释实际商品价格的波动时起到了关键作用。基于这一发现，我们在后续的研究中主要关注这两类冲击的影响。接下来，我们将进一步探讨这两类冲击如何传递到加拿大的宏观经济变量以及代表银行的五个银行业变量上。我们还将深入分析六大银行在不同全球冲击下的反应特性。

此外，为了更全面地理解非利息收入占比在不同银行间的分布情况，我们参照了 Calmes 和 Theoret(2014) 的研究方法。在正向的全球需求冲击和负向的商品特有冲击后，我们研究了所有银行非利息收入占比的变化分布。这一系列研究旨在全面解析全球冲击对加拿大银行业的影响，并深入了解不同类型银行在此背景下的反应差异。通过这些分析，我们希望能够为政策制定者和金融机构提供有价值的参考信息，以帮助他们更好地应对全球市场的变化和挑战。

2.5.1 估计因子的解释能力

为了检验观测值与估计因子之间的关联程度，我们按照公式 (2.1) 中的测量方程进行了深入分析。表 2.4 详细展示了在整个样本期(1996 年第一季度至 2016 年第一季度)内,每个区块内不同分位(1%、10%、50%、90%和 99%)的变量对合适的因子集进行回归时的调整 R^2。这一分析涵盖了 6 个不同的区块数据:全球经济活动 $X_{Y,t}^G$,消费者和生产者价格 $X_{\pi,t}^G$,实际商品价格 $X_{P,t}^G$,加拿大经济 X_t^C,银行业 X_t^B 以及把所有数据整合在一起的 X_t。为了更直观地展示结果,我们还绘制了调整 R^2 对应的直方图(见图 2.1)。

表 2.4 每个数据区块内变量与相应因子回归的调整 R^2 的分位数

数据系列	调整 R^2 的分位数					K 系列个数
	1%	10%	50%	90%	99%	
全球经济活动,$X_{Y,t}^G$	0.401 3	0.562 6	0.861 7	0.940 1	0.954 3	16
消费者&生产者价格,$X_{\pi,t}^G$	0.084 2	0.151 0	0.749 5	0.929 7	0.963 2	23
实际商品价格,$X_{P,t}^G$	0.555 2	0.576 7	0.703 1	0.876 3	0.878 8	5
加拿大宏观经济数据,X_t^C	0.188 5	0.327 3	0.555 3	0.847 5	0.920 4	232
银行业数据,X_t^B	0.259 4	0.383 7	0.617 6	0.841 9	0.954 9	150
总体数据,X_t	0.163 9	0.346 5	0.598 6	0.856 7	0.950 9	426

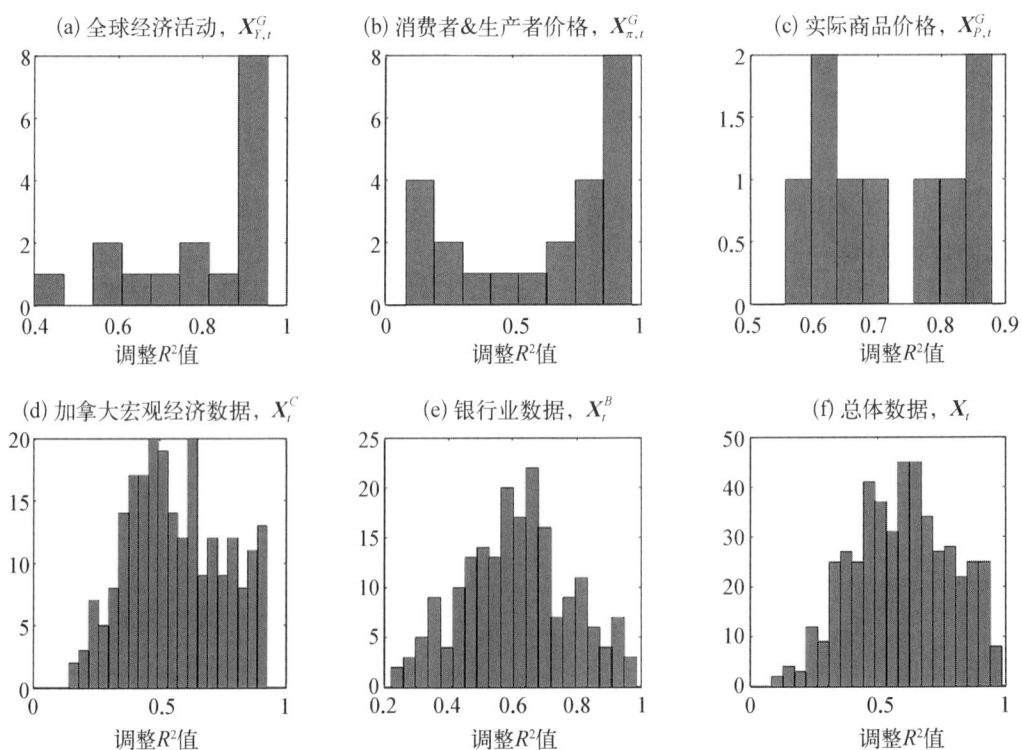

图 2.1 每个数据块内变量在相应因子集上回归的调整 R^2 值

这些分析结果表明，观测值与估计因子之间存在显著的相关性，特别是在中位数和高分位上的变量。这为我们的研究提供了坚实的统计基础，并验证了所选方法的有效性和准确性。这些发现对于深入理解全球和国内经济、银行业之间的动态关系具有重要的意义。

从初步分析的结果来看，所有的 X_t 变量都展现出了对于波动率的良好的解释能力。具体而言，调整 R^2 的中位数达到了 0.596 8，这表明观测值与估计因子之间存在显著的关联。进一步观察三个全球区块的变量 $X_{Y,t}^G$，$X_{R,t}^G$ 和 $X_{P,t}^G$，我们发现它们的调整 R^2 分布向右倾斜，这意味着在高分位上的变量得到了更好的解释。特别是全球经济活动 $X_{Y,t}^G$ 和实际商品价格 $X_{P,t}^G$，在 1‰分位上的调整 R^2 均超过了 0.40，表现出极高的解释力度。而 $X_{Y,t}^G$ 和 $X_{R,t}^G$ 的调整 R^2 中位数更是分别高达 0.861 7 和 0.749 5，进一步验证了估计因子的有效性。

尽管全球通货膨胀因子 $X_{R,t}^G$ 对 11 个系列的全球通货膨胀指标的解释力相对较弱，但其调整 R^2 的中位数仍然超过了 74.95%，这意味着超过一半的全球价格指标得到了较好的解释①。总体而言，估计因子对 3 个全球区块的变量具有很好的解释力。然而，对于加拿大宏观经济区块和银行业区块，相关估计因子的解释力相对较弱，但仍然保持在合理范围内。具体来说，调整 R^2 的范围分别为 [0.188 5, 0.920 4] 和 [0.259 4, 0.954 9]。这两个区块的调整 R^2 分布分别集中在 0.555 3 和 0.617 6 附近。这些结果为我们提供了关于观测值与估计因子之间关联程度的深入了解。

为了全面揭示各个因子（全球、国内和银行业）对 5 个银行业变量方差解释的贡献程度，我们深入探讨了相关数据，并在表 2.5 中详细列出了每个银行业变量对不同因子的回归调整 R^2 的中位数。这些数据为我们提供了直观的定量证据，以评估不同因子对银行业变量变动的解释力度。整体上，银行业变量和宏观经济变量与所有因子的联动性非常强，这表明这些变量与因子的关系紧密，并且这些因子能够显著地解释银行业变量的变动情况。具体来说，这些因子平均可以解释 61.76% 的银行业变量变动，这是一个相当高的比例，进一步强调了所选因子的代表性和解释力度。

表 2.5　每个银行业变量对不同因子做回归的调整 R^2 的中位数

银行业数据	全球（F_t^G）	加拿大（F_t^C）	银行业（F_t^B）	全部因子
所有银行业数据	0.152 7	0.142 4	0.447 0	0.617 6
(i) 不良贷款率	0.143 3	0.179 6	0.465 9	0.621 6
(ii) 股本比率	0.114 2	0.139 2	0.427 6	0.601 6
(iii) 资产回报率	0.345 6	0.155 4	0.636 1	0.742 4
(iv) 总借贷增长率	0.144 2	0.110 7	0.261 9	0.453 2
(v) 非利息收入占比	0.197 5	0.183 8	0.443 3	0.646 9

---

① 在仔细审查那些未能得到良好解释的价格指标后，我们注意到其中 8 个是 GDP 平减指数以及发展中国家（巴西、印度、中国和俄罗斯）的消费者价格指数。这些特殊的指标未能被我们的模型充分解释，表明在金砖国家中，除全球通货膨胀因子 $X_{R,t}^G$ 外，还有其他力量在影响价格变动。

然而，总借贷增长率和股本比例与因子的相关性相对较弱，这可能是由于它们受到其他非因子因素的影响较大，或者与因子的关联度相对较低。尽管如此，所有因子平均仍能解释45.32%和60.16%的总借贷增长率和股本比例的变动，这表明尽管存在一定的局限性，但因子分析在捕捉这些变量变动方面仍具有一定的价值。

在贡献程度方面，银行业因子对银行业变量变动的贡献最大。具体来说，银行业因子对资产回报率和不良贷款率变动的解释力度分别为63.61%和46.59%。这一发现与Buch等（2014b）使用美国银行数据所得出的结论一致。Buch等（2014b）指出，通过银行间市场或通过暴露未在我们的DFM中明确建模的常见冲击，银行因素可能捕捉了各银行之间的联系，比如对非金融私营部门资产负债表的冲击或通过银行系统传播的对国际金融市场的冲击。这一高解释力度进一步强调了银行业因子在解释银行业变量变动中的重要性。

此外，我们还发现全球因子对银行业变量的变动具有一定贡献。平均而言，全球因子解释了15.27%的银行业变量的变动。这一比例虽然相对较低，但在某些特定变量上，全球因子的解释力度较高。例如，全球因子在解释资产回报率、总借贷增长率和非利息收入占比的变动方面表现较好。这表明全球市场因素对加拿大银行业的经营状况和盈利能力具有一定影响。与此同时，加拿大宏观经济因子的贡献程度略低于全球因子。平均而言，加拿大宏观经济因子解释了14.24%的银行业变量的变动。在某些特定变量上，如不良贷款率和股本比例的变动，加拿大宏观经济因子的解释力度较高。这表明国内经济状况对银行业的稳定性和经营状况具有一定影响。值得一提的是，这些研究结果与Champam和Demar（2015）的结论相一致。他们指出，到2012年第四季度，加拿大六大银行在全球范围内十分活跃，在超过58个国家拥有海外债权。这一发现进一步强调了全球市场和国内经济状况对加拿大银行业的影响不容忽视。

综上所述，我们的研究结果表明，全球市场和国内经济状况对加拿大银行业的影响显著。银行业因子、全球因子和加拿大宏观经济因子均对银行业变量的变动具有一定贡献。在制定货币政策和监管措施时，应充分考虑这些外部因素对银行业稳定性的潜在影响。同时，银行也需要关注国际市场的动态，以便更好地应对可能的风险和挑战。此外，对于未来研究，可以考虑进一步探讨其他潜在影响因素与银行业变量之间的关系，以更全面地理解银行业的动态特征和发展趋势。

2.5.2 历史分解

图2.2还提供了对全球因子的历史分解，通过阴影部分衡量了全球冲击对全球因子变动的贡献程度。这一分解为我们提供了一个直观的方式来理解不同全球冲击对全球经济活动、通货膨胀和商品价格的影响。特别是从全球经济活动因子的角度，我们可以观察到它如何成功捕捉到历史上一系列重要的全球经济动荡。显著的例子包括1997至1998年亚洲金融危机、21世纪初的互联网泡沫破灭、2008年全球金融危机，以及随后的2010年欧洲主权债务危机。此外，该因子还反映了全球经济在某些时期的扩张，例如在大稳健时期的持续增长以及2009至2010年主要经济体实施的货币和财政政策刺激措施带来的短暂复苏。

图A 符号限制识别

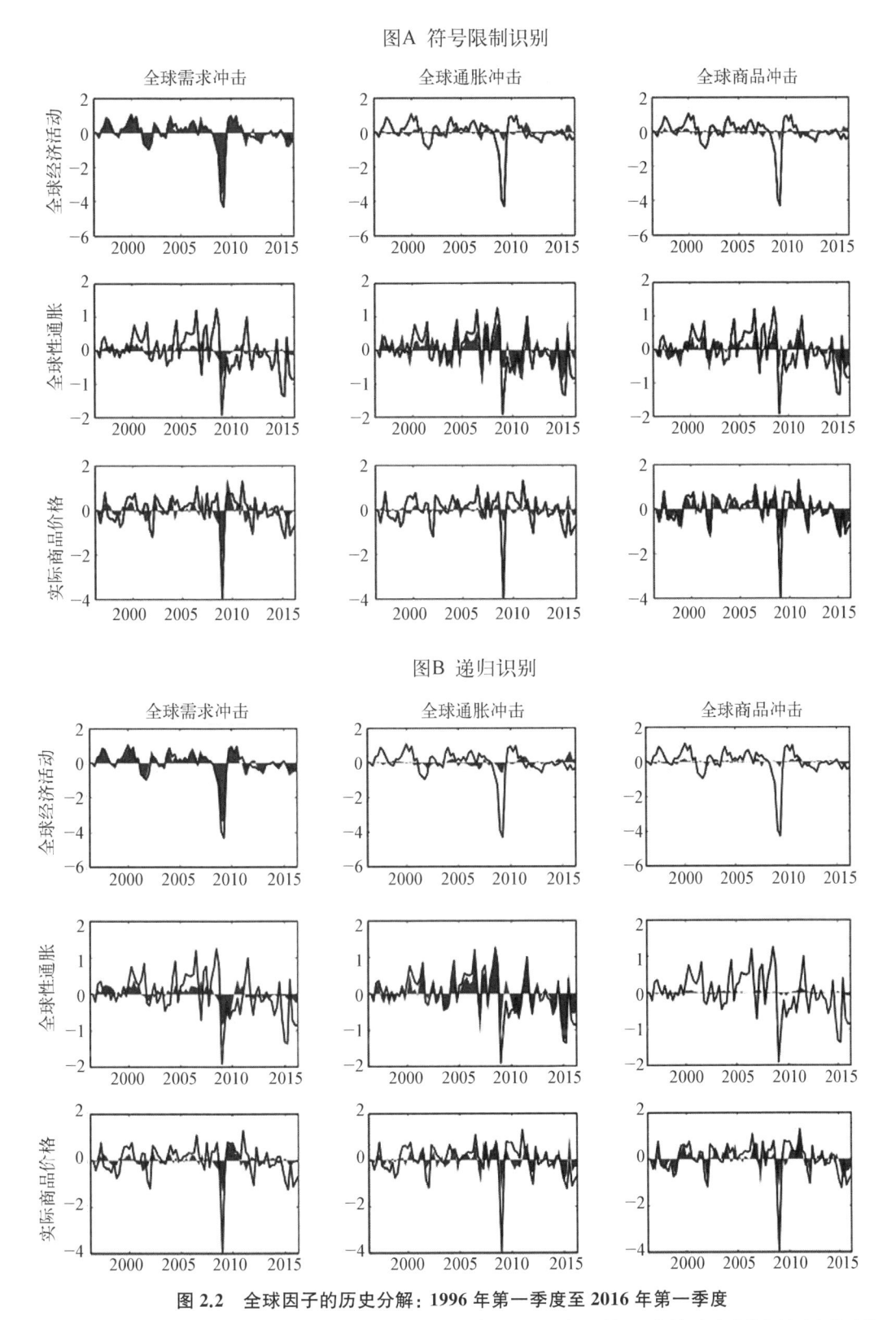

图B 递归识别

图 2.2 全球因子的历史分解：1996 年第一季度至 2016 年第一季度

注：实线代表三个全局因素。阴影区域表示面板 A 中的符号约束和面板 B 中的递归识别对每个全球结构性冲击的贡献。

与此同时,实际商品价格因子则准确地捕捉了一系列重大的商品市场事件。这包括1997至1998年期间亚洲金融危机引发的商品价格下跌、21世纪初由需求增长引起的商品价格上升、2008年全球金融危机中的价格回落、2009至2010年中国政府刺激措施带动的基础金属价格上涨、2011年初金属价格的快速下降,以及2014年6月起始的油价大幅下跌。此外,全球通货膨胀因子揭示了21世纪初食品和能源价格的显著上升、21世纪前十年后半期的通货紧缩趋势,以及2012年以后持续的低通货膨胀环境。

图2.2基于符号约束和递归识别结构模型,进一步为我们展示了这三个全球因子历史分解的结果。其中,阴影区域显示了三种全球冲击在样本期间对三个全球因子变化的贡献程度。具体来说,两种识别方法均表明,全球需求性冲击在样本期间对全球实际经济活动因子的变化产生了显著的影响。同时,尽管符号约束显示2014年中期以后的正向商品特有冲击对通货膨胀有一定影响,但两种识别方法均指出,全球通货膨胀因子的主要影响因素是全球通货膨胀冲击。

总体而言,图2.2不仅为我们提供了一个理解全球经济活动、通货膨胀和商品价格历史演变的全景视图,还通过历史分解揭示了这些变化背后的主要驱动因素。这对于深入分析经济政策、预测未来经济趋势以及理解全球经济一体化的影响具有极其重要的参考价值。

在我们的研究框架中,对样本期内每个结构性冲击对实际商品价格因子波动率的贡献程度进行深入探讨至关重要。这不仅有助于我们理解不同冲击对商品价格的直接影响,还能为后续分析提供明确的指导,使我们能够集中研究特定的结构性冲击。

图2.2的最后一行提供了有关实际商品价格因子波动率贡献程度的重要信息。在符号约束和递归识别机制下,数据显示实际商品价格的变动主要由商品特有冲击引起。这意味着商品市场的特定因素,如供需变化、生产成本和政策干预等,对商品价格产生了显著的影响。

此外,全球需求性冲击也是影响实际商品价格因子波动的一个重要因素。全球需求性冲击主要发生在2008至2009年商品价格下降之后,反映了全球经济需求削减的情况。这一发现与Charnavoki和Dolado(2014)的研究结果一致,他们使用1975年第一季度至2010年第一季度的样本数据进行了分析。我们的结论进一步支持了Baumeister和Kilian(2016)的观点,即2014年6月开始的原油价格下跌主要由原油市场特定商品冲击导致,同时也有全球经济需求冲击的影响。这一观察结果强调了商品市场特有冲击和全球需求性冲击在商品价格变动中的重要作用。

基于以上分析,我们可以得出结论,在后续的研究中,我们将主要关注这两类冲击(正向全球需求性冲击和负向商品市场特有冲击)对加拿大经济和银行业的影响。通过深入研究这些冲击的传播机制,我们可以更好地理解它们对加拿大银行业的具体作用,从而为政策制定者提供有价值的参考意见,并帮助银行业更好地应对外部冲击和不稳定因素。

2.5.3 全球因子对重要商品价格冲击的脉冲响应

接下来我们检验三个全球因子对已识别的全球需求性冲击和商品特定冲击做出的反应。图2.3基于符号约束和递归识别机制画出了全球因子的脉冲反应函数。阴影部分涵盖了符号约束得到的68%的置信结果。实线代表递归识别机制识别出来的脉冲反应的中位数,虚线代表68%的置信区间。

图 2.3　全球因子对正全球需求冲击和负商品特定冲击的脉冲响应

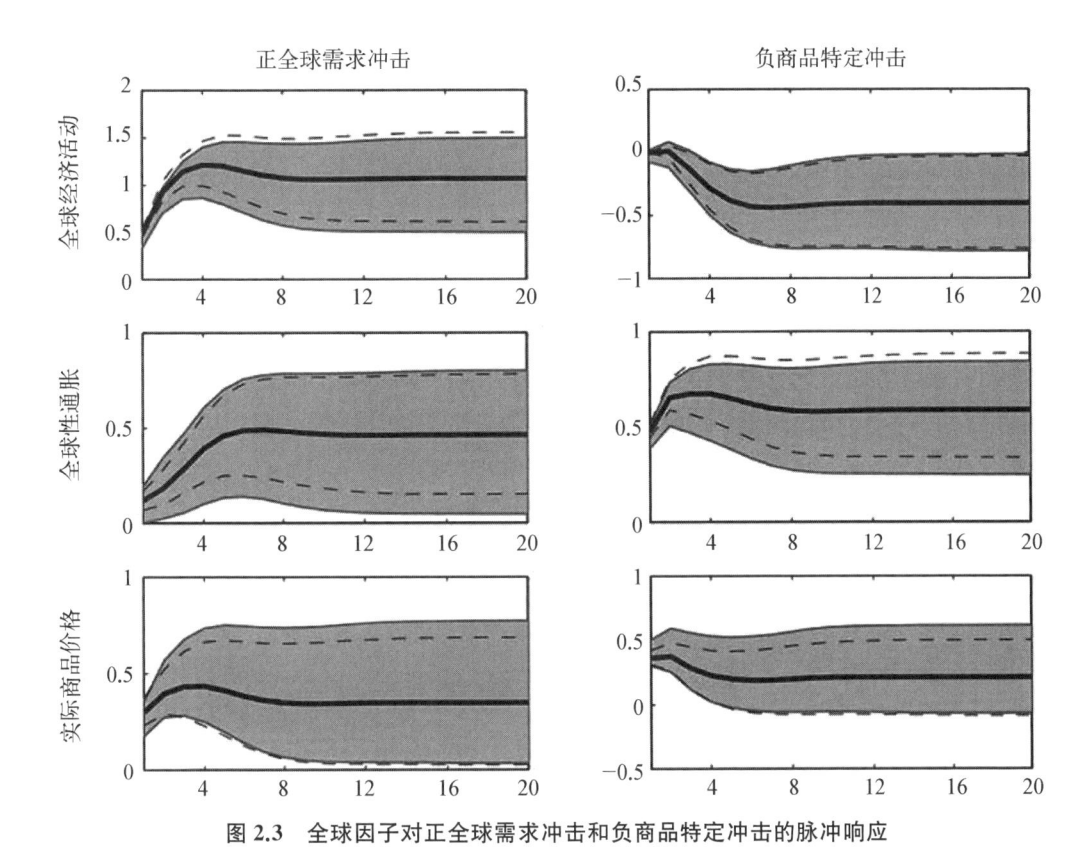

注：该图显示了在符号约束和递归识别下，三个全球因素对正向全球需求性冲击和负向商品特定冲击的一个标准差增加的脉冲响应。阴影区域代表等尾的 68% 可信集。实线表示中值脉冲响应，虚线表示递归识别下的等尾 68% 可信集。

通过比较符号约束和递归识别两种机制的结果，我们可以看到它们在某些方面是一致的，而在其他方面存在差异。首先，两种机制都显示正向的全球需求性冲击对全球经济活动因子和实际商品价格因子的影响是显著的。全球经济活动因子受到的影响较大，正向全球需求性冲击将其抬高了 0.5 个百分点，这一影响是持续的，并在一年后达到峰值，为 1.3 个百分点。对于实际商品价格因子，正向全球需求性冲击将其提高了 0.23 个百分点，同样这一影响在一年后达到峰值，为 0.44 个百分点。

然而，负向的商品特定冲击对实际商品价格因子的影响则有所不同。短期内，负向商品特定冲击使得实际商品价格因子飙升了 0.47 个百分点。但这一影响在一年后变得不再显著。此外，两个季度后，负向商品特定冲击对全球经济活动产生了不利影响，并在六个季度后达到峰值，为 −0.72 个百分点。对于全球通货膨胀因子，正向全球需求性冲击对其产生了一定的提升作用。六个季度后，这一影响达到峰值，为 0.43 个百分点。而负向商品特定冲击则导致全球通货膨胀有短暂的急剧上升。具体来说，两个季度内全球通货膨胀上升了 0.58 个百分点，但随后开始缓慢回落。

两种识别机制得到的结果在某些方面存在一致性，如正向全球需求性冲击对全球经济活动和实际商品价格因子的影响。但在其他方面，如负向商品特定冲击的影响上存在差异。这些结果为我们提供了更全面的视角来理解不同全球冲击对全球经济活动、通货膨胀和商品价格的影响。

2.5.4 商品价格冲击对国内经济变量的传导机制

在研究商品价格冲击对加拿大银行的影响之前,我们深入探讨了商品价格冲击如何影响宏观经济变量,从而影响整体经济。过去的研究已经证实了传导机制在决定不良贷款方面的重要作用(Nkusu,2011;Klein,2013)。在此背景下,我们特别关注一系列关键变量,包括实际 GDP 增长率、通货膨胀率、货币政策利率、总失业率、股票价格和房价。

实际 GDP 增长率不仅决定了银行贷款的未来预期,还与贷款违约率高度相关。货币政策利率作为银行考虑资金成本的重要因素,同时也是投资回报率的基准。房屋作为住宅抵押和其他类型借贷的债务担保,其价值对银行业健康具有重要意义。此外,由于商品价格直接影响可贸易商品部门,我们还考虑了出口、进口、贸易条件和实际有效汇率等经济指标①。同时,结合私人和政府消费、投资以及家庭部门和企业部门的总借贷数据,进一步丰富了研究内容。

为了深入了解商品价格冲击对不同行业的异质性影响,我们还引入了分行业未加总的 GDP 数据。这一研究思路受到关于"荷兰病"问题争论的启发,旨在揭示商品价格冲击对不同行业的具体影响②。值得注意的是,在将宏观经济变量的脉冲反应函数转化为原始数据的过程中,我们采用了第一步估计的标准差。这一处理方法有助于确保研究的准确性和可靠性。

图 2.4 详细展示了本章考虑的宏观经济变量对全球需求性冲击 $\epsilon_{D,t}$ 的反应。一个标准差的全球需求性冲击对应的实际能源价格上涨达到了 8%。研究结果与 Vasishtha 和 Maier(2013)以及 Charnavoki 和 Dolado(2014)的结论相一致。

当全球对加拿大商品的需求增加,即正向的全球需求性冲击发生时,一系列关键的总量变量出现了持续的增长。这些变量包括 GDP、通货膨胀率、总就业、消费、投资和进出口等。通常情况下,这种影响会持续大约两年。值得注意的是,私人消费的增长幅度明显大于政府消费。实际私人消费对此冲击的反应迅速且显著,而实际政府投资的增长则相对缓慢,并在一年后逐渐下降。这与经济周期相关研究中政府支持的逆周期性相一致。

---

① 在 BIS 有效汇率指数中,名义有效汇率(NEER)是一个重要的概念,它表示多个双边汇率的加权平均值。然而,要全面理解有效汇率,我们还需要关注实际有效汇率(REER)。REER 是对 NEER 进行调整后的结果,具体是通过相关的价格或成本进行调整。这意味着 REER 的变动不仅考虑了名义汇率的变化,还考虑了与贸易伙伴之间的通货膨胀差异。简而言之,如果实际(或名义)汇率上升,那么 REER 也会相应上升。

② "荷兰病"是一个与汇率和贸易有关的经济学概念。它描述的是当一个国家的实际汇率上升时,会导致该国的实际商品价格上涨。这种情况有可能导致该国的竞争力下降,进而使得非商品贸易部门的产出下降。与此同时,非贸易部门和商品部门的产出可能会增加。尽管 Spatafora 和 Warner(1999)以及 Stijins(2003)的研究提供了关于"荷兰病"相反的证据,但这一概念仍然在经济学中被广泛讨论和研究。"荷兰病"效应的复杂性在于它涉及多个经济因素之间的相互作用。实际汇率的上升可能会导致商品价格上涨,但这并不意味着该国在国际市场上的竞争力一定会下降。国家的经济结构和贸易政策也是决定竞争力的关键因素。此外,非商品贸易部门的产出下降并不一定意味着整体经济的衰退,因为商品部门的增长可能会对经济产生一定的补偿效应。在分析"荷兰病"效应时,还需要考虑其他经济因素,如生产成本、需求结构、贸易伙伴的竞争力和市场结构等。这些因素都可能对一个国家的出口表现产生影响。因此,在制定经济政策时,需要综合考虑各种因素,以确保经济的稳定和持续增长。

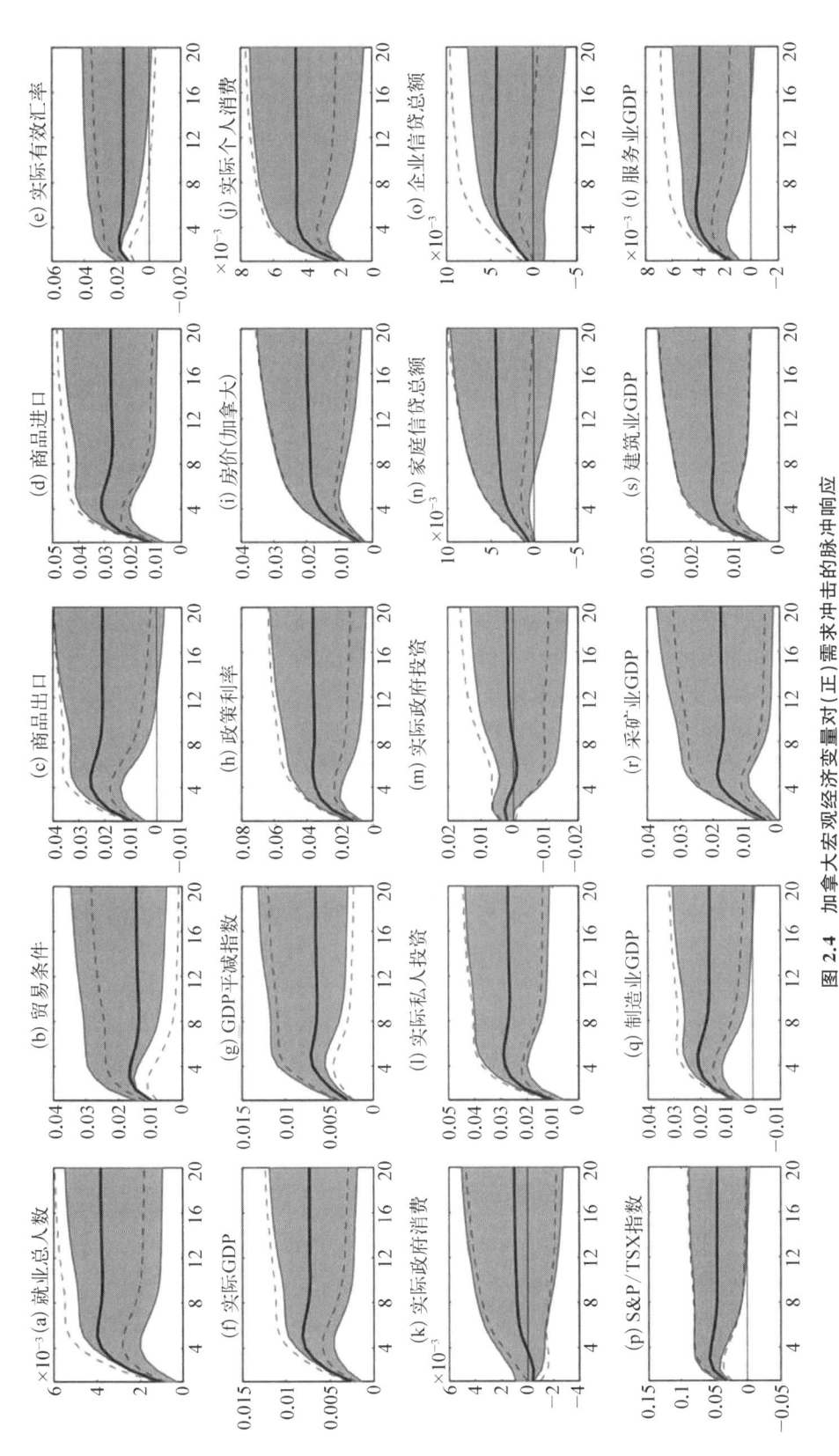

图 2.4 加拿大宏观经济变量对（正）需求冲击的脉冲响应

注：阴影区域代表等尾的 68% 可信集。实线表示中值脉冲响应，虚线表示递归识别下的等尾 68% 可信集。

在行业层面,分行业的GDP都有所上涨,但服务业的上涨幅度相对较小。全球需求的增加导致实际商品价格上涨,进而促使采矿业大幅增加产量。通货膨胀率通过GDP平减指数衡量,迅速上升,这可能导致加拿大采取扩张性的货币政策来抑制通货膨胀。此外,贸易条件也提高了16%,并在一年内达到峰值。随着收入的增加,房价上涨了16%,S&P/TSX指数也上涨了5%。我们还发现,由于实际商品价格上涨,实际有效汇率有所上升,这与Chen和Rogoff(2003)的研究结论相一致。

从图2.4中可以看出,正向全球需求性冲击通常是扩张性的。消费者、非能源企业和政府都从商品出口中获得了意外收入。尽管政策利率的上升可能会抵消一部分流动性,但随着总收入的增加,银行的流动性也相应提高。这种正向冲击有助于经济的增长和扩张,但也需要政策制定者密切关注可能出现的通货膨胀压力和其他相关问题。

图2.5展示了宏观经济变量对负向全球商品特定冲击(GC)的脉冲反应,与对正向全球需求性冲击(GD)的反应存在显著差异。当实际能源价格指数上升11%,涨幅较大时,各经济变量产生了不同的反应。贸易条件出现了上升,涨幅为9%,但这一上升趋势仅持续了两个季度,随后便开始下跌,与出口的下降趋势相呼应。进口方面,仅在一个季度内略微上涨,其影响并不显著。

在主要的宏观经济变量方面,如实际GDP、私人消费、私人投资和政府消费几乎没有增加。政府投资最初有所下降,随后小幅反弹。分解的GDP则显示了不同程度的下降趋势。由于实际商品价格上涨,采矿业GDP下降,并且这一下降存在滞后性。相比之下,制造业GDP下降了1%,大于其他行业GDP的下降幅度。GDP平减指数上升了0.5%,但这一影响逐渐减弱,尽管通货膨胀率持续上升。这种情况可以理解为:负向全球商品特定冲击抬高了实际商品价格,而实际商品价格是通货膨胀指数的一个组成部分。政策利率出现了下降,而房价在四个季度内略微上涨随后也开始下降。

从上述结果可以看出,起初经济体仍然可以从初级产品出口中获得收益。然而,实际商品价格的上升导致其他经济体的经济活动放缓,从而抑制了工业产品的出口,并在长期内抑制了实际GDP的增长。短期内,由于汇率升值,出口商品价格上升,进口商品价格相对下降,本国经济体可以从中获利。但这种短期利益可能难以持续,因为全球商品市场的波动可能对国内经济产生深远的影响。

总的来说,负向全球商品特定冲击对国内经济产生了明显的负面影响,尤其是在工业生产和出口方面。这表明国内经济对全球商品市场的依赖可能导致其容易受到价格波动的影响。因此,政策制定者需要密切关注全球商品市场的动态,并采取适当的措施来减轻潜在的经济冲击。

2.5.5 对银行业变量的脉冲响应分析

在本节中,我们将深入研究商品价格冲击对加拿大银行业的影响,特别是通过估计三类银行(六大银行、外国支行和其他本地银行)的中位数银行的脉冲反应函数来进行。图2.6和图2.7分别展示了中位数银行变量对两类商品价格冲击的估计脉冲反应函数(IRFs)。

为了更准确地分析银行业变量的动态传导效应,我们将银行业变量转换为原始数据单位。具体来说,我们通过乘以相应的标准差,再加上均值,来实现这一转换。这样,我们就可以将银行业变量转换回其原始数据单位,从而得到更精确的结果。

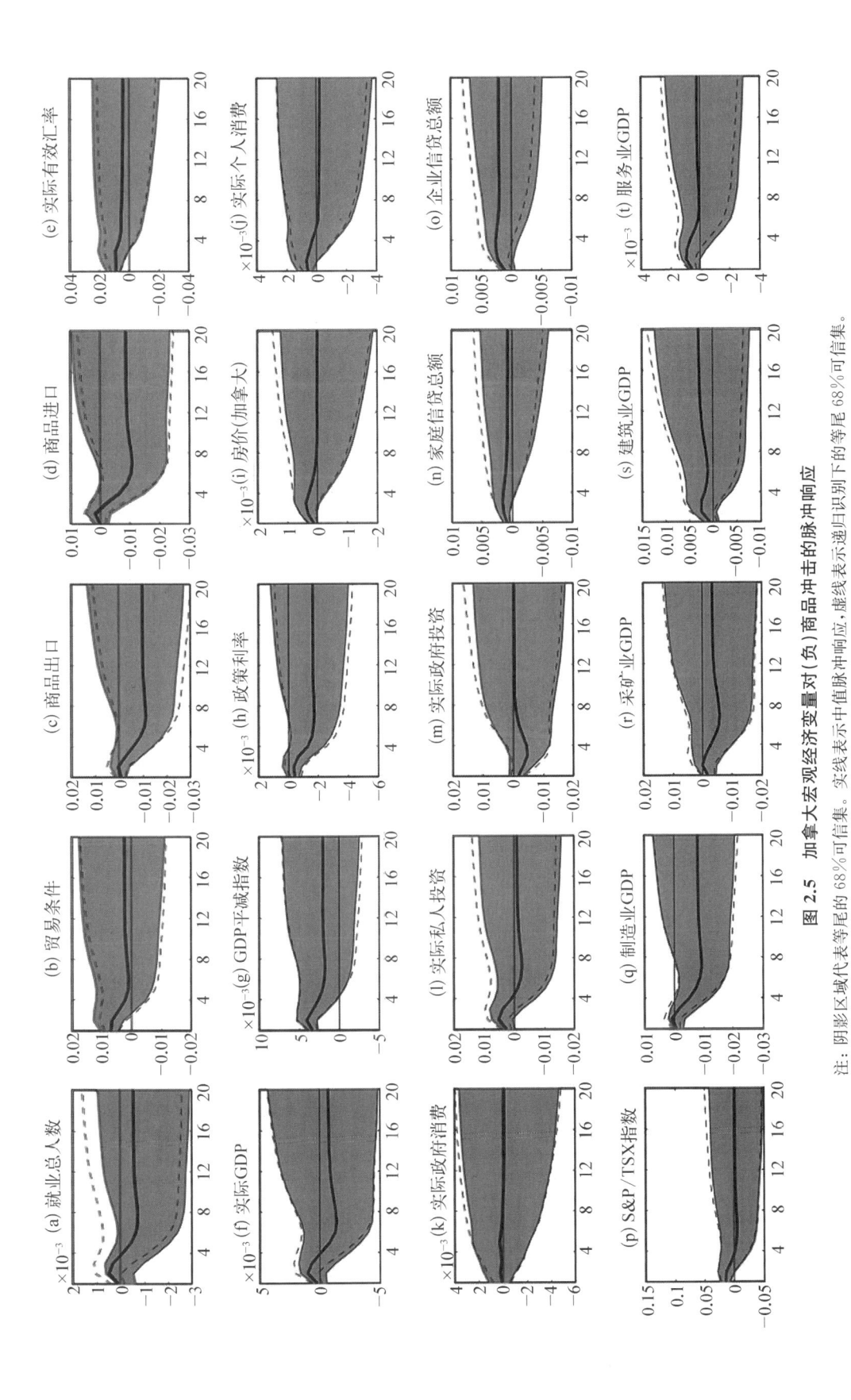

图 2.5 加拿大宏观经济变量对(负)商品冲击的脉冲响应

注：阴影区域代表等尾的68%可信集。实线表示中值脉冲响应，虚线表示递归识别下的等尾68%可信集。

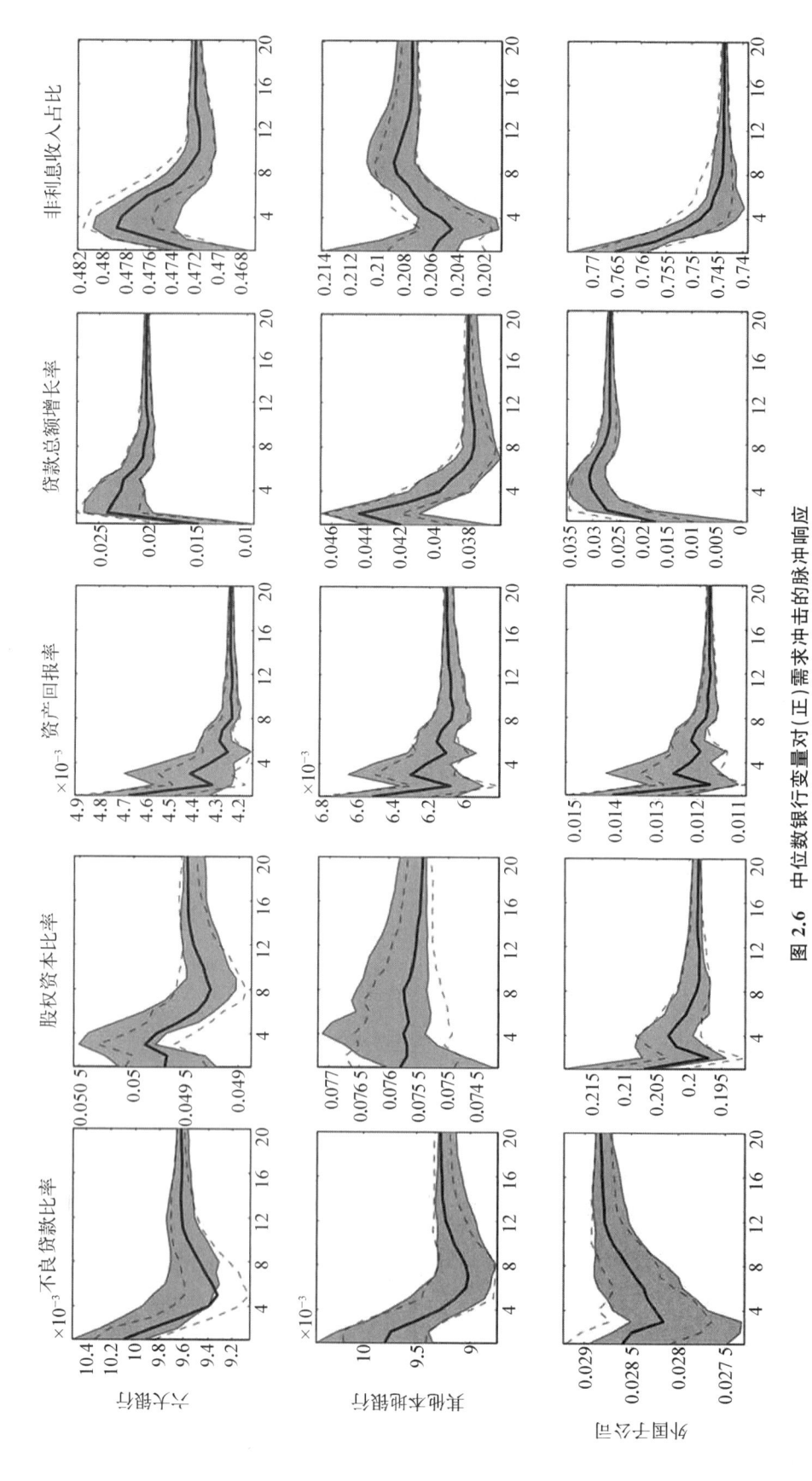

图 2.6 中位数银行变量对(正)需求冲击的脉冲响应

注：阴影区域代表等尾的 68% 可信集。实线表示中值脉冲响应，虚线表示递归识别下的等尾 68% 可信集。

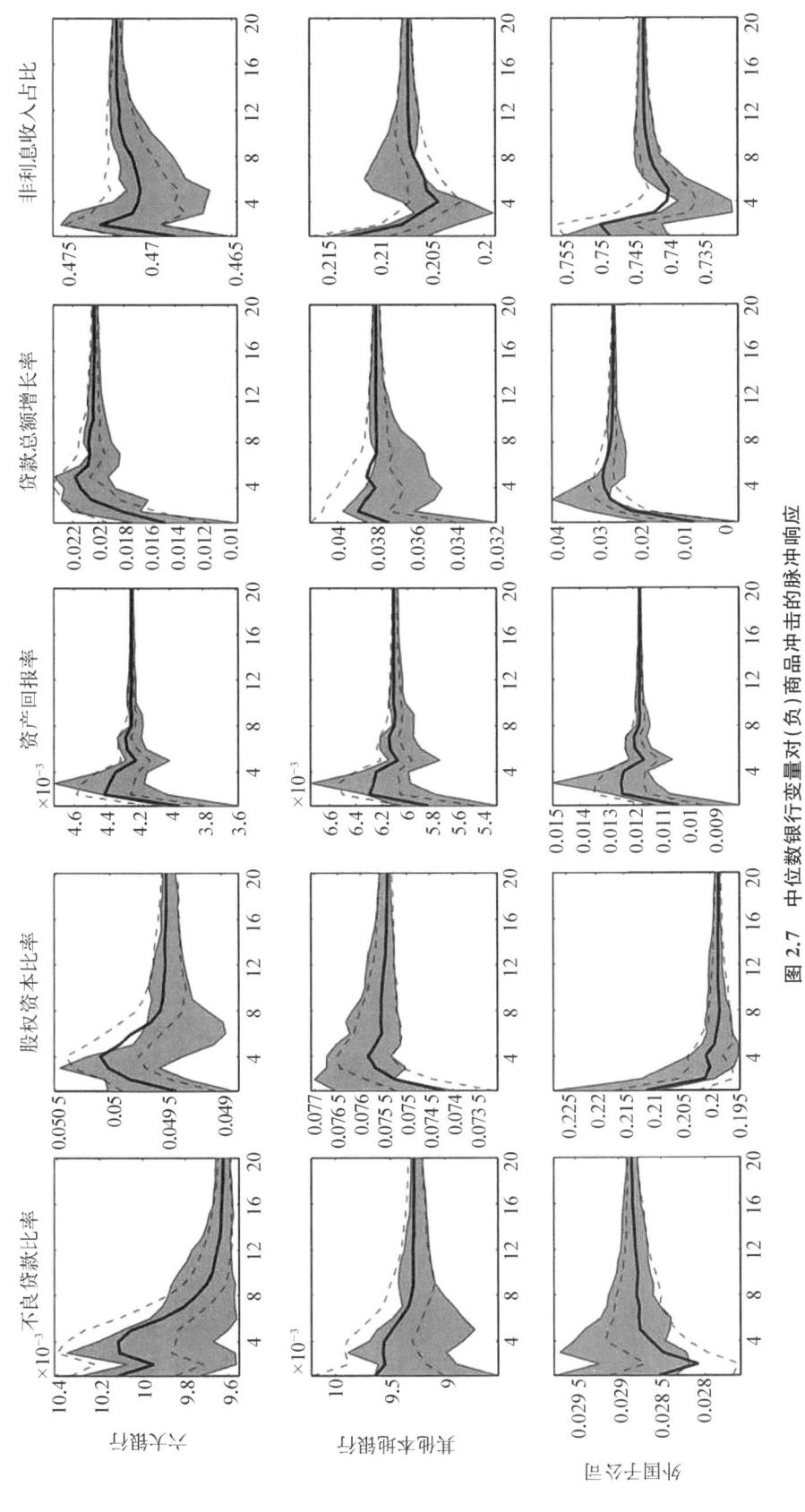

图 2.7 中位数银行变量对（负）商品冲击的脉冲响应

注：阴影区域代表等尾的 68% 可信集。实线表示中值脉冲响应，虚线表示递归识别下的等尾 68% 可信集。

我们主要关注冲击对总借贷增长、不良贷款率和非利息收入占比的影响。选择这些变量是因为我们希望将我们的结果与 Buch 等(2014b)的研究结果进行对比。通过比较不同研究的结果,我们可以更全面地了解商品价格冲击对银行业的影响,并进一步探讨其中的传导机制。

通过分析中位数银行的脉冲反应函数,我们可以深入了解各类银行如何应对商品价格冲击。例如,六大银行的反应可能与外国支行和其他本地银行存在差异,这可能与它们的市场地位、业务模式和风险管理策略等因素有关。

此外,通过比较两类商品价格冲击的影响,我们可以进一步了解不同类型冲击对银行业的具体影响。例如,正向全球需求性冲击可能导致总借贷增长和不良贷款率的上升,而非利息收入占比可能会下降;而负向全球商品特定冲击可能对总借贷增长和不良贷款率产生不同的影响。

在分析宏观经济冲击对银行业影响的相关理论基础上[①],图 2.6 和图 2.7 提供了更具体的实证数据,展示了全球经济动荡如何影响银行借贷行为。这些图表揭示了正向全球需求性冲击和负向全球商品特定冲击对银行借贷的具体影响。

在正向全球需求性冲击之后,加拿大六大银行和其他本地银行的中位数银行总借贷增长表现得更加明显,增长幅度也更高。具体来看,这些银行的总借贷分别增长了 105 个基点和 24 个基点,但这种增长的持续时间相对较短。另一方面,面对负向全球商品特定冲击,这两类银行的总借贷增长率也有所上升,分别为 60 个基点和 6 个基点,但此时影响的持续时间更长,从四个季度到两年不等。这些发现与 Buch 等(2014b)在研究扩张性需求冲击后对美国银行影响的结论相一致。

Zhang(2009)通过 DSGE 模型解释了这一现象的背后原理:只要宏观经济冲击能够促进经济增长,银行对投资项目的预期将变得更为乐观,从而激励它们增加信贷供给。然而,正向全球需求性冲击的一个后果是央行提高利率(如图 2.4 所示),这增加了银行的融资成本,并可能导致随后的总借贷增长率下降。在负向全球商品特定冲击的情况下,由于商品价格上涨不是由于全球经济扩张,因此,只有与相关商品行业直接相关的企业可能从中获利,而其他行业可能遭受损失。这种情况下的汇率升值可能导致实际 GDP 增长放缓,因为非商品行业的出口可能减少。在这种情境下,央行可能会降低政策利率,从而降低银行的融资成本(如图 2.5 所示),因此,国有银行的总借贷增长受到的影响相对较小,但持续时间更长。

特别值得注意的是,设有海外分行的代表性银行对这些宏观经济冲击的反应要大于六大银行和其他本国银行。在负向全球商品特定冲击后,这些银行的借贷增加了 270 个基点,而在正向全球需求性冲击后增加了 125 个基点。这一现象可以解释为,海外分行拥有更多机会在海外市场发放外国贷款。此外,Chen 等(2012)指出,海外银行分行能够更好地利用以市场为导向的融资方式,因此在成本上受到的限制较少。这一发现对于理解全球化背景下银行业的运作具有重要的启示意义,特别是在考虑银行如何应对和适应全球经济波动时。

---

① Angeloni 和 Faia(2009)、Zhang(2009)、Dib(2010)、Gerali、Neri、Sessa 和 Signoretti(2010)以及 Meh 和 Moran(2010)在他们的研究中提出了动态随机一般均衡(DSGE)模型,这些模型在宏观经济分析中引入了银行的角色。这一重要步骤突出了银行资产负债表在放大经济波动中的关键作用。这些研究认为,银行的资产负债表构成和行为对经济波动产生了显著影响,特别是在面临宏观经济冲击时。

Buch 等(2014b)在他们的研究中提出,不良贷款率是一个重要的后向指标,用于衡量银行作为流动性提供者的风险,这一观点得到了 Zhang(2009)的支持。不良贷款率,即逾期或违约贷款占总贷款的比例,能够反映银行资产质量和信贷风险的水平。根据一些理论模型,例如 Zhang(2009)的研究,宏观经济的冲击,特别是正向的冲击,可能会导致不良贷款率的下降,从而促进实际经济活动的繁荣。

当银行与企业签订贷款合同时,它们通常会考虑未来投资的回报率和潜在的贷款违约率。在正向全球需求性冲击的情况下,这种冲击可能会帮助企业获得意外的利润,从而降低了贷款的违约风险,这低于银行此前的预期。

在两种不同类型的商品价格冲击之后,各代表性银行的不良贷款率都呈现初期下降的趋势,符合 Zhang(2009)的预测。然而,正向全球需求性冲击比负向全球商品特定冲击的影响更加持久和显著。具体来说,正向全球需求性冲击之后,六大银行、其他本国银行和海外分行的不良贷款率分别下降了 7 个、5.3 个和 3 个基点。相比之下,负向全球商品特定冲击之后,六大银行的代表银行的不良贷款率仅下降了 4 个基点,其他两类银行的代表银行的不良贷款率并没有显著变化。影响持续的周期分别为 6 个季度(正向全球需求性冲击)和 2 个季度(负向全球商品特定冲击)。

值得注意的是,负向全球商品特定冲击后,由于经济增长放缓,六大银行的代表银行的不良贷款率经历了 3.9 个基点的反弹。类似地,正向全球需求性冲击后,由于央行实施了紧缩的货币政策利率,不良贷款率也出现了一定程度的反弹。这些观察结果表明,宏观经济冲击对银行的信贷风险和资产质量有着显著的影响,这对于银行风险管理和宏观经济政策的制定具有重要意义。

2.5.6 非利息收入的脉冲响应函数

在探讨宏观经济冲击对银行业影响的过程中,Buch 等(2014b)提出了一个重要观点,即银行的非利息收入占比是一个关键的流量指标,有效地反映了银行对未来商业环境的预期。一般来说,非利息收入占比的增加往往表明银行愿意承担更高的风险,预期在未来获得更高的资本回报率。这种变化不仅是银行业务多样化策略的体现,也是对宏观经济情景的一种适应。

当遭遇正向全球需求性冲击时,加拿大六大银行的中位数银行在非利息收入占比上呈现出显著的正向反应,增加了 100 个基点。这一变化可能反映了这些银行对经济环境的乐观评估,以及在扩张期间寻求更高利润的意愿。相比之下,其他本国银行和海外分行的中位数银行的非利息收入占比却显著下降,分别下降了 60 个和 250 个基点,这可能表明这些银行在面对全球经济波动时采取了更为谨慎的风险管理策略。

而在面临负向全球商品特定冲击的情况下,六大银行的中位数银行的非利息收入占比仅有短暂的小幅上升(30 个基点),随后迅速下跌(20 个基点)。这表明,尽管负向冲击初期可能促使银行寻求非传统收入来源,但长期来看,这种策略并未能持续带来收益。其他本国银行和海外分行的非利息收入占比在此类冲击下的表现也类似,表明负向的全球商品特定冲击可能导致银行在非传统业务方面的收益减少。

此外,从图 2.6 和图 2.7 中还可以观察到,在负向全球商品特定冲击之后,所有银行的总资产回报率有所上升,而在正向全球需求性冲击之后,这一指标则呈现下降趋势。这一现象可能反映了在不同类型的宏观经济冲击下,银行资产管理策略的不同调整。负向全球商品特定冲击后,国内代表性银行的股权比例上升,显示了这些银行可能采取了更加保守的资本结构策略。

总体来看,这些观察结果揭示了加拿大银行业在面临宏观经济冲击时的不同反应模式[①]。与Kashpay和Stein(2000)及Diamond和Rajan(2006)的研究相反,我们发现在正向全球需求性冲击之后,大型银行的借贷增长和非利息收入占比的波动幅度都超过了小型银行。这可能表明,在加拿大,大型银行在宏观经济冲击下的风险更加集中,他们的非利息收入占比波动更大,显示出对经济环境变化的敏感性。这些发现与Chen等(2012)和Calmes及Theoret(2013)的研究一致,并且与Buch等(2014b)对美国银行的观察结果相匹配,为我们理解和分析银行业在全球经济波动中的行为提供了宝贵的洞见[②]。

表2.6通过提供预测误差方差分解(FEVD)的详细数据,为我们分析和评估不同类型商品价格冲击对银行业发展的相对重要性提供了有力的工具。这种分析方法允许我们深入理解在特定时间范围内,各类宏观经济冲击对银行业关键变量预测不确定性的贡献程度。

表2.6 预测误差方差分解

银行业数据	一年期 $\epsilon_{D,t}$	一年期 $\epsilon_{S,t}$	一年期 $\epsilon_{C,t}$	五年期 $\epsilon_{D,t}$	五年期 $\epsilon_{S,t}$	五年期 $\epsilon_{C,t}$
组A:所有银行						
(i) 不良贷款率	7.052 3	6.888 2	7.095 3	10.815 5	8.903 5	6.831 4
(ii) 股本比率	9.267 1	6.311 3	14.600 7	11.994 0	9.024 2	13.880 7
(iii) 资产回报率	14.293 5	5.592 5	4.589 6	14.300 4	6.605 8	4.363 4
(iv) 总借贷增长率	10.548 0	5.194 8	14.250 3	13.117 3	9.908 8	12.163 1
(v) 非利息收入占比	6.030 5	4.810 0	5.724 3	9.991 0	6.604 8	5.432 8
组B:六大银行						
(i) 不良贷款率	6.401 2	4.093 3	6.504 3	10.364 3	6.572 1	6.009 2
(ii) 股本比率	8.557 3	4.211 9	13.213 9	11.938 4	8.599 2	11.319 5
(iii) 资产回报率	13.788 0	5.737 7	4.712 5	13.946 2	6.694 7	4.529 3
(iv) 总借贷增长率	10.337 0	7.000 8	8.212 6	20.511 3	8.778 0	7.651 0
(v) 非利息收入占比	8.896 5	4.912 8	8.655 5	12.058 1	7.853 5	7.684 1

注:A组和B组分别说明了所有银行和六大代表银行的预测误差差异分解。每个数字表示由各种商品价格冲击解释的预测误差差异的百分比。

[①] 根据Chen等(2012)的估计,六大银行规模最大,平均资产达5 127亿美元;海外分行紧随其后,平均资产87亿美元;其他本国银行资产规模最小,平均资产49亿美元。

[②] 我们还绘制了六大银行单独的脉冲反应函数,用六大银行中每个银行单独的银行业变量做回归,并列出了调整R^2,感兴趣的读者可以参考附录D。

在这项分析中,我们特意区分了短期(一年预测期)和中期(五年预测期)的影响,以便更准确地捕捉和理解宏观经济冲击在不同时间尺度上的影响。短期分析侧重于评估即时或近期内的影响,这对于理解宏观经济冲击的初期效应至关重要。中期分析则提供了对长期趋势和影响的洞察,有助于了解经济冲击如何随时间推移而演变,并对银行业造成持续影响。

此外,我们还对所有银行的中位数银行和六大银行的中位数银行进行了区分。这样的区分使我们能够比较不同规模和类型的银行如何对相同的宏观经济冲击作出反应。中位数银行的分析可以提供关于整个银行业普遍反应的见解,而专注于六大银行的分析则揭示了这些市场领导者可能有不同的风险承受能力和策略。

通过 FEVD 的应用,我们能够量化和对比不同类型的商品价格冲击——如能源价格冲击、农产品价格冲击和金属价格冲击——对银行业关键指标(如贷款增长率、不良贷款率和非利息收入占比等)的影响。这种分析有助于揭示在不同经济周期阶段,哪些类型的冲击对银行业的稳定性和增长最具影响力,进而为银行风险管理和政策制定提供重要参考。

遵照 Bernanke 等(2005)的方法,我们选用了一个更加合适的预测误差方差分解,结构性冲击的相对重要性可以通过比较公因子解释的可观测变量的程度得出。对于任意一个变量 $X_{it} \in \boldsymbol{X}_t$,$h$ 年预测期的调整的 FEVD 可以表示为:

$$\frac{\boldsymbol{\Lambda}_i \mathrm{Var}(\boldsymbol{F}_{t+h} - \widehat{\boldsymbol{F}}_{t+h} \mid \boldsymbol{v}_t^j) \boldsymbol{\Lambda}_i^{\mathrm{T}}}{\boldsymbol{\Lambda}_i \mathrm{Var}(\boldsymbol{F}_{t+h} - \widehat{\boldsymbol{F}}_{t+h}) \boldsymbol{\Lambda}_i^{\mathrm{T}}}$$

其中,j 表示作用于误差项 $\boldsymbol{v}_t$ 的特定的冲击,$\boldsymbol{\Lambda}_i$ 是式(2.1)中定义的因子载荷矩阵 $\boldsymbol{\Lambda}$ 的第 i 行。式 $\frac{\mathrm{Var}(\boldsymbol{F}_{t+h} - \widehat{\boldsymbol{F}}_{t+h} \mid \boldsymbol{v}_t^j)}{\mathrm{Var}(\boldsymbol{F}_{t+h} - \widehat{\boldsymbol{F}}_{t+h})}$ 为标准 FEVD,其中 $\mathrm{Var}(\boldsymbol{F}_{t+h} - \widehat{\boldsymbol{F}}_{t+h} \mid \boldsymbol{v}_t)$ 是基于特定冲击 j(作用于误差项 $\boldsymbol{v}_t$)的方差矩阵,$\mathrm{Var}(\boldsymbol{F}_{t+h} - \widehat{\boldsymbol{F}}_{t+h})$ 是 $\widehat{\boldsymbol{F}}_{t+h}$ 的无条件预测方差。

表2.6中的数据展示了三类全球结构性冲击在短期和中期对银行业关键指标的影响。在短期(一年预测期)内,这些冲击共同解释了所有银行中位数银行的不良贷款率21%、股本比率30.1%、资产回报率24.5%、总借贷增长率30%以及非利息收入占比16.6%的变动。从中期的角度(五年预测期)来看,这些银行业变量的增长范围在0.79至5.66基点之间。

对比来看,六大银行的中位数银行在短期内对这些全球结构性冲击的反应在某些方面有所不同。虽然不良贷款率(16.99%)、股本比率(25.98%)和资产回报率(24.23%)的影响较小,但是在总借贷增长率(35.55%)和非利息收入占比(22.46%)方面,这些冲击的影响却更加显著。

在单独考虑商品价格冲击时,我们发现商品特定冲击和全球需求性冲击对短期内不良贷款率有显著影响。特别是全球需求性冲击,其对中期内不良贷款率的影响最为突出。总借贷增长率和非利息收入占比的表现在这两种冲击下也呈现类似的模式。

总体而言,这些数据表明,商品特定冲击和全球需求性冲击在短期内对银行借贷和银行风险有显著影响。然而,只有全球需求性冲击在中期内继续发挥显著作用,这一点在六大银行的中位数银行中表现得尤为明显。这些发现对银行业的风险管理和策略制定具有重要意义,特别是在考虑如何对这些宏观经济冲击作出适应和应对时。通过了解这些冲击在不同时间尺度上的影响,银行可以更好地准备并调整其策略,以应对未来可能面临的经济波动和挑战。

受到 Calmes 和 Theoret(2014)的启发,我们研究了正向全球需求性冲击和负向商品特定冲击后非利息收入占比的横向分布情况是否存在差异,因为正向全球需求性冲击后加拿大 GDP 增速上升,负向商品特定冲击后仅有采矿业和相关行业 GDP 有短暂的增长,随后整体 GDP 增速放缓。图 2.8 展示了随着预测周期变长,所有银行的非利息收入占比的脉冲反应的标准差情况。显然,负向商品特定冲击后,预计的非利息收入占比的标准差始终小于正向全球需求性冲击后非利息收入占比的标准差。第二季度两者之间的差距加大,达到了 0.06。我们可以从以上试验推断:经济增长缓慢时,银行采取的策略相近,即缓慢提高甚至降低非利息收入占比;相反,经济快速增长时期,银行在非利息收入占比上采取的策略具有更大的异质性。

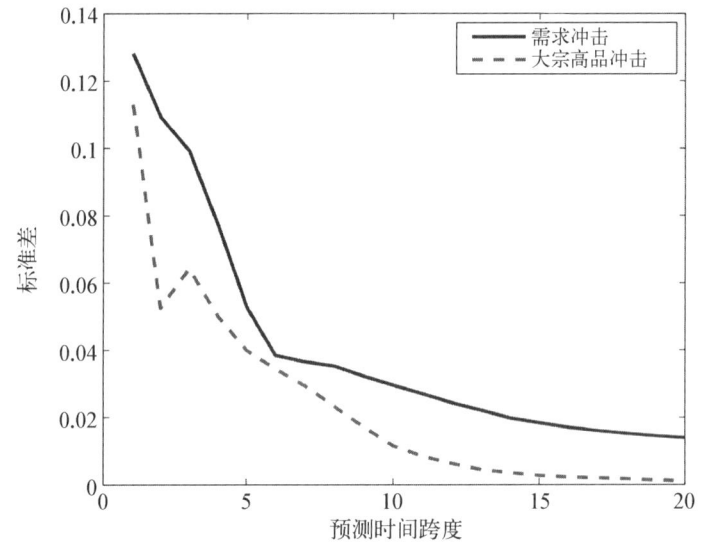

图 2.8　全球需求性冲击和全球商品特定冲击下
所有银行非利息收入份额的分散程度

基于以上观察,我们可以推断,在经济增长缓慢的时期,银行倾向于采取相似的策略,即缓慢提高甚至降低其非利息收入占比。这可能是因为在经济增长放缓的环境中,银行趋向于采取更为保守的策略,以减少风险暴露。相反,在经济快速增长的时期,各家银行在非利息收入占比方面的策略显示出更大的异质性。这可能反映了在经济扩张期间,银行面临的机遇和风险更多,因此他们在策略选择上表现出更大的差异。

这种对银行非利息收入策略在不同宏观经济环境下的分析,对于理解银行业在面临经济波动时的行为模式,以及为银行业管理层制定风险管理策略提供了重要的洞见。通过识别这些模式,银行可以更有效地适应经济环境的变化,优化其收入结构,以提高整体的业绩和稳定性。

2.6 稳健性分析

2.6.1 改变短期弹性的影响

参考 Kilian 和 Murphy(2012)的研究方法,我们在分析中引入了实际商品价格因子,以替代全球实际经济因子,这一改变旨在检验短期弹性对研究结果稳健性的影响。这种方法的应用基于对历史数据的回顾性分析,尤其是将实际商品价格的变化与全球经济活动的关系放在研究的核心位置。通过这种方式,我们能够更准确地理解商品价格波动对全球经济活动的影响,特别是在短期内。在进行此项分析时,我们借鉴了以往实证文献中短期油价上涨对美国产出影响的研究,如 Cashin、Mohaddes 和 Raissi(2014)以及 Baffes、Kose、Ohnsorge 和 Stocker(2015)的工作。基于这些研究,我们考虑了以下两种情形:

(i) $-0.12 \leqslant A(1, 3) \leqslant 0.05$
(ii) $-0.3 \leqslant A(1, 3) \leqslant 0.05$。

在图 2.9 的 A 区(情形 i)和 B 区(情形 ii),我们展示了这两种情形下脉冲反应函数的结果。我们发现,在符号约束下,脉冲反应函数的置信集增加了 68%,$A(1, 3)$ 的下界从 -0.12 下降至 -0.3。这一发现表明,尽管置信区间变宽,但脉冲反应函数的基本形状保持不变,依然显示出实际商品价格上涨对全球实际经济活动具有明显的负向影响。

这种分析方法的应用对于理解商品价格波动对全球经济活动的影响具有重要意义,尤其是在制定相关的经济政策和金融策略时。通过这样的分析,政策制定者和分析人员可以更有效地评估和预测商品价格变动对经济的潜在影响,并据此制定相应对策。

2.6.2 2014 年原油价格冲击的分析

正如 Baumeister 和 Kilian(2016)所指出的,油价在 2014 年经历了近十年来最大的一次下跌,这对加拿大这样一个原油生产占名义商品产出比重高达 50% 的国家来说,其影响尤为显著。Brent 月均原油价格在 2014 年 6 月至 2014 年 12 月间下降了 49 美元,这几乎相当于降价前的 44%。在这样的背景下,探究原油价格大跌前后银行业的表现是否出现显著变化,成为一个值得关注的问题。为此,我们将全样本期(1996 年第一季度至 2016 年第一季度)与子样本期(1996 年第一季度至 2014 年第二季度,即油价下跌前)的结果进行了比较。

从图 2.10 可以看出,原油价格下跌前的结果与全样本得到的结果大体相似。然而,最显著的区别出现在负向商品特定冲击后的非利息收入占比上。在这种情形下,六大银行的中位数银行持续提高了非利息收入占比 60 个基点,而其他本国银行和海外分行的代表性银行在非利息收入占比下降后也出现了一定程度的回升。

基于这些观察结果,我们推测 2014 年的油价大跌可能促使加拿大银行在经济增长放缓时期变得更加谨慎,减少了对非传统业务的依赖。这一变化可能反映了银行在面对显著的宏观经济变动时的适应性策略调整。在经济不确定性增加的情况下,银行可能倾向于减少那些与市场波动相关的风险较高的活动,转而专注于更加稳定的传统银行业务。这种策略

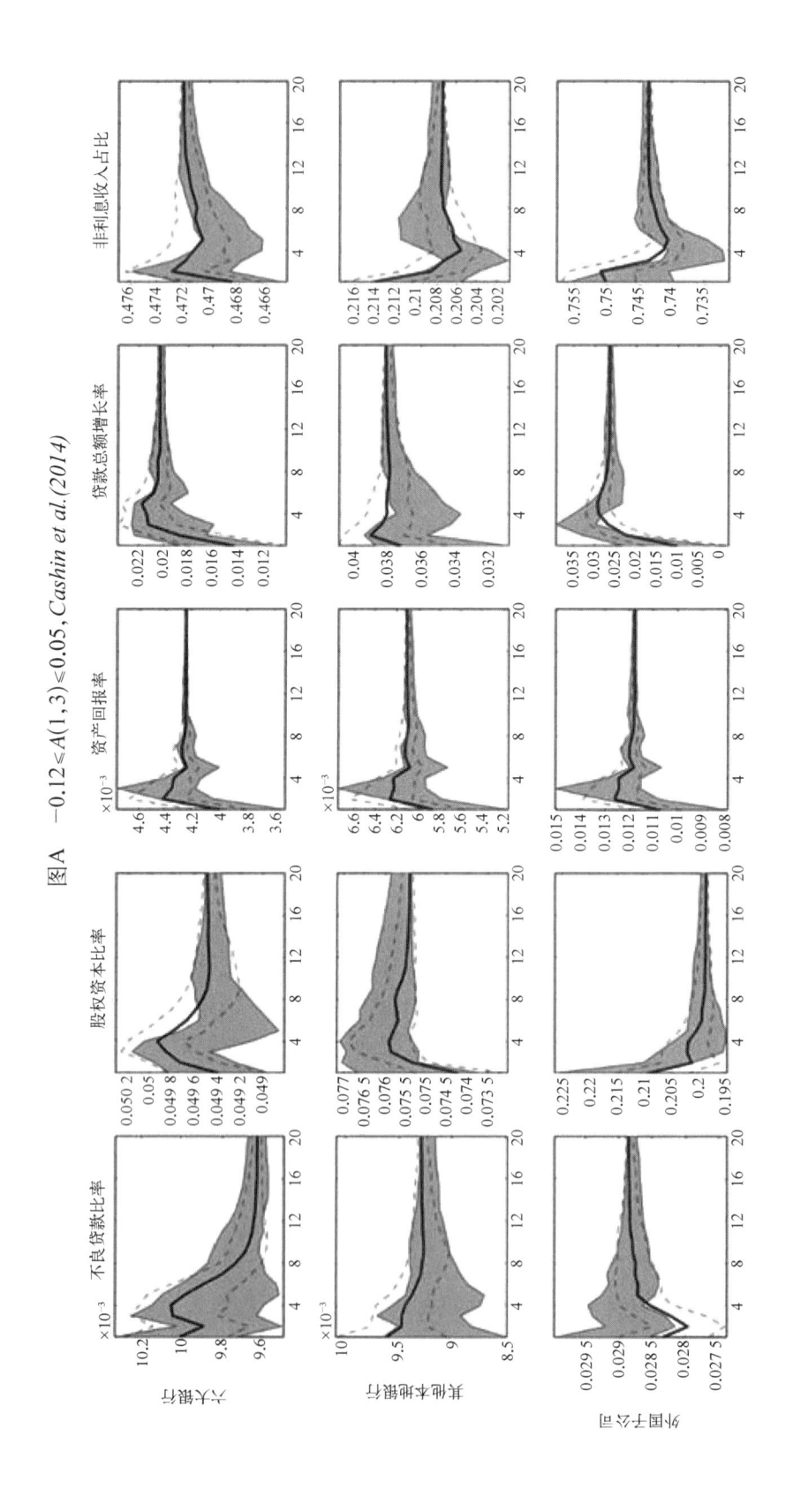

图A $-0.12 \leqslant A(1,3) \leqslant 0.05$, Cashin et al.(2014)

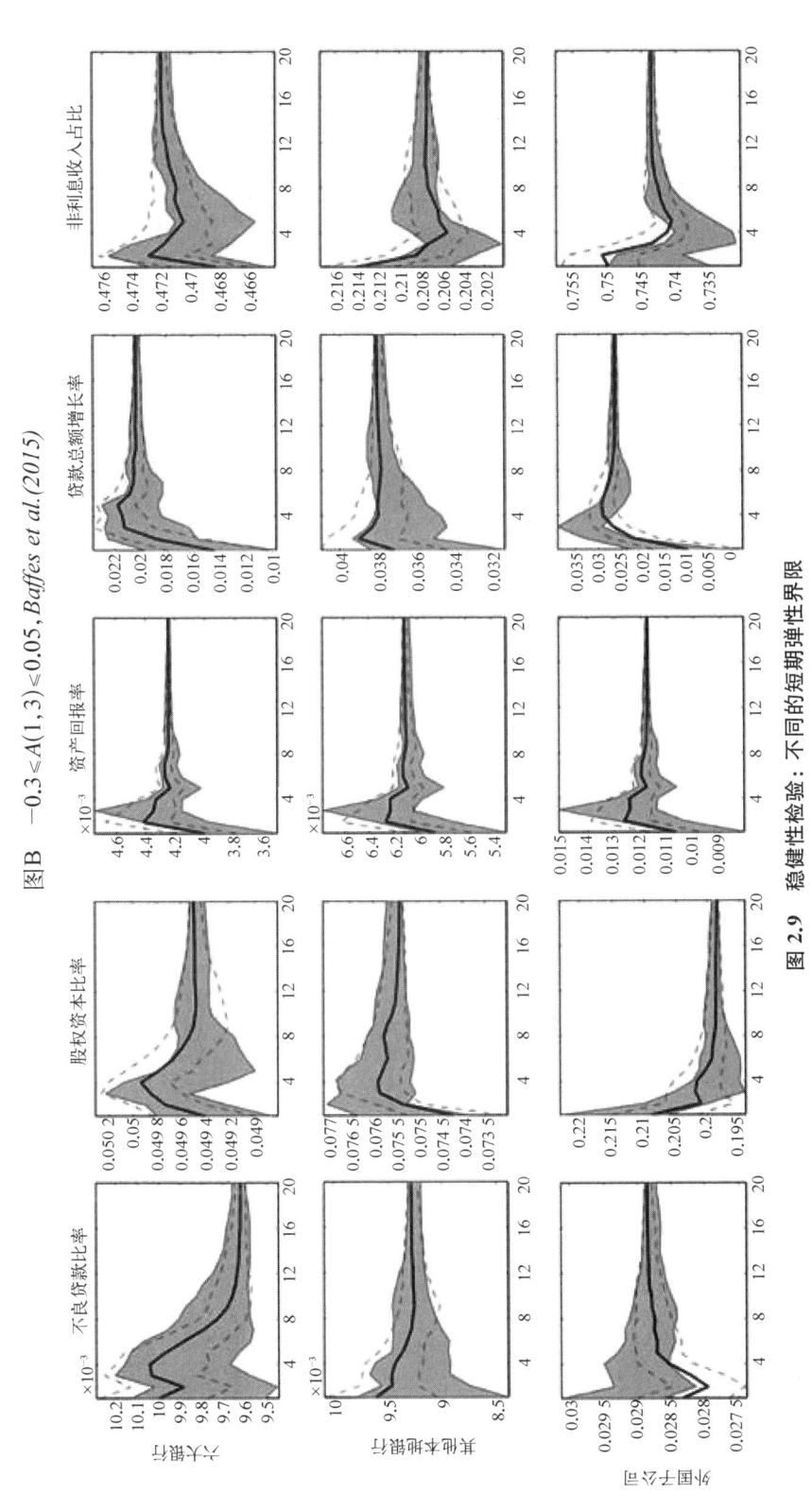

图B $-0.3 \leq A(1,3) \leq 0.05$, Baffes et al.(2015)

图 2.9 稳健性检验：不同的短期弹性界限

注：该图显示了五个银行变量中位数对正向全球需求性冲击和负向商品特定冲击的脉冲响应。这些冲击由符号约束和递归识别确定。我们根据具有相似投资组合构成的子样本银行为每个代表性银行来呈现结果。阴影区域代表等尾 68% 可信集。实线表示中值脉冲响应，虚线表示递归识别下的等尾 68% 可信集。

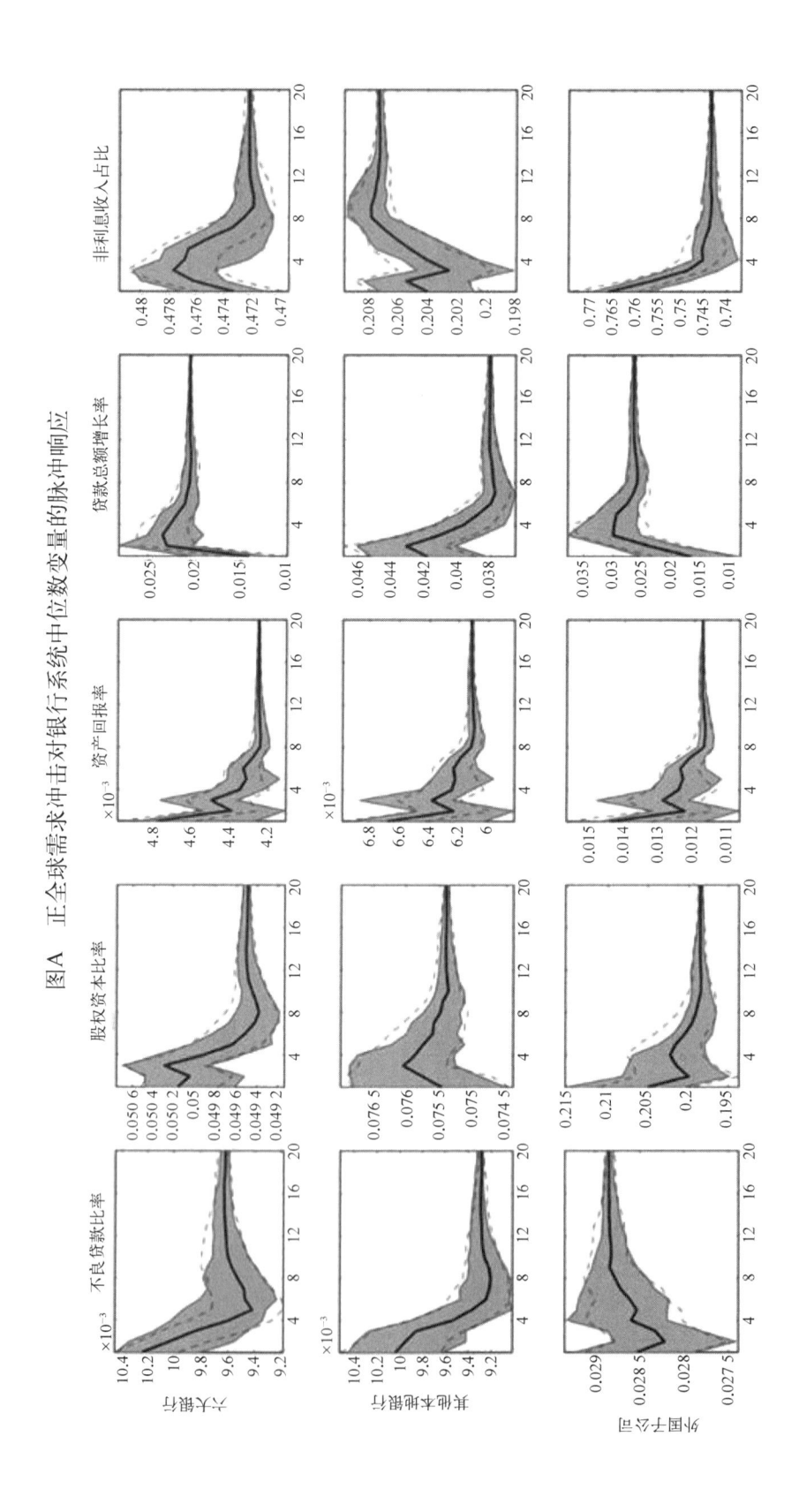

图A 正全球需求冲击对银行系统中位数量变量的脉冲响应

图B 负商品特定冲击对银行系统中位数变量的脉冲响应

图 2.10 稳健性检查：子样本 1996 年第一季度至 2014 年第二季度

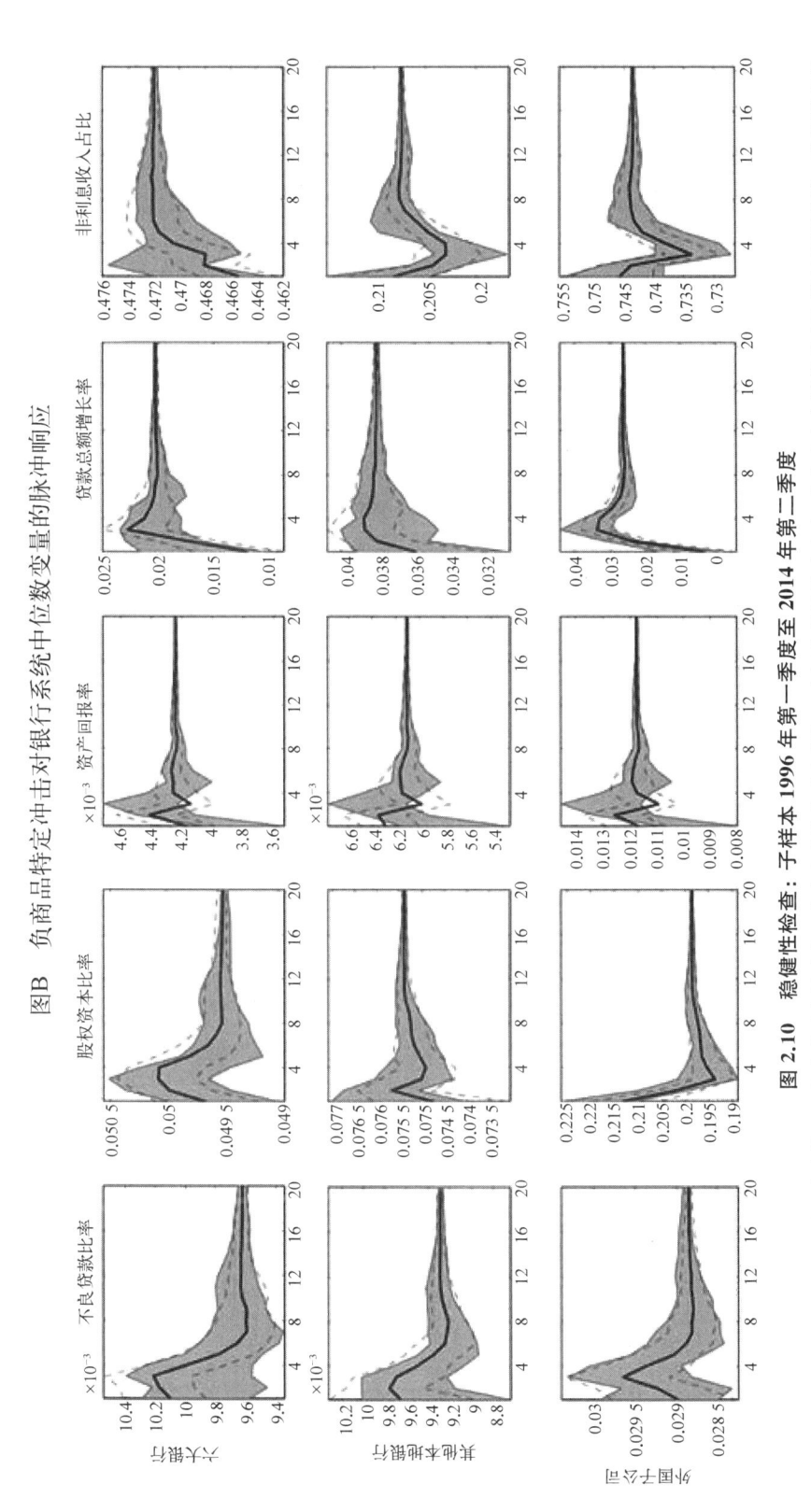

注：该图显示了五个银行变量中位数对正向全球需求冲击和负向商品特定冲击增加一个标准差的脉冲响应，这些冲击由符号约束和递归识别确定。我们根据具有相似投资组合构成的子样本银行为每个代表性银行来呈现结果。阴影区域代表等尾的 68% 可信集。实线表示中值脉冲响应，虚线表示递归识别下的等尾 68% 可信集。

的调整对于银行的风险管理和财务稳定性是至关重要的,尤其是在全球经济环境经历重大变动的时期。通过这种方式,银行能够更好地应对外部经济波动,保持其业务持续稳定发展。

2.7 本章结论

在现有的文献中,对于宏观经济冲击对银行业和宏观经济的影响的研究,通常关注的焦点是货币政策冲击和金融市场冲击,如 Dave 等(2013)、Buch 等(2014b)和 Abbate、Eickmeier、Lemke 及 Marcellino(2016)的研究。然而,除了 Alodayni(2015)的工作,很少有研究直接探究商品价格冲击对银行借贷和银行风险的动态影响。本章的独特贡献在于,我们采用了结构性动态因子模型,系统地分析了商品价格冲击的来源,以及这些冲击在小型商品出口国(如加拿大)中对银行业和宏观经济的影响。

我们的研究方法包括对符号约束和全球经济活动对实际商品价格变动的脉冲反应的弹性界限的提出,从而识别商品价格冲击的具体来源,如全球需求性冲击、全球通货膨胀冲击或是商品市场特有冲击。我们发现,前两类冲击对实际商品价格的变动有较大的解释力。通过分析大量的微观银行数据集,我们能够量化单个银行对正向全球需求性冲击和负向商品特定冲击的动态反应。我们提取了六大银行、其他本国银行和海外分行的五个银行业变量的中位数,构建了三个代表性银行的模型。

通过银行业变量对相应因子集的回归分析,我们发现全球经济因子对银行业变量的波动性解释力度大于国内经济因子。具体来说,资产回报率、总借贷增长率和非利息收入占比等银行业变量对全球经济因子有显著的响应。

此外,我们通过脉冲反应函数考察了银行业变量对正向全球需求性冲击和负向全球商品特定冲击的动态反应。研究发现,只有正向全球需求性冲击对银行借贷产生了显著的正向影响,但其影响持续时间较短。这一发现与 Zhang(2009)提出的理论模型相吻合,即银行在提供流动性方面具有重要作用。我们还发现商品价格冲击对非利息收入占比的影响具有异质性。六大银行的代表性银行在受到冲击后非利息收入占比大幅上升(100 个基点),而其他代表性银行则出现了下降。而且,在正向全球需求性冲击后非利息收入占比的下降幅度大于负向全球商品特定冲击后的下降幅度。这说明不同银行对于不同类型的商品价格冲击采取了不同的应对策略。这一结论与 Calmes 和 Theoret(2014)的研究结果相一致。

总的来说,本章首次尝试同时研究外国经济冲击和东道国银行业的经济变量之间的关系。尽管本章只关注了商品价格冲击的影响,但未来的研究可以在识别其他类型的冲击方向上进一步拓展我们的结果。通过更全面的研究,我们将更好地理解银行业在面对不同类型冲击时的风险特征和应对策略,为政策制定者和市场参与者提供有益的参考。

参考文献

[1] Abbate, A., S. Eickmeier, W. Lemke, and M. Marcellino, 2016. The Changing International Transmission of Financial Shocks: Evidence from a Classical Time

Varying FAVAR[J]. Journal of Money, Credit and Banking, 48: 573-601.
[2] Alodayni, S., 2015. Oil Prices, Credit Risks in Banking Systems, and Macro-Financial Linkages across GCC Oil Exporters[R]. Working Paper.
[3] Alquist, R. and O. Coibion, 2014. Commodity-Price Comovement and Global Economic Activity[R]. NBER Working Papers 20003, National Bureau of Economic Research.
[4] Angeloni, I. and E. Faia, 2009. A Tale of Two Policies: Prudential Regulation and Monetary Policy with Fragile Banks[R]. Kiel Working Papers 1569, Kiel Institute for the World Economy.
[5] Baffes, J., M. A. Kose, F. Ohnsorge, and M. Stocker, 2015. The Great Plunge in Oil Prices: Causes, Consequences, and Policy Responses[R]. Koc University-TUSIAD Economic Research Forum Working Papers 1504, Koc University-TUSIAD Economic Research Forum.
[6] Bai, J. and S. Ng, 2002. Determining the Number of Factors in Approximate Factor Models[J]. Econometrica, 70: 191-221.
[7] Bai, J. and P. Perron, 2003. Computation and Analysis of Multiple Structural Change Models[J]. Journal of Applied Econometrics, 18: 1-22.
[8] Baumeister, C. and L. Kilian, 2016. Understanding the Decline in the Price of Oil since June 2014[J]. Journal of the Association of Environmental and Resource Economists, 3: 131-158.
[9] Beck, T., 2008. Bank Competition and Financial Stability: Friends or Foes? [R]. Policy Research Working Paper Series 4656, The World Bank.
[10] Berger, A. N. and C. H. S. Bouwman, 2009. Bank Liquidity Creation[J]. Review of Financial Studies, 22: 3779-3837.
[11] Berger, A. N., S. E. Ghoul, O. Guedhami, and R. A. Roman, 2016. Internationalization and Bank Risk[J]. Management Science, in press.
[12] Bernanke, B., M. Gertler, and S. Gilchrist, 1999. The Financial Accelerator Theory in A Quantitative Business Cycle Framework[R]. Handbook of Macroeconomics, Vol. 1: 1341-1393.
[13] Bernanke, B. S. and J. Boivin, 2003. Monetary policy in a data-rich environment[J]. Journal of Monetary Economics, 50: 525-546.
[14] Bernanke, B. S., J. Boivin, and P. Eliasz, 2005. Measuring The Effects of Monetary Policy: A Factor-Augmented Vector Autoregressive (FAVAR) Approach[J]. Quarterly Journal of Economics, 120: 387-422.
[15] Blanchard, O. J. and J. Gali, 2007. The Macroeconomic Effects of Oil Shocks: Why are the 2000s So Different from the 1970s? [R]. Working Paper 13368, National Bureau of Economic Research.
[16] Boivin, J. and M. Giannoni, 2006. DSGE Models in a Data-Rich Environment[R]. Working Paper 12772, National Bureau of Economic Research.

[17] Boivin, J. and M. P. Giannoni, 2008. Global Forces and Monetary Policy Effectiveness[R]. Working Paper 13736, National Bureau of Economic Research.

[18] Boivin, J., M. P. Giannoni, and B. Mojon, 2009. How Has the Euro Changed the Monetary Transmission Mechanism? [R]. in NBER Macroeconomics Annual 2008, Volume 23, National Bureau of Economic Research, NBER Chapters: 77 – 125.

[19] Boyd, J. H. and G. De Nicoló, 2005. The Theory of Bank Risk Taking and Competition Revisited[J]. The Journal of Finance, 60: 1329 – 1343.

[20] Brunnermeier, M. K., N. G. Dong, and D. Palia, 2012. Banks Non-Interest Income and Systemic Risk[R]. AFA 2012 Chicago Meetings Paper.

[21] Buch, C. M., S. Eickmeier, and E. Prieto, 2014a. In Search for Yield? Survey Based Evidence on Bank Risk Taking[J]. Journal of Economic Dynamics and Control, 43: 12 – 30.

[22] Buch, C. M., S. Eickmeier, and E. Prieto, 2014b. Macroeconomic Factors and Microlevel Bank Behavior[J]. Journal of Money, Credit and Banking, 46: 715 – 751.

[23] Calmes, C. and R. Theoret, 2013. Is the Canadian Banking System Really Stronger than the U.S. One? [J]. Review of Economics & Finance, 3: 1 – 18.

[24] Calmes, C. and R. Theoret, 2014. Bank Systemic Risk and Macroeconomic Shocks: Canadian and U.S. Evidence[J]. Journal of Banking & Finance, 40: 388 – 402.

[25] Cashin, P., K. Mohaddes, M. Raissi, and M. Raissi, 2014. The Differential Effects of Oil Demand and Supply Shocks on the Global Economy[J]. Energy Economics, 44: 113 – 134.

[26] Cespedes, L. F. and A. Velascó, 2012. Macroeconomic Performance During Commodity Price Booms and Busts[R]. NBER Working Papers 18569, National Bureau of Economic Research.

[27] Chapman, J. and H. E. Damar, 2015. Shock Transmission Through International Banks: Canada[R]. Bank of Canada Working Papers 105.

[28] Charnavoki, V. and J. J. Dolado, 2014. The Effects of Global Shocks on Small Commodity-Exporting Economies: Lessons from Canada[J]. American Economic Journal: Macroeconomics, 6: 207 – 237.

[29] Chen, D. X., H. E. Damar, H. Soubra, and Y. Terajima, 2012. Canadian Bank Balance-Sheet Managment: Breakdown by Types of Canadian Financial Institutions [R]. Bank of Canada Working Papers: 2012 – 2017.

[30] Chen, Y.-c. and K. Rogoff, 2003. Commodity Currencies[J]. Journal of International Economics, 60: 133 – 160.

[31] Crean, J. F. and F. Milne, 2015. The Anatomy of Systemic Risk[R]. Working Paper.

[32] Cushman, D. O. and T. Zha, 1997. Identifying Monetary Policy in a Small Open Economy under Flexible Exchange Rates[J]. Journal of Monetary Economics, 39: 433 – 448.

[33] Dave, C., S. J. Dressler, and L. Zhang, 2013. The Bank Lending Channel: A

FAVAR Analysis[J]. Journal of Money, Credit and Banking, 45: 1705 – 1720.

[34] DeYoung, R. and K. P. Roland, 2001. Product Mix and Earnings Volatility at Commercial Banks: Evidence from a Degree of Leverage Model[J]. Journal of Financial Intermediation, 10: 54 – 84.

[35] Diamond, D. W. and R. G. Rajan, 2006. Money in a Theory of Banking[J]. American Economic Review, 96: 30 – 53.

[36] Dib, A., 2010. Banks, Credit Market Frictions, and Business Cycles[J]. Bank of Canada Working Papers: 2010 – 2024.

[37] Eickmeier, S., 2009. Comovements and Heterogeneity in the Euro Area Analyzed in a Non-Stationary Dynamic Factor Model[J]. Journal of Applied Econometrics, 24: 933 – 959.

[38] Esty, B. C., 1998. The Impact of Contingent Liability on Commercial Bank Risk Taking[J]. Journal of Financial Economics, 47: 189 – 218.

[39] Forni, M., D. Giannone, M. Lippi, and L. Reichlin, 2009. Opening The Black Box: Structural Factor Models With Large Cross Sections[J]. Econometric Theory, 25: 1319 – 1347.

[40] Gerali, A., S. Neri, L. Sessa, and F. M. Signoretti, 2010. Credit and Banking in a DSGE Model of the Euro Area[J]. Journal of Money, Credit and Banking, 42: 107 – 141.

[41] Gubler, M. and M. S. Hertweck, 2013. Commodity Price Shocks and the Business Cycle: Structural Evidence for the U.S[J]. Journal of International Money and Finance, 37: 324 – 352.

[42] Jacks, D. S. and M. Stuermer, 2015. What Drives Commodity Prices in the Long Run? [R]. Federal Reserve of Dallas Working Papers.

[43] Jimborean, R. and J.-S. Mesonnier, 2010. Banks' Financial Conditions and the Transmission of Monetary Policy: A FAVAR Approach[J]. International Journal of Central Banking, 6: 71 – 117.

[44] Juvenal, L. and I. Petrella, 2015. Speculation in the Oil Market[J]. Journal of Applied Econometrics, 30: 621 – 649.

[45] Kashyap, A. K. and J. C. Stein, 2000. What Do a Million Observations on Banks Say about the Transmission of Monetary Policy? [J]. American Economic Review, 90: 407 – 428.

[46] Kilian, L., 2009. Not All Oil Price Shocks Are Alike: Disentangling Demand and Supply Shocks in the Crude Oil Market[J]. American Economic Review, 99: 1053 – 1069.

[47] Kilian, L. and D. P. Murphy, 2012. Why Agnostic Sign Restrictions Are Not Enough: Understanding the Dynamics of Oil Market VAR Models? [J]. Journal of the European Economic Association, 10: 1166 – 1188.

[48] Kinda, T., M. Mlachila, and R. Ouedraogo, 2016. Commodity Price Shocks and

[49] Kiyotaki, N. and J. Moore, 1997. Credit Cycles[J]. Journal of Political Economy, 105: 211-48.

[50] Klein, N., 2013. Non-Performing Loans in CESEE: Determinants and Impact on Macroeconomic Performance[R]. IMF Working Paper 13/72, International Monetary Fund.

[51] Koop, G., D. J. Poirier, and J. L. Tobias, 2007. Bayesian Econometric Methods[M]. New York City: Cambridge University Press.

[52] Kose, M. A., C. Otrok, and C. H. Whiteman, 2003. International Business Cycles: World, Region, and Country-Specific Factors[J]. American Economic Review, 93: 1216-1239.

[53] Lippi, F. and A. Nobili, 2012. Oil And The Macroeconomy: A Quantitative Structural Analysis[J]. Journal of the European Economic Association, 10: 1059-1083.

[54] Martinez-Miera, D. and R. Repullo, 2010. Does Competition Reduce the Risk of Bank Failure? [J]. Review of Financial Studies, 23: 3638-3664.

[55] Mauro, F., L. Smith, S. Dees, and M. Pesaran, 2007. Exploring the International Linkages of the Euro Area: A Global VAR Analysis[J]. Journal of Applied Econometrics, 22: 1-38.

[56] McKeown, R. J., 2015. An Overview of the Canadian Banking System: 1996 to 2015 [R]. Working Paper.

[57] Meh, C. A. and K. Moran, 2010. The Role of Bank Capital in the Propagation of Shocks[J]. Journal of Economic Dynamics and Control, 34: 555-576.

[58] Monnet, E. and D. Puy, 2016. Has Globalization Really Increased Business Cycle Synchronization? [R]. IMF Working Paper 16/54, International Monetary Fund.

[59] Mumtaz, H. and P. Surico, 2009. The Transmission of International Shocks: A Factor-Augmented VAR Approach[J]. Journal of Money, Credit and Banking, 41: 71-100.

[60] Ng, E. C. and N. Feng, 2016. Housing Market Dynamics in a Small Open Economy: Do External and News Shocks Matter? [J]. Journal of International Money and Finance, 63: 64-88.

[61] Nkusu, M., 2011. Nonperforming Loans and Macrofinancial Vulnerabilities in Advanced Economies[R]. IMF Working Papers 11/161, International Monetary Fund.

[62] Rogoff, K. S., 2003. Globalization and Global Disinflation[J]. Economic Review: 45-78.

[63] Rubio-Ramírez, J. F., D. F. Waggoner, and T. Zha, 2010. Structural Vector Autoregressions: Theory of Identification and Algorithms for Inference[J]. The

Review of Economic Studies, 77: 665-696.

[64] Sims, C. A. and T. Zha, 1998. Bayesian Methods for Dynamic Multivariate Models[J]. International Economic Review, 39: 949-968.

[65] Spatafora, N. and A. Warner, 1999. Macroeconomic and Sectoral Effects of Termsof-Trade Shocks: The Experience of the Oil-Exporting Developing Countries[R]. IMF Working Papers 99/134, International Monetary Fund.

[66] Stijns, J.-P., 2003. An Empirical Test of the Dutch Disease Hypothesis Using a Gravity Model of Trade[R]. International Trade 0305001, EconWPA.

[67] Stock, J. H. and M. W. Watson, 1998. Diffusion Indexes[R]. NBER Working Papers 6702, National Bureau of Economic Research.

[68] Stock, J. H. and M. W. Watson, 2002. Macroeconomic Forecasting Using Diffusion Indexes[J]. Journal of Business & Economic Statistics, 20: 147-162.

[69] Stock, J. H. and M. W. Watson, 2005. Implications of Dynamic Factor Models for VAR Analysis[R]. NBER Working Papers 11467, National Bureau of Economic Research.

[70] Stuermer, M., 2014. 150 Years of Boom and Bust: What Drives Mineral Commodity Prices?[R]. Working Paper 1414, Federal Reserve Bank of Dallas.

[71] Tomura, H., 2010. International Capital Flows and Expectation-Driven Boom-Bust Cycles in the Housing Market[J]. Journal of Economic Dynamics and Control, 34: 1993-2009.

[72] Vasishtha, G. and P. Maier, 2013. The Impact of the Global Business Cycle on Small Open Economies: A FAVAR Approach for Canada[J]. The North American Journal of Economics and Finance, 24: 191-207.

[73] Wang, S. and P. Tumbarello, 2010. What Drives House Prices in Australia? A Cross-Country Approach[R]. IMF Working Papers 10/291, International Monetary Fund.

[74] Zhang, L., 2009. Bank Capital Regulation, the Lending Channel and Business Cycles[R]. Discussion Paper Series 1: Economic Studies 33/2009, Deutsche Bundesbank, Research Centre.

第三章

数字货币与机器学习算法

本章首先阐明了机器学习预测方法相较于传统计量经济学方法的优势。通过对比特币市场的已实现波动率(Realized Volatility，RV)进行分析，本章强调了利用非线性思维理解机器学习算法在提高预测模型收益方面的重要性。通过对机器学习算法的超参数进行稳健性检验，我们进一步展示了不同的机器学习算法如何通过放松传统计量经济模型的假设条件，从而改善预测模型的效果。本章的第二大贡献在于阐释了如何利用深度学习技术来生成情绪因子。我们利用从 Twitter 用户的 10% 随机样本中测量市场情绪水平，这一情绪变量在预测模型的实际应用中，显著提升了各类计量方法和机器学习算法的准确性。我们的结论强调了自然语言处理(NLP)领域的最新工具在构建能够提高预测模型准确性的变量方面的优点。通过结合传统计量经济学方法和前沿的机器学习技术，本章为理解和预测比特币市场的短期波动提供了新的视角，并进一步展示了深度学习技术在大数据领域的应用潜力。

3.1 引　　言

近几年来，大数据、数据科学和机器学习这些话题持续吸引着全球的注意力，且这种关注度并未随时间推移而减弱。其背后的原因，主要基于三项重要的发现。首先，机器学习方法已在多项学术研究中被证实，在预测方面超越了传统的统计学和计量经济学方法[1]。这种优势不仅仅体现在理论上的高效性，而且在实际应用中也获得了广泛的认可和验证。其次，随着自然语言处理和情感分析技术的发展，现在已能够通过分析网络文本来提取公众情绪，这些工具在自然语言识别研究中得以开发并被用于有效预测金融市场的走势。这一发现与行为金融学的观点相吻合，即投资者情绪能够显著影响股市的动向。这一理论在 Ke、Kelly 和 Xiu(2019)的研究中得到了进一步的支持。最后，随着对数据安全和隐私的关注日益增加，政府和企业开始探索区块链技术在加密货币之外的潜在应用。区块链技术最初是为支持比特币这种新型加密货币而开发的，但现在正被应用于更广泛的场景中。

---

[1] Lehrer 和 Xie(2017，2020)利用电影行业数据比较不同预测方法，展示了机器学习在特定场景下的优势。Medeiros 等人(2019)则通过随机森林算法证明了机器学习在预测通货膨胀方面的效果优于传统方法。这些研究强调了机器学习在处理不确定性和金融环境下非线性问题时的能力，特别是在宏观经济预测领域。这表明，随着技术的进步，机器学习将在经济分析和预测中发挥越来越重要的作用。

比特币作为一种特殊的金融资产,其价格波动性极大,且不受传统金融市场交易时间的限制。这给使用传统计量经济学或机器学习方法进行预测带来了极大的挑战。此外,许多传统的经济和金融预测数据在比特币市场中并不适用,需要探索新的方法来预测其价格变化。在本章中,我们结合行为金融学的理念和机器学习技术,尝试通过分析社交媒体情绪来预测比特币价格的变动。我们发现,社交媒体情绪的有效测量和深度学习算法的应用可以提高预测比特币交易价格的准确性。

本章的目标是比较计量经济学、机器学习及深度学习方法在预测比特币已实现波动性方面的效果。波动率预测在许多金融决策领域,如资产配置、衍生品定价和风险管理等,都具有重要意义。此外,我们还探究了社交媒体情绪与市场波动之间的联系,并考察了其对更广泛全球经济的潜在影响。

为了准确估计金融市场的波动率,Andersen 和 Bollerslev(1998)引入了已实现方差的概念。他们认为,已实现方差是通过计算交易日内短时间间隔内的日内收益的平方和,然后对这些数据进行累积求和得到的。这种方法相较于传统的计量经济学模型,能够更好地捕捉市场的实际波动情况[①]。已实现波动率具有自相关性,这种自相关性随着时间的推移逐渐衰减,有时也被称为长记忆性[②]。这种特性使得传统的计量经济学模型在预测波动率时面临挑战。为了克服这一挑战,学者们提出了各种计量模型来捕捉这些高频率时间序列数据的特征。其中,Andersen、Bollerslev、Diebold 和 Labbys(2001b)提出的 ARFIMA 以及 Corsi(2009)提出的异质自回归模型(HAR)是两个重要的代表性模型。与 ARFIMA 模型相比,HAR 模型在提出后迅速得到了广泛的关注和采用。这主要是因为 HAR 模型具有计算简便的优点,并且在样本外的预测结果表现良好。这使得 HAR 模型成为一种非常实用的工具,用于分析和预测金融市场的波动率[③]。

本章在 HAR 框架内使用机器学习方法来探索一般非线性的递归分区方法以及使用 Tibshirani(1996)的最小二乘收缩和选择方法(LASSO)的稀疏性的优点。我们考虑了替代的集成递归方法,包括 bagging 与随机森林,它们在进行预测时对所有观测值赋予相同的权重,并基于拟合程度放置替代权重的 boosting。总的来说,我们评估了九种传统的计量经济学方法和五种易于实施的机器学习方法来建模和预测以美元衡量的比特币的实际方差。

此外,本章还探讨了社交媒体情绪与金融市场波动之间的关系。我们采用了 Felbo、Mislove、Søgaard、Rahwan 和 Lehmann(2017)的深度学习算法来测量社交媒体情绪。通过

[①] 传统计量经济学方法,如参数 GARCH 模型和随机波动率模型,经常用于建模和预测,并依赖于日、周、月等不同频率的数据。虽然这些方法广受欢迎,但如 Andersen 和 Bollerslev(1998)、Blair、Poon 和 Taylor(2001)以及 Hansen 和 Lunde(2005)的研究所指出,它们并未能充分利用高频数据中的全部信息。

[②] Dacorogna、Muller、Nagler、Olsen 和 Pictet(1993)以及 Andersen、Bollerslev、Diebold 和 Labys(2001b)在外汇市场的研究,以及 Andersen、Bollerslev、Diebold 和 Ebens(2001a)在股市收益的研究中,也都记录了类似的现象。

[③] Corsi、Audrino 和 Reno(2012)对 HAR 模型及其不同的拓展模型进行了全面回顾。HAR 模型直观地展示了三种不同交易频率(日、周、月)的市场参与者如何感知波动率的变化,并作出反应,Muller、Dacorogna、Dave、Pictet、Olsen 和 Ward(1993)将其称为市场的异质性假设。然而,HAR 模型的设定并不能通过所有的检验。Craioveanu 和 Hillebrand(2012)通过并行信息处理技术,研究了加性模型最后两个滞后项(最大滞后阶数达 250)的所有可能组合,并对样本内外的拟合结果进行了比较。

收集 Twitter 上的推文数据，并利用深度学习算法进行处理和分析。这样一来，我们可以得到一个情绪得分，具体算法是：计算每分钟推特样本中每个词语的情绪得分的等权重平均值①。我们能够得到一个情绪得分，用于衡量社交媒体上的情绪状态。我们发现，社交媒体情绪与金融市场的波动率之间存在一定的关联性。这种关联性可能为投资者和决策者提供有价值的参考信息，帮助他们更好地理解市场动态并做出明智的决策。

为了更好地利用社交媒体情绪数据进行预测，我们采用了 Lehrer、Xie 和 Zeng(2020)提出的异质混合数据采集(H-MIDAS)方法。这种方法能够帮助我们将高频率的社交媒体数据加总到日频率数据，从而更好地与已实现波动率进行比较和关联。通过结合机器学习和社交媒体情绪分析的方法，我们希望能够进一步提高预测比特币波动率的准确性。这将为投资者和决策者提供更加准确的市场信息，帮助他们更好地理解市场动态并做出明智的决策。

在深入探讨了各种预测方法后，我们的研究得出了一个明确的结论：从推特上提取的情绪数据在预测精度上具有显著的提升效果。当我们将社交媒体情绪数据作为解释变量加入机器学习和传统计量经济学模型中时，预测的准确性(以伪 R^2 表示)提高了 50% 以上。而且，不论采用何种评价预测精度的标准，机器学习方法在整体上均优于传统的计量经济学方法。特别地，bagging 和随机森林这两种算法在所有选用的方法中预测结果最精确。通过 Giacomini-White 检验，我们发现这两种算法带来的预测精度提升在 5% 的置信水平上是显著的，而且它们之间的差异并不显著。

这一最终结果与 Wolpert 和 Macready(1997)提出的"无免费午餐定理"相吻合。该理论指出，对于任何特定的算法，其在某一类问题上的精度提升总会因为另一类问题的精度下降而抵消。换言之，我们建议使用机器学习方法进行预测的实践者应考虑使用多种算法。此外，重要的是要检验所得结果对所选算法的超参数的敏感性。

本章的结构如下：第 2 节我们简单介绍比特币的历史与现状。第 3 节将详细阐述现有的 HAR 策略以及传统的机器学习算法。第 4 节介绍本章的数据来源，并解释如何衡量社交媒体数据并将其纳入实证研究。第 5 节将展示本章的实证结果，包括在第 3 节提到的各种方法中进行滚动窗口试验，并比较它们的预测精度。为了研究社交媒体情绪数据是否具有实用性，我们将比较加入 USSI 指数与未加入 USSI 指数的模型的预测结果。结果表明，加入 USSI 指数作为协变量能显著提高预测精度。在第 6 节中，我们将通过以下几种方法对结果进行稳健性检验：(1)改变环境设定；(2)调整超参数；(3)加入主流资产作为协变量。结论是：无论在何种超参数和环境设定下，本章的主要结论在预测比特币已实现波动率时均保持稳健；同时，加入主流资产作为协变量也有助于提高预测精度。第 7 节将结合我们的发现提供切实可行的投资建议，以及如何进一步发掘机器学习与设计媒体数据的投资价值。

---

① 在探索社交媒体影响方面，我们发现等权重假设可能较强。Mai、Shan、Bai、Wang 和 Chiang(2018)在比特币估值研究中发现，社交媒体情绪是一个重要指标，但并非所有社交媒体信息都同等影响。尽管如此，本研究选择了所有 Twitter 用户作为样本，这比 Mai 等人(2018)选择的样本更为广泛。因此，我们的结论可能更接近于一个下界，因为本研究所采用的社交媒体情绪衡量可能存在一定的测量误差。

3.2 比特币简介

比特币是区块链技术的第一个应用,也是迄今为止最受欢迎的应用之一,于 2008 年由化名 Satoshi Nakamoto 的一个人(或一群人)提出。通过区块链技术,数字信息可以传播,但不能抄送。一般来说,一系列有时间标记的不可变的数据记录由一组计算机操纵,而这些计算机不属于任何一个单独的个体。其中的每一块数据(即块)都是有记录的,且相互之间通过加密原理(即链)相联系。区块链网络没有中心化,所有不可更改的信息都是共享的。所有区块链相关的信息都是透明的,每个参与者都要对自己的行为负责。

维护区块链网络的人们确保区块链网络既不会被黑客攻击,也不会被恶意篡改。额外的货币单位由点对点网络的节点使用生成算法创建,该算法确保比特币产量递减,这旨在模拟黄金开采速度。具体来看,用户(挖掘者)每发现一个新的区块,就能即时获得 12.5 个比特币的奖励。然而,每一个区块产生的新的比特币的数量被设定成呈几何式下降:每 210 000 个区块就下降 50%。发掘一个新的区块所耗费的时间取决于挖掘能力和网络难度[1]。这一机制可以解释为什么投资者把比特币视为一种资产,同时确保了如加印钞票或中央机构设置资本管控带来的通货膨胀永远不会发生。资本管控这一货币政策激发了比特币的使用,比特币也成为第一个替代了法定货币的加密货币。

比特币区别于其他金融资产的地方主要体现在其价值基础、管理及应用上。比特币在 Coinbase、Kraken 和其他在线期货交易市场上可以通过加密货币交易转化为法定货币。这些线上市场与交易中购买股票的市场类似。2015 年 9 月,美国商品期货交易委员会正式认定比特币可以作为商品进行交易。此外,芝加哥商品交易所还在 2017 年 12 月用比特币作为标的资产推出了比特币期货。尽管比特币市场上出现了越来越多的加密基金和其他机构投资者[2],但散户投资者还是占据了大多数[3]。

比特币的价格一直处于剧烈波动中。Xie(2009)利用从 2015 年 5 月 20 日至 2017 年 8 月 20 日期间,每五分钟用美元标价的比特币的价格即比特币兑美元的数据,得出了模型平均估计量。这些数据来源于 Poloniex,它是美国最大的数字资产交易所之一。本章在 Andersen 和 Bollerslev(1998)研究基础上,通过加总相对应的间隔都为 M 天的日内报酬

---

[1] 数据挖掘具有挑战性,因为新的区块和挖掘者不仅能获得交易费,还能得到一笔新比特币的补贴。只有当其他比特币节点得到一个新的区块时,新的区块才会被核实,核实后才是有效的。通过下载、核实区块链,比特币节点能够就事件排序达成一致。如果一个用户心怀不轨,不按照规则生成了货币,这个货币会被网络拒绝,也就没有任何价值。为了加大新区块的挖掘难度,新区块被发掘的概率每 2 016 块就会加大难度重新计算一次。

[2] 比如,传奇人物——雷格梅森公司前首席投资官比尔·米勒的基金,有 50% 都是加密资产。去中心化的交易所越来越多,包括 IDEX、0x 等,但是他们的市场份额依然很少。而且,最近美国证券交易委员会(SEC)对 EtherDelta(一家有名的基于以太坊的去中心化交易所)做出处罚,去中心化交易所的未来面临巨大的不确定性。

[3] 除了比特币,200 多家不同的交易所还上市了超过 1 600 种加密货币。然而,比特币依然拥有约 50% 的市场占有率。2018 年 12 月底,比特币的市值达到 650 亿美元左右,每令牌 3 800 美元。据 Coinmarketcap.com,2017 年 12 月 17 日,市值达到了顶峰:3 300 亿美元,每个比特币价格也达到了 19 000 美元。

$r_{t,j}$ 的平方估计出了第 t 天日实际波动率 RV_t。公式可以表示为：

$$RV_t \equiv \sum_{j=1}^{M} r_{t,j}^2 \tag{3.1}$$

其中，下标 t 表示时间，j 表示时间 t 内的时间间隔，$t = 1, 2, \cdots, n$；$j = 1, 2, \cdots, M$，$r_{t,j}$ 是价格对数 $p_{t,j}$ 的差值（$r_{T,J} = p_{t,j} - p_{t,j-1}$）。我们使用东部标准时间定义一个交易日，并使用数据计算 775 天 BTC/USD 的实际波动率。RV 数据在整个采样期间的演变如图 3.1 所示。

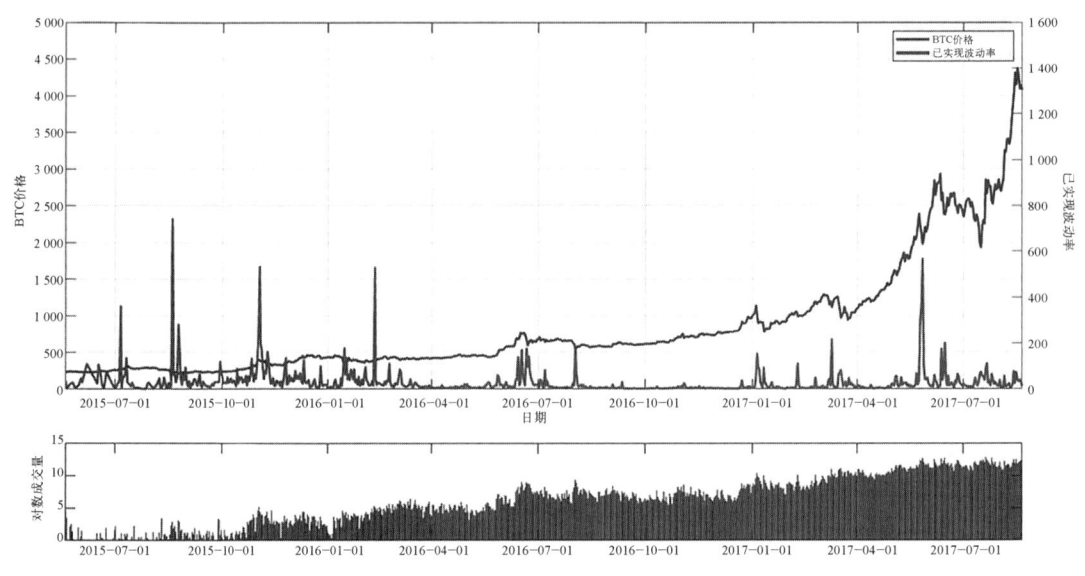

图 3.1　Poloniex 上的 BTC/USD 价格、已实现方差和交易量

BTC/USD（比特币兑美元）的市场表现确实存在显著的波动性，这种波动性在程度上远远超过了大多数其他法定货币对。这种高波动性的特点使得比特币市场成为金融研究和投资分析的热点领域。针对比特币价格的剧烈波动，学术界进行了广泛的研究，试图解释其背后的原因。这些研究通常涉及多种因素，包括市场流动性、投资者情绪、市场新闻、政策变化以及技术因素等。

在这种情境下，我们的研究并不是简单地探讨比特币为何如此波动，而是采取了不同的经验策略来预测这种波动性。我们的方法涵盖了从传统的计量经济学模型到现代的机器学习技术。这包括利用时间序列分析、随机波动率模型、GARCH 模型以及基于深度学习的算法等多种预测工具。通过这些方法，我们不仅试图更准确地预测比特币的价格波动，还旨在理解不同因素如何影响其波动性，并探索如何在实际金融决策中应用这些预测。这些方法的应用不仅对比特币投资者有指导意义，也为理解和预测其他高波动性金融资产提供了宝贵的经验和工具。

3.3　比特币数据与波动率预测模型——HAR

在本节中，我们主要介绍在波动性建模方面应用广泛的一些 HAR 技术。按照 Corsi

(2009)提出的标准 HAR 模型,前 h 步每日 RV_{t+h} 可用以下公式得出[①]:

$$\log RV_{t+h} = \beta_0 + \beta_d RV_t^{(1)} + \beta_w RV_t^{(5)} + \beta_m RV_t^{(22)} + e_{t+h} \tag{3.2}$$

其中,β_s 表示系数,$\{e_t\}_t$ 是一个零均值误差项。解释变量表现为 $\log RV_t^{(l)}$ 的一般形式,即 l 滞后期内 $\log RV$ 的均值,

$$\log RV_t^{(l)} \equiv l^{-1} \sum_{s=1}^{l} \log RV_{t-s}$$

其中,在研究传统资本市场时(如股票、期货等),l 通常取 1、5、22,对应日均、周均和月均。

另外一种常用的 HAR 模型的设定则忽略了式(3.2)的 log 形式而直接针对 RV 进行建模:

$$RV_{t+h} = \beta_0 + \beta_d RV_t^{(1)} + \beta_w RV_t^{(5)} + \beta_m RV_t^{(22)} + e_{t+h} \tag{3.3}$$

其中,$RV_t^{(l)} \equiv l^{-1} \sum_{s=1}^{l} \log RV_{t-s}$。

Andersen、Bollerslev 和 Diebold 在他们 2007 年的一篇具有深远影响的论文中,对标准 HAR 模型进行了重要的扩展。他们的扩展工作主要涉及两个方面。首先,他们在式(3.3)中加入一个每日跳跃分量 J_t。扩展后的模型被称为 HAR-J 模型,

$$RV_{t+h} = \beta_0 + \beta_d RV_t^{(1)} + \beta_w RV_t^{(5)} + \beta_m RV_t^{(22)} + \beta^j J_t + e_{t+h} \tag{3.4}$$

其中,在实证中平方跳跃项 $J_t = \max(RV_t - BPV_t, 0)$,因此标准的二次幂变差的定义式为:

$$BPV_t \equiv (2/\pi)^{-1} \sum_{j=2}^{M} |r_{t,j} - 1| |r_{t,j}|$$

这一新增部分旨在捕捉和反映金融市场在短期内可能出现的剧烈价格波动,这种波动通常与市场信息的快速变化或重大事件相关。通过加入这个跳跃分量,新的模型,即 HAR-J 模型,能够更准确地描述和预测金融资产价格波动的非连续性和极端变化。

随后,通过对 RV 进行分解并加入 $Z_{1,t}$ 统计量基础上的跳跃项,Andersen、Bollerslev 和 Diebold(2007)又对 HAR-J 模型做了扩展。$Z_{1,t}$ 统计量分布识别的是跳跃 CJ_t 和连续样本路径组成部分 CSP_t:

$$CSP_t \equiv \mathbb{I}(Z_t \leqslant \Phi_a) \cdot RV_t + \mathbb{I}(Z_t > \Phi_a) \cdot BPV_t$$

$$CJ_t \equiv \mathbb{I}(Z_t > \Phi_a) \cdot \max(RV_t - BPV_t, 0)$$

其中,Z_t 是 Huang 和 Tauchen(2005)定义的比率统计量,Φ_a 是置信区间为 α 的标准高斯分布的累积分布函数。从而,CSP_t 和 CJ_t 的每日、每周、每月的平均组成部分就可以按照 $RV^{(l)}$ 相同的构建方法得到。

具体来说,已实现波动率的连续部分代表了市场在正常交易条件下的波动,而跳跃项则

[①] 在文献中,对已实现波动率取对数是很常规的做法,Patton 和 Sheppard(2015)指出,这样做可以免于施加数值为正的假设,还考虑了与回归过程所处水平相关的异质性。还有一种方法是对已实现波动率做加权最小平均(WLS),这不适合我们使用最小二乘模型平均方法的目的。

代表由于重大事件或新闻导致的市场剧烈波动。这种方法的引入使得连续 HAR-J 模型能够更细致地捕捉和描述金融资产价格的波动性,特别是在面对极端市场事件时的表现。

连续 HAR-J 模型,即 HAR-CJ 模型具体设定如下:

$$RV_{t+h} = \beta_0 + \beta_d^c CSP_t^{(1)} + \beta_w^c CSP_t^{(5)} + \beta_m^c CSP_t^{(22)} \\ + \beta_d^j CJ_t^{(1)} + \beta_w^j CJ_t^{(5)} + \beta_m^j CJ_t^{(22)} + e_{t+h} \tag{3.5}$$

与 HAR-J 模型相比,HAR-CJ 模型很明显地控制了连续跳跃组成部分的每周、每月的部分。因此,HAR-J 模型可以看作 HAR-CJ 模型的特例,其中:

$$\beta_d = \beta_d^c + \beta_d^j, \quad \beta^j = \beta_d^j, \quad \beta_w = \beta_w^c + \beta_w^j, \quad \beta_m = \beta_m^c + \beta_m^j$$

为了阐明在预测波动率变量时出现的"杠杆效应",Patton 和 Sheppard(2005)对已实现波动率数据进行了符号调整,并据此扩展出了一系列模型。这些模型的扩展旨在更准确地捕捉金融资产波动率与市场回报之间的动态关系,特别是在市场下行时波动率往往上升的现象,即所谓的杠杆效应。他们提出的第一个模型是 HAR-RS-I,把标准 HAR 模型(3)中的日实际波动率分解为两个对称的半方差 RS_t^+ 和 RS_t^-:

$$RV_{t+h} = \beta_0 + \beta_d^+ RS_t^+ + \beta_d^- RS_t^- + \beta_w RV_t^{(5)} + \beta_m RV_t^{(22)} + e_{t+h} \tag{3.6}$$

其中,$RS_t^- = \sum_{j=1}^M r_{t,j}^2 \cdot \mathbb{I}(r_{t,j} < 0)$,$RS_t^+ = \sum_{j=1}^M r_{t,j}^2 \cdot \mathbb{I}(r_{t,j} > 0)$。

为了验证已实现半方差是否比经典杠杆效应更有效,Patton 和 Sheppard(2015)在 HAR-RS-I 模型的基础上又加入了滞后 RV 与负滞后收益 $RV_t^{(1)} \cdot \mathbb{I}(r_t < 0)$ 的指标的交互项。式(3.7)表示的第二个模型被称为 HAS-RS-II:

$$RV_{t+h} = \beta_0 + \beta_1 RV_t^{(1)} \cdot \mathbb{I}(r_t < 0) + \beta_d^+ RS_t^+ + \beta_d^- RS_t^- \\ + \beta_w RV_t^{(5)} + \beta_m RV_t^{(22)} + e_{t+h} \tag{3.7}$$

其中,$RV_t^{(1)} \cdot \mathbb{I}(r_t < 0)$ 用来体现负日收益带来的效应。

类似于 HAR-CJ 模型扩展理念,Patton 和 Sheppard(2015)提出的第三个和第四个模型,分别叫 HAR-SJ-I 和 HAR-SJ-II,加入了波动率过程中的有符号的跳跃变量和 BPV:

$$RV_{t+h} = \beta_0 + \beta_d^j SJ_t + \beta_d^{bpv} BPV_t + \beta_w RV_t^{(5)} + \beta_m RV_t^{(22)} + e_{t+h} \tag{3.8}$$

$$RV_{t+h} = \beta_0 + \beta_d^{j-} SJ_t^- + \beta_d^{j+} SJ_t^+ + \beta_d^{bpv} BPV_t + \beta_w RV_t^{(5)} + \beta_m RV_t^{(22)} + e_{t+h} \tag{3.9}$$

其中,$SJ_t = RS_t^+ - RS_t^-$,$SJ_t^+ = SJ_t \cdot \mathbb{I}(SJ_t > 0)$,$SJ_t^- = SJ_t \cdot \mathbb{I}(SJ_t < 0)$。HAR-SJ-II 模型比 HAR-SJ-I 模型更加灵活,允许正跳跃变动的影响与负跳跃变动的影响在无系统性方法上有所区别。

上述讨论的所有模型都可以一般化为下面的表达形式:

$$y_{t+h} = x_t \beta + e_{t+h}$$

其中,$t = 1, 2, \cdots, n$。y_{t+h} 代表 RV_{t+h},x_t 代表所有的解释变量,即:

$$x_t \equiv \begin{cases} [1, RV_t^{(1)}, RV_t^{(5)}, RV_t^{(22)}] & \text{模型 HAR}(3.3), \\ [1, RV_t^{(1)}, RV_t^{(5)}, RV_t^{(22)}, J_t] & \text{模型 HAR-J}(3.4), \\ [1, CSP_t^{(1)}, CSP_t^{(5)}, CSP_t^{(22)}, CJ_t^{(1)}, CJ_t^{(5)}, CJ_t^{(22)}] & \text{模型 HAR-CJ}(3.5), \\ [1, RS_t^-, RS_t^+, RV_t^{(5)}, RV_t^{(22)}] & \text{模型 HAR-RS-I}(3.6), \\ [1, RV_t^{(1)} \mathbb{I}_{r_t<0}, RS_t^-, RS_t^+, RV_t^{(5)}, RV_t^{(22)}] & \text{模型 HAR-RS-II}(3.7), \\ [1, SJ_t, BPV_t, RV_t^{(5)}, RV_t^{(22)}] & \text{模型 HAR-SJ-I}(3.8), \\ [1, SJ_t^-, SJ_t^+, BPV_t, RV_t^{(5)}, RV_t^{(22)}] & \text{模型 HAR-SJ-I}(3.9). \end{cases}$$

由于 y_{t+h} 是未来某一时刻的值,需要通过当前和过去的数据来预测。模型的核心是找到一组估计系数 $\hat{\beta}$,通常可以从以下模型中估计得到:

$$y_t = x_{t-h}\beta + e_t \tag{3.10}$$

解释变量和被解释变量在 $t=1, 2, \cdots, n$ 都可解。一旦得到估计系数 $\hat{\beta}$, $t=1, 2, \cdots, n$ 时的前 h 步预测就可以通过 $\hat{y}_{t+h} = x_t \hat{\beta}$ 估计实现。

3.4 机器学习算法在波动率预测中的应用

机器学习方法在预测相关的文献中的应用日益增多[①]。本节中,我们将介绍五种常用的机器学习算法,这些算法在实施预测时往往优于传统的计量工具。Lehrer 和 Xie(2018)强调了 Wolpert 和 Macready(1997)提出的"无免费午餐定理",这一定理说明在实际应用中,我们需要考虑多种不同的算法。

在本节中,我们首先考虑的方法主要用于辅助主模型中预测变量的选择。在这样的模型中,为了降低解释变量的维度,减少模型的复杂性,Tibshirani(1996)提出了 $\hat{\beta}$ 的 LASSO(Least Absolute Shrinkage and Selection Operator)估计量。LASSO 方法通过在回归分析中加入一个正则化项,来实现对系数的压缩和变量的选择。具体来说,LASSO 的目标函数如下:

$$\hat{\beta}^{\text{LASSO}} = \underset{\beta}{\arg\min} \frac{1}{2n} \sum_{t=1}^{n} (y_t - x_{t-h}\beta)^2 + \lambda \sum_{j=1}^{p} |\beta_j| \tag{3.11}$$

其中,n 是样本数量,p 是变量的数量,λ 是正则化参数,它控制了系数收缩的程度。LASSO 的关键优点在于它可以同时进行变量选择和正则化,帮助避免过度拟合,特别适用于变量数量多于样本量的情况。LASSO 方法是机器学习中用于变量选择和降维的强大工具,它在金融市场预测、宏观经济预测等领域有着广泛的应用。通过选择最有影响的变量,LASSO 可以帮助构建更为精简和有效的预测模型。用式(3.11)得到的 $\hat{y}_{t+h}^{\text{LASSO}}$,就可以用 OLS 相同的方法做前 h 步预测:

[①] Gu,Kelly 和 Xiu(2018)的研究为我们提供了一个关于机器学习方法在金融领域应用的优秀案例。他们对比分析了不同机器学习方法在衡量资产风险溢价效果方面的表现。这项研究不仅深入探讨了各种机器学习技术在预测金融市场行为时的有效性,也为金融实务工作者提供了关于如何选择和应用这些方法的宝贵见解。

$$\hat{y}_{t+h}^{\text{LASSO}} = x_t \hat{\beta}^{\text{LASSO}}$$

LASSO(最小绝对收缩和选择算子)估计量在处理高维数据集时,尤其是在面对以下情况时,比传统的普通最小二乘法(OLS)估计量更具优势:(1) 当回归变量的数量超过观测值的数量时;(2) 当模型中的参数数量相对于样本量过大时,需要进行某种形式的降维或正则化。

在需要使用回归模型进行预测,如式(3.10)所示时,如果解释变量与结果之间的关系无法通过传统线性模型准确捕捉,那么非线性的递归方法就显得非常有用。Breiman、Friedman 和 Stone(1984)提出的分类回归树(CART)方法,就是这样一种有效的非线性模型。CART 包括两个主要部分:分类树和回归树。分类树用于处理离散结果,如非数值符号或文本的分类响应;而回归树则针对连续的响应变量。考虑到比特币的极端波动性通常产生连续的数值变量,回归树方法可能比线性方法更贴合实际的数据生成过程。回归树通过将特征空间划分为一系列简单的区域,并在每个区域内进行简单的预测(如区域内响应变量的均值),来构建预测模型。与传统线性回归模型相比,回归树可以更好地捕捉解释变量与响应变量之间的非线性和复杂的相互作用关系。

在讨论样本 $\{y_t, x_{t-h}\}_{t=1}^n$ 时。回归树(RT)的操作方式在直观上与向前逐步回归相似。它使用一种快速的贪婪分割算法,考虑解释变量的所有可能分支,对数据进行递归分区。具体来说,在树的一个节点 τ 处,假设包含 n_τ 个观测值,这些观测值的平均结果为 $\bar{y}(\tau)$ 的观测值。该节点通过选定的解释变量被分成两个叶子节点,分别为 τ_L 和 τ_R。在分裂过程中,解释变量的选择基于一个特定的标准:该解释变量在此处的分离能使两个区域之间的预先选定损失函数减少最多[①]。每个新节点都重复这个分裂过程,直到继续分裂对任一预测相对于预设边界的边际变化足够小。每个最终叶子节点处的预测结果是局部常量回归模型的拟合值。

如果数据是平稳且有序的,那么回归树方法通常比普通最小二乘法(OLS)模型有更高的预测精度。直观上,我们预期回归树预测效果很好,因为它能将样本分解为具有不同特性的子群体。对于时间序列数据,这种分解可能与市场跳跃和结构性断裂相重合。然而,对于横截面数据,统计学习文献表明,单个的回归树在预测方面可能不如集成方法强大,因为单个回归树的方差较大(参见 Hastie、Tibshirani 和 Friedman,2009)。这表明在实际应用中,尤其是在处理复杂或具有高度非线性特征的数据时,集成方法(如随机森林或梯度提升机)可能是更优的选择。

集成方法通过结合多个模型的预测结果来提升预测精度。Breiman(1996)提出的自举汇聚法(Bootstrap Aggregating, BAG)和他在 2001 年提出的随机森林(Random Forest, RF)都是基于随机化的集成方法。在 BAG 法中,模型是建立在原始数据的随机 bootstrap 副本之上的。BAG 算法的步骤如下:

(i) 从数据中有放回地选出随机样本;

---

① 在应用回归树(RT)方法时,选择最优分裂点的过程是基于减少给定损失函数的原则,其中一个常用的损失函数是残差平方和(SSR)。在每一步分裂中,我们都会计算一个初始的总残差平方和 SSR_0。这是在不进行任何分裂前,整个样本的残差平方和。接下来,目标是找到一个分裂点,将原始样本分成两个子样本,使得这两个子样本的残差平方和之和最小化。假设原始样本的总数为 n,分裂成的两个子样本的样本量分别为 n_1 和 n_2,且满足 $n = n_1 + n_2$。理想情况下,回归树方法会找到一个分裂点,使得每个子样本的残差平方和(分别记作 SSR_1 和 SSR_2)之和小于或等于原始样本的残差平方和,即 $SSR_1 + SSR_2 \leqslant SSR_0$。

(ⅱ) 构建一个回归树;

(ⅲ) 用回归树做预测,$\hat{f}$;

(ⅳ) 重复步骤(ⅰ)—(ⅲ),$b=1,\cdots,B$ 次,得到每个 b 值的 $\hat{f}^b$;

(ⅴ) 取 B 个预测的简单平均 $\hat{f}_{BAG} = \frac{1}{B}\sum_{b=1}^{B}\hat{f}^b$,得到的均值 $\hat{f}_{BAG}$ 即最终的预测值。

随着训练过程中重复抽样的样本数的增加,预测精度通常会提高,但同时也会增加计算时间。

随机森林可以被视为 bagging 算法的一个更高效的变种。与 bagging 类似,在随机森林中,我们首先从原始数据集中进行重复抽样,构建多棵决策树。这些新生成的树在结构和特征选择上都有所不同,从而增加了模型的多样性。然而,随机森林与传统的 bagging 算法在树的构建过程中存在一个关键差异。在每棵树的每个节点上,随机森林只考虑一个随机子集中的变量来进行分裂。这意味着在决策树的每个节点,我们只考虑一部分特征,而不是使用所有特征。通过这种方式,随机森林避免了过度拟合的问题,提高了模型的泛化能力。当每个节点考虑的变量数 q 等于总变量数 K 时,随机森林等同于传统的 bagging 算法。

但在实际应用中,通常会将 q 设定为一个较小的值,以确保每棵树之间存在足够的差异,从而提高模型的性能。最终,随机森林的预测结果是所有树预测结果的简单平均。这种方法降低了模型的不确定性,提高了预测的准确性。由于在每棵树的构建过程中都进行了随机的特征选择,这些树之间的关联度较低,进一步增强了模型的泛化能力。

最后,文章还提到了提升树(Boosting Trees)方法,这是由 Hastie、Tibshirani 和 Friedman(2009)提出的机器学习方法。在拟合过程中,与局部方差相关的观测值被赋予更多权重。如果算法不能很好地拟合这些数据,这些观测值的权重会被进一步增加,重复预测过程。这种方法特别适用于改善对数据高度局部特征的捕捉。通过逐步优化每个弱学习器的性能,提升树方法能够构建出一系列强有力的模型,对复杂数据集进行精确的预测和解释。

我们考虑一个简单的能够拟合 RT 总体的最小二乘提升方法(BOOST)。回归树把所有联合预测变量的值之间的间隔分成不连续的区域,用树的终端节点可以表示为 R_j, $j=1, 2, \cdots, J$。每个区域都有一个制定的常数 j,预测标准为:$X \in R_j \Rightarrow f(X) = \gamma_j$,其中 X 是第 t 个元素为 x_{t-h} 的矩阵。从而,一棵树可以正式表述为:$T(\boldsymbol{X}, \Theta) = \sum_{j=1}^{J}\gamma_j \mathbb{I}(\boldsymbol{X} \in R_j)$,参数 $\Theta = \{R_j, \gamma_j\}_{j=1}^{J}$ 通过最小化风险的方式得到,即:

$$\hat{\Theta} = \underset{\Theta}{\arg\min} \sum_{j=1}^{J} \sum_{x_{t-h} \in R_j} L(y_t, \gamma_j)$$

其中 $L(\cdot)$ 是一个损失函数,如残差平方和 SSR。

BOOST 方法是用前向递归的方法对所有的树进行加总,公式如下:

$$f_M(\boldsymbol{X}) = \sum_{m=1}^{M} T(\boldsymbol{X}; \Theta_m)$$

前向递归过程中,每一步都需要在给定现有模型 $f_{m-1}(\boldsymbol{X})$ 的条件下找出下一棵树的集合与常数 $\Theta_m = \{R_{jm}, \gamma_{jm}\}_{1}^{J_m}$,来解决

$$\hat{\Theta}_m = \underset{\Theta_m}{\arg\min} \sum_{i=1}^{n} L\big(y_t, f_{m-1}(x_{t-h}) + T(x_{t-h}; \Theta_m)\big) \tag{3.12}$$

如果损失函数是残差平方和,那么结果是显而易见的:下一棵树就是能够最完美地预测当期残差 $y_t - f_{m-1}(x_{t-h})$ 的回归树,而 $\hat{\gamma}_{jm}$ 就是这些残差在自己对应域的平均值。

在上一章的分析中,我们选择了固定的调整参数 $\lambda = 1$,用于 LASSO 模型。对于树类的机器学习算法,尤其是回归树,我们采用了默认的基础超参数设置。这些默认值确保了模型在各种情况下的稳定性和有效性。以下是具体的默认值设定:

(i) 划分标准:我们采用了平方和降低(SSR)作为划分标准,这是回归树中最常用的方法之一。

(ii) 最大划分次数:BOOST 划分的最大限值为 10,其他划分的最大限值为 $n-1$。这样的设置可以确保模型在训练过程中不会过度拟合,同时也能捕捉到数据中的复杂模式。

(iii) 叶片大小:最小叶片大小被设定为 1,这意味着每个叶子节点都至少包含一个数据点。这样的设定有助于避免模型过于简化,能够更好地处理具有复杂非线性关系的实际数据。

(iv) 随机森林的划分:在随机森林模型中,我们需要确定需要构建的树的数量。默认情况下,我们需要划分的预测值数量为 $K/3$,其他模型为 K。这样的设置可以确保随机森林模型在训练过程中能够充分考虑各种可能的特征组合,提高模型的预测精度。

(v) 学习周期数:集成学习方法中的学习周期数被设定为 $B=100$。这意味着我们将使用 100 个不同的训练集来构建最终的模型,从而提高模型的泛化能力。

为了验证这些超参数选择的稳健性,我们在本章 3.7.3 节中进行了详细的稳健性检验。通过对比不同超参数组合下的模型性能,我们发现这些默认值在大多数情况下都能提供稳定且可靠的预测结果。然而,在实际应用中,用户可能需要根据具体的数据集和任务需求来调整这些超参数,以达到最佳的模型效果。

3.5 社交媒体数据

机器学习在文本处理和社交媒体内容实时分析方面取得了重大突破,为金融市场预测提供了新的视角。为了更好地理解社交媒体中的情绪,我们采用了 Felbo 等人(2017)提出的算法。该算法基于 12 460 万个包含表情的推特文本来训练模型,通过五个隐藏层的网络结构来捕捉文本中的情绪[①]。这一算法的创新之处在于,它并不直接对文本中的单个情绪词进行评分,而是基于 64 个不同的表情符号来综合判断整条推特所传达的情绪。通过考虑句子的结构,算法能够更准确地计算推特消息的情绪分数。每个表情符号都有一个与之对应的固定分数,而整条消息的情绪得分为各种情绪类型的加权平均值。

在数据处理方面,我们采取了简单而有效的方法。每分钟随机抽取 10% 的推特作为样

---

① 该算法的开发是为了提供一种学习文本中情感内容表示的方法,可以在 github.com/bfelbo/depmoji 上获得预处理代码、用法示例、基准数据集以及其他功能。训练前数据被分解为训练集、验证集和测试集,其中验证集和测试集以这样一种方式随机抽样,即每个表情符号都具有同等的代表性。这些数据包括在包含表情符号的时间段内没有 URL 的所有英文推特消息。该算法的第五层侧重于注意力,并从先前的级别获取输入,该级别使用多类学习者来解码文本和表情符号本身。更多详情请参见 Felbo、Mislove、Søgaard、Rahwan 和 Lehmann(2017)。

本,计算这些推文中单词的情感值的加权平均值作为该分钟的分数[①]。这种基于随机样本的方法确保了数据的有效性和代表性。值得注意的是,我们构建的情绪指数(USSI)并不仅仅局限于与加密货币相关的内容。无论市场内还是市场外,情绪都是影响金融资产价格的重要因素(Ke、Kelly 和 Xiu,2019)。实证研究表明,国民情绪的波动对资产价格具有显著影响(如:Baker 和 Wurgler,2017;Schumaker、Zhang、Huang 和 Chen,2012)。因此,我们自然地假设国民情绪会影响金融市场的波动。

数据的频率是一个挑战,特别是如何使用每分钟的 USSI 来预测每天的比特币已实现波动率。为了解决这一问题,我们采用了 Lehrer、Xie 和 Zeng(2020)开发的异质性混合数据采集方法(H-MIDAS)。这种方法允许我们在保持数据高频特性的同时,将分钟级别的 USSI 转换为与每日比特币已实现波动率相匹配的观测值[②]。

通过使用一个阶梯函数,我们将 1 172 747 个分钟级别的 USSI 变量转化为了 775 个不同预测期的日观测值。这一过程有效地将高频数据转换为与目标变量相匹配的低频数据,为后续的预测分析提供了便利。图 3.2 展示了在 H-MIDAS 方法中使用的估

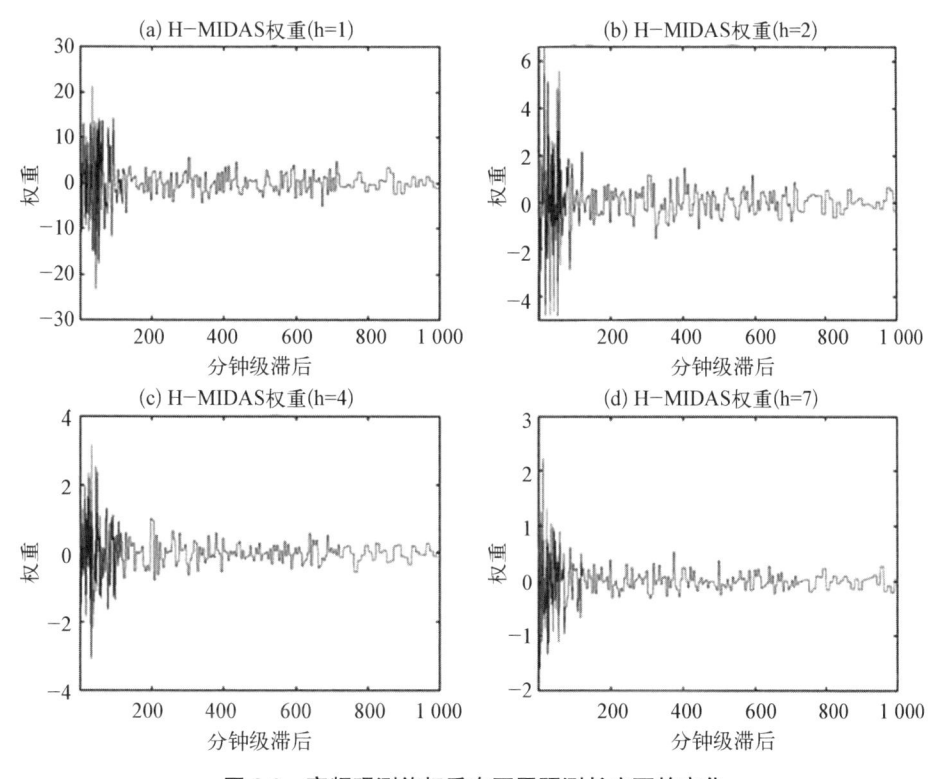

图 3.2 高频观测值权重在不同预测长度下的变化

---

① 该算法应用在所有 Twitter 消息中随机选取的 10% 的样本上。这样的设计是为了衡量美国公众的实时情绪,而非仅限于特定股票或特定类型的市场参与者。这一点使得该算法在分析和预测市场动态时特别有价值,因为它能够捕捉到更广泛的、非特定于某一财经事件的公众情绪变化。

② 附录 A 展示了与这一策略的所有细节。实际操作中,在估计之前,我们需要选择滞后指数 $l = [l_1, \cdots, l_p]$,确定权重集 W。在本章的研究中,设定 $W \equiv \{w \in \mathbb{R}^p : \sum_{j=1}^{p} w_j = 1\}$ 用 OLS 估计 $\widehat{\beta w}$。主要预测中,研究 $h = 1, 2, 4, 7$。考虑到一天有 1 440 分钟,滞后指数 $l = [1:5:1 440]$。

计权重。这些权重根据数据的异质性和高频特性进行优化，以确保模型的有效性和准确性。

表3.1提供了已实现波动率数据的统计特征，包括各个系列的平均值、标准差、最小值和最大值等。此外，表中还包括了对数据正态分布特性的Jarque-Bera检验和对数据平稳性的增广Dickey-Fuller(ADF)单位根检验的结果，即各项检验的p值。这些检验对数据集的统计属性进行了深入分析。在分析时，数据被划分为前半段样本、后半段样本和全样本三个部分，以便更全面地了解数据在不同时间段的表现。统计分析显示，每个系列都表现出显著的波动性，以及样本期内的巨大极差，即最大值和最小值之间的差异很大。

表3.1 描述性统计

统计量	已实现方差 前半段	已实现方差 后半段	已实现方差 全样本	USSI
均　值	43.466 7	12.195 9	27.831 3	117.402 4
中位数	31.221 3	7.010 8	17.401 9	125.877 2
最大值	197.608 1	115.635 8	197.608 1	657.432 7
最小值	5.032 7	0.524 1	0.524 1	−866.679 3
标准差	38.017 7	15.617 7	32.981 5	179.166 2
偏　度	2.147 0	3.363 3	2.601 3	−0.822 3
峰　度	7.836 9	18.225 9	11.214 7	5.874 7
Jarque-Bera	0.000 0	0.000 0	0.000 0	0.000 0
单位根检验	0.000 0	0.000 0	0.000 0	0.000 0

Jarque-Bera检验的目的是检查数据是否服从正态分布。在5%的显著性水平下，表3.1中的所有系列的Jarque-Bera检验的p值表明，没有任何一个系列服从正态分布。这意味着数据分布可能是偏态的或具有厚尾特性。同时，增广Dickey-Fuller单位根检验用于检测序列中是否存在单位根，即检验数据的平稳性。表中的结果显示，在5%的显著性水平下，所有系列均未显示出非平稳性。这表明数据在整个样本期内保持一定程度的稳定性，没有出现明显的趋势或周期性变化。

3.6 实证结果

为了评估不同Heterogeneous Autoregressive (HAR)估计量在预测比特币兑美元实际

波动率方面的相对效率,我们进行了一个前 h 步的滚动窗口实验①。这种方法允许我们在不同的预测期内评估和比较各种模型的预测表现。表 3.2 详细列出了被分析的所有估计量。这些估计量被分为两组:

(i) 组 A 包含了各种类型的 HAR 估计量。除了 HAR-Full 模型,后者使用了从 1 天到 30 天的所有滞后协变量,其他 HAR 模型的设定是 $l=[1,7,30]$,即考虑 1 天、7 天和 30 天的滞后期。

(ii) 组 B 展示了基于机器学习的方法,这些方法使用了与 HAR-Full 模型相同的全部协变量作为输入数据。

表 3.2　估 计 量 列 表

组 A：传统回归		
(1)	AR(1)	普通自回归模型
(2)	HAR-Full	Corsi(2009)提出的 HAR 模型,$l=[1,2,\cdots,30]$,相当于 AR(30)
(3)	HAR	Corsi(2009)提出的 HAR 模型,$l=[1,7,30]$,
(4)	HAR-J	Andersen、Bollerslev 和 Diebold(2007)提出的含有跳跃项的 HAR 模型
(5)	HAR-CJ	Andersen、Bollerslev 和 Diebold(2007)提出的含有连续的跳跃项的 HAR 模型
(6)	HAR-RS-Ⅰ	Patton 和 Sheppard(2015)提出的含有半方差项(类型Ⅰ)的 HAR 模型
(7)	HAR-RS-Ⅱ	Patton 和 Sheppard(2015)提出的含有半方差项(类型Ⅱ)的 HAR 模型
(8)	HAR-SJ-Ⅰ	Patton 和 Sheppard(2015)提出的含有半方差跳跃项(类型Ⅰ)的 HAR 模型
(9)	HAR-SJ-Ⅱ	Patton 和 Sheppard(2015)提出的含有半方差跳跃项(类型Ⅱ)的 HAR 模型
组 B：机器学习方法		
(10)	LASSO	Tibshirani(1996)提出的最小绝对收缩和选择算法
(11)	RT	Breiman、Friedman 和 Stone(1984)提出的回归树方法
(12)	BOOST	Hastie、Tibshirani 和 Friedman(2009)提出的提升树方法
(13)	BAG	Breiman(1996)提出的引导聚合方法
(14)	RF	Breiman(2001)提出的随机森林方法
(15)	SVR	Drucker、Burges、Kaufman、Smola 和 Vapnik(1996)提出的支持向量机方法
(16)	LSSVR	Suykens 和 Vandewalle(1999)提出的最小二乘支持向量回归方法

---

① 其他用 GARCH(1, 1)和 ARFIMA(p, d, q)方法的结果,如果有需要可联系作者。这些估计量与 HAR 模型相比表现不佳,限于篇幅,没有放在正文中。

在整个实验中,滚动窗口的大小固定为 $L=400$ 个观测值。这意味着每次预测都是基于前 400 个观测值的数据进行的。我们的结论在使用其他窗口期时也保持稳健,这一点在附录 3.7.1 中有详细的说明。

通过这种前 h 步滚动窗口实验,我们可以评估不同模型在实际市场数据上的预测能力,特别是在预测高波动性资产如比特币的波动率时。这种方法的优势在于它能够提供对模型性能的实时评估,并且通过不断的滚动更新,能够捕捉到市场动态的变化。

为了验证从社交媒体提取的情绪数据对预测比特币兑美元实际波动率的帮助程度,我们将含有和不含有美国社交媒体情绪指数(USSI)的模型的预测结果进行了对比。在表中,含有 USSI 变量的方法均以星号(*)标注。表 3.3 展示了预测实验的结果,其中第一列列出了所有估计策略,其余列则展示了用于评估预测结果的多种标准,包括均方预测误差(MSFE)、准极大似然估计(QLIKE)、平均绝对预测误差(MAFE)、预测误差标准差(SDFE)以及 Mincer-Zarnowitz 回归的伪 R 平方值。

表 3.3 主试验中各种方法的预测表现

方法	MSFE	QLIKE	MAFE	SDFE	伪 R^2
组 A:$h=1$					
HAR	1 666.849 2	0.535 6	17.027 9	40.827 1	0.317 3
HAR-CJ	1 690.430 6	0.529 9	17.184 4	41.114 8	0.307 6
HAR-RS-Ⅱ	2 377.515 9	0.547 1	17.693 6	48.759 8	0.026 2
LASSO	1 726.245 3	0.564 9	17.402 5	41.548 1	0.292 9
BOOST	3 003.859 7	2.317 6	27.747 3	54.807 5	−0.230 4
RF	1 680.275 6	0.437 4	16.792 2	40.991 2	0.311 8
BAG	1 628.267 4	0.450 4	16.828 5	40.351 8	0.333 1
SVR	2 218.859 4	1.375 1	20.076 5	47.104 8	0.091 2
LSSVR	1 628.680 0	0.485 8	16.039 7	40.356 9	0.332 9
HAR*	1 459.725 7	1.548 8	19.279 0	38.206 4	0.402 1
HAR-CJ*	1 477.116 2	1.752 6	19.339 8	38.433 3	0.395 0
HAR-RS-Ⅱ*	2 047.542 7	1.501 3	19.945 8	45.249 8	0.161 3
LASSO*	1 497.062 1	1.825 6	19.121 5	38.691 9	0.386 8
BOOST*	1 312.669 3	2.452 4	18.612 3	36.230 8	0.462 3

续表

方　　法	MSFE	QLIKE	MAFE	SDFE	伪R^2
RF*	1 178.686 2	0.379 4	14.405 9	34.332 0	0.517 2
BAG*	**1 035.708 1**	**0.363 5**	**13.823 5**	**32.182 4**	**0.575 8**
SVR*	2 226.760 3	1.407 5	20.240 7	47.188 6	0.087 9
LSSVR*	1 494.010 4	1.280 1	16.445 4	38.652 4	0.388 1
组 B：$h=2$					
HAR	2 066.186 4	0.668 1	18.600 0	45.455 3	0.155 8
HAR－CJ	2 110.040 1	0.669 6	19.077 3	45.935 2	0.137 9
HAR－RS－Ⅱ	2 028.534 7	0.683 8	18.808 0	45.039 3	0.171 2
LASSO	2 081.813 1	0.693 6	18.999 0	45.626 9	0.149 4
BOOST	3 615.661 4	3.126 8	28.799 0	60.130 4	−0.477 2
RF	1 880.799 6	0.537 6	17.141 9	43.368 2	0.231 6
BAG	1 994.270 0	0.573 3	17.861 1	44.657 2	0.185 2
SVR	2 224.943 1	1.380 4	20.108 9	47.169 3	0.091 0
LSSVR	1 872.441 2	0.619 2	16.550 4	43.271 7	0.235 0
HAR*	1 803.327 8	1.509 5	21.268 4	42.465 6	0.263 2
HAR－CJ*	1 832.243 7	1.986 3	21.410 2	42.804 7	0.251 4
HAR－RS－Ⅱ*	1 783.082 6	2.317 0	21.493 8	42.226 6	0.271 5
LASSO*	1 817.923 8	1.887 7	20.888 6	42.637 1	0.257 3
BOOST*	1 832.345 3	2.802 6	21.269 5	42.805 9	0.251 4
RF*	1 511.004 9	**0.459 3**	15.532 3	38.871 6	0.382 7
BAG*	**1 428.690 0**	0.465 4	**15.139 4**	**37.798 0**	**0.416 3**
SVR*	2 232.170 3	1.410 5	20.257 3	47.245 8	0.088 0
LSSVR*	1 702.201 6	1.048 9	17.057 8	41.257 7	0.304 5
组 C：$h=4$					
HAR	2 064.368 6	0.804 3	19.520 8	45.435 3	0.161 0

续　表

方　法	MSFE	QLIKE	MAFE	SDFE	伪 R^2
HAR-CJ	2 100.371 2	0.818 1	20.044 5	45.829 8	0.146 4
HAR-RS-II	2 057.617 9	0.807 7	19.679 6	45.361 0	0.163 8
LASSO	2 068.011 1	0.823 1	19.892 0	45.475 4	0.159 5
BOOST	2 348.645 3	4.678 0	24.230 4	48.462 8	0.045 5
RF	1 936.685 8	0.598 0	17.544 3	44.007 8	0.212 9
BAG	2 035.916 6	0.647 0	17.996 3	45.121 1	0.172 6
SVR	2 235.822 9	1.388 2	20.125 9	47.284 5	0.091 3
LSSVR	1 963.829 6	0.932 9	17.307 6	44.307 4	0.202 2
HAR*	1 630.829 6	2.525 0	21.884 7	40.383 5	0.337 2
HAR-CJ*	1 641.705 1	2.030 2	22.016 8	40.518 0	0.332 8
HAR-RS-II*	1 638.478 1	2.134 3	21.943 1	40.478 1	0.334 1
LASSO*	1 636.683 5	2.330 1	21.589 0	40.455 9	0.334 8
BOOST*	1 447.782 4	3.349 2	20.735 5	38.049 7	0.411 6
RF*	1 205.431 0	**0.439 6**	**14.469 2**	34.719 3	0.510 1
BAG*	**1 075.436 4**	0.457 9	14.843 3	**32.793 8**	**0.562 9**
SVR*	2 241.941 8	1.412 9	20.257 8	47.349 1	0.088 9
LSSVR*	1 526.755 8	1.330 0	17.104 7	39.073 7	0.379 5
组 D：$h=7$					
HAR	2 108.745 7	0.873 8	19.932 7	45.921 1	0.149 7
HAR-CJ	2 119.835 7	0.887 2	20.236 2	46.041 7	0.145 2
HAR-RS-II	2 142.998 3	0.966 1	20.257 2	46.292 5	0.135 9
LASSO	2 100.732 4	0.893 9	20.244 6	45.833 7	0.152 9
BOOST	2 616.828 2	2.990 2	24.263 6	51.154 9	−0.055 2
RF	1 769.054 8	0.552 4	15.700 1	42.060 1	0.286 7

续　表

方　法	MSFE	QLIKE	MAFE	SDFE	伪R^2
BAG	1 822.842 5	0.564 8	16.340 5	42.694 8	0.265 0
SVR	2 253.547 0	1.404 5	20.199 1	47.471 5	0.091 3
LSSVR	2 000.708 8	0.814 8	17.741 1	44.729 3	0.193 3
HAR*	1 703.688 4	1.625 5	22.368 9	41.275 8	0.313 0
HAR - CJ*	1 705.778 8	1.795 8	22.292 8	41.301 1	0.312 2
HAR - RS - II*	1 716.597 0	1.560 4	22.431 8	41.431 8	0.307 8
LASSO*	1 710.494 5	4.108 7	22.134 7	41.358 1	0.310 3
BOOST*	1 589.248 3	2.865 4	19.729 7	39.865 4	0.359 2
RF*	1 273.799 7	**0.465 6**	**14.400 0**	35.690 3	0.486 4
BAG*	**1 257.647 0**	0.507 0	15.180 3	**35.463 3**	**0.492 9**
SVR*	2 257.536 9	1.419 5	20.279 3	47.513 5	0.089 7
LSSVR*	1 561.792 9	1.083 1	18.023 6	39.519 5	0.370 2

注：每种标准下的最优结果用加粗标识。

表 3.3 的不同部分显示了不同预测范围（$h=1$、2、4 和 7）的结果。我们特别关注了几个具有代表性的方法，包括 HAR、HAR - CJ、HAR - RS - II、LASSO、RF 和 BAG 模型，这些模型既包括含 USSI 变量的版本，也包括不含 USSI 变量的版本。如有必要，我们也可以提供表 3.2 中列出的所有方法的比较结果。

我们观察到，不同的预测期并未显著影响不同方法的相对预测能力。在每个组内，基于树的机器学习方法（如 BAG 和 RF）相比其他方法表现出色。此外，加入 USSI 变量的模型（用 * 表示）总体上优于不含 USSI 变量的模型，这表明将社交媒体情绪数据纳入模型是非常重要的。

我们还注意到，传统计量方法的预测表现并不稳定。例如，在 $h=1$ 的预测期，不包含 USSI 变量的 HAR - RS - II 模型表现最差，但在 $h=2$ 的预测期其表现有所提升。线性模型的这种波动表现表明，将模型限制为线性可能不足以稳健地模拟比特币兑美元的高波动率。

为了检验 BAG 和 RF 方法的改进是否具有统计显著性，我们进行了修正的 Giacomini-White 检验（Giacomini 和 White，2006），原假设是就 MAFE 来说，"列方法"和"行方法"表现一致。对于 $h=1$、2、4、7 的预测期，相关的 p 值列于表 3.4 中。我们发现，与其他方法相比，加入 USSI 变量后的 BAG 和 RF 模型在预测精度上有显著提高，尽管 BAG 和 RF 之间的结果在统计上没有显著差异。

表 3.4 Giacomini-White 检测结果

	HAR	HAR-CJ	RS-II	LASSO	BOOST	RF	BAG	SVR	LSSVR	HAR*	HAR-CJ*	RS-II*	LASSO*	BOOST*	RF*	BAG*	SVR*
组 A: $h=1$																	
HAR	—	—	—	—	—	—	—	—	—	—	—	—	—	—	—	—	—
HAR-CJ	0.160 9	—	—	—	—	—	—	—	—	—	—	—	—	—	—	—	—
HAR-RS-II	0.315 5	0.416 0	—	—	—	—	—	—	—	—	—	—	—	—	—	—	—
LASSO	**0.016 9**	0.229 5	0.662 2	—	—	—	—	—	—	—	—	—	—	—	—	—	—
BOOST	**0.000 0**	**0.000 0**	**0.000 0**	**0.000 0**	—	—	—	—	—	—	—	—	—	—	—	—	—
RF	0.572 2	0.488 3	0.424 1	0.345 7	**0.000 0**	—	—	—	—	—	—	—	—	—	—	—	—
BAG	0.971 4	0.909 5	0.680 6	0.737 1	**0.000 0**	0.081 1	—	—	—	—	—	—	—	—	—	—	—
SVR	**0.009 1**	**0.017 8**	0.152 7	**0.021 1**	**0.000 6**	**0.000 2**	**0.003 8**	—	—	—	—	—	—	—	—	—	—
LSSVR	0.344 9	0.297 5	0.312 2	0.193 1	**0.000 0**	0.363 1	0.094 6	**0.000 0**	—	—	—	—	—	—	—	—	—
HAR*	**0.001 3**	**0.003 3**	0.138 4	**0.009 1**	**0.000 0**	**0.013 4**	0.054 9	0.535 4	**0.004 7**	—	—	—	—	—	—	—	—
HAR-CJ*	**0.000 8**	**0.002 0**	0.113 3	**0.006 5**	**0.000 0**	**0.013 5**	0.052 6	0.577 3	**0.005 0**	0.445 0	—	—	—	—	—	—	—
HAR-RS-II*	**0.000 5**	**0.000 6**	**0.001 4**	**0.002 5**	**0.000 2**	**0.026 5**	0.064 3	0.938 4	**0.017 2**	0.306 6	0.324 3	—	—	—	—	—	—
LASSO*	**0.001 7**	**0.004 3**	0.168 8	0.010 0	**0.000 0**	**0.016 2**	0.066 2	0.447 8	**0.005 9**	0.213 4	0.128 7	0.204 4	—	—	—	—	—
BOOST*	0.266 1	0.324 7	0.620 7	0.400 1	**0.000 0**	0.103 0	0.255 1	0.334 8	0.050 0	0.618 8	0.591 7	0.438 0	0.703 9	—	—	—	—

续 表

	HAR	HAR-CJ	RS-Ⅱ	LASSO	BOOST	RF	BAG	SVR	LSSVR	HAR*	HAR-CJ*	RS-Ⅱ*	LASSO*	BOOST*	RF*	BAG*	SVR*
RF*	0.014 7	0.012 9	0.040 2	0.006 1	0.000 0	0.000 9	0.000 1	0.000 0	0.007 7	0.000 0	0.000 0	0.000 3	0.000 0	0.000 1	—	—	—
BAG*	0.010 4	0.009 5	0.032 2	0.004 8	0.000 0	0.002 9	0.000 4	0.000 0	0.008 5	0.000 0	0.000 0	0.000 2	0.000 0	0.000 0	0.481 0	—	—
SVR*	0.006 1	0.012 5	0.126 9	0.014 6	0.000 8	0.000 1	0.002 4	0.000 1	0.000 0	0.455 4	0.496 0	0.861 7	0.374 4	0.284 3	0.000 0	0.000 0	—
LSSVR*	0.591 2	0.512 7	0.449 7	0.379 4	0.000 0	0.977 0	0.396 9	0.000 1	0.332 3	0.003 1	0.003 6	0.020 2	0.004 4	0.077 2	0.000 2	0.000 5	0.000 0

组 B: h=2

	HAR	HAR-CJ	RS-Ⅱ	LASSO	BOOST	RF	BAG	SVR	LSSVR
HAR	—	—	—	—	—	—	—	—	—
HAR-CJ	0.001 2	—	—	—	—	—	—	—	—
HAR-RS-Ⅱ	0.466 8	0.416 1	—	—	—	—	—	—	—
LASSO	0.003 8	0.742 7	0.510 0	—	—	—	—	—	—
BOOST	0.000 0	0.000 0	0.000 0	0.000 0	—	—	—	—	—
RF	0.144 6	0.064 8	0.085 0	0.053 4	0.000 0	—	—	—	—
BAG	0.570 7	0.317 7	0.426 7	0.320 5	0.000 0	0.028 7	—	—	—
SVR	0.147 5	0.361 8	0.161 0	0.255 5	0.000 0	0.005 4	0.071 5	—	—
LSSVR	0.059 6	0.032 4	0.029 1	0.017 2	0.000 0	0.354 3	0.098 1	0.000 0	—
HAR*	0.000 7	0.009 1	0.003 6	0.004 1	0.000 2	0.000 2	0.005 2	0.344 1	0.000 1

续表

	HAR	HAR-CJ	RS-II	LASSO	BOOST	RF	BAG	SVR	LSSVR	HAR*	HAR-CJ*	RS-II*	LASSO*	BOOST*	RF*	BAG*	SVR*
HAR-CJ*	0.000 2	0.003 4	0.001 6	0.001 7	0.000 2	0.000 2	0.004 0	0.301 9	0.000 1	0.236 6	—	—	—	—	—	—	—
HAR-RS-II*	0.000 4	0.005 4	0.000 8	0.002 0	0.000 2	0.000 0	0.002 0	0.222 1	0.000 0	0.333 1	0.764 5	—	—	—	—	—	—
LASSO*	0.002 9	0.027 5	0.010 3	0.013 1	0.000 1	0.000 6	0.011 0	0.504 2	0.000 1	0.001 0	0.001 5	0.006 8	—	—	—	—	—
BOOST*	0.087 2	0.161 1	0.108 3	0.147 1	0.000 2	0.004 1	0.029 7	0.490 5	0.002 2	0.999 4	0.924 0	0.878 2	0.796 8	—	—	—	—
RF*	0.014 6	0.006 5	0.007 4	0.004 3	0.000 0	0.031 6	0.004 8	0.000 2	0.361 6	0.000 0	0.000 0	0.000 0	0.000 0	0.000 0	—	—	—
BAG*	0.012 7	0.006 5	0.007 8	0.004 8	0.000 0	0.056 9	0.015 7	0.000 3	0.193 1	0.000 0	0.000 0	0.000 0	0.000 0	0.000 0	0.221 7	—	—
SVR*	0.113 1	0.298 5	0.120 1	0.199 2	0.000 0	0.003 7	0.054 9	0.000 5	0.000 0	0.409 8	0.360 9	0.276 2	0.589 2	0.548 6	0.000 1	0.000 2	—
LSSVR*	0.166 6	0.093 4	0.101 2	0.068 8	0.000 0	0.853 3	0.300 2	0.001 5	0.281 4	0.000 0	0.000 0	0.000 0	0.000 0	0.003 1	0.068 9	0.034 4	0.000 9

组 C: $h=4$

	HAR	HAR-CJ	RS-II	LASSO	BOOST	RF
HAR	—					
HAR-CJ	0.022 4	—				
HAR-RS-II	0.698 1	0.525 1	—			
LASSO	0.078 9	0.649 0	0.609 3	—		
BOOST	0.003 3	0.008 3	0.004 8	0.008 1	—	
RF	0.010 6	0.006 3	0.000 6	0.003 0	0.000 0	—

续 表

	HAR	HAR-CJ	RS-Ⅱ	LASSO	BOOST	RF	BAG	SVR	LSSVR	HAR*	HAR-CJ*	RS-Ⅱ*	LASSO*	BOOST*	RF*	BAG*	SVR*
BAG	0.146 7	0.077 1	0.052 7	0.069 4	0.000 0	0.009 8	—	—	—	—	—	—	—	—	—	—	—
SVR	0.465 5	0.934 7	0.546 5	0.768 1	0.032 2	0.003 4	0.071 7	—	—	—	—	—	—	—	—	—	—
LSSVR	**0.001 4**	**0.001 2**	0.000 0	0.000 1	0.000 0	0.852 8	0.337 2	**0.001 4**	—	—	—	—	—	—	—	—	—
HAR*	**0.027 6**	0.110 8	**0.035 9**	0.062 1	0.196 0	0.000 4	**0.007 5**	0.180 6	**0.000 1**	—	—	—	—	—	—	—	—
HAR-CJ*	**0.015 7**	0.071 7	**0.024 0**	**0.039 1**	0.217 5	0.000 3	**0.005 7**	0.155 2	**0.000 1**	0.345 1	—	—	—	—	—	—	—
HAR-RS-Ⅱ*	**0.035 5**	0.129 2	**0.031 4**	0.069 6	0.210 9	0.000 3	**0.005 5**	0.162 2	**0.000 1**	0.819 4	0.827 0	—	—	—	—	—	—
LASSO*	**0.046 6**	0.168 7	0.059 7	0.098 4	0.142 0	0.000 8	**0.012 0**	0.254 6	**0.000 2**	**0.001 3**	**0.004 4**	0.177 4	—	—	—	—	—
BOOST*	0.497 3	0.709 1	0.528 1	0.636 4	**0.047 7**	0.025 2	0.099 1	0.752 5	**0.039 2**	0.455 8	0.409 1	0.417 5	0.578 0	—	—	—	—
RF*	0.000 0	0.000 0	0.000 0	0.000 0	0.000 0	0.003 1	0.000 4	0.000 0	**0.004 1**	0.000 0	0.000 0	0.000 0	0.000 0	0.000 0	—	—	—
BAG*	**0.000 2**	**0.000 1**	0.000 0	0.000 0	0.000 0	0.027 2	**0.005 8**	0.000 1	**0.026 5**	0.000 0	0.000 0	0.000 0	0.000 0	0.000 0	0.682 0	—	—
SVR*	0.378 3	0.831 1	0.440 0	0.647 5	**0.039 3**	0.002 5	0.057 7	**0.011 7**	**0.001 0**	0.217 9	0.188 2	0.197 2	0.302 5	0.805 7	0.000 0	0.000 1	—
LSSVR*	**0.011 3**	**0.006 9**	**0.001 0**	**0.002 6**	0.000 0	0.928 3	0.333 1	**0.005 7**	0.771 4	0.000 0	0.000 0	0.000 0	0.000 0	**0.007 8**	**0.000 4**	**0.005 2**	0.004 2

组 D: $h=7$

	HAR	HAR-CJ	RS-Ⅱ	LASSO	BOOST	RF	BAG	SVR	LSSVR	HAR*	HAR-CJ*	RS-Ⅱ*	LASSO*	BOOST*	RF*	BAG*	SVR*
HAR	—	—	—	—	—	—	—	—	—	—	—	—	—	—	—	—	—
HAR-CJ	0.106 5	—	—	—	—	—	—	—	—	—	—	—	—	—	—	—	—
HAR-RS-Ⅱ	0.133 1	0.931 9	—	—	—	—	—	—	—	—	—	—	—	—	—	—	—

续　表

	HAR	HAR-CJ	RS-II	LASSO	BOOST	RF	BAG	SVR	LSSVR	HAR*	HAR-CJ*	RS-II*	LASSO*	BOOST*	RF*	BAG*	SVR*
LASSO	0.213 8	0.981 1	0.972 5	—	—	—	—	—	—	—	—	—	—	—	—	—	—
BOOST	0.053 3	0.077 0	0.079 0	0.068 7	—	—	—	—	—	—	—	—	—	—	—	—	—
RF	**0.000 0**	**0.000 0**	**0.000 0**	**0.000 0**	**0.000 0**	—	—	—	—	—	—	—	—	—	—	—	—
BAG	**0.000 1**	**0.000 1**	**0.000 1**	**0.000 0**	**0.000 0**	0.003 2	—	—	—	—	—	—	—	—	—	—	—
SVR	0.752 6	0.969 3	0.949 4	0.955 2	0.060 7	**0.000 0**	**0.000 5**	—	—	—	—	—	—	—	—	—	—
LSSVR	**0.002 2**	**0.001 2**	**0.003 5**	**0.000 2**	**0.000 9**	**0.000 1**	**0.008 7**	**0.013 8**	—	—	—	—	—	—	—	—	—
HAR*	0.041 2	0.075 6	0.091 3	0.067 2	0.476 8	**0.000 0**	**0.000 0**	0.150 1	**0.000 4**	—	—	—	—	—	—	—	—
HAR-CJ*	0.044 5	0.078 1	0.095 4	0.074 8	0.459 0	**0.000 0**	**0.000 0**	0.171 2	**0.000 5**	0.625 4	—	—	—	—	—	—	—
HAR-RS-II*	0.030 2	0.056 8	0.066 7	0.053 9	0.496 3	**0.000 0**	**0.000 0**	0.138 8	**0.000 4**	0.716 4	0.406 0	—	—	—	—	—	—
LASSO*	0.057 1	0.104 3	0.125 3	0.091 8	0.417 8	**0.000 0**	**0.000 0**	0.181 2	**0.000 4**	0.107 3	0.499 9	0.225 3	—	—	—	—	—
BOOST*	0.916 9	0.796 6	0.789 5	0.787 6	**0.011 8**	**0.004 0**	**0.019 9**	0.819 2	0.234 2	0.167 3	0.179 1	0.161 3	0.206 3	—	—	—	—
RF*	**0.000 0**	**0.000 0**	**0.000 0**	**0.000 0**	**0.000 0**	0.165 7	**0.027 6**	**0.000 2**	**0.000 9**	**0.000 0**	**0.000 0**	**0.000 0**	**0.000 0**	**0.000 0**	—	—	—
BAG*	**0.000 8**	**0.000 4**	**0.000 5**	**0.000 3**	**0.000 0**	0.801 7	0.321 9	**0.002 3**	**0.031 6**	**0.000 0**	**0.000 0**	**0.000 0**	**0.000 0**	**0.000 0**	0.051 7	—	—
SVR*	0.685 3	0.964 7	0.980 9	0.966 3	0.067 3	**0.000 0**	**0.000 4**	**0.037 3**	**0.012 1**	0.167 0	0.189 4	0.154 7	0.201 3	0.789 8	**0.000 2**	**0.002 1**	—
LSSVR*	**0.042 3**	**0.019 2**	**0.030 1**	**0.016 8**	**0.005 6**	**0.002 7**	**0.038 9**	0.096 7	0.730 0	**0.000 0**	**0.000 0**	**0.000 0**	**0.000 0**	0.275 8	**0.000 0**	**0.001 3**	0.087 1

注：p 值小于 5% 的结果用加粗标识。

3.7 稳健性检验

为了确保我们的研究结果具有广泛的适用性和可靠性,我们在本研究的不同部分中进行了四项关键的稳健性检验。这些检验帮助我们评估了主要发现在不同条件下的稳定性。首先,在 3.7.1 节中,我们探讨了不同滚动窗口期对预测效果的影响。尽管我们的主实验使用了长度为 400 的窗口期,但还尝试了长度为 300 和 500 的窗口期,以验证结果是否对窗口长度敏感。这种方法有助于理解模型性能在不同历史数据量级下的稳健性。接下来,在 3.7.2 节中,我们使用了不同的样本期来进行测试。这一步骤是为了确认,我们的模型和发现不仅限于特定的时间段,而是在更广泛的时间框架内依然有效。在 3.7.3 节中,我们进一步探讨了机器学习方法的超参数设置对预测结果的影响。通过调整这些超参数,我们可以评估模型预测性能对这些设置的敏感程度,从而更好地理解模型在不同参数下的表现。最后,我们在模型中加入了主要资产的实际波动率作为协变量,来检验比特币兑美元实际波动率是否与金融市场的其他类目相关。这一分析有助于揭示比特币波动率与整体金融市场动态之间的可能联系。

在这些稳健性检验中,我们固定了预测期为 $h=1$,以确保分析的一致性[①]。通过这些多方面的检验,我们更有信心地认为,我们的主要发现不仅准确,而且在不同条件下都保持稳健。这些发现对于理解和预测复杂的金融市场动态,特别是在涉及新兴市场如加密货币市场时,具有重要的实际意义。

3.7.1 改变窗口长度

在主实验中,我们选择了一个特定的滚动窗口长度 $L=400$ 来进行比特币波动率的预测。为了进一步验证预测模型的稳健性,我们也考虑了不同长度的滚动窗口,具体来说是 $L=300$ 和 $L=500$。这样的变化有助于我们理解窗口长度对预测准确性的影响,同时也检验了模型对历史数据量的敏感度。

表 3.5 中的结果展示了这些不同窗口长度下,各种估计策略的预测表现。在所有这些不同的设置中,我们发现加入了美国社交媒体情绪指数(USSI)的 Bootstrap Aggregating (BAG*)和随机森林(RF*)模型在多个重要的预测效果评价指标上表现最为出色,包括均方预测误差(MSFE)、平均绝对预测误差(MAFE)、预测误差标准差(SDFE),同时它们还拥有最高的伪 R^2 值。

表 3.5 不同窗口长度的预测结果($h=1$)

方 法	MSFE	QLIKE	MAFE	SDFE	伪 R^2
组 A: $L=300$					
HAR	1 626.178 3	0.465 8	17.324 9	40.325 9	0.303 6

---

① 尽管限于篇幅没有放在正文里,我们还做了其他预测期的研究,主要结论具有稳健性。

续 表

方　法	MSFE	QLIKE	MAFE	SDFE	伪R^2
HAR-CJ	1 691.637 5	0.480 6	17.340 7	41.129 5	0.275 6
HAR-RS-II	2 427.863 0	0.461 1	17.898 5	49.273 3	−0.039 7
LASSO	1 676.991 0	0.491 2	17.629 9	40.951 1	0.281 9
BOOST	3 902.568 3	5.068 2	30.732 2	62.470 5	−0.671 2
RF	1 725.629 6	0.461 1	18.242 1	41.540 7	0.261 0
BAG	1 633.234 6	0.454 0	17.550 8	40.413 3	0.300 6
SVR	2 017.553 7	1.334 3	19.304 2	44.917 2	0.136 0
LSSVR	1 632.604 0	0.496 1	17.356 8	40.405 5	0.300 9
HAR*	1 473.724 0	1.811 0	19.488 3	38.389 1	0.368 9
HAR-CJ*	1 526.297 6	2.405 3	19.647 5	39.067 9	0.346 4
HAR-RS-II*	2 159.504 4	1.687 4	20.135 0	46.470 5	0.075 2
LASSO*	1 510.221 7	2.065 8	19.426 9	38.861 6	0.353 3
BOOST*	1 531.612 6	5.038 3	20.495 1	39.135 8	0.344 1
RF*	1 277.521 1	0.375 1	15.719 5	35.742 4	0.452 9
BAG*	**1 182.154 7**	**0.360 2**	**14.710 3**	**34.382 5**	**0.493 8**
SVR*	2 022.368 0	1.368 8	19.402 6	44.970 7	0.134 0
LSSVR*	1 492.907 1	1.848 4	17.176 5	38.638 2	0.360 7
组 B：$L=500$					
HAR	2 149.616 1	0.519 3	20.815 5	46.364 0	0.351 0
HAR-CJ	2 219.621 0	0.528 1	20.179 1	47.112 9	0.329 8
HAR-RS-II	2 851.767 0	0.519 9	21.507 7	53.401 9	0.139 0
LASSO	2 205.399 6	0.526 6	20.710 4	46.961 7	0.334 1
BOOST	3 106.491 7	4.174 9	20.795 9	55.735 9	0.062 1
RF	2 144.257 7	0.467 9	21.552 6	46.306 1	0.352 6

续 表

方　法	MSFE	QLIKE	MAFE	SDFE	伪 R^2
BAG	2 256.849 4	0.477 9	17.861 1	47.506 3	0.318 6
SVR	2 870.177 9	1.292 0	22.244 5	53.574 0	0.133 4
LSSVR	2 216.138 6	0.499 9	19.267 8	47.075 9	0.330 9
HAR*	1 686.712 6	1.524 9	21.694 6	41.069 6	0.490 7
HAR-CJ*	1 737.988 4	1.521 9	21.599 2	41.689 2	0.475 3
HAR-RS-II*	2 228.963 3	2.023 3	22.672 1	47.211 9	0.327 0
LASSO*	1 731.536 6	1.611 0	21.500 9	41.611 7	0.477 2
BOOST*	1 595.261 6	4.801 3	23.367 0	39.940 7	0.518 4
RF*	1 380.995 2	0.375 9	16.971 8	37.161 7	0.583 0
BAG*	**1 115.972 9**	**0.366 9**	**16.101 8**	**33.406 2**	**0.663 1**
SVR*	2 879.338 6	1.320 6	22.394 9	53.659 5	0.130 7
LSSVR*	1 890.402 7	2.348 9	19.242 9	43.478 8	0.429 2

注：每种标准下的最优结果用加粗标识。

为了进一步评估这些预测效果的改进是否具有统计学意义，我们在表3.6中展示了预测精度提高的统计显著性。通过比较BAG*和RF*方法与其他统计方法，我们得到了显著的小p值。这表明，在5%的显著性水平上，这些模型在预测精度上的提升是具有统计显著性的。

总体来看，这些结果说明，即使在不同长度的滚动窗口下，加入社交媒体情绪数据的BAG*和RF*模型仍然能够提供更精确的预测。这些发现强化了使用这些高级模型在金融市场分析中的有效性，特别是在预测如比特币这样波动性较高的资产时。

3.7.2　更换样本周期

在这一部分的研究中，我们将整个样本期划分为两个不同的子样本期进行更详细的分析。第一个子样本期覆盖从2015年5月20日到2016年7月29日，第二个子样本期则从2016年7月30日延续到2017年8月20日。这种划分允许我们单独评估每个子样本期内的模型表现，从而更深入地理解模型在不同市场条件下的稳健性。

对于每个子样本期，我们进行了相似的滚动窗口预测分析，其中窗口长度设定为$L=200$。这种较短的窗口长度有助于我们捕捉到更短期的市场变化。相关的预测结果分别展示在表3.7的组A和组B中。通过这种方法，我们能够比较不同时间段内相同模型的表现，从而更准确地评估模型的时间稳定性。

表 3.6 不同窗口长度下 Giacomini-White 检验结果（$h=1$）

	HAR	HAR-CJ	RS-II	LASSO	BOOST	RF	BAG	SVR	LSSVR	HAR*	HAR-CJ*	RS-II*	LASSO*	BOOST*	RF*	BAG*	SVR*
组 A：$L=300$																	
HAR	—	—	—	—	—	—	—	—	—	—	—	—	—	—	—	—	—
HAR-CJ	0.9338	—	—	—	—	—	—	—	—	—	—	—	—	—	—	—	—
HAR-RS-II	0.4818	0.4462	—	—	—	—	—	—	—	—	—	—	—	—	—	—	—
LASSO	0.0307	0.2119	0.7466	—	—	—	—	—	—	—	—	—	—	—	—	—	—
BOOST	0.0000	0.0000	0.0000	0.0000	—	—	—	—	—	—	—	—	—	—	—	—	—
RF	0.3721	0.4172	0.8416	0.5419	0.0000	—	—	—	—	—	—	—	—	—	—	—	—
BAG	0.8110	0.8383	0.8332	0.9316	0.0000	0.0477	—	—	—	—	—	—	—	—	—	—	—
SVR	0.0736	0.1037	0.4429	0.1229	0.0000	0.2329	0.0387	—	—	—	—	—	—	—	—	—	—
LSSVR	0.9751	0.9885	0.7617	0.7860	0.0000	0.1028	0.7148	0.0085	—	—	—	—	—	—	—	—	—
HAR*	0.0011	0.0025	0.1650	0.0059	0.0000	0.2636	0.0697	0.8791	0.0594	—	—	—	—	—	—	—	—
HAR-CJ*	0.0003	0.0006	0.1028	0.0024	0.0000	0.2272	0.0615	0.7862	0.0548	0.2951	—	—	—	—	—	—	—
HAR-RS-II*	0.0025	0.0015	0.0010	0.0079	0.0000	0.2672	0.1192	0.6477	0.1185	0.4168	0.4972	—	—	—	—	—	—
LASSO*	0.0010	0.0023	0.1759	0.0046	0.0000	0.2727	0.0687	0.9174	0.0599	0.6547	0.2794	0.3800	—	—	—	—	—
BOOST*	0.0090	0.0128	0.1289	0.0188	0.0000	0.0483	0.0073	0.3769	0.0010	0.4046	0.4957	0.8260	0.3761	—	—	—	—
RF*	0.0932	0.1171	0.1826	0.0480	0.0000	0.0000	0.0002	0.0000	0.0012	0.0002	0.0003	0.0073	0.0002	0.0000	—	—	—
BAG*	0.0230	0.0346	0.0877	0.0110	0.0000	0.0000	0.0002	0.0000	0.0009	0.0000	0.0000	0.0020	0.0000	0.0000	0.1109	—	—
SVR*	0.0607	0.0877	0.4188	0.1027	0.0000	0.1932	0.0293	0.0000	0.0058	0.9436	0.8467	0.9837	0.9837	0.4177	0.0000	0.0000	—
LSSVR*	0.8887	0.8863	0.6880	0.6641	0.0000	0.0908	0.5488	0.0079	0.6627	0.0164	0.0173	0.0160	0.0160	0.0045	0.0016	0.0008	0.0055

续　表

组 B: $L = 500$

	HAR	HAR-CJ	RS-II	LASSO	BOOST	RF	BAG	SVR	LSSVR	HAR*	HAR-CJ*	RS-II*	LASSO*	BOOST*	RF*	BAG*	SVR*
HAR	—	—	—	—	—	—	—	—	—	—	—	—	—	—	—	—	—
HAR-CJ	**0.000 7**	—	—	—	—	—	—	—	—	—	—	—	—	—	—	—	—
HAR-RS-II	0.591 4	0.313 2	—	—	—	—	—	—	—	—	—	—	—	—	—	—	—
LASSO	0.686 2	0.070 6	0.539 3	—	—	—	—	—	—	—	—	—	—	—	—	—	—
BOOST	**0.000 1**	**0.000 0**	**0.005 8**	**0.000 1**	—	—	—	—	—	—	—	—	—	—	—	—	—
RF	0.982 7	0.501 8	0.724 8	0.927 1	**0.000 0**	—	—	—	—	—	—	—	—	—	—	—	—
BAG	0.356 7	0.096 6	0.980 3	0.304 1	**0.000 1**	0.095 0	—	—	—	—	—	—	—	—	—	—	—
SVR	0.193 0	**0.045 9**	0.728 9	0.174 5	**0.003 7**	0.239 7	0.582 6	—	—	—	—	—	—	—	—	—	—
LSSVR	0.086 7	0.305 1	0.293 9	0.124 9	**0.000 0**	**0.019 4**	**0.003 4**	**0.001 8**	—	—	—	—	—	—	—	—	—
HAR*	0.336 1	0.117 3	0.911 7	0.309 6	**0.000 6**	0.446 1	0.899 1	0.704 9	**0.039 7**	—	—	—	—	—	—	—	—
HAR-CJ*	0.379 5	0.127 8	0.956 2	0.346 4	**0.000 6**	0.493 0	0.966 6	0.649 4	**0.045 3**	0.387 7	—	—	—	—	—	—	—
HAR-RS-II*	0.159 8	0.069 1	0.197 2	0.144 0	**0.013 3**	0.337 5	0.527 0	0.838 5	0.968 0	0.401 9	0.356 1	—	—	—	—	—	—
LASSO*	0.426 6	0.147 2	0.996 7	0.362 9	**0.000 5**	0.536 2	0.961 5	0.597 5	0.050 1	0.370 0	0.652 9	0.318 5	—	—	—	—	—
BOOST*	0.179 8	0.101 5	0.472 0	0.176 6	**0.007 0**	0.147 1	0.321 3	0.601 4	**0.032 5**	0.349 4	0.329 1	0.767 5	0.306 5	—	—	—	—
RF*	**0.001 1**	**0.009 5**	**0.033 3**	**0.002 4**	**0.000 0**	**0.000 1**	**0.000 0**	**0.000 8**	**0.032 5**	**0.000 0**	**0.000 0**	**0.001 9**	**0.000 0**	**0.000 2**	—	—	—
BAG*	**0.000 2**	**0.001 8**	**0.011 5**	**0.000 5**	**0.000 0**	**0.000 1**	**0.000 0**	**0.000 2**	**0.008 1**	**0.000 0**	**0.000 0**	**0.000 3**	**0.000 0**	**0.000 0**	0.154 7	—	—
SVR*	0.152 0	**0.033 0**	0.676 8	0.137 4	**0.004 6**	0.196 9	0.505 7	0.005 9	**0.001 2**	0.629 8	0.575 4	0.894 9	0.526 0	0.651 5	**0.000 6**	**0.000 1**	—
LSSVR*	0.100 8	0.337 9	0.274 3	0.140 5	**0.000 0**	0.064 6	**0.010 3**	**0.010 3**	0.970 0	**0.000 8**	**0.001 2**	0.051 6	**0.001 5**	**0.023 7**	**0.006 0**	**0.001 4**	**0.007 3**

注：p 值小于 5% 的结果用粗体标识。

表 3.7 不同样本期的预测结果($h=1$)

方　法	MSFE	QLIKE	MAFE	SDFE	伪 R^2
组 A：前半					
HAR	2 124.123 7	0.465 0	22.931 0	46.088 2	0.233 5
HAR-CJ	2 355.255 5	0.449 2	21.750 8	48.531 0	0.150 0
HAR-RS-Ⅱ	2 603.137 4	0.491 4	24.004 3	51.021 0	0.060 6
LASSO	2 138.665 0	0.466 6	23.384 8	46.245 7	0.228 2
BOOST	3 867.279 9	2.006 9	32.059 8	62.187 5	−0.395 6
RF	2 099.925 4	0.372 7	19.679 7	45.824 9	0.242 2
BAG	2 106.667 4	0.404 8	19.528 0	45.898 4	0.239 8
SVR	2 153.305 3	0.563 1	22.777 8	46.403 7	0.222 9
LSSVR	2 040.200 6	0.386 0	21.142 5	45.168 6	0.263 7
HAR*	1 489.534 5	2.963 6	26.630 9	38.594 5	0.462 5
HAR-CJ*	1 541.133 6	7.499 5	26.973 5	39.257 3	0.443 8
HAR-RS-Ⅱ*	1 711.246 4	1.900 9	27.764 8	41.367 2	0.382 5
LASSO*	1 448.585 9	1.989 1	26.459 2	38.060 3	0.477 2
BOOST*	1 273.867 0	1.451 4	22.132 3	35.691 3	0.540 3
RF*	1 201.871 6	**0.260 6**	16.889 7	34.668 0	0.566 3
BAG*	**840.019 9**	0.261 9	**15.481 2**	**28.983 1**	**0.696 9**
SVR*	2 153.542 0	0.563 3	22.781 2	46.406 3	0.222 8
LSSVR*	1 331.704 1	2.723 6	19.855 0	36.492 5	0.519 4
组 B：后半					
HAR	3 412.661 2	0.479 0	23.485 6	58.418 0	0.237 0
HAR-CJ	3 591.339 1	0.473 9	24.816 7	59.927 8	0.197 0
HAR-RS-Ⅱ	5 357.579 6	0.499 5	25.133 4	73.195 5	−0.197 9
LASSO	3 575.583 9	0.511 8	24.089 1	59.796 2	0.200 5
BOOST	6 151.378 7	4.040 2	41.182 5	78.430 7	−0.375 4

续　表

方　法	MSFE	QLIKE	MAFE	SDFE	伪 R^2
RF	3 314.172 9	0.541 6	25.154 7	57.568 9	0.259 0
BAG	3 152.084 6	0.571 6	24.328 4	56.143 4	0.295 2
SVR	3 917.578 9	1.924 7	23.985 4	62.590 6	0.124 1
LSSVR	3 187.943 4	0.568 3	24.345 7	56.461 9	0.287 2
HAR*	2 747.176 6	1.481 3	24.037 5	52.413 5	0.385 8
HAR-CJ*	2 908.154 6	1.450 2	24.595 8	53.927 3	0.349 8
HAR-RS-II*	4 324.775 2	2.399 5	25.493 1	65.763 0	0.033 0
LASSO*	2 869.540 4	0.770 3	24.261 7	53.568 1	0.358 4
BOOST*	2 624.405 4	5.968 1	30.056 6	51.229 0	0.413 2
RF*	2 337.921 3	**0.375 9**	21.473 4	48.352 1	0.477 3
BAG*	**2 110.763 1**	0.384 7	**20.608 6**	**45.943 0**	**0.528 1**
SVR*	3 924.986 7	1.980 6	24.055 6	62.649 7	0.122 4
LSSVR*	2 952.684 9	0.510 4	24.065 0	54.338 6	0.339 8

注：每种标准下的最优结果用加粗标识。

此外，我们还对结果的统计显著性进行了详细的分析，这些分析结果展示在表3.8中。这些统计显著性测试有助于我们确定在不同子样本期内，我们的主要结论是否依然成立。通过这些测试，我们能够验证主要结论在不同市场条件下的稳健性。

综合来看，这些子样本期的分析结果和统计显著性测试进一步支持了我们的主要结论，即我们所采用的模型在不同市场环境下都展现出了良好的预测能力和稳定性。这对于理解和预测动态变化的金融市场，特别是在涉及如比特币这样波动性强的资产时，具有重要的意义。

3.7.3　更换调整参数

在第三种稳健性检验中，我们专注于探索机器学习方法中不同调整参数对预测结果的影响。这一步骤对于理解模型在不同参数设置下的表现至关重要，因为这能够揭示模型的灵活性和对特定参数调整的敏感性。

具体而言，我们针对随机森林（RF）和Bootstrap Aggregating（BAG）模型，设定树的数量 $B=20$；而对于LASSO、支持向量回归（SVR）和最小平方支持向量回归（LSSVR）模型，我们设定了正则化参数 $\lambda=0.5$。这些改变后的模型分别被命名为RF2、BAG2和LASSO2。我们重复了第3.6节中的主要实证检验，并将这些调整参数后的机器学习方法的预测结果与原始参数设置下的结果进行了比较。

表 3.8 不同样本期的 Giacomini-White 检验结果 ($h=1$)

组 A：前半段

	HAR	HAR-CJ	RS-II	LASSO	BOOST	RF	BAG	SVR	LSSVR	HAR*	HAR-CJ*	RS-II*	LASSO*	BOOST*	RF*	BAG*	SVR*
HAR	—																
HAR-CJ	0.1354	—															
HAR-RS-II	0.3850	0.0069	—														
LASSO	0.0646	0.0526	0.6283	—													
BOOST	0.0005	0.0002	0.0055	0.0008	—												
RF	0.0004	0.0688	0.0035	0.0001	0.0000	—											
BAG	0.0004	0.0605	0.0035	0.0001	0.0000	0.6653	—										
SVR	0.8702	0.4822	0.5117	0.5202	0.0011	0.0157	0.0117	—									
LSSVR	0.0001	0.5021	0.0349	0.0000	0.0000	0.0478	0.0510	0.1174	—								
HAR*	0.0680	0.0375	0.3060	0.1094	0.0758	0.0012	0.0011	0.0599	0.0073	—							
HAR-CJ*	0.0359	0.0146	0.1972	0.0632	0.0923	0.0004	0.0004	0.0393	0.0032	0.4765	—						
HAR-RS-II*	0.0171	0.0036	0.0654	0.0313	0.1620	0.0002	0.0002	0.0275	0.0014	0.2676	0.2651	—					
LASSO*	0.0778	0.0410	0.3285	0.1230	0.0656	0.0014	0.0012	0.0695	0.0084	0.5238	0.3100	0.1910	—				
BOOST*	0.7816	0.9011	0.5709	0.6643	0.0066	0.3808	0.3515	0.8233	0.7283	0.0441	0.0338	0.0231	0.0489	—			
RF*	0.0000	0.0053	0.0005	0.0000	0.0000	0.0243	0.0322	0.0002	0.0015	0.0000	0.0000	0.0000	0.0000	0.0164	—		
BAG*	0.0014	0.0156	0.0027	0.0007	0.0000	0.0601	0.0693	0.0019	0.0122	0.0000	0.0000	0.0000	0.0000	0.0001	0.1855	—	
SVR*	0.8731	0.4808	0.5130	0.5227	0.0011	0.0156	0.0116	0.4224	0.1169	0.0601	0.0394	0.0276	0.0698	0.8224	0.0002	0.0019	—
LSSVR*	0.0169	0.2273	0.0259	0.0066	0.0000	0.8966	0.8164	0.0438	0.2843	0.0000	0.0000	0.0000	0.000	0.3193	0.0034	0.0047	0.0436

续 表

第三章 数字货币与机器学习算法

	HAR	HAR-CJ	RS-II	LASSO	BOOST	RF	BAG	SVR	LSSVR	HAR*	HAR-CJ*	RS-II*	LASSO*	BOOST*	RF*	BAG*	SVR*
组B: 后半段
HAR	—	—	—	—	—	—	—	—	—	—	—	—	—	—	—	—	—
HAR-CJ	**0.000 5**	—	—	—	—	—	—	—	—	—	—	—	—	—	—	—	—
HAR-RS-II	0.416 8	0.862 3	—	—	—	—	—	—	—	—	—	—	—	—	—	—	—
LASSO	0.143 3	0.174 5	0.613 0	—	—	—	—	—	—	—	—	—	—	—	—	—	—
BOOST	**0.000 0**	**0.000 0**	**0.000 0**	**0.000 0**	—	—	—	—	—	—	—	—	—	—	—	—	—
RF	0.530 5	0.905 1	0.996 2	0.682 8	0.000 0	—	—	—	—	—	—	—	—	—	—	—	—
BAG	0.733 0	0.853 8	0.852 2	0.923 7	0.000 0	0.204 9	—	—	—	—	—	—	—	—	—	—	—
SVR	0.859 0	0.786 2	0.806 9	0.968 0	0.000 0	0.462 3	0.828 9	—	—	—	—	—	—	—	—	—	—
LSSVR	0.748 9	0.869 9	0.863 4	0.925 5	0.000 0	0.309 2	0.983 8	0.802 3	—	—	—	—	—	—	—	—	—
HAR*	0.638 4	0.546 9	0.686 2	0.962 4	0.000 0	0.660 5	0.902 3	0.984 5	0.901 8	—	—	—	—	—	—	—	—
HAR-CJ*	0.322 3	0.851 7	0.832 3	0.686 0	0.000 0	0.836 0	0.915 6	0.830 8	0.925 4	0.069 6	—	—	—	—	—	—	—
HAR-RS-II*	0.281 5	3.691 5	0.769 1	0.468 4	0.000 0	0.935 4	0.772 2	0.729 4	0.786 1	0.461 5	0.616 6	—	—	—	—	—	—
LASSO*	0.498 2	0.652 5	0.742 9	0.888 0	0.000 0	0.712 6	0.976 4	0.917 0	0.972 3	0.596 3	0.510 1	0.535 7	—	—	—	—	—
BOOST*	**0.011 9**	0.052 1	0.209 7	**0.025 1**	0.002 9	0.057 5	**0.023 2**	**0.032 3**	**0.023 7**	**0.009 7**	**0.023 2**	0.191 0	**0.013 6**	—	—	—	—
RF*	0.582 5	0.336 2	0.491 2	0.440 1	0.000 0	**0.010 4**	0.057 6	0.277 0	**0.035 0**	0.369 4	**0.290 5**	0.389 3	0.312 1	**0.000 3**	—	—	—
BAG*	0.329 0	0.177 2	0.341 7	0.243 2	0.000 0	**0.016 8**	**0.039 0**	0.094 2	**0.028 8**	0.159 1	0.125 0	0.246 3	0.138 5	**0.000 0**	0.234 4	—	—
SVR*	0.839 5	0.803 9	0.818 5	0.987 9	0.000 0	0.489 6	0.863 5	**0.000 0**	0.840 4	0.994 6	0.850 0	0.741 6	0.938 1	**0.034 3**	0.261 3	0.087 8	—
LSSVR*	0.828 2	0.792 3	0.814 0	0.990 0	0.000 0	0.254 8	0.790 7	0.957 6	0.638 4	0.990 4	0.829 1	0.725 8	0.928 7	**0.012 5**	**0.019 8**	**0.024 2**	0.995 0

注: 每种标准下的最优结果用加粗标识。

85

根据表 3.9 和表 3.10 的比较结果,尽管第二组调整参数得到的结果在某些情况下略逊于原始设定参数值下的结果,但这些调整通常对预测表现只有边际影响。这表明我们使用的机器学习方法对于参数选择具有一定的鲁棒性(Robustness),且在不同的参数设置下仍能保持相对稳定的预测表现。

表 3.9 不同调整参数的预测结果($h=1$)

方 法	MSFE	QLIKE	MAFE	SDFE	伪 R^2
组 A:没有情绪指数					
LASSO	1 726.245 3	0.564 9	17.402 5	41.548 1	0.292 9
BOOST	3 003.859 7	2.317 6	27.747 3	54.807 5	−0.230 4
RF	1 680.275 6	**0.437 4**	16.792 2	40.991 2	0.311 8
BAG	**1 628.267 4**	0.450 4	16.828 5	**40.351 8**	**0.333 1**
SVR	2 218.859 4	1.375 1	20.076 5	47.104 8	0.091 2
LSSVR	1 628.680 0	0.485 8	**16.039 7**	40.356 9	0.332 9
LASSO2	1 736.633 4	0.554 6	17.432 5	41.672 9	0.288 7
BOOST2	2 965.574 0	2.139 9	27.220 8	54.457 1	−0.214 7
RF2	1 765.232 9	0.470 6	17.243 5	42.014 7	0.277 0
BAG2	1 659.440 8	0.461 1	16.757 6	40.736 2	0.320 3
SVR2	2 218.859 4	1.375 1	20.076 5	47.104 8	0.091 2
LSSVR2	1 635.293 5	0.490 0	16.091 1	40.438 8	0.330 2
组 B:有调整参数					
LASSO	1 497.062 1	1.825 6	19.121 5	38.691 9	0.386 8
BOOST	1 312.669 3	2.452 4	18.612 3	36.230 8	0.462 3
RF	1 178.686 2	0.379 4	14.405 9	34.332 0	0.517 2
BAG	T1 035.708 1	**0.363 5**	**13.823 5**	32.182 4	0.575 8
SVR	2 226.760 3	1.407 5	20.240 7	47.188 6	0.087 9
LSSVR	1 494.010 4	1.280 1	16.454	38.652 4	0.388 1
LASSO2	1 501.901 8	2.123 7	19.317 7	38.754 4	0.384 8
BOOST2	1 324.760 2	14.139 3	18.277 8	36.397 3	0.457 4
RF2	1 250.068 5	0.393 2	14.828 2	35.356 3	0.488 0
BAG2	**1 007.209 3**	0.384 2	13.922 5	**31.736 6**	**0.587 4**
SVR2	2 226.760 3	1.407 5	20.240 7	47.188 6	0.087 9
LSSVR2	1 504.460 9	1.712 5	16.457 7	38.787 4	0.382 8

注:每种标准下的最优结果用加粗标识。

表 3.10 不同调整参数的 Giacomini-White 检验结果（$h=1$）

方法	LASSO	BOOST	RF	BAG	SVR	LSSVR	LASSO2	BOOST2	RF2	BAG2	SVR2	LSSVR2	LASSO*	BOOST*	RF*	BAG*	SVR*	LSSVR*	LASSO2*	BOOST2*	RF2*	SVR2*	LSSVR2*
LASSO	—																						
BOOST	0.0000	—																					
RF	0.5830	0.0000	—																				
BAG	0.6383	0.0000	0.7623	—																			
SVR	0.0211	0.0006	0.0013	0.0020	—																		
LSSVR	0.1931	0.0000	0.2125 2	0.1172	0.0000	—																	
LASSO2	0.7415	0.0000	0.5644	0.6197	0.0263	0.1895	—																
BOOST2	0.0000	0.0114	0.0000	0.0000	0.0013	0.0000	0.0000	—															
RF2	0.5977	0.0000	0.9806	0.8041	0.0013	0.1549	0.5797	0.0000	—														
BAG2	0.9837	0.0000	0.1410	0.1615	0.0097	0.0324	0.9606	0.0000	0.2193	—													
SVR2	0.0211	0.0006	0.0013	0.0020	1.0000	0.0000	0.0263	0.0013	0.0013	0.0097	—												
LSSVR2	0.2158	0.0000	0.1568	0.1455	0.0000	0.0290	0.2118	0.0000	0.1867	0.0424	0.0000	—											
LASSO*	0.0100	0.0000	0.0435	0.0458	0.4472	0.0059	0.0125	0.0001	0.0491	0.1237	0.4472	0.0072	—										
BOOST*	0.4001	0.0000	0.1872	0.2141	0.3348	0.0500	0.4163	0.0000	0.1809	0.3648	0.3348	0.0577	0.7039	—									
RF*	0.0107	0.0000	0.0016	0.0009	0.0000	0.0466	0.0105	0.0000	0.0018	0.0003	0.0000	0.0407	0.0000	0.0001	—								
BAG*	0.0042	0.0000	0.0013	0.0005	0.0000	0.0076	0.0045	0.0017	0.0012	0.0002	0.0000	0.0065	0.0000	0.0000	0.0451	—							
SVR*	0.0146	0.0008	0.0007	0.0012	0.0000	0.0000	0.0186	0.0000	0.0008	0.0063	0.0000	0.0000	0.3744	0.2843	0.0000	0.0000	—						
LSSVR*	0.3794	0.0000	0.5488	0.4744	0.0001	0.3323	0.3702	0.0001	0.5667	0.2064	0.0001	0.3976	0.0044	0.0772	0.0039	0.0004	0.0000	—					
LASSO2*	0.0047	0.0000	0.0308	0.0321	0.5551	0.0041	0.0058	0.0000	0.0355	0.0910	0.5551	0.0051	0.0000	0.6014	0.0000	0.0000	0.4734	0.0028	—				
BOOST2*	0.5432	0.0000	0.2858	0.3222	0.2362	0.0894	0.5610	0.0000	0.2776	0.5100	0.2362	0.0982	0.5292	0.0441	0.0005	0.0000	0.1969	0.1358	0.4418	—			
RF2*	0.0084	0.0000	0.0011	0.0008	0.0000	0.0275	0.0084	0.0001	0.0013	0.0003	0.0000	0.0238	0.0000	0.0001	0.3103	0.2140	0.0000	0.0013	0.0000	0.0005	—		
BAG2*	0.0065	0.0000	0.0016	0.0007	0.0000	0.0093	0.0067	0.0000	0.0015	0.0003	0.0000	0.0079	0.0000	0.0000	0.1363	0.6847	0.0000	0.0008	0.0000	0.0000	0.3800	—	
SVR2*	0.0146	0.0008	0.0007	0.0012	0.0000	0.0000	0.0186	0.0017	0.0008	0.0063	0.0000	0.0000	0.3744	0.2843	0.0000	0.0000	1.0000	0.0000	0.4734	0.1969	0.0000	—	
LSSVR2*	0.3897	0.0000	0.5604	0.4858	0.0000	0.3061	0.3806	0.0000	0.5773	0.2131	0.0000	0.3684	0.0053	0.0807	0.0041	0.0005	0.0000	0.6459	0.0034	0.1408	0.0014	0.0008	0.0000

注：p 值小于 5% 的结果用加粗标识。

最后值得强调的是,社交媒体情绪数据在这些样本外分析中发挥了重要作用。这一发现再次证实了社交媒体数据在提高金融市场预测精度方面的潜在价值,尤其是在涉及高波动性资产如比特币时。这种数据的加入不仅丰富了我们的模型,也提供了对市场情绪的直观理解,从而增强了模型的预测能力。

3.7.4 控制主流资产的影响

在这一部分研究中,我们着重探究了主流资产对比特币兑美元实际波动率的潜在溢出效应。为此,我们加入了标准普尔(S&P)和纳斯达克指数交易所交易基金(ETF)的实际波动率(股票名称分别为 SPY 和 QQQ),以及芝加哥期权交易所波动率指数(VIX)作为协变量。VIX 的数据是通过收集芝加哥期权交易所的每日数据获得的。我们在表 3.11 中展示了新增加的协变量。

表 3.11 主流资产描述性统计

统计量	SPY	QQQ	VIX
均　值	0.383 9	0.704 3	15.014 4
中位数	0.203 4	0.351 5	13.730 0
最大值	12.163 7	70.680 6	40.740 0
最小值	0.014 3	0.046 8	9.360 0
标准值	0.694 6	3.110 8	4.500 5
偏　度	10.158 7	21.328 8	1.618 8
峰　度	158.580 6	479.543 6	6.339 4
Jarque - Bera	0.001 0	0.001 0	0.001 0
单位根检验	0.001 0	0.001 0	0.001 0

本研究所覆盖的数据范围从 2015 年 5 月 20 日至 2017 年 8 月 18 日,共包括 536 个观测值。由于主流资产市场在周末和假期不开盘,其可用数据比比特币的数据要少,因此,我们相应地调整了比特币兑美元的数据范围,以确保时间上的一致性。

我们对两组不同的协变量模型的预测结果进行了比较:一组仅包括 USSI 作为协变量;另一组则包括了 USSI 以及主流资产的实际波动率数据(SPY,QQQ,VIX)。在模型中加入更多协变量的情况用两个星号(**)标注。

设定窗口长度为 $L=300$ 时的滚动窗口预测结果呈现在表 3.12 中。通过比较表中 A 组和 B 组内各方法的结果,我们发现即使加入更多协变量,预测精度也并未显著提升。这一发现表明,主流资产市场的实际波动率似乎并不影响比特币兑美元的实际波动率,进一步支持了许多投资公司将加密资产作为套期保值工具的观点①。

表 3.12　加入主流资产作为控制变量的预测结果

方　法	MSFE	QLIKE	MAFE	SDFE	伪 R^2
组 A：有情绪指数					
HAR*	1 265.373 6	1.758 1	21.706 0	35.572 1	0.429 9
HAR-CJ*	1 258.111 2	1.448 8	21.472 1	35.469 9	0.433 2
HAR-RS-II*	1 312.960 2	1.602 5	22.434 6	36.234 8	0.408 5
LASSO*	1 251.455 6	1.723 5	21.398 4	35.375 9	0.436 2
BOOST*	1 135.048 2	9.295 8	19.076 3	33.690 5	0.488 6
RF*	1 015.741 6	0.384 5	15.120 2	31.870 7	0.542 4
BAG*	**884.877 8**	**0.367 4**	**14.367 7**	**29.746 9**	**0.601 3**
SVR*	1 934.550 0	1.425 4	21.166 0	43.983 5	0.128 4
LSSVR*	1 311.535 0	1.282 9	18.217 1	36.215 1	0.409 1
组 B：没有情绪指数					
HAR**	1 298.600 1	8.703 0	21.684 1	36.036 1	0.414 9
HAR-CJ**	1 299.440 4	1.485 3	21.768 4	36.047 8	0.414 5
HAR-RS-II**	1 349.213 0	2.054 2	22.471 3	36.731 6	0.392 1
LASSO**	1 251.619 5	1.354 4	21.139 7	35.378 2	0.436 1
BOOST**	1 489.177 2	4.979 2	22.176 0	38.589 9	0.329 1
RF**	1 024.040 1	0.384 6	15.358 7	32.000 6	0.548 6
BAG**	**885.863 4**	**0.368 7**	**14.352 6**	**29.763 5**	**0.600 9**
SVR**	1 934.550 2	1.425 4	21.166 0	43.983 5	0.128 4
LSSVR**	1 336.334 3	1.266 5	17.721 9	36.555 9	0.397 9

注：每种标准下的最优结果用加粗标识。

最后，为了探讨不同协变量组之间预测精度是否存在显著差异，我们采用了 Giacomini-White(GW)检验，结果展示在表 3.13 中。每个估计量在不同协变量组间进行 GW 检验的 p 值都以粗体显示。这些 p 值均大于 5%，从而验证了我们的结论：与社交媒体数据不同，主流资产的实际波动率数据并不能显著提升预测精度。这一结果凸显了社交媒体数据在提高金融市场预测精度方面的独特价值。

---

① PwC-Elwood(2019)认为，自 2016 年以来，加密货币对冲基金的市值以稳定的速度保持增长。

表 3.13 加入主流资产作为控制变量的 Giacomini-White 检验结果

	HAR*	HAR-CJ*	RS-II*	LASSO*	BOOST*	RF*	BAG*	SVR*	LSSVR*	HAR**	HAR-CJ**	RS-II**	LASSO**	BOOST**	RF**	BAG**	SVR**
HAR*		—	—	—	—	—	—	—	—	—	—	—	—	—	—	—	—
HAR-CJ*	0.2800		—	—	—	—	—	—	—	—	—	—	—	—	—	—	—
HAR-RS-II*	**0.0308**	**0.0370**		—	—	—	—	—	—	—	—	—	—	—	—	—	—
LASSO*	0.1862	0.7852	0.0159		—	—	—	—	—	—	—	—	—	—	—	—	—
BOOST*	0.1080	0.1468	**0.0382**	0.1496		—	—	—	—	—	—	—	—	—	—	—	—
RF*	**0.0000**	**0.0000**	**0.0000**	**0.0000**	**0.0011**		—	—	—	—	—	—	—	—	—	—	—
BAG*	**0.0000**	**0.0000**	**0.0000**	**0.0000**	**0.0000**	0.0761		—	—	—	—	—	—	—	—	—	—
SVR*	0.7212	0.8405	0.3878	0.8732	0.2890	**0.0000**	**0.0000**		—	—	—	—	—	—	—	—	—
LSSVR*	**0.0000**	**0.0001**	**0.0000**	**0.0000**	0.5719	**0.0002**	**0.0004**	**0.0077**		—	—	—	—	—	—	—	—
HAR**	0.9044	0.4386	**0.0467**	0.2991	0.1156	**0.0000**	**0.0000**	0.7276	0.7446		—	—	—	—	—	—	—
HAR-CJ**	0.8329	0.1081	0.1848	0.2450	0.1071	**0.0000**	**0.0000**	0.6919	**0.0270**	0.1627		—	—	—	—	—	—
HAR-RS-II**	0.0597	0.0511	0.8469	**0.0244**	**0.0390**	**0.0000**	**0.0000**	0.3653	**0.0277**	**0.0421**	**0.0042**		—	—	—	—	—
LASSO**	**0.0421**	0.2672	**0.0050**	0.0524	0.2018	**0.0000**	**0.0000**	0.9853	0.7977	0.8313	0.8769	0.5775		—	—	—	—
BOOST**	0.8039	0.7097	0.8906	0.6749	**0.0234**	0.7798	0.0725	0.6384	**0.0246**	**0.0000**	**0.0000**	**0.0000**	**0.0000**		—	—	—
RF**	**0.0000**	**0.0000**	**0.0000**	**0.0000**	**0.0016**	0.6173	**0.0045**	**0.0000**	**0.0001**	**0.0000**	**0.0000**	**0.0000**	**0.0000**	**0.0000**		—	—
BAG**	**0.0000**	**0.0000**	**0.0000**	**0.0000**	**0.0002**	**0.0000**	**0.0000**	**0.0004**	**0.0054**	**0.0000**	**0.0000**	**0.0000**	**0.0000**	**0.0000**	0.5515		—
SVR**	0.7212	0.8405	0.3878	0.8732	0.2890	**0.0025**	**0.0022**	0.4629	**0.0077**	0.7276	0.6919	0.3653	0.9853	0.6384	**0.0000**	**0.0004**	
LSSVR**	**0.0000**	**0.0000**	**0.0000**	**0.0000**	0.3831	**0.0025**	**0.0022**	**0.0011**	**0.0038**	**0.0000**	**0.0000**	**0.0000**	**0.0000**	**0.0127**	**0.0015**	**0.0194**	**0.0011**

注：p 值小于 5% 的结果用加粗标识。

3.8 本章结论

本研究对比了不同计量方法和机器学习预测工具在解释比特币市场上短期已实现波动率方面的表现。首先,我们的研究为当前文献提供了重要补充,表明机器学习技术在金融市场预测中具有显著优势,尤其是在预测波动性极大的资产时。在本研究中,我们处理的数据集规模相对较小(少于 800 个观测值),而且所预测的资产波动性远超过以往研究所涉及的资产。这种高度的波动性为预测工作带来了显著的挑战。然而,我们的发现强调了机器学习的优势主要来源于其对非线性的捕捉能力,而不是简单地依赖于正则化或交叉验证。

其次,我们的研究发现,利用社交媒体数据对预测极为有益,这一点与所使用的估计方法无关。如果未来的研究能够开发出更灵活的工具来解决样本中社交媒体数据和金融市场数据频率不同的问题,我们预期将会获得更大的收益。

总的来说,本研究强调了利用社交网络中的新数据来源以及机器学习文献中用于金融数据预测的技术,均可显著提高预测精度。我们认为,随着研究者对这些工具的原理和具体含义有了更深刻的理解,这些工具将发挥更大的作用。尽管我们的分析强调了机器学习算法中非线性的重要性,但未来的工作应该集中在整合异方差数据来源的异质性上[1]。

目前开发的机器学习算法并非专门为处理时间序列数据设计,因此,未来学者需要在开发能够解释序列相关性、长记忆性和异质性投资者行为等因素的算法上投入更多努力[2]。从我们使用的推特用户样本来看,我们测量的情绪可能存在一定的测量误差,因此我们的预测结果应被视为一个保守估计。

考虑到社交媒体数据在我们的预测模型中的重要性,未来的研究方向可以是引入更精准的社交媒体情绪数据。例如,可以考虑仅提取市场参与者的推特消息,而不是像目前这样提取全球用户的推特消息。此外,在提取推特消息时,应区分出由机器人发出的消息,解决假账号问题。同样重要的是,学者们应该努力理解不同群体在面对新事件时在社交媒体上的情绪变化,这将有助于我们理解人们对意外消息的反应如何影响投资者重新分配资产类别[3]。

总之,使用机器学习工具来衡量公众情绪并进行预测分析具有诸多优势,但我们仍处于探索这项技术的早期阶段。随着新工具的出现和对实际数据获取方式的深入理解,我们有望更充分地利用机器学习和数据科学的优势。

---

[1] Lehrer 和 Xie(2020)指出,本章中考虑的所有的机器学习算法都假设数据是同方差的。他们在研究中讨论了异方差对这些算法和预测结果的影响,还找出了这些数据的替换方案。

[2] Lehrer 和 Xie(2019)使用了 HAR 模型移动平均来解释异质投资者。

[3] 比如,商店把伊万卡特朗普的时装品牌撤出后,特朗普发推:My daughter Ivanka has been treated unfairly by @Nordstom. She is a great person- always pushing me to do the right thing! Terrible! 民众的普遍反应都是不赞成特朗普总统的态度,从而总体推特情绪指数上升,直接负面影响是在推文后一分钟内 Nordstrem 股票下跌了 1%,但在股票收盘后转瞬即逝,随后上涨 4.1%。详见 http://www.marketwatch.com/story/nordstrom-recoversfromtrumps-terrible-tweet-in-just-4-minutes-2 2017-02-08。

参考文献

[1] Andersen, T., T. Bollerslev, F. Diebold, and H. Ebens, 2001. The Distribution of Realized Stock Return Volatility[J]. Journal of Financial Economics, 61(1): 43–76.

[2] Andersen, T. G. and T. Bollerslev, 1998. Answering the Skeptics: Yes, Standard Volatility Models do Provide Accurate Forecasts[J]. International Economic Review 39(4), 885–905.

[3] Andersen, T. G., T. Bollerslev, and F. X. Diebold, 2007. Roughing it up: Including Jump Components in the Measurement, Modelling, and Forecasting of Return Volatility[J]. The Review of Economics and Statistics, 89(4): 701–720.

[4] Andersen, T. G., T. Bollerslev, F. X. Diebold, and P. Labys, 2001. The Distribution of Realized Exchange Rate Volatility[J]. Journal of the American Statistical Association, 96(453): 42–55.

[5] Baker, M. and J. Wurgler, 2007. Investor Sentiment in the Stock Market[J]. Journal of Economic Perspectives, 21(2): 129–152.

[6] Ban, G.-Y., N. E. Karoui, and A. E. B. Lim, 2018. Machine Learning and Portfolio Optimization[J]. Management Science, 64(3): 1136–1154.

[7] Blair, B. J., S.-H. Poon, and S. J. Taylor, 2001. Forecasting S&P 100 Volatility: the Incremental Information Content of Implied Volatilities and High-Frequency Index Returns[J]. Journal of Econometrics, 105(1): 5–26.

[8] Breiman, L., 1996. Bagging Predictors[J]. Machine Learning, 26: 123–140.

[9] Breiman, L., 2001. Random Forests[J]. Machine Learning, 45: 5–32.

[10] Breiman, L., J. Friedman, and C. J. Stone, 1984. Classification and Regression Trees[R]. Chapman and Hall/CRC.

[11] Corsi, F., 2009. A Simple Approximate Long-memory Model of Realized Volatility[J]. Journal of Financial Econometrics, 7(2): 174–196.

[12] Corsi, F., F. Audrino, and R. Reno, 2012. HAR Modelling For Realized Volatility Forecasting[M]. In Handbook of Volatility Models and Their Applications, 363–382. John Wiley & Sons, Inc.

[13] Coulombe, P. G., M. Leroux, D. Stevanovic, and S. Surprenant, 2019. How is Machine Learning Useful for Macroeconomic Forecasting? [R]. Cirano Working Papers, CIRANO.

[14] Craioveanu, M. and E. Hillebrand, 2012. Why it is Ok to Use the Har-rv (1, 5, 21) Model[R]. Technical Report University of Central Missouri.

[15] Dacorogna, M. M., U. A. Muller, R. J. Nagler, R. B. Olsen, and O. V. Pictet, 1993. A Geographical Model for the Daily and Weekly Seasonal Volatility in the Foreign Exchange Market[J]. Journal of International Money and Finance, 12(4): 413–438.

[16] Drucker, H., C. J. C. Burges, L. Kaufman, A. J. Smola, and V. Vapnik, 1996. Support Vector Regression Machines, in Advances in Neural Information Processing Systems 9, ed. by M. C. Mozer, M. I. Jordan, and T. Petsche, MIT Press, 155161.

[17] Felbo, B., A. Mislove, A. Søgaard, I. Rahwan, and S. Lehmann, 2017. Using Millions of Emoji Occurrences to Learn Any-domain Representations for Detecting Sentiment, Emotion and Sarcasm[R]. Machine Learning Accepted at EMNLP 2017.

[18] Giacomini, R. and H. White, 2006. Tests of Conditional Predictive Ability[J]. Econometrica 74(6), 1545–1578.

[19] Gu, S., B. Kelly, and D. Xiu, 2018. Empirical Asset Pricing Via Machine Learning [J]. Review of Financial Studies, forthcoming.

[20] Hansen, P. R. and A. Lunde, 2005. A Forecast Comparison of Volatility Models: Does Anything Beat a Garch(1,1)?[J]. Journal of Applied Econometrics, 20(7): 873–889.

[21] Hastie, T., R. Tibshirani, and J. Friedman, 2009. The Elements of Statistical Learning[R]. Springer Series in Statistics. New York, NY, USA: Springer New York Inc.

[22] Huang, X. and G. Tauchen, 2005. The Relative Contribution of Jumps to Total Price variance[J]. Journal of Financial Econometrics, 3(4): 456–499.

[23] Ke, Z. T., B. T. Kelly, and D. Xiu, 2019. Predicting Returns with Text Data[R]. NBER Working Papers 26186, National Bureau of Economic Research, Inc.

[24] LaFon, H., 2017. Should You Jump on the Smart Beta Bandwagon? [EB/OL]. https://money.usnews.com/investing/funds/articles/2017-08-24/are-quant-etfs-worth-buying.

[25] Lehrer, S. F. and T. Xie, 2017. Box Office Buzz: Does Social Media Data Steal the Show from Model Uncertainty When Forecasting for Hollywood? [J]. Review of Economics and Statistics, 99(5): 749–755.

[26] Lehrer, S. F. and T. Xie, 2020. The Bigger Picture: Combining Econometrics with Analytics Improve Forecasts of Movie Success[R]. Working Paper.

[27] Lehrer, S. F., T. Xie, and T. Zeng, 2020. Does High Frequency Social Media Data Improve Forecasts of Low Frequency Consumer Confidence Measures? [J]. Journal of Financial Econometrics Forthcoming.

[28] Lehrer, S. F., T. Xie, and X. Zhang, 2019. Does Adding Social Media Sentiment Upstage Admitting Ignorance When Forecasting Volatility? [R]. Working Paper.

[29] Mai, F., J. Shan, Q. Bai, S. Wang, and R. Chiang, 2018. How Does Social Media Impact Bitcoin Value? A Test of the Silent Majority Hypothesis[J]. Journal of Management Information Systems, 35: 19–52.

[30] Makridakis S, Spiliotis E, Assimakopoulos V, 2018. Statistical and Machine Learning Forecasting Methods: Concerns and Ways Forward. PLoS ONE 13 (3): e0194889.

[31] Medeiros, M. C., G. F. R. Vasconcelos, Alvaro Veiga, and E. Zilberman, 2019. Forecasting Inflation in a data-rich Environment: The benefits of Machine Learning Methods[J]. Journal of Business & Economic Statistics, 0(0): 1-22.

[32] Mincer, J. and V. Zarnowitz, 1969. The Evaluation of Economic Forecasts, in Economic Forecasts and Expectations: Analysis of Forecasting Behavior and Performance[R]. 3-46. National Bureau of Economic Research, Inc.

[33] Muller, U. A., M. M. Dacorogna, R. D. Davë, O. V. Pictet, R. B. Olsen, and J. Ward, 1993. Fractals and Intrinsic Time — A Challenge to Econometricians[R]. Technical report.

[34] Patton, A. J. and K. Sheppard, 2015. Good Volatility, Bad Volatility: Signed Jumps and The Persistence of Volatility[J]. The Review of Economics and Statistics, 97(3): 683-697.

[35] PwC-Elwood, 2019. 2019 Crypto Hedge Fund Report[EB/OL]. https://www.pwc.com/gx/en/financial-services/fintech/assets/pwc-elwood-2019-annual-crypto-hedge-fund-report.pdf.

[36] Probst, P., A. Boulesteix, B. Bischl, 2019. Tunability: Importance of Hyperparameters of Machine Learning Algorithms[J]. Journal of Machine Learning Research, 20: 1-32.

[37] Schumaker, R. P., Y. Zhang, C.-N. Huang, and H. Chen, 2012. Evaluating Sentiment in Financial News Articles[J]. Decision Support Systems, 53(3): 458-464.

[38] Suykens, J. and J. Vandewalle, 1999. Least Squares Support Vector Machine Classifiers[R], Neural Processing Letters, 9, 293300.

[39] Tibshirani, R., 1996. Regression Shrinkage and Selection Via the Lasso[J]. Journal of the Royal Statistical Society, Series B 58: 267-288.

[40] Vapnik, V. N., 1996. The Nature of Statistical Learning Theory[M], New York, NY, USA: Springer-Verlag New York, Inc.

[41] Wolpert, D. H. and W. G. Macready, 1997. No Free Lunch Theorems for Optimization[J]. IEEE Transactions on Evolutionary Computation, 1(1): 67-82.

[42] Xie, T., 2019. Forecast Bitcoin Volatility with Least Squares Model Averaging[J]. Econometrics, 7(3), 40: 1-20.

本章附录　H-MIDAS 数据重采样技术

在机器学习领域,将文本快速转换为数据并生成社交媒体的实时信息方面取得了显著进展。这一进展为金融市场分析尤其是在预测高波动性资产如比特币的实际波动率方面提供了新的可能性。在本研究中,我们特别关注了利用华尔街日报 IHS Markit 美国情绪指数(USSI)这一社交媒体情绪的综合测度,探究其在预测比特币实际波动率中的应用。

然而,在应用这些数据时,我们面临一个关键问题,即如何处理数据的时效性。具体来说,USSI 的更新频率为每分钟一次,而我们需要将其用于预测每日的比特币实际波动率。这就意味着我们需要将高频率的 USSI 数据转换为适合用于日频率预测的格式。

为了实现这一转换,我们采用了一些常用的数据重采样技术。这些技术包括数据聚合(将多个较短时间段内的数据点汇总成较长时间段的单一数据点),以及使用数据窗口(例如,使用每天的平均值或最大值)等方法。通过这些重采样技术,我们可以有效地将每分钟的 USSI 数据转换成日频率的数据,从而使其更适用于我们的预测模型。

此外,这种数据转换方法也为我们提供了一个独特的视角,来理解社交媒体情绪数据如何影响更长时间尺度上的金融市场动态。通过这种方法,我们能够捕捉到社交媒体情绪数据的关键特征,并将其有效地融入传统的金融时间序列分析中。这种结合传统金融数据和新兴社交媒体数据的方法不仅提高了我们的预测精度,也为金融市场分析提供了新的洞见。

用 y_{t+h} 表示未来 h 步一个低频率的变量(如日实际波动率),它的样本范围用时间指数 t 表示,$t=1, 2, \cdots, n$。另外,还有一个高频率的预测量(如 USSI) X_t^{hi},在时间 t 内一共获得了 m 个观测样本:

$$\boldsymbol{X}_t^h \equiv [X_t^{hi}, X_{t-\frac{1}{m}}^{hi}, \cdots, X_{t-\frac{m-1}{m}}^{hi}]^{\mathrm{T}} \tag{A1}$$

$X_{t-\frac{i}{m}}^{hi}$ 表示 X_t^{hi} 在高频观测值中的一个特定的元素,其中 $i=0, \cdots, m-1$。$L^{i/m}$ 表示滞后算子,$X_{t-\frac{i}{m}}^{hi}$ 就可以重新表示为 $X_{t-\frac{i}{m}}^{hi}=L^{i/m}X_t^{hi}$,其中 $i=0, \cdots, m-1$。

由于 $\boldsymbol{X}_t^h$ 对 y_{t+h} 做回归时,两者的频率单位不同,我们需要把高频数据进行转换,以匹配低频数据。我们可以对高频观测值 $\boldsymbol{X}_t^h$ 做一个简单平均:

$$\overline{X}_t = \frac{1}{m}\sum_{i=0}^{m-1} L^{i/m} X_t^h$$

其中 $\overline{X}_t$ 可能是估计低频率 X_t 最简单的一种方法,而该低频 X_t 可以匹配 y_{t+h} 的频率。当 y_{t+h} 和 $\overline{X}_t$ 在同一时间维度时,回归变得简单:

$$y_{t+h} = \alpha + \gamma \overline{X}_t + \epsilon_t = \alpha + \frac{\gamma}{m}\sum_{i=0}^{m-1} L^{\frac{i}{m}} X_t^h + \epsilon_t \tag{A2}$$

其中 α 是截距项,γ 是时间维度上做平均的 $\overline{X}_t$ 的斜率系数。这种方法的一个前提假设是 $\boldsymbol{X}_t^h$ 中的每一个元素对 y_{t+h} 有相同的解释力。

这些同质性假设在现实中可能过于强了。因此,我们可以放松假设:X_t^{hi} 中的每个元素的斜率系数不同。按照 Lehrer、Xie 和 Zeng(2020)的做法,我们把模型(A2)做了改进,使其满足高频观测值的影响存在异质性的假设,即:

$$y_{t+h} = \alpha + \sum_{i=0}^{m-1} \gamma_i L^{\frac{i}{m}} X_t^{hi} + \epsilon_t \tag{A3}$$

其中 γ_i 表示高频观测值 $X_{t-\frac{i}{m}}^{hi}$ 的斜率系数的组合。

由于 γ_i 未知,当 m 较大时,估计参数可能有些困难。Lehrer、Xie 和 Zeng(2020)使用的异质性混合数据抽样(H-MIDAS)的方法原理是,用一个阶梯函数,来解决不同高频观测值对低频因变量的异质性影响。低频率的 $\overline{X}_t^{(l)}$ 可以通过下式构建:

$$\overline{X}_t^{(l)} \equiv \frac{1}{l}\sum_{i=0}^{l-1} L^{\frac{i}{m}} X_t^{hi} = \frac{1}{l}\sum_{i=0}^{l-1} X_{t-\frac{i}{m}}^{hi} \tag{A4}$$

其中 l 是事先选定的一个数，且 $l \leqslant m$。式(A4)表明在计算 $\overline{X}_t^{(l)}$ 时，我们把 X_t^{hi} 中前 l 个观测值做了一个简单平均，忽略了其他的观测值。我们考虑不同的 l 值，并把所有的 $\overline{X}_t^{(l)}$ 都归入 $\widetilde{X}_t$ 中形成一组：

$$\widetilde{X}_t = [\overline{X}_t^{(l_1)}, \overline{X}_t^{(l_2)}, \cdots, \overline{X}_t^{(l_p)}]$$

其中我们规定 $l_1 < l_2 < \cdots < l_p$。如果加入权数向量 $w = [w_1, w_2, \cdots, w_p]^T$，满足 $\sum_{j=1}^{p} w_j = 1$，我们可以构建一个新的回归量 $X_t^{new} = \widetilde{X}_t w$。用 H-MIDAS 估计量进行的回归就可以表示为：

$$y_{t+h} = \beta X_t^{new} + \epsilon_t = \beta \sum_{s=1}^{p}\sum_{j=s}^{p}\frac{w_j}{l_j}\sum_{i=l_{s-1}}^{l_s-1} L^{\frac{i}{m}} X_t^h + \epsilon_t = \beta \sum_{s=1}^{p}\sum_{i=l_{s-1}}^{l_s-1} w_s^* L^{\frac{i}{m}} X_t^h + \epsilon_t \tag{A5}$$

其中 $l_0 = 0$ 且 $w_s^* = \sum_{j=s}^{p} \frac{w_j}{l_j}$。

权重 w 在这一系列操作中扮演着至关重要的作用。我们首先通过任意合适的计量方法代入下式来估计 $\widehat{\beta w}$：

$$\widehat{\beta w} = \underset{w \in W}{\mathrm{argmin}} \| y_{t+h} - \widetilde{X}_t \cdot \beta w \|^2$$

其中 W 是提前选定的权数集合。得到 $\widehat{\beta w}$ 后，我们就可以通过对下式重调得到权数向量 $\widehat{w}$ 的估计量：

$$\widehat{w} = \frac{\widehat{\beta w}}{\mathrm{Sum}(\widehat{\beta w})}$$

这里的系数 β 是一个标量。整个计算过程比较简单直观。

第四章

传统字符分析与国际直接投资预测

本章我们将对之前研究内容进一步深入,着重于剖析美国货币政策情感的波动如何对外国直接投资(FDI)的变动产生显著影响。为了捕捉这些微妙的情感变化,我们深入挖掘了美国联邦公开市场委员会(FOMC)所披露的大量文本数据。这些数据不仅记录了货币政策的决策过程,还反映了政策制定者的情绪和态度。

在分析方法上,我们采用了传统字符分析中的情感分析技术,通过非监督学习算法,从文本数据中提取出情感倾向和强度。与此同时,我们结合自然语言处理(NLP)领域的最新进展,尤其是那些涉及监督学习和半监督学习的算法。这些方法在处理复杂语言结构和语义理解方面表现出色,但在我们的研究中,我们选择了一种更为贴合本研究目标和数据特性的方法。我们将在第五章详细介绍应用前沿的半监督学习语言识别技术进行国际资本流动分析。

为了更精确地量化 FOMC 会议记录中的情感内容,我们采用 word2vec 方法构建了一个动态词典。这个词典能够捕捉词汇随时间和语境的变化,从而更准确地反映政策情绪。在监督学习过程中,我们将上一期美国对外直接投资作为响应变量,以此来训练模型并识别具有解释能力的情感词汇。

通过实证研究,我们的研究方法在预测未来 FDI 流向的问题上表现出良好的性能。具体而言,与传统的经济计量方法相比,我们的方法大大提升了模型预测的精度。此外,我们基于动态词典计算出的情感指标不仅能够捕捉到货币政策的即时情绪,还能够适应不同地区和时间点的变化。这一点对于理解 FDI 的动态性和复杂性尤为重要,因为外国直接投资往往受到多种因素的影响,包括经济、政治和文化等方面的考量。

总体而言,本章的研究不仅揭示了美国货币政策情绪对 FDI 的显著影响,还展示了一种结合传统字符分析和最新 NLP 技术的有效方法。这为我们理解和预测国际资本流动的动态变化提供了一个全新的思路和视角。

4.1 引 言

外国直接投资(FDI)作为推动母国经济增长的重要引擎,对国民经济具有重大影响。FDI 不仅提升生产率,还有助于减少失业、创造就业机会,并为采纳新技术带来积极的溢出效应。已有的文献中不乏对 FDI 的预测研究,大多数研究从时间序列分析的角度出发。例如,Al-Rawashdeh、Nsour 和 Salameh(2011)运用 ARIMA 模型对约旦 1981 至 2010 年间的 FDI 流入量进行预测。此外,Shi、Zhang、Su 和 Chen(2012)提出了一个结合小波分析和

ARIMA-GARCH-M 模型的中国 FDI 时间序列模型,用于消除噪声干扰并阐述了金融时间序列的自相关性和时变波动性。Perera(2015 年)、Nyoni(2018 年)和 Sharma、Phillip(2020年)等研究则侧重于构建更为稳健的时间序列模型,以实现更高的预测精度。这些研究表明,FDI 预测是一个多层面、多技术的问题,而时间序列分析是核心方法之一。通过结合经典和现代统计技术,研究者能够更准确地预测 FDI 的趋势和模式,从而为政策制定者提供有价值的见解和决策支持。

在传统的研究中,预测 FDI 主要依赖于计量经济学模型。然而,本章的研究关注点并不局限于这种范式,而是寻求为 FDI 预测领域注入新的思考和方法。我们认为,美国联邦公开市场委员会(FOMC)会议纪要中的情绪可以作为一个新的变量,用于预测美国 FDI 的变化。货币政策委员会会议纪要是一种重要的信息来源,它不仅是美联储会后的沟通工具,还为金融市场的发展、当前及未来的宏观经济状况、价格稳定以及经济增长的风险评估提供了更详尽的信息。这些信息对于理解和预测 FDI 的流动具有关键作用。许多学者已经注意到了 FOMC 会议纪要的重要性。例如,El-Shagi 和 Jung(2015)、Hansen 和 McMahon(2016)以及 Hansen、McMahon 和 Prat(2017)等人的研究均表明,这些会议纪要对金融市场、经济环境和未来经济增长具有深远的影响。他们认为,FOMC 会议纪要中的信息能够影响市场的预期和决策,从而影响 FDI 的流动。因此,本章提出将 FOMC 会议纪要中的情绪指标作为预测美国 FDI 变化的新变量。这一变量不仅能够帮助我们更好地捕捉 FDI 的动态变化,还能为预测模型提供更丰富、更具体的信息,从而提高预测的准确性和可靠性。

在处理文本情感分析时,将主要文本与特定的词典或字典进行匹配是一种常见的方法。这种方法依赖于预先定义的词汇列表和相应的情感标签,以快速准确地为文本分配情感指标。其中,Nielsen(2011)的 afinn 词典是一个广泛使用的情感词典,它提供了正面和负面两种情感标签,并为英文文本的情感分析提供了重要的基础。Hu 和 Liu(2004)的 bing 词典则是一个中文情感词典,旨在为中文文本的情感分析提供支持。然而,对于特定领域的文本,如经济和金融文献,Loughran 和 McDonald(2011)的 loughran 词典被设计为专门针对这些领域的文本进行情感分析。该词典针对金融市场的语言特点进行了优化,以确保更准确和可靠的文本情感分析。此外,Mohammad 和 Turney(2013)的 nrc 词典也为情感分析提供了一个全面的度量,它不仅包括正面、负面和中性的情感指标,还进一步细分了各种情感指标的程度,以便更准确地描述文本中所表达的情感。考虑到 loughran 词典专为经济和金融文献中的文本而设计,我们在实证分析中选择了它作为主要词典。通过与该词典中的词汇进行匹配,我们可以快速准确地为 FOMC 会议纪要文本分配情感指标,进而分析会议纪要中所表达的情绪对美国 FDI 的影响。

在文本分析领域,情感指标的生成是情感分析的重要组成部分。传统的情感指标生成方法通常采用无监督学习,这种方法虽然可以自动提取文本中的情感信息,但在实际应用中存在一些局限性。由于不同的人对同一文本的解读可能存在差异,因此无监督学习方法难以准确地反映文本中所表达的情感。为了解决这个问题,我们提出了一种基于 word2vec 方法的动态词典构建方法。该方法利用 word2vec 模型将文本中的词向量化为实数向量,从而能够捕捉词与词之间的语义关系。通过训练一个 word2vec 模型,我们可以得到一个词向量矩阵,其中每一行代表一个词,每一列代表一个词向量。基于这个矩阵,我们可以构建一个动态词典,其中每个词都对应一个实数向量。在构建动态词典的基础上,我们进一步提出了一个基于监督学习的情感指标生成方法。该方法将上一期的美国 FDI 作为响应变量,利用监督学习算法对文本数据进行训练,从而量化文本数据中的情感词。通过将 FDI 数据与文本数据相结合,我们建立了 FOMC 会议纪要文本与美国 FDI 变化之间的联系,并期望生成的情绪指标对响应变量具有显著的预测能力。与传统的情感指标生成方法相比,我们的方法具有以下优点:首先,通过利用 word2vec 方法构建动态词典,我们可以更好地捕捉文本中的语义信息,从而更准确地反映文本中所表达的情感;其次,通过将 FDI 数据作为响应变量,我们可以在监督学习过程中更好地理解文本数据与 FDI 之间的关系;最后,我们的方法可以根据实际需求进行灵活调整,例如通过调整训练样本的时间窗口来优化预测效果。

经过实证分析,我们发现,相较于其他传统的基于情绪或无情绪的模型,我们提出的方法在样本拟合和样本外预测精度上均体现出明显优势。这主要得益于我们方法中的两个关键创新点:一是利用 word2vec 方法构建动态词典,二是将提前一段时间的美国 FDI 作为响应变量进行监督学习。首先,通过利用 word2vec 方法构建动态词典,我们能够更好地捕捉文本中的语义信息,从而更准确地反映文本中所表达的情感。这种方法能够根据不同时间、不同地区的 FOMC 会议纪要文本进行动态调整,使得情感指标的生成更加贴近实际情境。其次,将 FDI 数据作为响应变量进行监督学习,我们能够更好地理解文本数据与 FDI 之间的关系。这种方法使得我们能够利用历史数据中的 FDI 信息来训练模型,从而提高预测精度。同时,由于我们的方法依赖于随时间变化的输入数据,因此能够确定不同情绪的重要性随时间的动态变化。此外,我们生成的情感评分是基于我们构建的动态词汇。这一词汇会随着时间和地区的改变而调整,从而更好地适应 FDI 的动态特性。这使得我们的方法能够更加准确地预测 FDI 的变化趋势。总之,通过实证分析,我们证明了我们的方法在预测美国 FDI 变化方面具有显著的优势。相较于其他传统模型,我们的方法在样本拟合和样本外预测精度上均表现出更好的性能。这为 FDI 预测领域提供了一种新的视角和方法,有助于更好地理解 FDI 的动态变化,并为相关决策提供更有价值的参考信息。

为了全面系统地展示我们的研究方法和所得结论,本章的内容安排如下:在第 4.2 节中,我们详细阐述了 FOMC 会议纪要数据的来源及其处理方式。这些会议纪要是美国联邦公开市场委员会在货币政策会议后发布的重要文件,对于理解货币政策走向和市场反应具有重要意义。我们将说明我们是如何从公开渠道获取这些原始文本,并通过一系列的数据清洗和整理步骤,将其转化为适合后续分析的格式。第 4.3 节将重点介绍词嵌入技术,这是我们方法中不可或缺的一部分。词嵌入技术能够将文本中的词汇表示为高维空间中的向量,从而捕捉词汇之间的语义关系。我们将介绍我们所使用的具体词嵌入模型,并解释其原理和优势。此外,我们还将探讨如何根据特定的任务和数据集对词嵌入模型进行调优,以提高其性能。在第 4.4 节中,我们将深入探讨情绪评分量化技术。这一技术旨在将文本中的情感信息转化为可量化的评分,以便进行后续的分析和预测。我们将详细介绍我们所使用的情感词典和评分方法,并解释如何结合词嵌入技术来提高情感评分的准确性。此外,我们还将讨论情感评分的稳定性和可靠性问题,并提出相应的解决方案。第 4.5 节是本章的核心部分,将呈现我们的主要分析与结果。在这一节中,我们将首先展示基于情感评分的 FDI 预测模型的构建过程,包括特征选择、模型训练和参数优化等步骤。然后,我们将通过一系列的实验和对比分析,验证我们的方法在样本拟合和样本外预测精度上的优越性。同时,我们还将探讨不同情绪对 FDI 变化的影响程度及其随时间的变化趋势。为了进一步验证我们的方法的鲁棒性和普适性，第 4.6 节将美国的整体 FDI 分解为四个区域进行分析。在这一节中，我们将展示在四个区域之间存在强烈的异质性时，我们的情感量化技术仍然能够展现出卓越的样本内外性能。这将有力地证明我们的方法在不同情境下的有效性和可靠性。最后，在第 4.7 节中，我们将对全文进行总结和回顾。我们将概括性地阐述我们的主要发现和创新点，并指出未来可能的研究方向和应用场景。同时，我们也将强调我们的方法在理论和实践上的重要意义和价值。此外，为了方便读者更好地理解和复现我们的研究过程和结果，附录部分将提供更多关于控制变量的详细信息以及其他必要的补充材料。这将有助于增强本章的可读性和可复现性。

4.2 FOMC 会议数据与文本清洗

美国 FOMC 每年定期召开八次会议，并根据经济状况的需要举行额外的会议。这些会议的记录对于理解美国的货币政策以及宏观经济趋势具有重要意义。会议结束后，其详细记录通常会在决策日期后大约三周内公布。这些记录提供了对美国联邦储备委员会在货币政策方面决策过程的深入了解，包括对当前经济状况的评估、未来经济展望以及可能的政策调整。

在进行本研究时，我们收集了从 1993 年 3 月到 2021 年 11 月发布的 FOMC 会议记录数据，共计 230 份文档。这一时间跨度涵盖了多个经济周期，包括经济扩张、衰退和恢复阶段。通过分析这些记录，我们可以获取关于货币政策变化、经济指标和市场预期的宝贵信息。这些数据对于理解和预测外国直接投资（FDI）的流向和趋势尤为重要。

FOMC 会议记录的分析有助于揭示美联储货币政策决议背后的逻辑和考虑因素，同时也能捕捉到与经济增长、通胀、就业等宏观经济变量相关的重要信息。这些信息是理解和预测 FDI 流向的关键，因为 FDI 受到宏观经济状况和政策环境的显著影响。通过这些数据的深入分析，我们可以更准确地预测 FDI 的未来趋势，为政策制定和投资决策提供有力支持。

原始文本数据往往是非常杂乱的，其中可能包含各种格式错误、拼写错误、标点符号错误、无关的字符或符号等噪声。这些噪声不仅会影响文本的可读性，还可能对后续的数据分析和模型训练造成干扰，因此必须进行适当的清理工作。在投入使用之前，对原始文本数据进行清理是至关重要的步骤。正如 Wickham(2014) 所说，使用整洁的数据可以使数据处理过程更加高效和准确。在文本处理中，这一点同样适用。只有当文本数据是整洁的，我们才能确保后续的文本挖掘和分析技术能够准确地提取所需的信息。为了获得整洁的文本数据，我们需要进行一系列的数据清洗和预处理操作。这些操作可能包括去除无关字符、格式化文本、纠正拼写错误、删除停用词和标点符号等。通过这些处理步骤，我们可以将原始文本数据转化为适合进一步分析和建模的格式。数据清洗和预处理的目的是提高数据的质量和一致性，从而为后续的文本挖掘和分析提供更好的基础。

我们采取了以下四个步骤来整理原始文本。首先，我们进行分词（Tokenization）。分词是将文本分解成单个词语或标记的过程，是文本分析中的基础步骤。分词后的文本可以更好地被计算机理解和处理，为后续的数据分析和模型训练提供基础。我们希望进行单词的文本分析，因此我们需要首先将原始文本转换成词向量，并将其转换为整洁的数据结构。所有单词都转换为小写字母,以便于处理并减少由于大小写引起的混淆①。

其次,我们删除文本中包含的数字与停用词。数字对于我们的文本分析并没有实质性的作用,反而有可能干扰分析结果②。因此,我们将删除包含数字的所有标记。此外,停用词是指那些在文本中频繁出现但对主题和含义贡献较小的词语。常见的停用词包括英语中的"the""of""to""are""is"等。我们使用预先定义的停用词列表来匹配并删除这些词语,以减少冗余信息。

第三步是删除过长或过短的单词。有时,文本数据中可能包含非常长的单词或短语,如 URL、ID 名称、特定标签等,这些在文本分析中通常没有实际意义。在本例中,我们将筛选出包含超过 15 个字符的单词。此外,过短的词语,如一些缩写或无意义的短词,也可能对分析造成干扰。我们将单词长度的下限设置为 3,长度小于 3 的单词都会被我们删除掉。

最后一步是删除特定词语。在某些情况下,一些特定的词语可能对分析没有实际意义,或者可能干扰结果的准确性。这些跳过词的例子包括 a.m.、benjamin、edwards、january、moskow、philadelphia、robert、treasury、zickler 等。这些特定的跳过词是根据一个人在该领域的经验和专业知识构建的,这在实践中非常重要。我们的跳过单词列表包含 531 个字符串,详细信息见附录。

通过以上四个步骤,我们可以有效地整理文本数据,提高数据的质量和一致性。这些处理步骤有助于减少噪声和冗余信息,使数据更加整洁,为后续的文本分析和模型训练提供更好的基础。

4.2.1 词频与词云图

我们将上述整理过程应用于所有 FOMC 会议记录数据,以确保数据的质量和一致性。通过分词、删除停用词、筛选过长或过短的单词以及删除特定词语等步骤,我们得到了整洁的数据,其中包含了我们在进一步分析中会用到的所有词汇。整洁的数据为我们提供了每个特定单词在文档中出现的频率信息。通过测量所有特定单词的频率,我们可以生成每个文档的词频(Term Frequency,TF)。目前流行的方法是根据文档长度来调整 TF。因为较长的文档可能包含更多单词,即使其中某些单词出现的频率较低,也可能对 TF 产生较大的影响。为了解决这个问题,我们通常会根据文档的长度对 TF 进行归一化处理:

$$\text{TF}(t, d) = \frac{f_{t,d}}{|d|_\#} \tag{4.1}$$

---

① 在文本分析中,特别是在不太正式的语境下,大写字母的使用可能会传达不同的含义和情感。例如,唐纳德·特朗普(Donald Trump)经常在推文中使用全大写字母,这通常被解读为一种吸引注意力和表达愤怒的方式。这种文字表达的特点提示我们,在处理文本数据时,去除或忽略大写字母的常规方法可能会导致重要信息的丢失。因此,在进行文本分析时,尤其是在使用深度学习算法的情况下,我们应该更加谨慎地处理这类文本特征。

② 在某些特殊语境下,数字在文本中也可能承载特殊的意义。例如,在《复仇者联盟 4》的经典台词"我爱你 3 000"中,数字"3 000"不仅是一个数值,它实际上在这个上下文中充当了一个副词,传达了深刻的情感和强调的意义。一个足够智能的文本分析算法应该能够识别出这种情况,并将数字"3 000"理解为比简单的数值更深层次的情感表达。

其中，$\text{TF}(t, d)$ 是文档 d 中术语 t 的词频，$f_{t,d}$ 是文档中术语的原始计数，$|d|_\#$ 表示文档 d 中有效词语的数量[①]。公式 $|a|_\#$ 定义为"集合 a 中有效元素的数量"。

词云（Wordcloud）是一种直观的工具，它通过可视化的方式展示文本数据中单词的频率，通常用于揭示文本内容的核心主题和关键词。在我们的案例中，词云图表达了 FOMC 会议记录文本中各个术语的重要性，这是通过词频来衡量的。字体大小或颜色的差异代表了词频的高低，字体越大或颜色越深表示该术语越重要，即频率越高。

如图 4.1 所示，我们可以看到文本整理过程前后的对比。子图(a)展示了整理前的词云，其中包括大量常见词（如"the""of""and"等），这些词在文本分析中通常被视为噪声，因为它们对于理解文档的主题和内容没有实质性贡献。而子图(b)则是经过文本整理后的词云，从中可以清晰地看出，去除了无关的常用词和标点符号后，剩下的关键词更能准确地反映 FOMC 会议记录的核心议题。

图 4.1　整理过程前后完整样本数据的词云

在处理后的词云中，我们注意到"economic""inflation""market""policy""growth"等词汇的突出显示，这表明这些术语在 FOMC 的讨论中占据了重要位置。这些词反映了会议记录的主要关注点，如经济状况、市场动态、通货膨胀趋势、货币政策方向以及经济增长预期等。

图 4.1(b)的词云本身就是文本数据的摘要，为我们提供了 FOMC 会议重点关注的宏观

[①] 文献中还有其他定义，例如，(i)对数归一化：$\text{TF}(t, d) = \log(1 + f_{t,d})$ 和(ii)K 归一化：$\text{TF}(t, d) = K + (1-K)\dfrac{f_{t,d}}{\max\limits_{i \in d} f_{i,d}}$，其中 $K = 0.5$ 是一个流行的选择。在本章中，我们主要使用方程(1)中的 TF 定义。

经济变量的直观展示。通过这种方式,我们可以得到一份文本内容的直观的摘要,而且还为进一步的分析和解释奠定了基础。此外,它可以揭示出文本中可能被忽略的模式和趋势,进而指导我们对经济数据进行更深层次的探究。

4.3　词嵌入与单词图

在自然语言处理(NLP)领域,单词嵌入(word embeddings)是一种强大的技术,它能够将单词表示为实数向量。这种表示方法不仅简化了数据的数学处理,还为我们提供了一种全新的方式来探索和理解语言。单词嵌入的核心思想是将每个单词映射到一个向量空间中。这些向量不仅捕捉了单词的表面含义,还深入到其上下文和语义层面。这意味着,通过数学运算,我们可以比较、分析并探索单词之间的关系,这在传统的文本处理方法中是难以实现的。

这种技术的关键优势在于,它能够揭示单词的隐藏特征。这些特征可能并不直接体现在单词的传统字典定义中,而是通过其在大量文本中的出现和上下文关系来体现。通过这种方式,单词嵌入为我们理解语言内在结构提供了一个全新的视角。例如,相似的单词在嵌入空间中会表现为距离更近的向量。这使得我们可以利用距离度量或相似性度量来比较和发现语义上的相似性或关联性。此外,通过训练模型来预测单词的上下文,我们可以进一步优化嵌入的质量和准确性。

2013年,Mikolov、Sutskever、Chen、Corrado和Dean共同提出了word2vec方法,这一方法在单词嵌入技术中具有里程碑式的意义。word2vec通过训练神经网络,将单词映射到一个高维空间中,每个唯一的单词都对应一个固定长度的数字向量。在这个向量空间中,语义上相似的单词会被映射到彼此接近的位置。余弦相似度常被用来衡量这些向量之间的距离,从而评估单词之间的相似性。word2vec有两种主要的实现方式:连续词袋(CBOW)模型和skip-gram模型①。在我们的分析中,我们选择使用skip-gram模型,因为它在处理较少见的单词时表现更为出色。

skip-gram模型的目的是根据中心词预测上下文中的单词。给定一个中心词w,模型的任务是预测在固定大小窗口内的上下文单词c。这个过程不区分窗口内单词的位置,使模型能够学习到中心词的广泛上下文。通过这种方式,模型能够捕获复杂的词汇模式,并提供精确的单词嵌入,这些嵌入捕获了单词的多种语义特性。在大规模文本语料库上训练后,得到的单词嵌入可以用于各种NLP任务,如文本分类、情感分析和机器翻译等,为我们深入了解语言提供了一个强大的工具。这些嵌入不仅简化了数据的数学处理,还为我们提供了一种全新的方式来探索和理解语言。

图4.2给出了skip-gram算法的基本计算逻辑。给定文档中的V个单词,输入数

---

　　① 在本章的研究中,我们选择使用skip-gram模型来训练我们的单词嵌入。skip-gram模型是由Mikolov等人在2013年提出的一种高效的单词表示学习方法。相比于连续单词包(CBOW)模型,skip-gram模型在小型数据集上表现出色,并且对不常见单词的表示能力更强。这一特点使得skip-gram模型特别适合于我们的研究,因为在FOMC会议记录等专业性较强的文本中,经常会出现专业术语或较少使用的单词。

据由独热编码(One-hot-encoding)对应的词向量表示,其中每个单词由长度为 V 的唯一向量表示[①]。网络通过 $V \times E$ 嵌入矩阵 W_1 将输入数据投影到隐藏层,E 值越高意味着嵌入可以捕获更多信息,但这也带来了更高的计算负担。然后,网络使用隐藏层中的投影作为输入来预测观察每个上下文单词的概率。映射过程通过 $E \times V$ 上下文矩阵 W_2 进行。

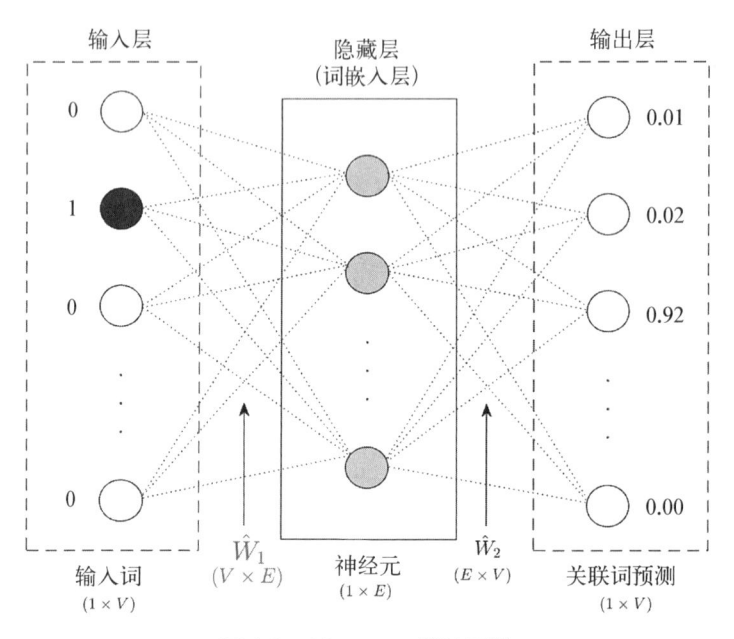

图 4.2 skip-gram 算法图解

通过最大化整个模型的似然性来计算权重矩阵 $\{W_1, W_2\}$,使得:

$$\{\hat{W}_1, \hat{W}_2\} = \underset{W_1, W_2}{\operatorname{argmax}} \prod_{w \in \mathcal{W}} \prod_{c \in \mathcal{C}(w)} p(c \mid w, W_1, W_2)$$

其中,$p(c \mid w, W_1, W_2)$ 表示在给定输入单词 w 和两个权重矩阵 W_1 和 W_2 的情况下观察上下文单词 c 的概率,集合 w 是所有输入单词的集合,$\mathcal{C}(w)$ 代表围绕 w 的一组上下文词。如 Mikolov 等人(2013)所述,skip-gram 算法公式使用 softmax 函数定义 $p(c \mid w, W_1, W_2)$。

除了传统的 softmax 函数外,还有一些其他形式的函数被用于处理分类问题。其中包括分层的 softmax、负采样(Negative Sampling,NS)等。这些函数形式各有特点,适用于不

---

① One-hot-encoding,又称为一位有效编码,主要采用 N 位状态寄存器来对 N 个状态进行编码,每个状态都有它独立的寄存器位,并且在任意时候,其中只有一位有效。这种编码方法对于每一个特征,如果它有 m 个可能的值,经过 One-hot 编码后就会变成 m 个二元特征。并且,这些特征互斥,每次只有一个激活。因此,数据就变成了稀疏的。One-hot-encoding 将分类特征转换为一种更适合分类和回归算法的格式。这种编码方法在自然语言处理中起到了革命性的作用,改变了我们处理和理解语言数据的方式。通过捕捉单词的上下文和语义信息,One-hot-encoding 为我们提供了一个强大的工具来探索语言的内在结构和语义关系。例如,如果我们有一个由单词"the""quick""brown""fox""jump""over""the""lazy"和"dog"组成的词汇表,那么单词"brown"由向量[0, 0, 1, 0, 0, 0, 0, 0, 0]表示。

同的应用场景。其中,分层的 softmax 是一种将 softmax 函数应用于多个层次的方法,通过对每个层次的 softmax 函数进行计算,可以逐步确定每个类别的概率。而负采样则是通过引入负样本的方法来提高分类的准确性。负样本是与正样本相似但不同类别的样本,通过引入负样本可以增加模型的泛化能力。

在训练过程中,权重矩阵通常会被随机初始化,然后通过反向传播算法进行更新。反向传播算法是一种基于梯度的优化算法,通过计算损失函数对权重的梯度,逐步更新权重以最小化损失函数。在对文档进行多次迭代后,完成学习过程。表 4.1 展示了训练过程中的主要调整参数及其值。这些参数包括学习率、迭代次数、正则化强度等。这些参数的选择对模型的性能和稳定性有着重要影响。我们尝试了其他合理的调整值,发现其对我们的主要结论没有显著影响。这意味着我们的结果具有一定的稳健性,不受参数选择的影响。

表 4.1 skip‐gram 程序训练过程中的主要调整参数

参数	描述
W	上下文窗口的窗口大小(设置为 5)
E	单词嵌入的维度(设置为 100)
I	对文档进行迭代以训练参数的次数(设置为 100)
$Function$	skip‐gram 丢失函数(设置为 NS)
$MinCount$	嵌入中包含的最小单词数(设置为 5)

注:其他调整参数设置为其默认值。

尽管必须同时估计 $\hat{W}_1$ 和 $\hat{W}_2$,但只有 $V \times E$ 嵌入矩阵 $\hat{W}_1$ 与单词嵌入过程相关。事实上,$\hat{W}_1$ 的 V 行由 E 维向量表示。这些向量分别对应文档中的 V 个单词。通过使用这些构建的向量,我们可以计算任意一对单词之间的关联程度,这通常通过计算它们的基础向量的余弦相似度来实现。这种余弦相似度衡量了两个向量的方向相似性,其值介于 -1 和 1 之间。值越接近 1,表示两个向量越相似;而值越接近 -1,则表示两个向量越不相似。通过这种方式,我们可以量化单词之间的语义关联程度,从而更好地理解文本数据的内在结构和语义关系。

这种嵌入方法不仅简化了数据的数学处理,还为我们提供了一个强大的工具来探索语言的内在结构和语义关系。在大规模文本语料库上训练后,得到的单词嵌入可以用于各种 NLP 任务,如文本分类、情感分析和机器翻译等,为我们深入了解语言提供了一个强大的工具。这些嵌入不仅简化了数据的数学处理,还为我们提供了一种全新的方式来探索和理解语言。

4.3.1 单词图

经过训练的单词嵌入可以通过单词图进行生动且直观的表示。这种单词图具有与各个单词相对应的节点,并且节点之间的边界是由余弦相似度加权的[①]。这样的表示为我们提供了一种可视化的方式来理解单词之间的关系以及它们在语义空间中的位置。利用单词图,许多先前的研究已经深入探讨了情感词典的构建,这些情感词典旨在量化文本数据中的情感。这些研究包括但不限于:Kim 和 Hovy(2004),Hu 和 Liu(2004),Esuli 和 Sebastiani(2006),Blair Goldensohn、Hannan、McDonald、Neylon、Reis 和 Reynar(2008),Rao 和 Ravichandran(2009),以及 Velikovich、Blair Goldensohn、Hannan 和 McDonald(2010)等人的工作。这些研究者通过各种方法和技术,利用单词图来分析和解释文本数据中的情感内容,从而推动了情感分析领域的发展。

图 4.3 展示了一个简化的单词图示例,其中每个节点都对应于文档中的一个单词。图中的边界表示单词是否在彼此的邻域内,通常这个邻域的大小是可以设定的,例如在这个例子中设定为 10。边界上的权重则对应于嵌入中对应单词向量之间的余弦距离,这个距离衡量了两个单词在语义空间中的相似性。

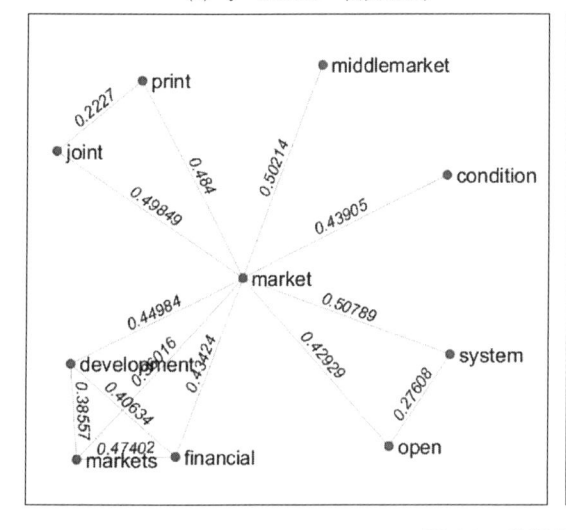

(a) 与 "market" 相关的词　　　　(b) 与 "demand" 相关的词

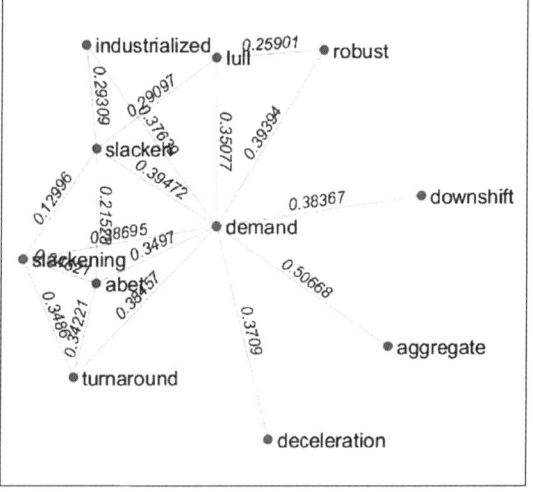

图 4.3　单词连接的可视化

图 4.3 的子图(a)和(b)分别以"市场"和"需求"作为中心节点来展示结果。正如我们所看到的,围绕这些中心节点的单词都与它密切相关。例如,"开放市场"和"总需求"这样的单词对可以很容易地组合成有意义的短语。此外,周围的一些单词也相互关联,形成了一个复杂的语义网络。

为了更好地理解整个单词图的结构和关系,我们还在附录中准备了一个包含所有节点

[①] 在数学领域,图论是一个专门研究图的结构和性质的学科。图论中的"图"是一种特殊的数学结构,用于表示对象之间的成对关系。在本章中,我们将使用图论的概念和方法来构建和分析单词图。单词图是由边连接的节点(单词)组成的无向图。这意味着在单词图中,边没有方向,即边的起点和终点是相同的,它们对称地连接两个节点。这种无向性反映了单词之间的关系是双向的,没有特定的顺序或方向。通过构建单词图,我们可以将文本数据中的单词视为节点,并使用边来表示单词之间的关系。这些关系可以是语义上的相似性、相关性或共现关系等。通过分析这些关系,我们可以深入了解文本数据的内在结构和语义关系。

和边界的完整单词图。这个完整的单词图为我们提供了一个全面的视角来探索和分析文档中的单词以及它们之间的关系。通过观察和分析这个单词图,我们可以更深入地理解文本的语义结构和内容。

4.4 情感分析

读者在阅读文本时,通常会利用对词语情感的理解来推断整个文本的情感倾向。我们能够感知文本是积极的、消极的,或者可能表现出其他更微妙的情感,如惊讶、厌恶等。这是因为人类具备理解和分析语言的能力,能够捕捉到文本中的情感色彩。

为了让计算机也能够理解文本中所蕴含的情绪,我们可以利用文本挖掘工具和技术。在本章中,我们将文本视为单个单词的组合,并认为整个文本的情感属性可以由单个单词的情感属性所决定。换言之,我们通过分析构成文本的各个单词的情感倾向,来推断整个文本的情感。

为了评估文本中的观点或情感,我们拥有各种情感词典。这些词典在自然语言处理(NLP)领域被称为"lexicons"(词典)。这些词典通常包含了大量与情感相关的词汇及其对应的情感标签,如"积极""消极"等。基于第4.3节中训练的单词嵌入模型和单词图,我们创建了一个用于情绪分析的特定词典。这个词典基于FOMC会议记录数据,这些数据为我们提供了大量的文本样本,用于训练和验证我们的情感分析模型。

为了使生成的词典能够随着时间变化而更新,我们考虑到了数据源的时间跨度。我们的数据跨越了近三十年的时间,这意味着英语的措辞、模式甚至语法都可能发生了变化。因此,我们的情感词典也需要不断更新和调整,以适应语言的变化和发展的动态特征。通过使用这种方法,我们能够更好地理解文本数据的情感内容,并对其进行有效的情绪分析。这不仅有助于我们深入了解文本数据的内在结构和语义关系,还为各种自然语言处理任务提供了有力的支持。

4.4.1 通用词典

在本节中,我们将详细介绍一些流行的情感词典,这些词典在自然语言处理领域被广泛使用,用于评估文本中的情感倾向。以下是四个常见的情感词典:

(1) Nielsen 的 afinn(2011):该词典是最早的情感词典之一,由 Nielsen 创建于 2011 年。它基于 unigram,即单个单词,包含了 2 477 个英语单词,并根据不同的情感给每个单词打分。分数范围从 −5 到 5,是一个连续的数字分数。

(2) Hu 和 Liu 的 bing(2004):该词典是较早的情感词典之一,由 Hu 和 Liu 于 2004 年创建。它同样基于 unigram,包含许多英语单词,并根据不同的情感给每个单词打分。与 afinn 不同的是,bing 词典只提供两个分数,是一个较为简单的词典。

(3) Loughran 和 McDonald 的 loughran(2011):该词典与 Nielsen 的 afinn 类似,也是基于单个单词的情感词典。它包含了比 afinn 更多的单词数量,并对每个单词给出相应的情感分数。该词典还提供了额外的信息,如每个单词的情感极性(正面或负面)和情感强度。

（4）Mohammad 和 Turney 的 nrc（2013）：该词典是最大的情感词典之一，由 Mohammad 和 Turney 于 2013 年创建。它不仅包含单词的数量最多，还提供了更为复杂的情感评估方式。nrc 词典将每个单词的情感分为 10 个不同的分数，使得对文本的情感分析更为细致和准确。

表 4.2 提供了这四个情感词典的概述，包括它们的情感类型、目的、大小和分数类型等信息。通过对比这些词典的特点，我们可以发现它们在情感评估方面的差异和优势。在实际应用中，选择适合特定需求的情感词典对于准确理解和分析文本的情感非常重要。

表 4.2 词典概述

词典	情绪类型 数值	情绪类型 非数值	使用目的 金融	使用目的 通用	大小	分数
afinn	√	×	×	√	2 477	{−5，−4，…，4，5}
bing	×	√	×	√	6 786	{Negative, Positive}
loughran	×	√	√	×	4 150	{Negative, Positive, Uncertainty, Litigious, Constraining, Superfluous}
nrc	×	√	×	√	13 875	{Trust, Fear, Negative, Sadness, Anger, Surprise, Positive, Disgust, Joy, Anticipation}

注：表 2 描述了 afinn、bing、loughran 和 nrc 词汇的情感类型、目的、大小和得分类型。√和×符号表示该词汇是提供数值情感还是名义情感，以及其目的是通用的还是为金融量身定制的。

在自然语言处理领域，情感词典扮演着至关重要的角色。它们为文本情感分析提供了标准和可靠的依据，帮助我们理解文本中所表达的情感。然而，不同的情感词典可能针对不同的应用场景和领域，各有其独特的侧重点和设计。loughran 词典是其中一种与众不同的情感词典，专为分析金融文件而量身定做。这主要是因为金融领域的文本具有其独特性，某些在日常语境中表示否定意义的词汇在金融环境中可能并不表示否定意义。例如，像"税收""成本""资本""董事会""责任""外国"等这些词汇，在金融文本中通常并不带有否定含义。

正是基于这样的背景，loughran 词典的构建更具针对性和实用性。它不仅考虑了情感词汇的正面或负面情感倾向，还特别关注了金融领域的特殊语境。这种词典在分析经济和金融文本时，能够更准确地反映文本的实际情感，避免了由于词汇在不同领域的多义性所可能带来的误判。在本章的后续研究中，我们将主要依靠 loughran 词典来生成种子词。这些种子词将作为我们分析文本情感的基础，帮助我们进一步深入理解和挖掘文本中的情感信息。此外，我们还将比较基于 loughran 情感分数与主要分析过程中动态生成的分数之间的表现差异。这将有助于我们评估不同分数方法的准确性和可靠性。

为了确保研究的稳健性，我们将在第五部分进行稳健性检验。我们将探讨使用其他情感词典对结果的影响，并比较不同词典之间的性能差异。通过这样的比较，我们可以更全面地了解各种词典在不同情境下的适用性和限制,为未来的研究提供有价值的参考。

4.4.2 种子词

我们生成的动态词典的起点是一组共同商定(或任意选择)的情感词,这些情感词在自然语言处理领域被称为"种子词"。在我们的研究中,种子词扮演着至关重要的角色,它们为我们的词典提供了基础,并影响了情感极性词汇的归纳。

为了构建我们的动态词典,我们首先使用经过训练的单词嵌入模型。该模型将种子词转换为数字向量,使得我们可以对这些向量进行数学运算和比较。接下来,我们计算种子词与文档中其他单词之间的相似度。那些与种子词高度相似的单词构成了我们生成的词典的基础,并为我们的情感分析提供了更丰富和准确的词汇资源。

给定训练数据集,我们首先采用词频-逆文档频率(TF-IDF)方法来衡量数据中每个单词的重要性。TF-IDF 是一种数字统计方法,它通过分析单词在文档中的出现频率以及在整个文档集中的出现频率,来确定单词对特定文档的重要性[①]。TF-IDF 权重考虑了两个关键因素:词频(TF)和逆文档频率(Invert-Document-Frequency,IDF)。词频的定义,我们在第 4.2.1 节介绍词图的时候已经介绍过,是指单词在给定文档中出现的次数,而逆文档频率则反映了单词在文档集中的普遍性。IDF 通过计算包含特定单词的文档数量与总文档数量的比值的对数值来工作,从而对常见单词进行惩罚,而对稀有单词给予更高的权重。具体公式如下:

$$\text{IDF}(t,D) = \log \frac{|D|_{\#}}{|d \in D : t \in d|_{\#}}$$

其中,D 代表文档(或语料库)的集合,$|D|_{\#}$ 是文档总数,$|d \in D : t \in d|_{\#}$ 是出现术语 t 的文档数[②]。然后将 TF-IDF 权重计算为 TF 和 IDF 的乘积:

$$\text{TF-IDF}(t, d, D) = \text{TF}(t, d) \cdot \text{IDF}(t, D) \tag{4.2}$$

TF-IDF 中的高权重意味着相关单词相对重要。TF-IDF 的概念在信息检索和自然语言处理领域中广泛应用,它被用作加权因子,以调整单词在搜索和分类等任务中的重要性。通过 TF-IDF,我们能够识别训练数据中具有高权重的单词,这些单词可以作为情感分析中的重要种子词,以进一步构建我们的动态词典。

我们将训练数据中的每个单词与 loughran 词典进行匹配,然后根据其相关的 TF-IDF 权重进行排序。我们选择了标记为负和正的前 K 个单词,这些被选中的词作为我们的种子词,分别表示为正向种子和负向种子。图 4.4 展示了使用整个语料库作为 K=50 的训练数据的正向种子和负向种子的示例。在这个图中,字号的大小反映了 TF-IDF 权重的值,即字号越大,其 TF-IDF 权重越重要。

---

① TF-IDF 作为一种常用的自然语言处理方法,在情感分析、信息检索和文本挖掘等领域中得到了广泛应用。尽管其在实际应用中取得了很好的效果,但其理论基础却一直备受争议。许多研究人员一直在尝试为其寻找更可靠的信息理论依据,以更好地解释其工作原理和效果。

② 符号":"代表"像这样的",通常后跟一些条件。术语 $d \in D : t \in d$ 可以被解释为语料库 D 中满足条件 $t \in d$ 的文档集合(文档 d 应包含术语 t)。

(a) 正向种子　　　　　　　　　　(b) 负向种子

图 4.4　种子词的可视化

从图中可以明显看出,无论是消极还是积极的种子词,都展现出了明显的情绪倾向。正如 Jovanoski、Pachovski 和 Nakov(2016)所提出的观点,为了构建更高质量的词典,使用更动态且更适应文档上下文的种子词是至关重要的。因此,我们并没有固定使用某一组种子词,而是采用了一种更灵活的方式。我们使用训练数据自动生成种子词,这样随着训练数据的改变,种子词也会相应地调整。实证分析的结果显示,我们的方法能够有效地适应数据的变化,并生成合适的种子词。

种子词的数量 K 是一个重要的调整参数。我们将在第 4.5 节中描述网格搜索方法,并结合样本外评估程序来确定最佳的 K 值。这种方法确保了我们能够找到最适合当前数据集的种子词数量,从而获得最佳的情感分析效果。

4.4.3　量化文本情绪

在进行情绪分析时,确定文本中蕴涵的情绪倾向至关重要。这通常通过一个正负极性值完成,该值量化了单词或短语的情绪色彩[①]。在本研究中,我们首先基于 Velikovich 等人(2010)提出的图传播算法,构建了一个基于分数的情感词典,并引入了针对 FOMC 会议记录数据特定语境的修正方法。接下来,我们详细阐述如何使用这个情感词典来为给定文档计算情感得分。

我们开始时为词汇表中的每个单词初始化一个零情感得分。然后,在单词图上进行迭代遍历,这个单词图在第 4.3.1 节中有所描述,它体现了单词之间的关系。在不同的深度 $i=$

---

① 情绪分析不仅可以识别文本的正负极性,还能进一步检测具体的情绪类型(如愤怒、快乐、悲伤等)、紧迫性(如紧急与非紧急),甚至用户意图(如感兴趣或不感兴趣)。例如,loughran 和 nrc 情绪词典所提供的情绪得分,已超越了传统的"正面"与"负面"分类,涵盖了更丰富的情感维度。

$1,\cdots,d$ 上，我们使用正负向种子，如第 4.4.2 节所述，计算单词的正负极性得分，并将情绪传播至图中的其他单词。极性得分向量是通过计算从每个种子词至每个节点的最大加权路径上的总和来得出的。值得注意的是，高极性分数表示词语通过短路径和强加权路径（余弦相似性）连接到了多个种子词。这说明该词语在文本中具有强烈的情感倾向。

这些经过计算的情感得分生成了一个初步的情感词典。在实际应用中，我们通常会从这个列表中移除情绪中性的词语。这些中性词是指其情感得分的绝对值小于预定阈值 η（在 0 到 1 之间）。通过排除这些中性词，我们能够创建一个精确的、基于分数的情感词典，专门用于 FOMC 会议记录的分析。整个基于分数的情感词典生成过程在附录 A.3 的 A2 方框中有详细总结。

最终，这种基于图传播的情感分析方法允许我们对 FOMC 会议记录执行深入的情绪分析，揭示宏观经济政策讨论中的情绪趋势，并辅助我们理解在特定时期内货币政策决策背后的情感背景。通过这种方法，我们可以得到有关经济状况和政策预期的直观情感指标，为经济分析和决策提供了一个新维度。

作为示例，我们基于全文数据生成情感词典，调整参数 $K=50$，$d=4$，$\eta=0.2$。生成的情感词典包含 617 个情感词，其中 464 个为正向，153 个为负向。生成的情感词典的可视化在附录 A.4 中可以查看。表 4.3 的 A 和 B 按 16 个示例词典中的情感得分展示了最前和最后的 20 个积极和消极单词。第 1 列和第 5 列分别列出了正面词和负面词，第 2 列和第 6 列列出了其情感得分。我们还检验了每个词是否属于种子词和 loughran 词典。符号"√"和"×"分别表示"是"和"否"。

表 4.3 全数据情感词典中前 20 位和后 20 位正面和负面词汇

积极词汇	情绪得分	正向种子	loughran	消极词汇	情绪得分	负向种子	loughran
A：按情感得分排序的前 20 个单词
improvement	0.944 9	√	√	weaken	−0.969 1	√	√
enhance	0.896 7	√	√	downshift	−0.818 4	×	×
sustain	0.885 7	×	×	worsen	−0.774 7	×	√
strengthen	0.877 7	√	√	weakness	−0.768 7	√	√
effective	0.814 3	√	√	persist	−0.730 6	√	√
efficient	0.812 9	√	√	adverse	−0.720 0	√	√
learn	0.794 8	×	×	slowdown	−0.717 8	√	√
able	0.785 6	√	√	deterioration	−0.716 9	√	√
enhancement	0.780 2	√	√	severe	−0.694 7	√	√
strengthening	0.767 5	√	√	stress	−0.657 8	√	√
attractive	0.759 1	√	√	strain	−0.642 4	√	√

续 表

积极词汇	情绪得分	正向种子	loughran	消极词汇	情绪得分	负向种子	loughran
favorable	0.7588	√	√	disruption	−0.6390	√	√
transparency	0.7533	√	√	sluggish	−0.6353	√	√
smooth	0.7510	√	√	bottleneck	−0.6029	√	√
attainment	0.7426	√	√	persistence	−0.5593	√	√
achieve	0.7266	√	√	adversely	−0.5531	√	√
enable	0.7133	√	√	downward	−0.5308	√	√
pleasure	0.7065	√	√	persistently	−0.5303	√	√
positive	0.6947	√	√	persistent	−0.5287	√	√
confident	0.6941	√	√	tightening	−0.5206	√	√
B：按情感得分排序的后 20 个单词							
advisable	0.2052	×	×	utilize	−0.2206	×	×
thereof	0.2049	×	√	lengthy	−0.2196	×	×
prescription	0.2045	×	×	pronounce	−0.2192	×	×
augment	0.2044	×	×	academic	−0.2187	×	×
contingency	0.2044	×	√	damage	−0.2175	×	√
minimum	0.2042	×	×	data	−0.2172	×	×
ahead	0.2042	×	×	harvest	−0.2148	×	×
inform	0.2038	×	×	ebbing	−0.2127	×	×
independence	0.2037	×	×	primarily	−0.2118	×	×
negotiation	0.2031	×	×	partial	−0.2109	×	×
aggregate	0.2030	×	×	education	−0.2106	×	×
productive	0.2029	×	×	deceleration	−0.2100	×	×
initiative	0.2025	×	×	deviation	−0.2068	√	√
inclusion	0.2020	×	×	merger	−0.2048	×	×
accurately	0.2017	×	×	south	−0.2033	×	×
become	0.2015	×	×	decade	−0.2025	×	×

续 表

积极词汇	情绪得分	正向种子	loughran	消极词汇	情绪得分	负向种子	loughran
spending	0.2013	×	×	limitation	−0.2013	√	√
description	0.2011	×	×	disaster	−0.2011	×	√
resell	0.2005	×	×	developer	−0.2005	×	×
noting	0.2001	×	×	reopen	−0.2005	×	×

注：表4.3的A和B展示了基于全文数据生成的情感词典中最前和最后20个积极和消极单词。关键调整参数设置为 $K=50, d=4, \eta=0.20$。第1列和第5列显示单词，第2列和第6列显示其情感得分。我们还检查了每个单词是否属于种子单词集和loughran词典。符号"√"和"×"分别表示"是"和"否"。

根据表4.3的A，最积极的词是"改善"，得分为0.9993，最消极的词是"弱点"，得分为 −0.9691。我们注意到，大多数高分情感词（正面和负面）是种子词的一部分，属于loughran词典。另一方面，许多情绪相对较弱的词既不是种子词的一部分，也不是loughran词典的一部分。最下面的肯定词中属于loughran词典的只有2个，而对应的否定词有4个。我们生成的情感词典与现有词典非常不同。事实上，我们生成的词典中只有29.17%的单词属于loughran词典。使用bing词典时，这一数字降至28.69%；使用nrc词典时，这一数字降至28.20%。

在执行情感分析时，选择恰当的调整参数是确保分析准确性的关键。在本研究中，参数 d 代表我们在图中传播情感得分时考虑的深度，而参数 η 是用来过滤中性词汇的阈值。这两个参数的选择直接影响到我们情感词典的质量和最终情感得分的准确性。为了确定这些参数的最佳值，我们采取了一个经验性的方法，即网格搜索结合样本外评估。网格搜索是一种穷举搜索方法，它通过在指定的参数范围内系统地探索多种参数组合来找到最优解。在这个过程中，我们对每一对 d 和 η 值进行评估，以确定它们在预测我们样本外数据情感得分时的有效性。样本外评估意味着我们使用除了用于构建模型的数据之外的数据来测试参数组合的性能，从而避免过拟合，并确保我们的模型在未知数据上具有良好的泛化能力。

在我们完成了情感词典的构建之后，我们就可以对任何FOMC会议记录文件进行情绪量化。具体过程可以分为以下几个步骤：

(1) 将文档与情感词典的匹配。首先，我们将输入的文档（记为 d）与我们的情感词典进行比较。通过对比文档中的每个单词与情感词典中的词汇，我们能够找出与文档内容相关的情感词列表。

(2) 计算加权情感得分。接下来，我们根据情感词典中每个情感词的权重来计算加权情感得分。这个权重是基于该词在训练语料库中的TF-IDF值，并除以训练语料库中的有效词总数。这样，我们能够确保每个情感词在最终的情感得分中得到适当的权重。

(3) 整体情感得分的计算。最后，我们将所有匹配词的加权情感得分进行累加，得到输入文档 d 的最终整体情感得分。这个整体情感得分能反映文档的整体情绪倾向。

$$w(t, d, D) = \frac{\text{TF-IDF}(t, d, D)}{|d|_{\#}} \tag{3}$$

通过上述步骤,我们可以对任何FOMC会议记录文件进行情绪量化,并得到一个综合的情感得分。这种方法不仅考虑了文本中的语义关系,还通过情感词典和加权计算有效地量化了文本中所隐藏的情绪。

其中,第4.4.2节描述了任何术语t的TF-IDF(t,d,D)的详细计算方法。本质上,该加权方案既考虑了文档中单词的重要性,也考虑了语料库中单词的意义。Henry 和 Leone(2016)以及 Li、Mai、Shen 和 Yan(2020)等人对相似权重的方法进行了研究。

情绪得分为正,意味着输入文档整体表现出积极的情绪;反之则反是。除了文档的整体情绪得分,我们还可以将积极情绪得分与消极情绪得分分开:首先,我们将输入文档与仅包含正面或负面词的部分情感词典进行匹配。然后,我们使用等式(3)中定义的权重计算所有匹配词的加权正面或负面情感得分。注意,积极情绪得分应为正,反之则为负。正面和负面得分之和,等于整体情绪得分。这种分离允许我们从多个角度描述情绪,因此丰富了情绪相关信息,这可能会进一步提高FOMC会议纪要情绪对FDI交易的解释力。

第4.4.2节详细描述了如何计算任何单词t在文档d中的TF-IDF值。这种计算方式综合考虑了单词在特定文档中的重要性以及该单词在整个语料库中的意义,即TF-IDF权重既考虑了单词在特定上下文中的出现频率,也考虑了该单词在整个语料库中的普遍性和重要性。Henry 和 Leone(2016)以及 Li、Mai、Shen 和 Yan(2020)等学者对类似的权重计算方法进行了深入的研究。这些研究为我们的TF-IDF加权方案提供了理论支持和实践指导。根据计算出的TF-IDF值,我们可以进一步计算输入文档的整体情绪得分。如果整体情绪得分为正值,这意味着文档表现出积极的情绪;如果得分为负值,则表示文档表现出消极的情绪。

除了整体情绪得分,我们还可以将积极情绪得分和消极情绪得分分开计算,以提供更细致的情绪描述。具体步骤如下:

(1) 我们首先将输入文档与仅包含正面或负面情感词的子词典进行匹配。这样,我们能够识别出文档中与正面或负面情感相关的词汇。

(2) 使用第4.4.2节中定义的权重计算方法,我们为所有匹配的正面或负面情感词计算加权情感得分。这个得分考虑了每个词在特定上下文中的重要性以及其在整个语料库中的意义。

(3) 值得注意的是,正面情感得分应为正值,而负面情感得分应为负值。这是因为我们的目标是区分积极和消极情绪。

(4) 整体情绪得分是正面和负面得分之和。这种分解提供了更全面的情绪描述,因为它从不同角度分析了文档中的情感倾向。

这种分离不仅丰富了情绪相关信息,还可能进一步提高FOMC会议纪要情绪对FDI交易的解释力。通过更细致地分析积极和消极情绪,我们能够更好地理解市场参与者的情绪状态和预期,从而更好地指导投资决策。

4.5 实证分析

在本节中,我们将进行实证分析,以检验美国货币政策情绪指数在预测外国直接投资

(FDI)变化方面的表现。我们将全面评估该指数的样本内和样本外表现,以了解其预测准确性。首先,图4.5展示了1994年第一季度至2021年第二季度FDI交易的季度变化。水平轴表示时间,垂直轴表示FDI交易的金额(单位:十亿美元)。从图中可以看出,FDI变化系列呈现出相对平稳的趋势,但也有一些波动。例如,在2015年第一季度,FDI交易达到了峰值,而在2014年第一季度则出现了最低值。此外,我们还注意到在某些时间段内,FDI变化可能为负值,这表明可能出现了一些减少或撤资的情况。

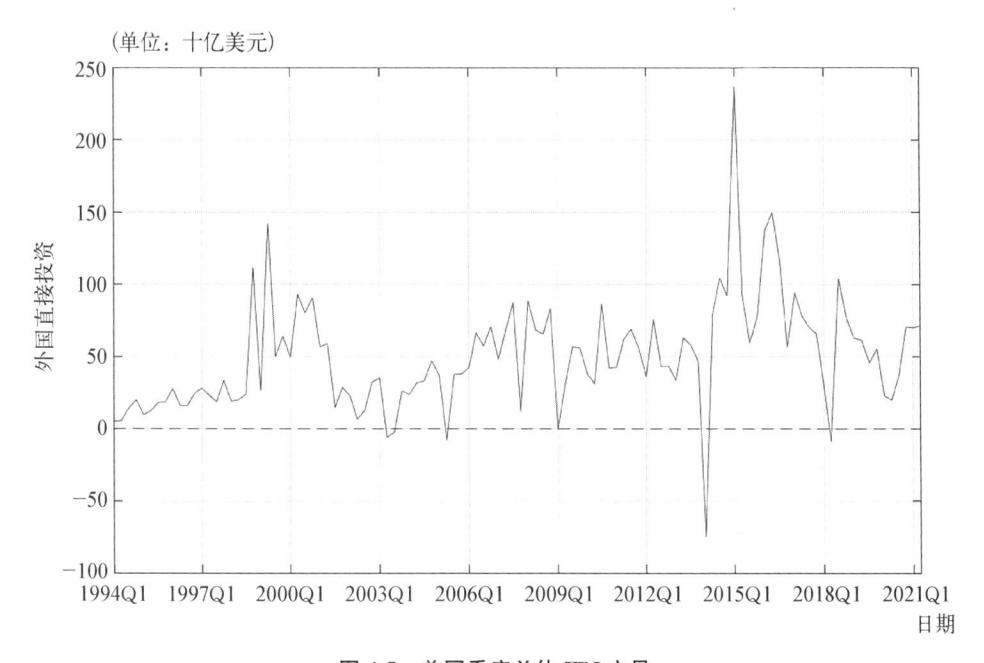

图4.5 美国季度总体FDI交易

注:图中表示时间的"Q1",意为"第一季度"。

为了预测FDI的变化,我们采用了基本的线性回归模型。该模型以情绪指标作为解释变量,同时纳入了一系列控制变量。关于情绪指标,我们考虑了第4.4.3节中讨论的几种不同情况。这些情况可能影响FDI的变化,因此我们将其纳入模型中,进行更准确的预测:

(1) Sen^o:不包括情绪数据;
(2) Sen^0:从现有的bing词典中建立的情感;
(3) Sen^{ew}:由三个词典bing、loughran和nrc联合而成的情感;
(4) Sen^1:通过word2vec模型和使用bing词典生成的种子词从构建的动态词典构建的情感;
(5) Sen^2:通过word2vec模型从构建的动态词典中构建的情感,其中种子词使用loughran词典生成;
(6) Sen^3:通过word2vec模型从构建的动态词典中构建的情感,其中种子词使用三个词典bing、loughran和nrc的联合生成。

其中,第一个模型不包括任何情绪数据,用于检查包括情绪数据是否有利于提高预测精度。其余的5个模型结合了基于不同方法计算的情感价值。

在构建预测模型时,除了情绪指标,我们还需要考虑其他可能影响 FDI 变化的宏观经济和金融市场因素。因此,我们从多个角度选择控制变量,以全面反映美国的经济状况[1]。首先,我们进行了 Augmented Dickey-Fuller 检验,以确定这些原始数据是否平稳。检验结果显示,许多原始数据是非平稳的,这意味着它们可能会产生虚假的相关性或无法准确反映长期趋势。因此,为了确保数据的平稳性,我们将所有控制变量转换为增长率形式。

表 4.4 列出了 1993 年第四季度至 2021 年第一季度(相对于 FDI 数据滞后了一期)全样本控制变量的增长率统计汇总。该表汇报了各控制变量的平均值、中值、最大值、最小值、标准差、偏度和峰度等统计数据。通过这些数据,我们可以全面了解各个控制变量的分布情况。此外,为了进一步验证数据的平稳性,我们还进行了 Jarque - Bera 检验和 Augmented Dickey-Fuller 检验。这两个检验的结果都表明,所有控制变量的 p 值均小于 0.001,这意味着它们都是平稳的。值得注意的是,这些控制变量并不是正态分布的,这可能意味着它们具有独特的统计特性。因此,在构建预测模型时,我们需要考虑这些特性,以确保模型的准确性和有效性。

表 4.4 全样本对照变量统计汇总(增长率,%)

Statistic	GDPC1	FEDFUNDS	S&P500	M1REAL	M2REAL	CPIAPPSL	INDPRO	EXPGSC1	IMPGSC1	UNRATE
Mean	0.577 4	−3.291 8	1.926 1	2.005 4	1.040 8	−0.105 0	0.355 6	0.905 7	1.169 1	−0.066 3
Median	0.627 9	0.185 7	2.555 6	0.556 1	0.829 3	−0.125 4	0.644 0	1.204 4	1.293 7	−1.775 2
Maximum	7.276 3	81.093 0	12.587 5	112.307 8	13.230 0	2.414 9	9.201 6	10.878 5	15.944 0	123.506 6
Minimum	−9.362 1	−304.452 2	−31.920 6	−2.687 4	−0.840 6	−6.002 8	−13.801 5	−22.862 7	−18.923 9	−39.531 5
Std. Dev.	1.295 0	38.330 1	6.189 9	11.089 6	1.507 8	0.872 4	2.042 3	3.287 5	3.191 0	13.451 1
Skewness	−3.009 8	−4.846 8	−1.896 4	9.196 4	5.135 5	−2.594 1	−2.763 2	−3.511 7	−1.802 9	6.892 9
Kurtosis	39.092 0	37.346 7	10.427 0	90.944 2	40.599 5	20.906 5	25.946 9	27.275 2	20.607 5	66.841 0
Jarque - Bera	0.001 0	0.001 0	0.001 0	0.001 0	0.001 0	0.001 0	0.001 0	0.001 0	0.001 0	0.001 0
ADF Test	0.001 0	0.001 0	0.001 0	0.001 0	0.001 0	0.001 0	0.001 0	0.001 0	0.001 0	0.001 0

注:该表报告了 1993 年第四季度至 2021 年第一季度第一行所列控制变量的平均值、中值、最大值、最小值、标准差、偏度和峰度。最后两行报告了 Jarque - Bera 检验和 Augmented Dickey Fuller 检验。我们将两个测试的 p 值下限设置为 0.001。小于 0.001 的值将被截断为 0.001。

通过选择适当的控制变量并确保数据的平稳性,我们能够建立一个更可靠的 FDI 预测模型。这将有助于投资者更好地理解市场动态,并做出更明智的投资决策。同时,政策制定者也可以利用这些信息来评估货币政策对国际投资流动的影响,从而制定更有效的

---

[1] 关于这些控制变量及其来源的更详细解释见附录 B。

政策措施。

4.5.1 样本内检验

在拥有了模型和数据之后,我们首先进行了样本内的估计,以了解模型在历史数据上的表现。表 4.5 中列出了 6 个不同模型的 OLS(最小二乘法)估计结果。这些模型具有不同的情绪指标选择,以便我们评估不同情绪对 FDI 变化的影响。

表 4.5 OLS 估计结果

Variable	$Sen^\emptyset$	Sen^0	Sen^{ew}	Sen^1	Sen^2	Sen^3
A:情绪变量						
Sentiment	——	−1.447 3* (0.832 0)	−0.730 9 (0.639 3)	2.409 9* (1.342 7)	1.615 9*** (0.586 2)	0.855 0*** (0.273 5)
B:控制变量						
GDPC1	−5.444 2 (7.553 8)	−6.739 2 (7.514 7)	−6.522 7 (7.600 9)	−6.581 0 (7.497 3)	−3.670 2 (7.342 2)	−3.785 1 (7.259 3)
FEDFUNDS	0.605 5*** (0.185 7)	0.627 9*** (0.184 3)	0.607 7*** (0.185 4)	0.555 3*** (0.185 8)	0.514 9*** (0.182 8)	0.511 5*** (0.180 5)
S&P500	0.491 4 (0.685 5)	0.787 6 (0.699 6)	0.606 8 (0.691 8)	0.670 7 (0.685 2)	0.607 1 (0.665 0)	0.702 9 (0.660 4)
M1REAL	0.706 8 (0.849 5)	0.927 5 (0.850 4)	0.788 3 (0.851 2)	0.510 3 (0.847 2)	0.183 1 (0.844 2)	0.217 7 (0.829 1)
M2REAL	5.698 0 (5.630 6)	3.826 0 (5.676 8)	4.970 9 (5.657 7)	6.343 6 (5.580 1)	6.775 1 (5.465 8)	6.291 3 (5.399 9)
CPIAPPSL	5.082 8 (5.440 1)	5.020 4 (5.385 4)	5.554 6 (5.447 3)	6.040 9 (5.406 5)	5.563 0 (5.270 2)	5.586 6 (5.216 4)
INDPRO	−13.124 1** (5.708 8)	−11.773 4** (5.704 3)	−12.871 2** (5.704 2)	−10.540 3* (5.826 4)	−9.308 1 (5.698 2)	−8.646 6 (5.655 8)
EXPGSC1	−1.723 1 (2.703 7)	−2.505 4 (2.713 9)	−2.189 1 (2.730 1)	−2.222 8 (2.688 3)	−2.944 3 (2.655 0)	−3.194 0 (2.633 6)
IMPGSC1	5.600 3* (3.213 9)	6.442 1** (3.218 1)	6.350 6* (3.275 3)	5.835 1* (3.181 1)	5.997 7* (3.115 2)	6.310 1** (3.088 7)
UNRATE	−0.932 2 (0.894 3)	−0.941 4 (0.885 3)	−0.968 5 (0.893 5)	−0.748 6 (0.890 4)	−0.317 4 (0.894 4)	−0.257 9 (0.883 9)

续 表

Variable	Sen^o	Sen^0	Sen^{ew}	Sen^1	Sen^2	Sen^3
C：样本内拟合结果						
$\bar{R}^2$	0.186 1	0.210 5	0.196 8	0.212 0	0.244 6	0.259 9
R^2_{adj}	0.103 9	0.121 8	0.106 6	0.123 5	0.159 9	0.176 8

注：＊为10％的显著性水平，＊＊为5％的显著性水平，＊＊＊为1％的显著性水平。

表 4.5 的 A、B 两个面板分别展示了每个模型中情绪指标和控制变量的估计系数及其标准误差。通过这些系数，我们可以了解各个变量对 FDI 变化的贡献程度和方向。标准误差提供了估计系数的置信区间，有助于我们判断估计结果的稳定性。C 部分展示了每个模型的样本内数据拟合结果。中心化 R^2 和调整后 R^2 是衡量模型拟合效果的指标。中心化 R^2 表示模型解释的变异比例，调整后 R^2 则考虑了模型中的自由度数量，提供了更准确的拟合评估。

在分析 A 部分的结果时，我们发现使用无监督学习方法得出的情感值（Sen^0）在5％的显著性水平上不显著，尽管在10％的水平上显著。这表明无监督方法在识别 FOMC 文本情感方面可能存在局限性。无监督学习方法通常依赖于先验定义的情感词典，并且没有利用上下文信息或特定领域知识来调整情感值。相比之下，我们提出的监督学习过程在识别情感中显得更为重要。监督学习利用标注数据来训练模型，从而更准确地捕捉到情感的细微差别。在我们的设定中，监督学习产生的情感值（Sen^1、Sen^2 和 Sen^3）显示出更强的统计显著性，其 p 值分别为 0.069 6、0.049 4 和 0.002 0，说明这些情感值与 FOMC 文档的情感倾向有显著相关性。

在分析 C 部分的结果时，我们注意到排除情绪价值（Sen^o）的模型得到了最低的拟合水平，其调整后的 R 平方值（R^2_{adj}）最小。这表明情感价值是解释 FOMC 会议记录情绪的一个重要因素。进一步地，我们观察到，仅使用一个主流的情感词典（如 bing 词典）得到的模型比加入 Sen^{ew}（我们的情感权重）的模型拟合度更差，意味着标准情感词典可能未能充分捕捉经济文本的情感复杂性。

更具体地说，我们发现使用更多来源的词典来生成种子词，能够提高模型的样本内拟合度。这可能是因为不同的词典捕捉了不同的情感维度，将它们结合起来可以提供一个更全面的情感视角。在所有测试的模型中，包含 Sen^3 情感值的模型不仅在统计上最为显著，而且提供了最高的样本内拟合度，这表明我们提出的情感分析方法在捕捉 FOMC 文本的情感倾向方面非常有效。

这些发现强调了监督学习在情感分析中的重要性，特别是在处理专业或领域特定文本时。它们还证明了使用多个情感词典来增强种子词选择的有效性，这种方法可以提高模型的解释能力和预测性能。

4.5.2 样本外检验

本节深入探讨了一个季度前滚动窗口的样本预测分析，这是一种常用的时间序列分析技术,用于评估模型在不同时间点的预测能力。通过这种方法,我们能够理解模型在实时预测经济指标时的稳健性和可靠性。我们的分析覆盖了从1994年第一季度(1994Q1)到2021年第二季度(2021Q2)的数据,这段时间内包含了多个经济周期,其中包括经济扩张、衰退和恢复阶段,为我们的分析提供了丰富的背景信息。

我们考虑了不同的窗口长度 L——具体来说是50、60、70和80个季度——以确定窗口大小如何影响模型的预测性能。这样的窗口长度允许我们对比较长的历史数据进行分析,同时确保模型能够适应最近的经济变化。总共有 $T=110$ 个观测值用于评估,这些观测值代表了时间序列的连续季度数据。

预测性能的评估主要通过两个统计指标进行:标准偏差的预测误差(SDFE)和平均绝对预测误差(MAFE)。

$$\text{SDFE} = \sqrt{\frac{1}{T-L}\sum_{s=1}^{T-L}(FDI_s - \widehat{FDI}_s^i)^2},$$

$$\text{MAFE} = \frac{1}{T-L}\sum_{s=1}^{T-L}|FDI_s - \widehat{FDI}_s^i|,$$

其中,$\widehat{FDI}_s^i$ 是利用特定情感指标 $i=\text{Sen}^o, \text{Sen}^{ew}, \text{Sen}^1, \text{Sen}^2, \text{Sen}^3$ 的模型预测的 FDI_s 值,而 FDI_s 是 s 时期实际的 FDI 值。

通过这些指标,我们能够评估在不同历史窗口长度下,模型的预测误差是如何变化的。这些度量指标为我们提供了关于模型在实际应用中预测准确性的重要信息。例如,如果一个模型在所有窗口长度下都保持着较低的 SDFE 和 MAFE 值,我们可以认为该模型在预测未来经济指标时是稳健的。

表 4.6 给出了样本外预测的结果。第一列为不同的滚动窗口长度。第 2 列至第 7 列显示了不同的情感价值选择的结果。表 4.6 中的每个部分对应于一个特定的标准。粗体数字表示每个滚动窗口长度的每个标准的最佳表现情绪。

表 4.6 样本外结果

L	Sen^o	Sen^0	Sen^{ew}	Sen^1	Sen^2	Sen^3
A: SDFE						
50	174.528 0	183.092 8	163.699 0	176.205 9	174.117 6	**158.485 7**
60	96.393 1	125.399 8	108.357 7	119.093 3	88.221 6	**78.851 9**
70	118.800 2	163.373 9	132.568 4	146.683 0	89.944 9	**88.969 4**
80	141.397 9	183.749 6	157.364 6	197.169 7	115.168 2	**97.327 5**
B: MAFE						
50	57.615 2	55.101 6	53.633 4	55.574 5	53.840 2	**52.877 8**

续 表

L	Sen^o	Sen^0	Sen^{ew}	Sen^1	Sen^2	Sen^3
60	43.826 1	45.989 3	43.632 0	46.391 9	39.639 6	**38.487 0**
70	51.104 0	57.201 1	50.553 9	54.814 2	43.344 2	**42.610 9**
80	62.191 9	69.682 6	62.823 9	71.984 2	53.632 9	**50.463 1**

该结果基于1994年第一季度(1994Q1)至2021年第二季度(2021Q2)的FDI交易数据，共有110条观测值。我们使用四个不同的滚动窗口长度$L=50、60、70、80$来估计一个季度前预测模型的系数，并基于第一行中呈现的情绪指数的不同选择来评估样本外预测性能。表4.6中的每个部分对应于一个特定的标准。粗体数字表示每个滚动窗口长度的每个标准的最佳表现情绪。

有几个发现值得一提。首先，没有情绪变量的模型有时会击败情绪变量构建不佳的模型。我们注意到Sen^o的模型在许多情况下，与使用Sen^0和Sen^{ew}的模型相比，产生更小的SDFE和MAFE值。其次，在两种传统方法之间，我们注意到，Sen^{ew}情绪在所有情况下都比Sen^0表现更好，这是因为前者产生较小的SDFE和MAFE。我们提出的情绪虽然在样本内拟合表现出色，但在样本外实践中并不总能产生优异的表现。这一点在我们限制[0，1]间隔的权重时尤其明显。也就是说，随着我们逐渐纳入更多的词典来生成种子词，构建的情感的样本外性能显著提高。这一结果反映了采用监督学习方法为特定目的构建情感指标的益处。此外，通过对比在不同条件下生成出的情感指标的结果，我们发现使用更多种子词来生成的词典效果更好。

表4.6提供了基于1994年第一季度(1994Q1)至2021年第二季度(2021Q2)的FDI交易数据的样本外预测结果。在这项分析中，我们采用了四个不同的滚动窗口长度的设定($L=50、60、70、80$)来估计一个季度前的预测模型系数，并基于不同的情感指数选择评估了样本外预测性能。表中的每个部分都对应于一个特定的评估标准，如前所述，粗体数字突出显示了在每个滚动窗口长度和每个评估标准下表现最佳的情感指数。这种表示方法使我们能够直观地识别在特定条件下哪种情感价值提供了最优的预测性能。

我们的结果得出一些重要的结论。首先，我们发现在某些情况下，不包含任何情绪变量的模型(Sen^o)在预测性能上超过了构建不佳的情绪变量模型。特别是在比较SDFE和MAFE值时，Sen^o模型通常表现得更好，尤其是与使用Sen^0和Sen^{ew}的模型相比较时。其次，在两种传统的情绪评估方法中，Sen^{ew}情绪指数在所有情况下都比Sen^0更有效，这表明Sen^{ew}提供了更精确的情感度量，从而产生了较小的SDFE和MAFE值。

此外，我们提出的情绪模型，尽管在样本内拟合表现出色，但在样本外应用中并不总是产生最佳表现。特别是当我们将情绪权重限制在[0，1]范围内时，这一点尤为明显。然而，随着我们增加用于生成种子词的词典数量，构建的情感指数的样本外性能显著提升。这一发现强调了使用监督学习方法，特别是为特定目的构建情感指标的优势。

最后,我们对不同情绪指数的比较结果表明,在构建情感分析模型时,使用更多的情感词典来生成种子词是有益的。这种方法不仅增强了模型的适用性,还提高了其在复杂的经济数据预测中的准确性。这些发现为未来在情感分析领域的研究和实践提供了有价值的见解,尤其是在使用情感分析来增强经济预测模型的上下文中。

4.6 国别分析

在我们的研究中,我们对美国的全部外国直接投资(FDI)进行了地区划分,以更好地理解和分析不同区域的投资模式。这些地区包括:(1) 欧洲;(2) 加拿大;(3) 亚洲和太平洋地区;(4) 拉丁美洲和其他地区。这种划分有助于揭示美国 FDI 流入的地域分布以及随时间的变化趋势。

图 4.6 通过四个子图(子图 a 至子图 d)展示了从 1994 年第一季度(1994Q1)到 2021 年第二季度(2021Q2)这一时间段内四个地区的季度 FDI 交易变化。在每个子图中,我们使用了两种不同的线条来表示数据:实线代表总体外国直接投资的变化,虚线则专门表示各个区域外国直接投资的变化。这种对比可以令我们能够清楚地看到每个地区 FDI 变化与总体趋势之间的关系。

从图 4.6 中可以观察到,欧洲地区在美国 FDI 中占据了主导地位,且变化幅度最大。这可能反映了欧洲国家与美国在经济和贸易上的紧密联系。而加拿大作为美国的邻国,其在美国 FDI 中的份额位居第二,显示了地理邻近性和经济关系的紧密度。亚洲和太平洋地区、拉丁美洲和其他地区虽然在美国 FDI 中所占比例较小,但这些区域的投资变化也反映了全球经济格局的变迁和发展趋势。

通过对这四个地区 FDI 变化的分析,我们可以获得对全球经济动态及其对美国外国直接投资影响的更深入理解。这种分析对于预测未来 FDI 流向、制定经济政策以及理解全球经济一体化的影响至关重要。此外,这也为企业和投资者提供了宝贵的信息,帮助他们制定更为明智的投资决策。

在对美国的全部外国直接投资进行地区划分后,我们对这四个区域分别进行了样本内的 OLS 估计,结果汇总在表 4.7 中。该表展示了与各个区域相关的情感价值估计系数及其标准误差,这些系数和标准误差为我们提供了对情感价值在各区域 FDI 预测中的重要性和准确性的直观理解。为了量化总体样本内拟合度,我们计算了平均修正 R 平方值(R_{adj}^2)和平均 R 平方值($\bar{R}^2$),这些统计量的结果显示在表的最后两行。

从表 4.7 的结果中可以看出,$\bar{R}^2$ 值从不包含情绪变量的模型(Sen^o)到包含情绪变量的模型(Sen^{ew})呈现增长趋势,这强调了在分析中纳入情感指数的重要性。这意味着文本情绪在解释区域 FDI 变化中扮演着重要角色。在所有考虑的情感指数中,Sen^3 产生了最高的样本内拟合度,即 Sen^3 在解释 FDI 变化方面表现最佳。此外,我们还注意到,在 10% 的显著性水平下,Sen^0、Sen^{ew} 和 Sen^1 对于区域 FDI 的解释都不显著,而 Sen^2 指数在亚太地区也表现出不显著的关系。唯一的例外是 Sen^3 指数,在 10% 的显著性水平下对所有地区都显著,表明它在不同区域的 FDI 分析中具有普遍的解释力。

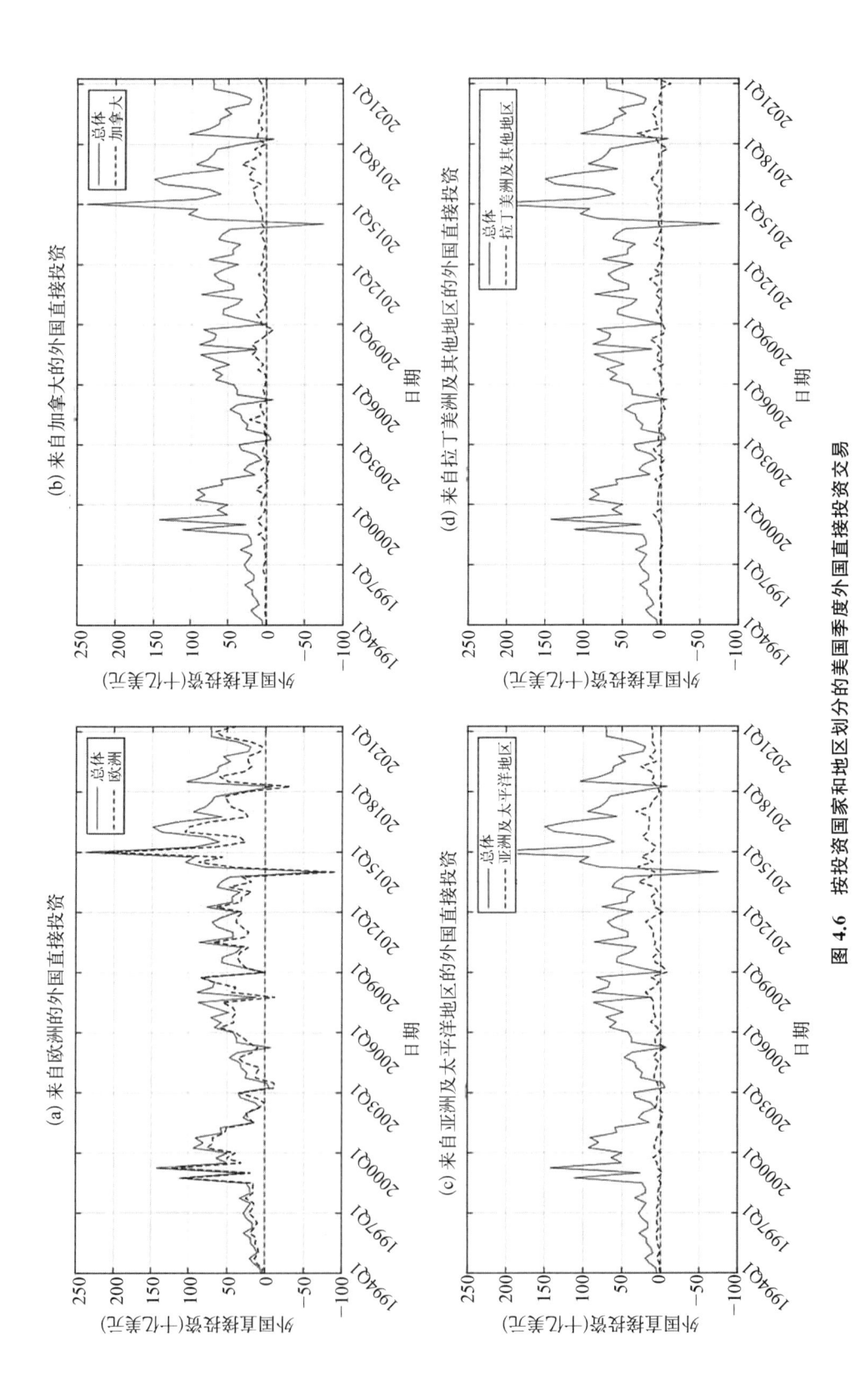

图 4.6 按投资国家和地区划分的美国季度外国直接投资交易

表 4.7　区域 OLS 估计结果汇总

地　　区	Sen^φ	Sen^0	Sen^{ew}	Sen^1	Sen^2	Sen^3
A：情绪指标						
欧洲	— —	−1.120 9 (0.736 5)	−0.460 0 (0.565 8)	1.481 2 (1.238 4)	1.278 1** (0.545 2)	0.907 3** (0.364 3)
加拿大	— —	−0.097 9 (0.133 3)	−0.084 1 (0.101 5)	0.513 9 (0.389 4)	0.606 8* (0.312 3)	0.606 8* (0.312 3)
亚洲和太平洋地区	— —	−0.167 5 (0.151 1)	−0.126 2 (0.115 1)	0.409 6 (0.510 1)	0.520 6 (0.335 1)	0.530 5* (0.317 4)
拉丁美洲和其他地区	— —	−0.039 9 (0.115 7)	−0.038 9 (0.088 1)	0.741 0 (0.484 1)	0.869 9** (0.395 1)	0.869 9** (0.395 1)
B：样本内拟合均值						
Averaged $\overline{R}^2$	0.169 2	0.178 0	0.174 9	0.182 2	0.203 0	0.205 1
Averaged R^2_{adj}	0.085 3	0.085 7	0.082 3	0.090 4	0.113 6	0.115 9

注：* 为 10% 的显著性水平，** 为 5% 的显著性水平。

我们的结论表明，在考虑 FDI 区域分布时，货币政策的文本情绪是一个重要的解释变量。特别是 Sen^3，它在多个区域中均显示出显著的解释能力，这意味着它是一个有效的工具，能够帮助我们理解和预测不同区域的 FDI 变化。此外，这些结果也强调了在经济数据分析中采用情感分析的潜在价值。通过将情感数据纳入经济模型，我们能够获得更深层次的见解，这对于政策制定者、分析师和投资者来说都是极其宝贵的。

最后，我们利用区域数据进行了样本外的滚动窗口预测分析。该分析基于 1994 年第一季度至 2021 年第二季度的美国 FDI 交易数据，共 110 个观测值。分析的过程与之前的设定保持一致，以确保我们的结论之间是可比较的。此外，在本节的分析中，我们特别关注了不同情绪指数选择对预测性能的影响。

为了全面评估预测性能，我们计算了标准偏差的预测误差（SDFE）和平均绝对预测误差（MAFE），其结果分别展示在表 4.8 和表 4.9 中。表中的每个面板对应于一个特定的地区，如欧洲、加拿大、亚洲和太平洋地区、拉丁美洲和其他地区，这使得我们可以深入理解各区域 FDI 预测的特点。表中用粗体数字标出的是在每个滚动窗口长度上表现最好的情绪指数，这有助于我们迅速识别在不同区域和不同时间范围内哪种情绪指数的预测能力最强。

与前述结论一致，分析结果表明我们所提出的文本情绪量化方法的优越性。特别是，Sen^3 模型在多数情况下都展现出了最佳的预测性能，其次是 Sen^2。这一发现强调了在构建情感指数时考虑更多维度的重要性，以及这种方法在捕捉经济数据的情感变化上的有效性。此外，我们还注意到，与不包含情绪变量的模型（Sen^φ）相比，Sen^0 和 Sen^{ew} 模型在大多数情况下表现较差。这可能表明简单地使用现有的情绪词典或未经充分调整的情感指数在特定的经济预测场景中可能不够有效。

表 4.8 SDFE 的区域性样本外结果

L	Sen^o	Sen^0	Sen^{ew}	Sen^1	Sen^2	Sen^3
A：欧洲						
50	76.087 8	107.146 1	76.328 5	71.167 4	69.076 8	**66.144 9**
60	56.440 6	74.978 8	62.106 2	60.272 2	**45.861 1**	46.689 7
70	74.814 7	104.533 5	82.315 3	71.194 0	**57.309 3**	58.580 9
80	99.458 8	131.856 9	109.352 5	125.878 1	70.417 0	**69.548 8**
B：加拿大						
50	22.626 0	12.608 4	19.353 5	13.751 2	9.106 3	**9.104 1**
60	12.217 5	14.378 6	14.010 0	19.303 1	**7.465 7**	7.476 3
70	13.540 4	15.490 0	14.248 3	20.562 3	11.409 2	**11.255 1**
80	11.711 8	12.729 5	12.439 5	17.659 7	9.364 0	**8.929 4**
C：亚洲和太平洋地区						
50	45.233 7	39.764 0	40.931 9	37.464 5	**35.318 6**	35.334 3
60	23.429 6	27.024 0	24.739 2	25.506 6	19.744 1	**14.971 4**
70	23.524 1	30.537 9	25.939 4	32.625 1	31.124 7	**16.076 5**
80	19.619 1	24.581 6	22.089 0	35.663 5	29.983 7	**11.812 1**
D：拉丁美洲和其他地区						
50	43.680 0	33.956 2	38.522 3	31.949 3	**30.229 9**	30.230 9
60	20.604 8	19.021 1	19.247 9	17.241 4	**15.001 1**	15.001 2
70	21.015 3	21.875 2	20.709 6	21.997 5	17.960 7	**17.960 7**
80	24.604 3	24.305 9	24.070 0	28.861 1	23.583 4	**23.583 4**

表 4.9 MAFE 的区域性样本外结果

L	Sen^o	Sen^0	Sen^{ew}	Sen^1	Sen^2	Sen^3
A：欧洲						
50	39.944 6	41.726 7	38.013 9	37.719 8	**36.009 0**	36.032 1
60	34.557 7	35.544 9	33.694 5	33.523 3	**29.084 3**	29.733 7

续　表

L	Sen^o	Sen^0	Sen^{ew}	Sen^1	Sen^2	Sen^3
70	39.982 9	44.094 7	39.475 5	36.018 3	**33.017 1**	33.380 2
80	49.866 3	54.888 8	49.016 3	53.132 2	40.901 2	**40.682 3**
B：加拿大						
50	9.777 9	7.742 8	9.029 5	7.918 3	6.939 3	**6.933 4**
60	7.319 3	7.562 1	7.274 8	8.255 3	5.791 2	**5.782 2**
70	7.343 7	7.292 6	7.018 9	8.249 1	6.558 1	**6.543 6**
80	7.762 8	7.714 4	7.598 2	8.820 4	6.732 2	**6.596 8**
C：亚洲和太平洋地区						
50	12.819 0	11.299 0	11.524 4	11.243 9	**11.148 4**	11.318 1
60	10.191 2	10.038 6	9.747 4	9.621 8	8.912 9	**8.470 0**
70	11.124 2	11.839 7	10.893 1	11.931 7	11.691 6	**9.577 1**
80	10.819 6	11.532 3	10.918 7	13.713 7	12.615 3	**8.348 6**
D：拉丁美洲和其他地区						
50	10.921 6	9.553 5	9.926 1	**9.035 5**	9.075 7	9.077 9
60	8.231 5	7.543 9	7.527 7	7.311 3	**7.094 0**	7.094 1
70	8.156 0	7.801 4	7.619 6	7.856 7	7.292 4	**7.292 4**
80	9.745 6	9.301 5	9.311 2	10.065 3	9.228 5	**9.228 5**

综上所述，这部分的分析不仅揭示了情感分析在经济预测中的应用价值，还突出了为特定数据集量身定制情感指数的重要性。通过对不同地区的详细分析，我们能够更好地理解情感数据在经济预测中的作用，为未来的研究和实践提供了有价值的见解。

4.7　本章结论

随着机器学习和大数据分析技术的不断进步，文本分析已成为经济学研究领域的一个越来越受关注的领域。特别是，在经济预测的实践中，利用文本数据作为新的数据源已经变得越来越吸引人。本研究使用美国联邦公开市场委员会（FOMC）会议记录数据，揭示了利用文本分析技术应用于传统经济学问题的优势。我们的发现显示，通过采用监督学习方法，我们能够构建一个更加动态和精准的情绪指数，这在解释经济变量的反应上，无论是在样本内还是样本外，都显示出了优异的性能。

具体来说，我们的研究表明，将机器学习算法应用于经济文本数据，可以揭示出传统方法可能忽视的微妙但重要的情绪变化。我们的方法不仅提高了预测模型的准确性，而且增强了我们理解经济决策和市场动态的能力。通过深入分析 FOMC 会议记录，我们不仅能够更好地理解货币政策的细微变化，还能够洞察这些变化如何影响全球经济。

此外，我们的研究还强调了在经济学中应用文本分析的潜力。文本数据作为一种丰富的未开发数据源，为经济分析提供了新的视角和深度。随着机器学习技术的不断发展，我们预计文本分析将在经济预测和政策制定中扮演越来越重要的角色。

总之，我们的研究不仅证实了利用文本数据在经济预测中的有效性，而且为未来在这一领域的研究开辟了新的方向。这些发现为经济学家提供了新的工具和方法，以更全面地理解经济现象，并为政策制定者提供了基于数据的深入见解。随着技术的进步和更多文本数据的可用性，预计未来将有更多创新的研究在这一领域展开。

参考文献

[1] Al-rawashdeh, S. T., J. H. Nsour, and R. S. Salameh, 2011. Forecasting Foreign Direct Investment in Jordan for the Years(2011 - 2030)[J]. International Journal of Business and Management, 6: S138.

[2] Blair-goldensohn, S., K. Hannan, R. Mcdonald, T. Neylon, G. Reis, and J. Reynar, 2008. Building a Sentiment Summarizer for Local Service Reviews[R]. in Workshop on NLP Challenges in the Information Explosion Era (NLPIX), Beijing, China.

[3] El-shagi, M. and A. Jung, 2015. Have Minutes Helped Markets to Predict the MPC's Monetary Policy Decisions? [J]. European Journal of Political Economy, 39: 222 - 234.

[4] Esuli, A. and F. Sebastiani, 2006. SENTIWORDNET: A Publicly Available Lexical Resource for Opinion Mining [R]. in Proceedings of the Fifth International Conference on Language Resources and Evaluation (LREC'06), Genoa, Italy: European Language Resources Association (ELRA).

[5] Hansen, S. and M. Mcmahon, 2016. Shocking Language: Understanding the Macroeconomic Effects of Central Bank Communication[J]. Journal of International Economics, 99: S114 - S133, 38th Annual NBER International Seminar on Macroeconomics.

[6] Hansen, S., M. Mcmahon, and A. Prat, 2017. Transparency and Deliberation Within the FOMC: A Computational Linguistics Approach[J]. The Quarterly Journal of Economics, 133: 801 - 870.

[7] Henry, E. and A. J. Leone, 2016. Measuring Qualitative Information in Capital Markets Research: Comparison of Alternative Methodologies to Measure Disclosure

Tone[J]. The Accounting Review, 91: 153–178.

[8] Hu, M. and B. Liu, 2004. Mining and Summarizing Customer Reviews[R]. in Proceedings of the Tenth ACM SIGKDD International Conference on Knowledge Discovery and Data Mining, New York, NY, USA: ACM, KDD '04, 168–177.

[9] Jovanoski, D., V. Pachovski, and P. Nakov, 2016. On the Impact of Seed Words on Sentiment Polarity Lexicon Induction[R]. in Proceedings of COLING 2016, the 26th International Conference on Computational Linguistics: Technical Papers, Osaka, Japan: The COLING 2016 Organizing Committee, 1557–1567.

[10] Kim, S.-M. and E. Hovy, 2004. Determining the Sentiment of Opinions[R]. in COLING'04: Proceedings of the 20th international conference on Computational Linguistics, Geneva, Switzerland: Association for Computational Linguistics, 1367–1373.

[11] Li, K., F. Mai, R. Shen, and X. Yan, 2020. Measuring Corporate Culture Using Machine Learning[J]. The Review of Financial Studies, 34: 3265–3315.

[12] Loughran, T. and B. Mcdonald, 2011. When Is a Liability Not a Liability? Textual Analysis, Dictionaries, and 10-Ks[J]. The Journal of Finance, 66: 35–65.

[13] Mair, C. and G. Leech, 2006. Current Changes in English Syntax[M]. John Wiley & Sons, Ltd, Chap. 14: 318–342.

[14] Mikolov, T., I. Sutskever, K. Chen, G. Corrado, and J. Dean, 2013. Distributed Representations of Words and Phrases and Their Compositionality[R]. in Proceedings of the 26th International Conference on Neural Information Processing Systems — Volume 2, Red Hook, NY, USA: Curran Associates Inc., NIPS'13, 3111–3119.

[15] Mohammad, S. M. and P. D. Turney, 2013. Crowdsourcing a Word-Emotion Association Lexicon[J]. Computational Intelligence, 29: 436–465.

[16] Nielsen, F., 2011. A new ANEW: Evaluation of a Word List for Sentiment Analysis in Microblogs[R]. Proceedings of the ESWC2011 Workshop on "Making Sense of Microposts": Big Things Come in Small Packages, 93–98.

[17] Nyoni, T., 2018. Box-Jenkins ARIMA Approach to Predicting Net FDI Inflows in Zimbabwe[R]. Working Paper.

[18] Perera, P., 2015. Modeling and Forecasting Foreign Direct Investment (FDI) into SAARC for the Period of 2013–2037 with ARIMA[J]. International Journal of Business and Management, 6: 1.

[19] Rao, D. and D. Ravichandran, 2009. Semi-Supervised Polarity Lexicon Induction[R]. in Proceedings of the 12th Conference of the European Chapter of the Association for Computational Linguistics, Athens, Greece: Association for Computational Linguistics, EACL'09, 675–682.

[20] Sharma, D. and K. Philli, 2020. Box-Jenkins ARIMA Modelling: Forecasting FDI in India[R]. Working Paper.

[21] Shi, H., X. Zhang, X. Su, and Z. Chen, 2012. Trend Prediction of FDI Based on the Intervention Model and ARIMA-GARCH-M Model[J]. AASRI Procedia, 3: 387-393.

[22] Velikovich, L., S. Blair-goldensohn, K. Hannan, and R. Mcdonald, 2010. The Viability of Web-derived Polarity Lexicons[R]. in Human Language Technologies: The 2010 Annual Conference of the North American Chapter of the ACL, Los Angeles, California: Association for Computational Linguistics, 777-785.

[23] Wickham, H., 2014. Tidy Data[J]. Journal of Statistical Software, Articles, 59: 1-23.

[24] Wolfram, W., 2008. American English Since 1865[M]. John Wiley & Sons, Ltd, Chap. 26: 263-273.

本章附录

A. 文本分析步骤详解

在本节中,我们将详细介绍文本分析过程。第 A.1 节列出了我们分析中所剔除掉的单词列表。在第 A.2 节中,我们根据第 3 节中介绍的单词嵌入模型绘制了所有有效单词的完整单词图。第 A.3 节提供了情感量化的详细计算算法。A1 和 A2 方框分别示出了极性分数和基于分数的情感词典的详细计算过程。

A.1 过滤单词列表

研究中所涉及的过滤单词表共包含 531 个字符串,主要由无用的标签、人名和目的地组成,这些单词对于我们的文本分析没有意义:…, a.i, a.m, a.m., aaronson, achilles, ahmed, ajello, alan, alberto, alexander, alfred, altig, alvarez, alyssa, anderson, andolfatto, andrea, andreas, andrew, ann, anna, anne, anthony, antoine, antulio, april, argia, armenter, arp, arsenios, arthur, ashton, athreya, atlanta, august, barkema, barkin, barron, baum, baxter, beattie, beebe, belsky, ben, benjamin, bentley, berger, bernanke, bernard, bernd, beth, beverly, bies, blake, blanchard, board, bomfim, bonis, bostic, boston, bowman, brainard, brayton, brent, brett, bromagen, browne, bryan, bullard, burcu, burke, burnett, carlos, carlson, carol, carpenter, cathy, cavallo, cecchetti, charles, chatterjee, chen, chiara, chicago, christopher, chrstopher, clarida, clark, cleveland, committee, con- nolly, connors, conrad, cooper, corrigan, coughlin, covitz, cox, craig, cumming, cunningham, cyprus, dale, daleep, dallas, daly, dan, dana, daniel, dankcr, davies, davig, davis, deboer, deborah, december, dennis, dewald, diana, don, donald, dotsey, douglas, doyle, driscoll, dubbert, dudley, duke, dunn, duyganbump, dzina, edward, edwards, edwin, eisenbeis, elizabeth, ellen, ellis, elsasser, engen, engstrom, erceg, eric, ernest, esther, etienne, evan, evans, fabio, favara, february, federal, feldman, fernald, figura, fischer, fisher, follette, forrestal, fox, francisco, freeman, frierson, frost, fuhrer, gagnon, gallagher, gallin, garavuso, garrett, garriga, gary, gavin, geithner, geoffrey, george, giannoni, gibson, gillis, gillum, giovanni, glenn, goldberg, goodfriend, gooding, gould, gregory, gretchen, gruber, gust, guynn, hakkio, hambley, hancock, hargraves, harker, harvey, has- san, helen, herbst, hetzel, hilton, hinojosa, hirtle, hoenig, holcomb, hooper, hornstein, hunter, ihrig, india, intermeeting, ivan, jack, james, jamie, jane, janet, january, jason, jeff, jeffrey, jennifer, jeremy, jerry, joe, johannsen, john, johnson, jonas, jonathan, joseph, joshua, joyce, judd, julie, july, june, kahn, kamin, kansas, kaplan, karel, karen, kartik, kashkari, kathryn, katie, keehn, keimu, keith, kelly, kenneth, kevin, kiley, kim, kiser, klee, knotek, kocherlakota, koenig, kohn, kos, krane, krieger, kroszner, kumasaka, kurt, kusko, lacker, lael, lang, larry, laubach, laura, lawrence, leahy, lebow, leduc, lee, lehnert, leonard, levin, lewis, linda, lindsey, lipscomb, lockhart, logan, loretta, louis, lovett, luecke, lynn, lyon, lópezsalido, marc, marcelo, march, margie, maria, marnie, martin, marvin, mary, matthew, mattingly, may, mcandrews, mccabe, mccarthy, mckeehan, mclaugh- lin, mcnees, mcteer, meade, meeting, melzer, member, meredith, mertens, mester, meulendyke, michael, michele, michelle, michiel, miller, minehan, minneapolis, montgomery, month, moore, morin, moskow, mosser, mses, mucciolo, mullinix, narayana, natalucci, nathan, nathaniel, naureen, neel, nellie, nelson, nemeth, nitish, norman, normand, november, october, oliner, olivei, ol- son, oltman, orlik, orphanides, palumbo, paolo, parry, passmore, patricia, patrick, patrikis, paul, paula, paulson, pence, penelope, percent, perelmuter, perli, pesenti, peter, philadelphia, pianalto, plosser, poole, powell, prell, prichard, promisel, quarles, quarter, raffo, ramm, randal, randall, raphael, rasche, rasdall, raskin, rebecca, reeve, reifschneider, reinhart, remache, reserve, richard, richmond, rives, rivlin, robert, roberts, robertson, roc, rolnick, ron, rosenbaum, rosenblum, rosen- gren, rosine, ross, roush, rudd, rudebusch, sally, samuel, san, sandra, sangster, sapenaro, sarah, satyajit, sbordone, scheld, schlusche, schulhoferwohl, schweitzer, scott, scotti, secretary, sellon, senyuz, september, seth, shaghil, shane, shanks, sherlund, siegman, sill, simon, simpson, singh, sinha, skaperdas, skidmore, slifman, smith, snideman, sniderman, spencer, spiegel, stacey, stanley, stefani, stein, steindel, stephanie, stephen, stern, steven, stevens, stewart, stockton, strine, struck- meyer, sullivan, susan, sylvain, syron, taiwan, tallman, tarullo, tetlow, tevlin, thomas, thornton, tillett, timothy, tkac, todd, tootell, tracy, treasury, trevino, trevor, troy, truman, tschinkel, va- lerie, valletta, van, vazquezgrande, vice, vidangos, virgil, waller, warsh, wascher, wayne, weber, wei, weide, weinbach, weinberg, wendy, werkema, wheelock, whitesell, wilcox, william, williams, willis, wilson, wolman, wright, wuerffel, wynne, year, yellen, york, zakrajsek, zarutskie, zeynep, zickler, zobel.

2.A.2 单词图

在本节中，我们展示了图 A.1 中所有有效单词的完整单词图。节点对应于文档中的单词，边界表示单词是否在彼此相邻的范围内，权重是嵌入模型中对应单词向量之间的余弦距离。完整的加权单词图由 3 605 个节点和 24 739 条边组成。连接的单词形成了一个综合网络,可用于我们突出显示一些具有代表性的节点(单词)及其各自的程度(连接到中心节点的边的数量)。

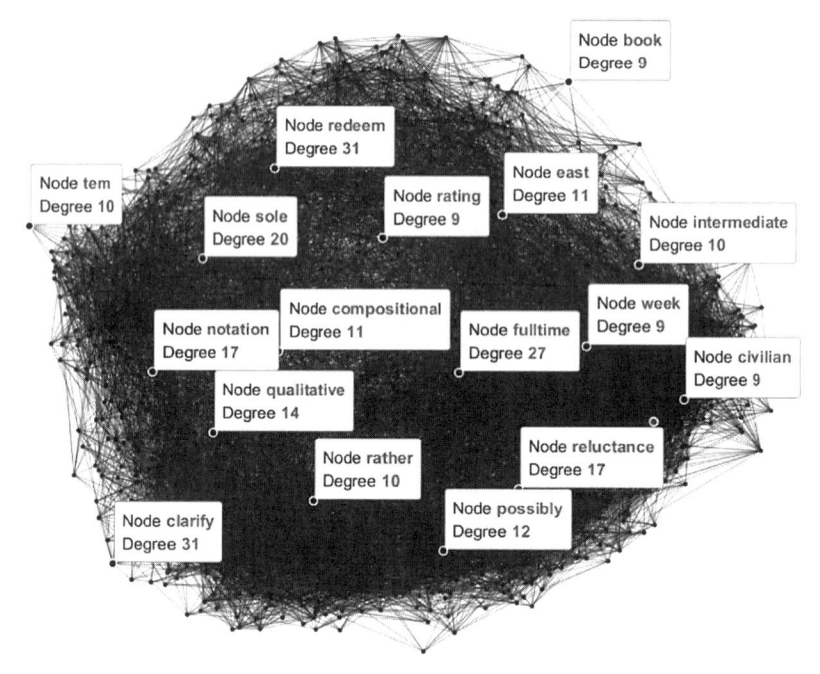

图 A.1　全加权单词图

A.3　文本情绪的计算细节

算法 A.1 给出了用于计算单词的极性得分的详细计算方法。算法 A.2 给出了用于生成基于分数的情感词典的详细计算方法。

算法 A.1：计算单词的极性分数

1. 初始化种子的分数,否则为零。
2. 对于每个极性种子词[a],在从 $i=1$ 到 d 的深度级别上迭代遍历该图。
   (a) 在每个深度级别,循环节点并识别其邻居。
   　i. 循环遍历其邻居并更新相应的分数。
   　ii. 得分是{seed-neighbor}的当前得分的最大值,以及加权的{seed-search nodes}的得分。
   (b) 在搜索结束时,将邻居附加到搜索空间[b]。
3. 最终极性得分是与种子相关的得分之和。

注:(a) 区分消极和积极的种子词;(b) 增加下一次迭代的搜索深度。

算法 A.2：生成基于分数的情感词典

1. 初始化与每个单词对应的零情感分数数组。
2. 对于 $i=1$ 至 d [a]
   (a) 计算方框 1 中的正负极性分数。
   　• 分别表示为正极性和负极性。

(b) 说明图表中总体正面和负面得分的差异。

$$差值 = 正极性 - \frac{求和(正极性)}{求和(负极性)} \cdot 负极性$$

(c) 标准化两者之间的差异使其在-1到1之间,并将结果表示为深度 i 处的 $Score_i$。
3. 用迭代次数 d 归一化所有 d 个深度的 $Score_i$ 总和,并将其表示为 $RawSentimentScore$。

$$RawSentimentScore = \frac{1}{d}\sum_{i=1}^{d} Score_i.$$

4. 将 $RawSentimentScore$ 与相关单词相加,形成初步词典。
5. 排除 $RawSentimentScore < \eta$ 的行,以形成最终情感词典。[b]

注:(a) 参数 d 是预先确定的调谐参数;(b) 参数 $\eta \in (0,1)$ 是预定的调谐参数。

A.4 情感词典可视化

为了让完整的数据情感词典可视化,我们使用情感得分的绝对值作为权重,在词典单词上绘制单词云。图 A.2(a)和(b)分别对应于正向词和负向词的结果。

图 A.2 全数据情感词典的可视化

B. 控制变量细节

我们使用 FRED‐QD 数据库中 1993 年第四季度至 2021 第一季度美国季度变量。读者可参考 McCracken 和 Ng(2020)了解该宏观经济数据集的概况,该数据集由 248 个季度频率序列组成,可追溯至 1959 年第一季度。该系列分为 14 组:NIPA;工业生产;就业和失业;住房库存、订单和销售;价格;收入和生产力;利率;货币和信贷;家庭资产负债表;汇率;股票市场;非家庭资产负债表。我们使用的原始变量如下所示:

(i) GDPC1：实际国内生产总值；

(ii) FEDFUNDS：有效联邦基金利率；

(iii) S&P 500：标准普尔普通股价格指数；

(iv) M1REAL：实际 M1 货币股票；

(v) M2REAL：实际 M2 货币股票；

(vi) CPIAPPSL：所有城市消费者的消费价格指数；

(vii) INDPRO：工业生产指数；

(viii) EXPGSC1：货物和服务的实际出口；

(ix) IMPGSC1：货物和服务的实际进口；

(x) UNRATE：平民失业率；

对于美国数据中的 FDI，我们使用了美国经济分析局 1994 年第一季度至 2021 年第二季度的"不进行经常成本调整的金融交易"和"不进行当前成本调整的收入"，其中包括按选定地区和选定行业交叉分类的金融交易和收入数据。

第五章

自然语言识别与国际资本流动分析

继续第四章的讨论,在本章中,我们深入研究了美国联邦公开市场委员会(FOMC)政策声明和会议纪要如何影响跨国基金在美国的资产配置。我们采用了随机森林算法与基金层面的特征对数据进行建模,这种方法使我们能够有效地处理复杂的非线性关系并识别模式中的重要特征。特别是,我们利用这种算法来对确实数据进行插值,从而识别和量化关于资产配置的不确定性。

进一步地,我们运用监督学习方法构建扩散指数,以量化FOMC政策声明和会议纪要中的预测性信息。这种方法使我们能够捕捉到这些文本中最能预示资产配置变化的关键信号。在进行固定效应回归分析时,我们发现从FOMC声明中提取的文本预测因子在统计上具有显著的作用。我们的研究结果显示,FOMC货币政策文本中的正面和负面信号对美国资产配置的变化产生了显著不同的影响。

我们在进一步的分析中还揭示了基金如何通过净资产和重新配置两个主要渠道来应对FOMC政策的变动。特别是在2008年金融危机之后,我们观察到基金对FOMC政策文本的关注显著增加。这种增加的关注不仅影响了基金通过自有资金调整其对美国资产的持仓,还反映了基金对政策变动的敏感性和适应性。

此外,我们比较了美国和非经济合作与发展组织(OECD)基金与其他OECD基金在投资偏好上的差异,揭示了显著的异质性。我们的分析表明,美国和非OECD基金倾向于表现出更强的本国偏好。这一发现对于理解全球资本流动的地理分布和国际投资者行为具有重要意义。

总体而言,本章的研究强调了利用高级统计技术和机器学习方法在金融经济学领域的应用价值。通过深入分析FOMC政策文本,我们能够更好地理解和预测全球资本市场的动态,尤其是在重大经济事件和政策变动期间。这些见解不仅对政策制定者有价值,也为市场参与者和学术研究者提供了新的视角和工具。

5.1 引　　言

美国联邦公开市场委员会(FOMC)对市场预期和投资者情绪具有重要影响力,对流向美国和全球经济的国际资本产生深远影响。许多文献针对FOMC政策公告对利率、汇率和市场情绪的影响进行了深入的研究,其中还包括由政策所衍生出来的外部性影响,如借款成本、投资回报和资本流动(例如,El-Shagi和Jung,2015;Hansen和McMahon,2016;Hansen et al.,2017等)。这些政策也对新兴经济体产生溢出效应,使其特别容易受到全球金融变化的影响。然而,先前的研究主要依赖于关键利率变化来衡量货币政策公告的冲击效应(Albagli et al.,2019 等)。正如 Doh et al.(2021)指出的,会后的会议纪要中对经济的定性描述的变化与中期政策预期密切相关,影响着长期投资者的决策。因此,理解 FOMC 政策文本中蕴含的深层信息与国际资本配置之间的错综复杂动态,对于政策制定者和投资者在复杂的全球金融格局中保持稳健是至关重要的。

在本章中,我们基于 EPFR 提供的 2004 年 1 月至 2020 年 8 月基金层面投资组合(股票和债券)调整的月度数据,研究了 FOMC 政策声明和会议纪要对未来美国资产基金重新配置的影响。我们关注区域投资组合重新配置,基于投资目标国家的不同,我们将每个基金的头寸分为三组:美国、除美国外的 OECD 国家与非 OECD 国家。换句话说,如果基金对于美国资产的持仓发生变化,我们将研究资金是否流入或流出 OECD 或非 OECD 地区,又或者是否被基金投资者追加或赎回。在上述分类过程中,我们发现每个重新配置途径(场外资金、OECD 持仓或非 OECD 持仓)存在着非常大的不确定情况(高达 30.64%)。为了解决这个问题,我们借鉴了 Rubin(1977)提出的数据插值方法,来处理上述分类不确定性问题。具体而言,我们利用 Breiman(2001)提出的随机森林方法结合基金层面的特征数据,对难以直接识别的情况进行了预测和插值。对模型的样本外评估中,根据样本外预测的伪 R^2,插值的准确率可以高达 98%。

本章对于已有研究的第二个贡献在于应用了一种最新的简单文本分析工具来量化 FOMC 政策声明和会议纪要的影响,而已有研究中通常会采用虚拟变量来捕捉政策冲击效(例如,Fratzscher et al.,2013)。该方法首先将原始文本进行清洗后生成二元词组。随后,利用词频-逆文档频率度量来对这些词组进行打分,将其中排名前 100 的词组保留并被用于构建针对每一只基金的预处理词典。为了进一步考虑基金之间的偏好差异,我们采用 Lima 和 Godeiro(2023)的监督学习方法,利用 LASSO 方法选择每个基金中最具预测性的词语[①]。构建的文本预测因子被分为与基金对未来美国持仓变动正相关、负相关两部分。最后一步涉及对生成的文本数据计算扩散指数(Stock 和 Watson,2002),并保留下最关键的信息。

无监督学习和监督学习是文本分析中常被使用的两种不同方法,其各自具有特点和优势。在文本分析的背景下,无监督学习涉及分析未标记数据,以发现数据内部的模式、结构或关系。相比之下,监督学习依赖于带有标签的训练数据,其中每个数据都与已知的目标或结果相关联。在文本分析中采用的这种方法是在预先标记的文本样本上训练算法,并提供所需的输出。近期的研究积极采用了基于监督学习的文本分析方法,包括 Kamath et al.(2018)、Reis et al.(2019)、Izmailov et al.(2020)、Frankel et al.(2022)、Lima 和 Godeiro(2023)的研究。值得注意的是,在监督学习框架内,量身定制的词典和动态词典的发展成为一种有效的利用方式。这种方法可以根据特定要求定制分析,增强了其在当代研究工作中的吸引力。

[①] 为了验证本章基于监督学习的文本分析的有效性,我们使用了两个广泛认可的固定情感词典来复制我们的主要实验:Hu 和 Liu(2004)的 bing 词典与 Loughran 和 McDonald(2011)的 loughran 词典。这些词典通常用于无监督学习的文本分析中,在这种分析中,预定义的情感分数或类别被分配给文本中的单词或短语。结果表明,这两个词典生成的系数均不具有统计显著性。

基于基金层面特征和构建的扩散指数，我们控制了个体和时间固定效应，并进行了固定效应回归分析，以分析每个重新配置渠道中美国头寸的变化。我们发现，当在模型中纳入来自 FOMC 的文本预测因子时，回归的解释能力显著增强，突显了这些信息在国际资本重新配置过程中的重要作用。具体而言，FOMC 公告中正面信息频率的增加对基金未来增持美国资产存在对应关系，而负面信息的更高出现频率则抑制了未来的投资。比较各种重新配置渠道中文本预测因子的系数发现，相对于其他渠道，基金层面自有资金对 FOMC 政策传达的正面和负面信号反应最为敏感。

值得注意的是，本章的研究主要仍然是一个简化形式的分析，我们的主要贡献并非建立因果关系。此外，所有本章的预测因子都相对于响应变量滞后一个时期。这种选择使得我们的固定效应模型能够捕捉构建的扩散指数对各种响应变量的预测效果。在附录中，我们进一步提供了一个样本外预测的实验结果，该结果展示了包含我们的文本预测因子后改善的预测准确性，这与 Lima 和 Godeiro(2023)的研究结果相吻合。

为了进一步体现基金对文本预测因子响应在基金层面以及时间层面的异质性，我们进行了一些额外的分析。具体而言，我们观察到较大规模的基金相比较小规模的基金对于 FOMC 公告更加敏感。滚动窗口分析还显示，在样本期间内，正面文本预测因子对美国资产的影响相对稳定，而负面文本预测因子的系数则表现出较大的时间波动，表明在子样本期间内对负面信号更加敏感。

鉴于对非常规货币政策对国际资本流动影响的关注(Cenedese 和 Elard，2021)，我们将研究范围扩展到探讨 2008 年金融危机前、危机中和危机后 FOMC 文本预测因子的不同影响。我们的发现突显了不同阶段文本预测因子系数的显著变化。具体而言，基金对于 FOMC 文本的关注度表现为在危机期间急剧上升，并随着危机过后呈现出下降趋势，但仍显著地高于危机之前。值得注意的是，危机后正面和负面文本预测因子对美国资产持有变化的边际影响显著上升，特别是在通过自有资本调整其美国持有或赎回投资的基金渠道。这些结果表明，在金融危机期间及之后，对 FOMC 公告的关注发生了重大变化，暗示了危机后国际资本流动激增可能部分归因于对 FOMC 声明的关注增加。此外，危机后对 FOMC 声明的高度关注表明投资者和市场参与者认为 FOMC 的沟通更具信息量和对其决策更有帮助。

最后，我们在美国国际资本重新配置的背景下研究了 FOMC 文本能够体现出的基金投资存在的本国偏好的现象。我们将所有基金根据其注册地分为 3 个子集：OECD、不包括美国在内的 OECD 和非 OECD。包括注册地在美国的 OECD 基金，面临 FOMC 文本正面情绪上升时，更倾向于将资金从非美国 OECD 经济体转移到美国。相反，当 FOMC 公告传达负面信息时，它们表现出将资金从美国重新配置到 OECD 经济体的倾向较弱。因此，与其他 OECD 国家的基金相比，注册在美国的基金可能存在本国偏好。非 OECD 基金在面对 FOMC 负面信号时表现出更加明显的本国偏好。然而，我们并未观察到类似的偏好在 OECD 基金中出现(不包括美国)。

我们的研究通过扩展和补充先前关于美联储货币政策对国际资本流动影响的研究，为现有文献做出了贡献。我们基于诸如 Koepke(2018)的研究，他调查了美国货币政策预期对流向新兴市场的投资组合流量的影响。Kwabi et al.(2019)探讨了内幕交易法律执行、机构和股票市场发展在国际股票组合配置中的作用。Hau 和 Lai (2016)研究了货币政策对欧元区股票和货币市场流动的影响。此外,Albagli et al.(2019)调查了美国货币政策对国际债券市场的溢出效应。我们的研究在这些领域的探索上进一步丰富和完善了现有的学术研究。

与本章相关的另一类文献涉及货币政策声明的文本信息及其对未来经济活动的影响。这一研究领域强调了文本信息的重要性,因为各国央行越来越多地利用公开声明来塑造市场对未来政策行动的预期,例如,FOMC的明确前瞻性指导。先前的研究通常集中于债券价格变动或关键利率变化作为央行沟通效果的代理变量。例如,Albagli et al.(2019)将美国货币政策冲击量化为FOMC会议周围短期国债收益率的变化,并使用面板回归研究其对国际债券收益率的影响。最近的研究采用了更复杂的文本分析工具,通常关注其对金融市场指标的影响。例如,Gardner et al.(2022)利用用户定义的主题关键词、修饰关键词和短语构建了FOMC情绪指数,并研究其对股票价格的影响。借鉴这些现有研究成果,我们的研究专门探讨了联邦声明中文本信息对跨境资本流动的影响。通过这样的研究,本章拓展了已有研究的范式,深入探讨了定性信息在货币政策沟通中的作用以及其对国际资本重新配置的影响。

本章结构安排如下:第二节讨论了如何利用数据插值技术解决EPFR数据库中不确定的基金重新配置问题。在第三节,我们详细阐述了量化FOMC政策声明和会议纪要中的文本数据的方法。第四节为数据描述。在第五节,我们采用固定效应回归分析,展示了关于FOMC声明对美国国际资本重新配置的主要发现。同时还探讨了文本预测因子在基金层面美国资产持有方面的异质和动态影响。在第六节,我们对比了2008年危机前、期间和之后FOMC文本预测因子的不同影响。在第七节,我们研究了联邦政策公告对投资者多样化的影响。最后,第八节为本章结论。读者可以参考附录A,了解更详细的数据插值和文本预测因子构建技术。附录B包含了与主要分析相关的额外实证结果。

5.2 美国资本流动数据

我们的国际资本流动数据来自EPFR数据库,其中包括世界各地国际资本配置的月度基金层面数据[①]。原始数据集跨越了2004年1月至2020年8月,涵盖了3 074个基金和119个国家。我们的研究主要关注资金在美国的流入和流出趋势,原因在于美国是吸引国际投资最显著的国家之一,其货币政策文本受到各国以及投资者关注,并且具有较强的学术讨论价值。

我们根据基金在投资国家的不同,将每个基金的头寸分为三组:美国、除美国外的OECD和非OECD。每个组的基金层面资产持有量在一个月内的变化作为该组基金头寸的调整。我们的分析旨在确定导致某个基金美国持有量变化的资本流动来源。例如,如果一个基金增加了其美国资产的仓位,我们将调查增加的持仓是否来自减少的OECD或非OECD头寸,或者是基金的额外资金注入。同样,如果基金层面的美国持有量减少,我们将

[①] 主要国家宏观政策调整(如FOMC公告)对基金的响应性,可以通过使用高频数据更好地理解。然而,本研究受制于仅能获得EPFR数据集的月度数据而存在局限性。未来的研究应该努力克服这一数据限制,并利用具有更高频率的数据集,这将产生对FOMC政策公告下基金反应更为精确和及时的分析。

识别出资金是否流入 OECD 或非 OECD 地区,或者是否被投资者赎回。这些变化在一定程度上可以通过监控基金的净资产变化来追踪。

表 5.1 描述了基金层面资本流入和流出美国资产持有量的十四种可能情景,分别显示在面板 A 和面板 B 中。我们使用 $\Delta_i = 1, 2, 3$ 分别代表美国、OECD 和非 OECD 位置的月度净资产变化,符号"+"和"-"分别表示资本流入和流出投资地区的基金层面头寸的增加和减少。第 1 列到第 3 列显示了所有"+"和"-"的潜在组合,而第 4 列基于 Δ_1、Δ_2 和 Δ_3 的值的比较,呈现了更多可能的情景。在表 5.1 的资本重新配置机制的部分,基金层面的美国持仓变化可以归因于调整 OECD(表示为 OECD)或非 OECD(表示为 Non-OECD)头寸,或基金改变自身的资本投资(表示为 Fund)。通过检查 Δ_i 值之间的关系,我们可以推断可能的资本重新配置渠道(资本流入的来源,或资本流出的目的地)到 Fund、OECD 或 Non-OECD,分别由第 5 到第 7 列描述。"√"符号表示美国持有量变化是由该渠道导致的,"×"符号表示美国头寸变化与此渠道不相关,而"?"符号表示重新配置渠道的不确定性。

表 5.1 基金层面资本流动的可能情形

ΔU.S. (Δ_1)	ΔOECD (Δ_2)	Δ非 OECD (Δ_3)	可能的情形	资本重新配置渠道			占比
				资金	OECD	非 OECD	
A:资本流入							
+	+	+		√	×	×	37.87%
+	+	-	$\|\Delta_3\| < \Delta_1 + \Delta_2$	?	×	?	7.29%
			$\|\Delta_3\| \geq \Delta_1 + \Delta_2$	×	×	√	3.77%
+	-	+	$\|\Delta_2\| < \Delta_1 + \Delta_3$	?	?	×	5.11%
			$\|\Delta_2\| \geq \Delta_1 + \Delta_3$	?	√	?	5.80%
+	-	-	$\Delta_1 > \|\Delta_2 + \Delta_3\|$	√	√	√	1.17%
			$\Delta_1 \leq \|\Delta_2 + \Delta_3\|$	×	?	?	14.48%
B:资本流出							
-	-	-		√	×	×	11.26%
-	+	+	$\|\Delta_1\| < \Delta_2 + \Delta_3$	×	?	?	4.50%
			$\|\Delta_1\| \geq \Delta_2 + \Delta_3$	√	√	√	0.92%
-	+	-	$\Delta_2 > \|\Delta_1 + \Delta_3\|$	×	√	×	1.31%
			$\Delta_2 \leq \|\Delta_1 + \Delta_3\|$	?	?	×	1.64%

续 表

ΔU.S. (Δ_1)	ΔOECD (Δ_2)	Δ非OECD (Δ_3)	可能的情形	资本重新配置渠道			占比
				资金	OECD	非OECD	
−	−	+	$\Delta_3 > \|\Delta_1+\Delta_2\|$	×	×	√	0.52%
			$\Delta_3 > \|\Delta_1+\Delta_2\|$	?	×	?	4.37%
不确定情形占比					18.41%	25.74%	30.64%	

注：表5.1描述了美国资产持有中基金层面资本流入和流出的所有可能情景,分别在A和B两个面板中呈现。在表5.1的资本重新配置渠道部分,基金层面的美国持有变化可以归因于调整OECD或非OECD的头寸,或者基金调整其自身的资本投资(Fund)。我们使用$\Delta_i = 1, 2, 3$来表示美国、OECD和非OECD头寸的月净资产变化。符号"+"和"−"分别表示在投资领域中资金级别头寸的增加和减少,"√"符号表示美国持有变化的来源或被重新分配到该通道,"×"符号表示美国头寸变化与相应通道不相关,而"?"符号则意味着这一渠道需要进一步被识别。

在这14种资本流入和流出的情景中,有8种重新配置渠道可以明确识别。例如,如果Δ_1、Δ_2和Δ_3的3个值都为正,那么很明显在所有3个组别中都进行了追加的投资,我们可以推断这种变化的来源是基金本身。然而,如果Δ_1和Δ_2为正,但Δ_3为负,则存在两种可能的子情景:(i) $|\Delta_3| \geq \Delta_1+\Delta_2$和(ii) $|\Delta_3| < \Delta_1+\Delta_2$。在子情景(i)中,可以推断资本流入美国来源于非OECD国家。然而,在子情景(ii)中,重新配置渠道是不确定的。我们计算出表中每种情景在数据集中的占比并汇报在表格中。总体而言,资本流入占75.5%,资本流出占24.5%。在表的最后一行,我们也汇报了每个重新配置渠道的不确定情景的估计百分比:Fund、OECD或Non-OECD。

由于我们的研究集中在FOMC政策公告如何影响基金层面的美国资产重新配置上,每个基金的所有重新配置渠道都需要在后续响应变量构建中被识别。当资本流入和流出的重新配置渠道被清晰识别(分别标记为"√"和"×")时,基金层面反应值的数值可以很容易地计算出来。然而,在重新配置渠道不确定的情况下(用"?"标记),之前通常将其视为缺失值并进行省略处理。在本文中,我们为文献做出贡献,通过使用一种称为"数据插值"的统计技术来处理不确定情况。

数据插值是利用估计值或预测值填补数据集中缺失的值的过程(Rubin,1977)。插值方法的选择取决于数据的性质和缺失值产生的原因。近年来,使用Breiman(2001)的随机森林(RF)进行数据插值变得流行起来。这种方法不对数据分布的正态性做出任何假设,并且不需要指定参数模型。感兴趣的读者可以参考Hong和Lynn(2020)对其在实证应用中优势的全面讨论。由于这三个重新配置渠道在某种程度上相互依赖,因此,只需要在其中两个渠道中插值不确定情况。然后,最后一个渠道的资本重新配置值就可以自动确定。在这个过程中,我们首先使用随机森林算法来插值基金渠道中的不确定情况,然后再转向OECD渠道。

我们通过使用可用数据作为响应变量,基金相关特征作为输入变量来训练算法。基金层面特征的详细描述在表5.2的面板B中提供。Bootstrap的数量设置为$B = 10\,000$。在每次分裂时随机选择的输入变量的比例是一个关键的调整参数,我们从$\{0.1, 0.2, \cdots, 0.9\}$这个集合中选择,通过评估包外(Out-of-bag,OOB)观察结果来确定。其他调整参数,如树深度、叶子节点大小等,均设置为其默认值。通过在训练样本中随机留出总观测量的20%,对训练的 RF 算法进行外样本准确性评估。在平均 100 次试验中,基于外样本的伪 R^2 指标的准确度可以高达 98%。最后,我们利用训练好的 RF 方法,通过使用相应的基金相关特征作为预测变量,对重新配置渠道中的不确定情况进行识别。

表 5.2 变量描述

变量	描述
A:响应变量	
$y^{(0)}$	对美国资产持仓相较上一期的变化。
$y^{(1)}$	由现金渠道导致的美国资产持仓的变化。
$y^{(2)}$	由 OECD 头寸变动导致的美国资产持仓的变化。
$y^{(3)}$	由非 OECD 头寸变动导致的美国资产持仓的变化。
B:输入变量	
X^a	基金的净资产。
X^{da}	基金净资产相较上一期的变化。
X^{div}	基金所持有的不同国家资产的数量。
X^{cash}	基金的现金持有。
X^{lev}	基金是否持有杠杆。

在对无法识别的情形进行插值后,我们计算基金层面相对于前一时期的美国头寸变化,并根据渠道将其分解为三个组成部分:基金本身、OECD 国家和非 OECD 国家。这些组成部分被描述为表 5.2 面板 A 中的响应变量,我们构建了四个响应变量。具体而言,$y^{(0)}$ 代表了美国头寸的总体变化,$y^{(1)}$ 表示基金本身引起的美国头寸变化量,$y^{(2)}$ 表示由调整 OECD 头寸引起的美国头寸变化量,$y^{(3)}$ 表示由调整非 OECD 头寸引起的美国头寸变化量。

5.3 量化 FOMC 文本数据

本节概述了我们如何量化来自美国联邦公开市场委员会(FOMC)政策声明和会议纪要的月度文本数据。FOMC 政策声明是由美联储货币政策制定机构在定期会议后公开发布的,描述了对利率、公开市场操作和其他旨在实现美联储促进最大就业和稳定物价的双重目标的政策措施的决定。会议记录作为一种沟通工具,提供了有关委员会对金融市场发展、宏观经济当前和未来状态以及在 FOMC 会议后价格稳定和经济增长风险平衡方面的额外信息。通过分析和结合这些文本数据来源以及国际资本流动数据,我们旨在更深入地了解

FOMC政策公告与国际资本流动之间的关系。

自1993年以来,FOMC每年召开8次会议,评估美国经济状况并确定是否需要进行任何货币政策调整。我们将FOMC公告的数据与2004年1月至2020年8月的国际资本流动数据进行了匹配。这些政策公告对全球金融市场产生了重要影响,因为它们提供了美联储对美国经济和未来政策行动的看法。包括El-Shagi和Jung(2015)、Hansen和McMahon(2016)、Hansen et al.(2017)以及Lima et al.(2021)在内的多位研究人员发现,这些公告对金融市场、经济环境和未来经济增长产生了重大影响。

原始文本数据相当杂乱,无法被直接用于分析,因此我们需要在有效利用前清理噪声。我们首先对原始文本进行清洗。清洗数据原则是简化和优化数据处理的有效方式,在处理文本时同样适用,详见Wickham(2014)。为了整理文本数据,我们按照以下步骤进行:(1)生成二元词元(token);(2)去除数字与介词;(3)删除过长或过短的单词;(4)删除特定无意义的词语。词元化是将文本分割为称为词元的有意义单位,如单词或短语的过程。为了避免歧义,我们使用二元词元,即词元的两个词的组合。通过去除数字、介词和过长或过短的词,简化了文本分析。同时,也会跳过某些不相关的词语,如名字和地点[①]。

借鉴Lima和Godeiro(2023)提出的方法,我们采用了一种监督学习的方法来量化清洗后的文本,并将其与国际资本流动数据相结合。我们首先使用词频-逆文档频率(TF-IDF)对词元进行排名,只保留排名前$N=100$的词元[②]。这N个词元构成我们预处理的词典。选择$N=100$的值主要是为了提高计算效率,因为我们发现改变N的值对我们的结果影响较小[③]。

预处理的词典是使用无监督学习创建的,并对所有基金保持恒定[④]。然而,我们推测各基金之间存在显著的差异,因为它们可能偏好或优先选择词典中的不同词元。为了考虑基金之间的这种偏好变化,我们采用了一种监督学习方法,为每个基金挑选最具预测性的词语。

我们计算了N个词元在每个月的公告中出现的频率,并将这些信息存储在一个$N\times 1$的向量X_t中,其中$t=1,\cdots,T$。接下来,我们使用Tibshirani(1996)提出的最小绝对收缩和选择算子(LASSO)来估计线性预测方程,并独立地为每个基金i选择最具预测性的词元[⑤]。LASSO是一种线性回归方法,依赖于ℓ_1范数正则化,将回归系数收缩至零。ℓ_1范数惩罚是回归系数的绝对值之和,以此产生稀疏解,即其中一些系数恰好为零。

---

① 我们在附录A.2提供了该部分的详细介绍
② TF-IDF(词频-逆文档频率)是一种数值度量,用于衡量单词在文档集合中的重要性。在多个文档中普遍出现的词会得到较低的分数,而在文档中不常见但在特定部分频繁出现的词会得到较高的分数。有关TF-IDF的更详细描述,请参阅附录A.3。
③ 我们尝试了n等于其他数值,得到了几乎相似的结论。
④ 无监督学习的过程涉及在没有预定义标签或目标的情况下从数据中学习。无监督学习的主要目标是识别数据中的模式、结构和关系。一个常见的无监督学习技术示例是TF-IDF排序。
⑤ 在利用基于LASSO的文本分析处理FOMC数据时,假设构建个体词典时公司间独立是一种常见做法。然而,重要的是要认识到这种假设可能并不能完全捕捉到公司之间潜在的相互依赖性以及它们对FOMC数据的响应。未来的研究可以探索替代方法,能够考虑到这些潜在的依赖关系,从而更全面地分析数据中微妙的关系和动态。

具体而言,我们对基金 i 在时期 t 的下一个时期响应变量 $y_{i,t+1}$ 建模为:

$$y_{i,t+1} = X_t^T \beta_i + \epsilon_{i,t+1}$$

其中,$\epsilon_{i,t+1}$ 代表误差项,X_t 是在时间 t 上述定义的 $N \times 1$ 预测变量,而系数向量 β_i 是通过最小化以下方程来估计的:

$$\widehat{\beta}_i = \arg\min_{\beta} \sum_{i}^{T-1} (y_{i,t-1} - X_t^T \beta_i)^2 + \lambda ||\beta_i||_1 \tag{5.1}$$

在方程(5.1)中,收缩的程度由超参数 λ 控制。当 λ 增加时,系数 β_i 会更加趋近于零。这意味着对于基金 i,相应的词元会被有效地丢弃。通过调整 λ 的值,LASSO 可以选择最相关的词元,并为每个基金构建一个异质的预测词典。这种方法确保每个基金都拥有个性化的词典,捕捉其在词元方面的独特偏好和优先级。因此,我们可以将这些个性化的词典纳入我们的分析中,提高模型的性能和可解释性。

值得注意的是,LASSO 准则函数的主要目的并非在样本内拟合,而是确保我们分析的无偏性。此外,我们采用了一种个性化的方法,通过独立应用 LASSO 方法来考虑各个基金之间的异质性。这意味着某些词语可能会对特定基金产生不同的效果,无论是积极的还是消极的。因此,在接下来的固定效应回归中,这些词元的整体效果可能会相互抵消。尽管存在这种潜在的抵消效应,但我们发现这样构建的指标在实际研究中依旧表现优异,这进一步说明了我们的监督学习方法在构建文本分析情绪指数方面的有效性。

选择合适的 λ 值对于获得更好的模型性能至关重要,并且通常需要采用交叉验证或其他模型选择技术。然而,传统的 k-fold 交叉验证技术涉及对数据的随机排列,并且不考虑时间序列数据中存在的时间顺序或序列相关性。因此,从业者通常依赖于样本外(OOS)评估,这样可以正确考虑时间序列数据中的时间顺序。在本文中,我们使用基于均方预测误差(MSFE)损失函数的 5-fold OOS 评估来选择 λ 的最优值。估计过程的算法细节如算法 5.1 所示。

算法 5.1:基于 MSFE 的 OOS 评估

要求 1:将数据集 $\mathbb{D}$ 按照顺序划分为大小相等的 k 个区块,记为 $\{\mathbb{D}^{(1)}, \cdots, \mathbb{D}^{(k)}\}$
要求 2:惩罚项的取值用向量表示,记为 $[\lambda_1, \cdots, \lambda_q]$
for $i = 1, \cdots, q$ *do*
   for $b = 2, \cdots, k$ *do*
      对数据集进行划分,其中 $\{\mathbb{D}^{(1)}, \cdots, \mathbb{D}^{(b-1)}\}$ 为训练数据集,$\mathbb{D}^{(b)}$ 为测试数据集
      在训练数据集 $\{\mathbb{D}^{(1)}, \cdots, \mathbb{D}^{(b-1)}\}$ 上使用 λ_i 来估计 LASSO
      在测试数据集 $\mathbb{D}^{(b)}$ 上计算出 MSFE 损失 $l^{(b)}(\lambda_i)$
   end
   记录 $\{l^{(b)}(\lambda_i)\}_{b=2}^{k}$ 并计算平均 MSFE 损失 $\bar{l}(\lambda_i)$
end
return:选择能够产生最小 $\bar{l}(\lambda_i)$ 的 λ^* 作为最优参数

在使用 OOS 评估程序选择 λ 的最优值后,我们将其应用于方程(1)中,以确定与非零系数相关联的最具预测性的词元。我们将相应的预测变量表示为 X_i^*。此外,我们可以将所

选的词元分为两组。第一组只包括与未来响应变量 $y_{i,t+1}$ 正相关的词元，第二组仅包括与 $y_{i,t+1}$ 负相关的词元。相应的预测变量分别表示为 X_i^{p*} 和 X_i^{n*}。值得注意的是，X_i^{p*} 和 X_i^{n*} 的组合等同于 X_i^*。

由于 LASSO 选择的 X_i^*、X_i^{p*} 和 X_i^{n*} 的维度因基金而异，我们转向扩散指数模型，使它们具有一致性，并能够提取出最重要的信息。扩散指数（DI）模型已被广泛应用于经济和金融领域，其根源可追溯到 Stock 和 Watson（2002）的开创性工作。在宏观经济应用中，DI 模型是一个强大的统计工具，计算扩散指数，它作为一个综合指标，总结了在特定期间内呈现积极或消极变化的经济指标的比例。这种方法提供了一种简单而全面的方式来追踪经济的总体健康状况，对未来的经济活动进行预测，并减少个别经济指标的测量误差和随机波动的影响。

在我们的分析中，我们使用主成分分析（PCA）来对 X_i^*、X_i^{p*} 和 X_i^{n*} 计算扩散指数。PCA 是一种无监督学习方法，可应用于具有 m 个观察和 p 个变量的数据集 X。计算 X 的协方差矩阵 X 的特征分解，表示为 $S = V\Lambda V^T$，其中 V 是一个 $p \times p$ 的矩阵，其列是 S 的特征向量，Λ 是一个对角矩阵，其对角线上的元素是对应的特征值。X 的主成分计算为：$Z = XV$，其中 Z 是一个 $m \times p$ 的矩阵，其列是主成分。

我们假设矩阵 Z 的列是根据其特征值的升序排列的。我们通过选择 Z 中包含在 X 中信息最多的第一列来构建扩散指数。在 Lima 和 Godeiro（2023）中，在预测实验中选择了多列来构建扩散指数。然而，在本文中，我们的主要重点是调查联邦政策公告对国际资本重新配置的影响。因此，我们使用 X 中最强大的特征向量来构建扩散指数，以提供一个简单直观的解释。

5.4 数据描述

我们将处理过的国际资本流动数据与美联储 FOMC 公告中的预测性文本数据进行结合，得到了从 2004 年 1 月至 2020 年 8 月的 706 个基金的 65 360 个观测值。表 5.3 报告了响应变量和控制变量的描述性统计数据。第 1 行列出了变量名称，第 2 行至第 8 行呈现了均值、中位数、最大值、最小值、标准偏差、偏度和峰度的数值。我们还进行了 Jarque-Bera（JB）和 ADF 检验，以检验正态性和平稳性。对于测试统计量超出临界值的情况，我们报告了最大（0.999）或最小（0.001）的 p 值。我们的结果表明数据是平稳的，但不符合正态分布。

表 5.3 描述性统计

统计量	$y^{(0)}$	$y^{(1)}$	$y^{(2)}$	$y^{(3)}$	X^{da}	X^a	X^{div}	X^{cash}	X^{lev}
均值	1.89	1.76	0.12	−0.05	15.65	2 154.62	20.08	2.27	0.614 0
中位数	0.00	0.00	0.00	0.00	0.89	417.04	19.00	1.42	1.00

续 表

统计量	$y^{(0)}$	$y^{(1)}$	$y^{(2)}$	$y^{(3)}$	X^{da}	X^{a}	X^{div}	X^{cash}	X^{lev}
最大值	3 617.22	3 453.39	1 689.18	730.40	25 574.33	397 113.23	67.00	76.62	1.00
最小值	−3 540.06	−3 037.01	−1 716.98	−834.18	−45 501.50	0.92	3.00	−31.42	0.00
标准差	60.23	54.80	15.70	15.81	506.56	10 843.59	10.28	3.30	0.49
偏 度	−0.06	−0.03	11.52	−2.16	−6.12	22.49	1.22	3.31	−0.47
峰 度	599.39	580.68	5 183.50	936.78	1 722.32	653.49	5.16	37.85	1.22
JB 检验	0.001 0	0.001 0	0.001 0	0.001 0	0.001 0	0.001 0	0.001 0	0.001 0	0.001 0
ADF 检验	0.001 0	0.001 0	0.001 0	0.001 0	0.001 0	0.001 0	0.001 0	0.001 0	0.001 0

为了有效地呈现预测性文本数据，我们在图 5.1 中生成了词云，代表了在 $y^{(0)}$ 下所有 706 个基金的完整、正向和负向词典。为保持清晰度，仅显示了按频率排名前 100 的词元。词云中每个词元的大小与其在文本数据集中的频率或重要性成比例。更大的字体表示更高的频率或重要性，清晰地展示了美国国际资本流动中最具影响力的术语。生成的完整词典旨在全面了解 FOMC 公告中的情绪和关键主题，以及它们与资本重新配置的联系，将正向和负向词典合并成一个综合词典，如图 5.1(a)所示。

(a) 完整词典　　　　　　　(b) 正向词典　　　　　　　(c) 负向词典

图 5.1　基于 $y^{(0)}$ 得到的词云图

我们的词元包括双字组，即由两个词组成的短语。在这些词元中，我们有一个正向词典，其中包括诸如"forward guidance"和"continue strengthen"之类的短语，表明乐观或潜在的经济增长。另一方面，我们的负向词典包含诸如"trade tension"和"security holding"之类的短语，代表着经济景观中的挑战和关切。值得注意的是，这些负面术语经常与最近 FOMC

公告中的"selected bank"一词并列出现。所选银行在代表系统公开市场账户(SOMA)执行与外汇操作有关的公开市场交易中扮演着关键角色。它们作为美联储的交易对手,参与各种操作,如购买和出售外汇、持有外汇余额、进行互换交易,以及管理外汇持有。

在图 5.2(a)中,展示了所有基金以及三个相关的资本重新配置渠道(资金、OECD 和非 OECD)随时间变化的美国头寸平均变化,以便对基金层面美国资产持有的平均变化动态有所了解。为便于阅读,我们对数据进行了按年平均处理。实线表示平均变化,虚线、虚点线和点线分别对应资金、OECD 和非 OECD 渠道。

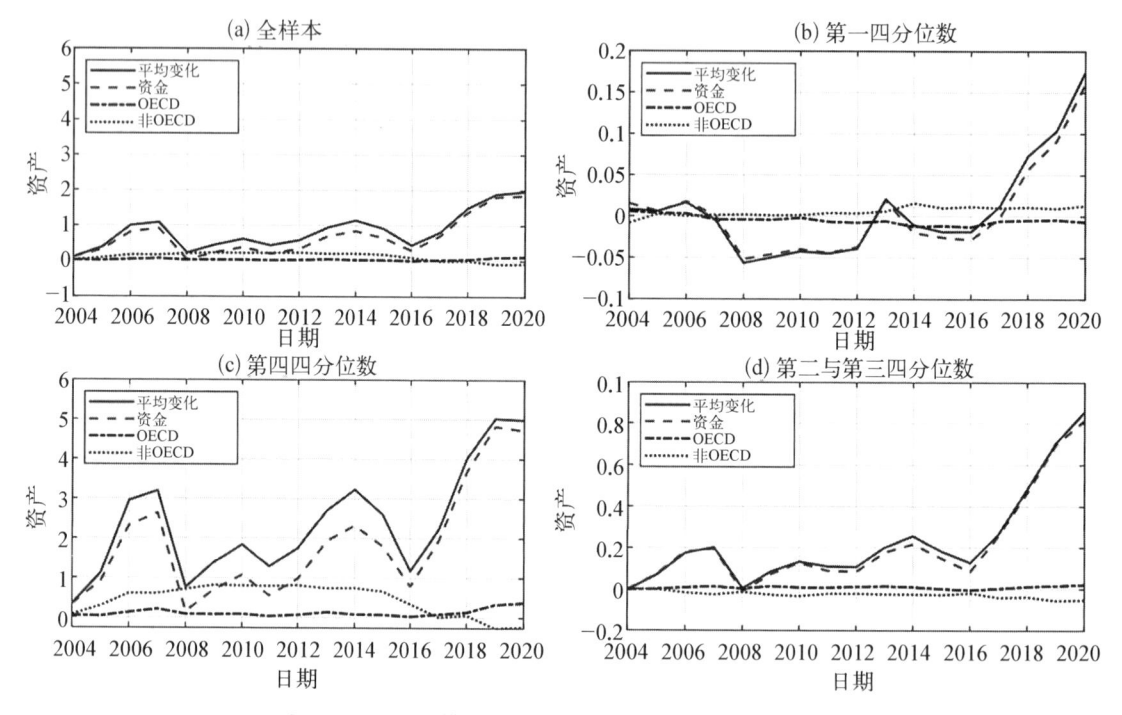

图 5.2 不同规模的国际资本影响美国资本流动的渠道

图 5.2 呈现出三个关键的事实。首先,平均变化随时间呈上升趋势,暗示着长期资金流入美国。其次,大部分变化源自基金自身,这表明它们主要通过新的资本投资来调整其头寸,而不是重新配置现有的投资。最后,OECD 渠道的值接近零,而非 OECD 渠道的值与零显著不同。这一发现表明,至少在月度基础上,基金倾向于将资产从新兴市场重新配置到美国市场,同时保持对其他发达市场的投资。

除了检查全样本外,我们还研究了数据集中基金之间潜在的异质性。为了实现这一点,我们在图 5.2(b)到(d)中按基金平均净资产大小的不同四分位数复制了图 5.2(a),其中,第一四分位数代表平均净资产位于底部 25% 百分位的小型基金,第二和第三四分位数总共代表了中等规模基金位于 50% 百分位,第四四分位数涵盖了平均净资产位于顶部 25% 百分位的大型基金。图 5.2(b)到(d)中的数值和模式变化明显,表明存在较强的异质性。

在图 5.2(b)中较小规模基金和图 5.2(c)中较大规模基金的美国投资平均变化的比较中,产生了一些有趣的发现。图 5.2(b)显示,尽管小型基金的美国投资总体趋势上升,但在

2008年金融危机期间,较小基金倾向于从美国市场撤回其投资。这种资本外流趋势一直持续到2016年。相比之下,图5.2(c)中的较大基金在危机期间仅部分将其美国投资重新配置到新兴市场,并保持其对OECD国家的投资水平,可能是出于组合多样化的目的。虽然较大基金的美国投资放缓是明显的,但它们并未完全撤出资金,其美国资产持有的变化仍然保持正向。

就资产重新配置而言,对于较小基金,赎回和额外投资主要推动了其美国头寸的变化,而对于较大基金,非OECD渠道在资产重新配置中发挥了不可忽视的作用。在这些情况下,通过OECD渠道进行的重新配置仍然较少且稳定。在图5.2(d)中,中等规模基金的行为与较大基金非常相似,自身投资水平显著较低,资产重新配置也较少。

5.5 实证检验

我们进行了固定效应面板回归分析,以分析美国国际资本重新配置,同时控制个体和时间固定效应。表5.4呈现了两种情况下的回归结果:分别在第2～5列和第6～9列中考虑了文本预测变量和未考虑的情况。第1列列出了模型中包含的变量。我们针对上述两种情况下的每个响应变量 $y^{(0)}$、$y^{(1)}$、$y^{(2)}$ 和 $y^{(3)}$ 呈现结果。面板A展示了主要文本预测变量的系数估计值,面板B显示了基金层面控制变量的类似估计值。模型在面板C中描述,其中最后一行报告了中心化的 R^2。标有 *、** 和 *** 的系数表示在10%、5%和1%的水平上具有统计显著性,相应的标准误差显示在括号中。

表5.4 固定效应回归

变量	不加入文本因子				加入文本因子			
	$y^{(0)}$	$y^{(1)}$	$y^{(2)}$	$y^{(3)}$	$y^{(0)}$	$y^{(1)}$	$y^{(2)}$	$y^{(3)}$
A: 文本因子								
X^*					0.785 6 (0.602 3)	1.052 2** (0.515 3)	−0.060 4 (0.138 0)	−0.292 8 (0.235 3)
X^{p*}					3.638 6*** (0.478 1)	2.840 8*** (0.428 3)	1.052 0*** (0.209 8)	0.956 4*** (0.181 8)
X^{n*}					−4.765 6*** (0.582 2)	−4.263 2*** (0.538 3)	−0.630 7*** (0.098 0)	−0.580 9** (0.237 9)
B: 控制变量								
X^{da}	0.021 9*** (0.003 4)	0.022 9*** (0.003 4)	0.001 2*** (0.000 3)	−0.002 2*** (0.000 6)	0.021 8*** (0.003 4)	0.022 8*** (0.003 4)	0.001 2*** (0.000 3)	−0.002 2*** (0.000 6)
X^a	0.000 2 (0.000 2)	0.000 2 (0.000 2)	0.000 0 (0.000 0)	−0.000 0 (0.000 1)	0.000 2 (0.000 2)	0.000 2 (0.000 2)	0.000 0 (0.000 0)	−0.000 0 (0.000 1)

续 表

变量	不加入文本因子				加入文本因子			
	$y^{(0)}$	$y^{(1)}$	$y^{(2)}$	$y^{(3)}$	$y^{(0)}$	$y^{(1)}$	$y^{(2)}$	$y^{(3)}$
X^{div}	−0.034 9 (0.091 0)	−0.005 5 (0.081 5)	−0.041 0 (0.025 0)	0.001 0 (0.031 4)	−0.032 1 (0.090 9)	−0.038 9 (0.081 5)	−0.046 4* (0.025 9)	0.008 5 (0.031 4)
X^{cash}	0.550 7*** (0.134 70)	0.495 3*** (0.129 5)	0.058 0* (0.030 7)	0.049 3* (0.029 8)	0.544 8*** (0.136 5)	0.499 0*** (0.129 0)	0.056 2* (0.030 5)	0.052 1* (0.029 6)
X^{lev}	0.406 7 (0.455 0)	0.211 5 (0.426 4)	0.076 2 (0.118 9)	0.108 5 (0.156 4)	0.377 7 (0.454 7)	0.189 7 (0.426 3)	0.073 1 (0.118 7)	0.123 3 (0.155 9)
C：固定效应								
个体	是	是	是	是	是	是	是	是
时间	是	是	是	是	是	是	是	是
R^2	0.068 6	0.085 8	0.004 5	0.011 1	0.073 7	0.09	0.007 3	0.013 4

注：表5.4总结了具有个体和时间固定效应控制的固定效应回归分析。第1栏列出了模型中包括的变量。在两种情景下的回归结果分别在第2～5列和第6～9列报告，分别考虑了文本预测因子的存在与否。我们针对每个响应变量 $y^{(0)}$、$y^{(1)}$、$y^{(2)}$ 和 $y^{(3)}$ 在上述两种情景下进行结果展示。面板A展示了主要文本预测变量的系数估计值，面板B显示了基金层面控制变量的类似估计值。模型在面板C中描述，其中最后一行报告了居中的 R^2。标有 *、** 和 *** 的系数表示在10％、5％和1％的水平上具有统计显著性，相应的标准误差显示在括号中。

首先，我们仅使用基金层面特征作为解释变量，分析了美国头寸（$y^{(0)}$）月度变化的回归结果。第2列的结果表明，美国头寸的变化主要受现金流和杠杆影响。这可以归因于对美国资产的偏好，因为它们具有流动性和安全性，因此可以理解当基金经理拥有充裕的现金或改善的信贷准入时，他们倾向于增加对这类资产的持有。净资产的变化通常与整体市场表现一致，反映了投资者情绪的影响，因此对美国头寸产生了积极影响。基金多样性对美国头寸的变化有负面影响，暗示着资产多样化可能有助于减轻这些头寸变化的波动。有趣的是，在我们的分析中，基金规模对美国资产持有的变化影响较小，这可能是由于基金的异质性反应导致取消效应。在第3列至第5列，我们基于基金层面特征呈现了美国头寸变化的个别组成部分及其回归结果。这些发现与 $y^{(0)}$ 观察到的情况一致，进一步证实了基金自身额外资本注入在推动美国资产持有变化中的主导作用。

尽管基金层面的控制变量在解释美国头寸变化方面提供了一些见解，但当引入文本预测变量时，回归的解释能力显著增强[①]。这表明驱动美国国际资本流动的因素超出了基金特征本身。因此，我们在回归分析中包含了文本预测变量，相应的结果展示在第6～9列。结果明确表明，包含文本预测变量显著增强了模型的解释能力，突显了FOMC文件中包含

---

① 之前的研究揭示了通过整合从报纸文章文本内容中得出的变量，预测准确性得到了显著提升。Zheng et al.(2023)结合MIDAS模型和机器学习技术发现，新闻关注数据在即时预测中国GDP增长和通胀预期方面提供了可比较甚至更好的精度。Brandt和Gao(2019)在原油市场进行的类似研究发现，与宏观基本面相关的新闻情绪对短期内的油价产生影响，并且在长期内显著预测了油价回报。

信息所起的重要作用。具体来说,在第 6～9 列中,与完整、正向和负向文本预测变量相关的系数具有显著性。正向文本预测变量的系数,表示为 $\boldsymbol{X}^{p*}$,和负向文本预测变量的系数,表示为 $\boldsymbol{X}^{n*}$,显示出相反的符号。FOMC 公告中正面信息频率的增加对未来的美国资产持有量有正向影响,而负面信息频率的增加则抑制未来的投资。比较 $y^{(0)}$ 各组成部分中文本预测变量的系数显示,基金的自身投资最受 FOMC 公告中正面或负面信号的影响,相对于其他重新配置渠道更为敏感。

此外,第 8～9 列中的 $\boldsymbol{X}^{p*}$ 和 $\boldsymbol{X}^{n*}$ 的系数显示与第 6～7 列相同的符号,但幅度较小,表明 FOMC 公告可能对非美国市场产生了溢出效应。具体而言,FOMC 公告中正面信号的增加促使基金通过从 OECD 国家和非 OECD 国家撤回资金来增加其美国头寸。相反,从美国流出的资金重新配置到这些国家,优先选择发达市场。上述发现突显了在研究美国市场的国际资本重新配置时,正向和负向文本预测变量的非对称影响的重要性。

为了确保稳健性,我们在附录 B.2 中将我们的文本分析结果与两个广泛认可的固定情绪词典进行了比较:Hu 和 Liu(2004)的 bing 词典与 Loughran 和 McDonald(2011)的 loughran 词典。然而,任何一个固定词典生成的系数均未表现出统计学显著性。这种缺乏显著性可能归因于词典的固定性,无法捕捉到基金对情绪词的不同偏好[①]。这些结果突显了利用固定情绪词典进行传统文本分析的局限性,并验证了我们基于监督学习的文本分析方法的价值。

5.5.1 异质性分析

在本节中,我们调查了文本预测变量对具有不同资产水平的基金的影响。表 5.5 总结了固定效应回归分析的结果,重点关注了不同净资产水平四分位数基金的文本预测变量的系数估计[②]。面板 A 至 C 分别展示了净资产的第一、第二、第三和第四四分位数基金的结果。标有 * 、** 和 *** 的系数表示在 10%、5% 和 1% 的水平上具有统计显著性,相应的标准误差显示在括号中。

表 5.5　不同资产规模下的固定效应回归

变　量	$y^{(0)}$	$y^{(1)}$	$y^{(2)}$	$y^{(3)}$
A：第一四分位数				
X^*	0.039 3 (0.079 8)	0.074 9 (0.063 6)	0.013 1 (0.015 9)	0.092 8 (0.070 3)
X^{p*}	0.210 8*** (0.050 1)	0.153 1*** (0.049 3)	0.019 1*** (0.009 3)	−0.037 6*** (0.052 0)

---

① Loughran 和 McDonald(2011)提出的情绪词典在适用范围上存在一定局限,尤其是在 10-K 财报之外的文本情境中,其有效性常受到质疑,这一点作者也在文中有所提及。

② 附录 B.1 汇报了所有解释变量系数的固定效应回归分析的完整结果。

续 表

变 量	$y^{(0)}$	$y^{(1)}$	$y^{(2)}$	$y^{(3)}$
X^{n*}	−0.234 5*** (0.060 6)	−0.227 1*** (0.064 5)	−0.060 7*** (0.022 4)	−0.109 6** (0.051 3)
B：第二、第三四分位数				
X^*	0.104 9 (0.315 4)	0.414 7* (0.247 7)	0.095 9 (0.083 9)	−0.029 1 (0.136 4)
X^{p*}	1.867 2*** (0.247 1)	1.560 2*** (0.198 6)	0.234 4*** (0.061 9)	0.369 6*** (0.121 3)
X^{n*}	−1.901 8*** (0.232 9)	−1.721 5*** (0.209 7)	−0.355 7*** (0.057 2)	−0.365 9*** (0.098 6)
C：第四四分位数				
X^*	1.894 3 (1.755 8)	0.622 4 (1.628 9)	−0.223 4 (0.436 9)	−0.558 0 (0.614 8)
X^{p*}	9.105 8*** (1.384 9)	7.663 6*** (1.373 5)	3.206 1*** (0.689 3)	2.159 4*** (0.474 6)
X^{n*}	−12.810 4*** (1.733 8)	−9.685 9*** (1.565 9)	−1.802 6*** (0.337 3)	−1.468 6** (0.713 3)
个体	是	是	是	是
时间	是	是	是	是

注：在表 5.5 中，我们呈现了一个针对各种净资产水平基金的文本预测因子的固定效应回归分析摘要。面板 A 至面板 C 分别展示了净资产处于第一、第二、第三和第四四分位数基金的结果。标有 *、** 和 *** 的系数表示在 10%、5% 和 1% 的水平上具有统计显著性，相应的标准误差显示在括号中。

我们的分析揭示了在不同净资产水平基金中文本预测变量影响的显著差异。具体而言，我们观察到与小型基金相比，较大基金对 FOMC 公告表现出更高程度的敏感性，这体现在从面板 A 到 C 系数幅度的增加。在面板 C 中，我们发现大型基金倾向于在 FOMC 公告中暗示正面情绪时增加其美国头寸，同时在非美国市场上也有影响，表明了溢出效应。类似地，在面板 A 中，小型基金表现出类似的行为，尽管程度较小。面板 B 的结果包括第二、第三、第四四分位数的中等规模基金，与小型和大型基金的发现一致，表明了一个中间地带。我们的分析突显了文本预测变量对具有不同净资产水平的基金产生的高度显著但多样化的影响。此外，它揭示了美国资本流动产生溢出效应，导致国际资本的重新配置。

5.5.2 动态分析

在本节中，我们通过采用滚动窗口分析来探究文本预测变量系数的动态变化。我们将窗口长度设置为 72 个月,涵盖了 6 年的基金相关数据作为训练样本,并每次向前滚动 1 个月。对于每个窗口,我们进行固定效应回归,并记录每个预测期的文本预测变量的系数。我们将整体美国头寸变化 $y^{(0)}$ 和三个资本重新配置渠道 $y^{(2)}$ 到 $y^{(3)}$ 作为响应变量。

结果展现在图 5.3 中,包括子图(a)到(d),分别对应 4 个响应变量中的每一个。在每个子图中,估计的系数与时间的关系被绘制出来。实线代表整体文本预测变量的系数,虚线表示正向文本预测变量的系数,虚点线表示负向文本预测变量的系数。

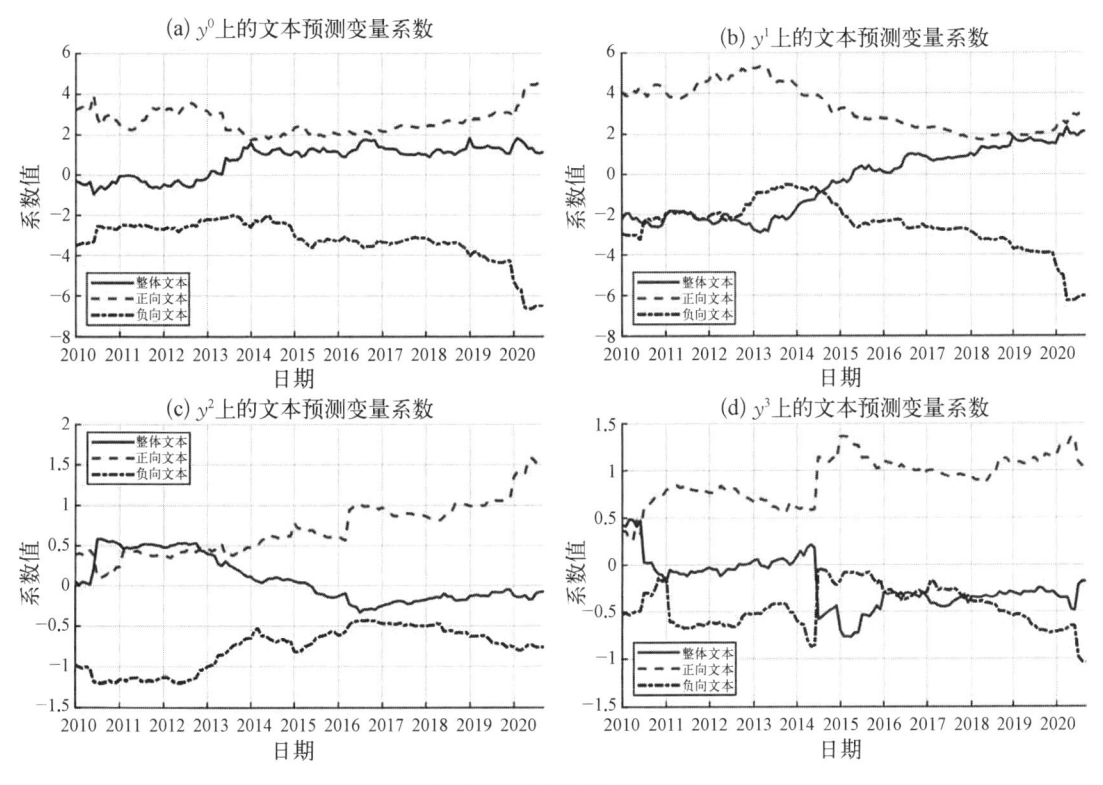

图 5.3 文本因子的时变影响

图 5.3 显示了文本预测变量与响应变量之间的动态关系,得出了几个关键结论。首先,正向文本预测变量 X^{p*} 的系数估计始终呈现出对 $y^{(0)}$ 及其各个分量的正值,而负向文本预测变量 X^{n*} 的系数估计始终呈现出负值。其次,正向和负向文本预测变量在与响应变量的关系中呈现出不同的模式。正向文本预测变量对影响相对稳定,而负向文本预测变量的系数随时间变化波动较大,表明在不同的子样本期间对负向信号更为敏感。最后,图 5.3 中的发现强调了考虑整体以及正向或负向文本预测变量的重要性,从而更深入地了解涉及国际资本重新配置的复杂动态。

5.6　2008 年金融危机前后对比

在这一部分,我们将之前的调查扩展到探索 FOMC 文本预测变量在危机期间的不同影响。为了进行这项任务,我们将整个样本分为 3 个子样本:(1) 危机前,从 2004 年 1 月到

2007年7月;(2) 危机期间,从 2007 年 8 月到 2009 年 3 月;(3) 危机后,从 2009 年 4 月到 2020 年 8 月。我们对每个子样本应用了双向固定回归,并将结果呈现在表 5.6 中。面板 A 到面板 C 分别对应 2008 年金融危机前、危机期间和危机后的结果。标有 *、** 和 *** 的系数表示在 10%、5% 和 1% 的水平上具有统计显著性,相应的标准误差显示在括号中。

表 5.6　金融危机不同阶段的固定效应回归

变　　量	$y^{(0)}$	$y^{(1)}$	$y^{(2)}$	$y^{(3)}$
A：2008 年金融危机前				
X^*	−1.215 1 (1.820 9)	−1.777 3 (1.347 7)	0.299 0 (0.306 5)	0.498 1 (1.349 5)
X^{p*}	1.527 1 (2.541 3)	2.078 3 (1.328 7)	0.609 3** (0.296 3)	0.106 9 (1.452 5)
X^{n*}	−2.362 2** (1.124 9)	−1.545 0 (1.347 0)	−0.933 9** (0.429 0)	−1.258 1*** (0.398 8)
B：2008 年金融危机期间				
X^*	0.653 2 (2.621 1)	−2.130 1 (2.924 4)	−0.221 3 (0.658 5)	1.011 1 (1.293 1)
X^{p*}	7.677 4** (3.753 3)	8.455 6** (4.238 5)	0.156 3 (0.493 5)	0.425 2 (1.304 7)
X^{n*}	−4.655 2*** (1.743 2)	−4.200 8** (1.792 6)	−1.374 8** (0.704 7)	−0.029 8 (0.553 6)
C：2008 年金融危机后				
X^*	0.977 6 (0.655 6)	1.264 4** (0.549 8)	−0.096 0 (0.152 1)	−0.262 0 (0.246 5)
X^{p*}	3.632 5*** (0.511 6)	2.817 6*** (0.457 4)	1.122 8*** (0.230 5)	0.947 9*** (0.196 7)
X^{n*}	−5.060 3*** (0.637 9)	−4.487 5*** (0.587 9)	−0.598 2*** (0.107 8)	−0.633 1*** (0.244 0)

注：表 5.6 总结了针对围绕 2008 年金融危机时期的子样本期间进行的固定效应回归分析,重点关注文本预测变量。面板 A 到面板 C 分别对应 2008 年金融危机前、危机期间和危机后的结果。标有 *、** 和 *** 的系数表示在 10%、5% 和 1% 的水平上具有统计显著性,相应的标准误差显示在括号中。

不同子样本下正向和负向文本预测变量的系数估计呈现出在总体美国头寸变化及其各分量中不同的趋势,尤其是在金融危机前后。对 $y^{(0)}$ 和 $y^{(1)}$ 的结果显示,在危机后,它们的 X^{p*} 和 X^{n*} 的系数显著上升。在危机期间,X^{p*} 的系数上升,随后在危机结束后有所下降,尽管仍然比危机前高。另一方面,X^{n*} 对 $y^{(0)}$ 和 $y^{(1)}$ 的系数一直呈现上升趋势。相比之下,对 $y^{(2)}$ 和 $y^{(3)}$ 的结果显示 X^{p*} 的系数增长较为温和。

这些发现突显了在 2008 年金融危机之后对 FOMC 公告关注度的显著增加。特别是在危机后,人们对 FOMC 公告特别关注基金使用自有资金进行额外资本投资的情况。这或许有助于解释危机后国际资本流向美国市场的激增。以上发现并不令人意外,考虑到当时的情况,美联储发布了多项旨在稳定金融系统并实施非常规量化宽松措施的政策公告,吸引了市场参与者对 FOMC 公告的重要关注。此外,危机后,FOMC 继续利用前瞻性指引和其他非常规政策工具,这可能继续吸引了市场参与者关注 FOMC 的声明。

5.7 对投资偏好的解释

自从 French 和 Poterba(1991)的重要论文以来,国际金融领域已经形成了大量文献,分析了投资者在国际股票市场上的资产配置。这些研究包括但不限于 Coval 和 Moskowitz(1999)、Hau 和 Rey(2008)、Hamberg 等人(2013)、Kwabi 等人(2017)的研究。这些研究特别指出了"本土偏好"(home bias)和"国外偏好"(foreign bias)现象,这指的是投资行为与在完全分散的全球投资组合下预期行为之间观察到的偏差[①]。本土偏好指的是投资者倾向于不成比例地将投资组合分配给国内资产,如股票、债券或房地产,而不是进行全球分散化。相反,国外偏好指的是将投资不成比例地配置给特定的外国国家或地区,而忽视了维持全球多样化投资组合的优势。

在本节中,我们在国际资本重新配置的背景下,研究了联邦政策公告对于美国本土偏好的影响。我们将完整样本分为三个子集:基于基金所在地分类的 OECD、不包括美国在内的 OECD 以及非 OECD。我们分析了表 5.7 中文本预测变量系数的变化。面板 A 至面板 C 分别对应基金所在地在 OECD、不包括美国在内的 OECD 和非 OECD 经济体的情况。第 2 至第 4 列分别展示了响应变量 $y^{(0)}$、$y^{(1)}$、$y^{(2)}$ 和 $y^{(3)}$ 的结果。标有 *、** 和 *** 的系数表示在 10%、5% 和 1% 的水平上具有统计显著性,相应的标准误差显示在括号中。考虑到美国货币政策对于在美国设立基金的潜在影响,我们也分析了不包括来自美国的 OECD 基金的情况。在总共的 706 个基金中,有 643 个(91.0%)设在 OECD 国家。在排除了美国设立的基金后,有 363 个基金(51.4%)留在 OECD 子样本中。剩下的 62 个基金设在非 OECD 国家,仅占样本的 8.5%。

表 5.7 不同地区基金的投资偏好

变 量	$y^{(0)}$	$y^{(1)}$	$y^{(2)}$	$y^{(3)}$
A:OECD 基金			
X^*	0.804 4 (0.602 8)	1.079 6* (0.551 8)	−0.120 5 (0.146 0)	−0.326 5 (0.253 3)

---

① 例如,美国股票交易员将近 94% 的资金分配给国内证券,即使美国股票市场占全球股票市场不到 48%(Coval 和 Moskowitz,1999)。这种现象被称为"本土偏好之谜",也在其他国家观察到,投资者主要投资于本国,往往忽视外国的投资机会。

续　表

变　　量	$y^{(0)}$	$y^{(1)}$	$y^{(2)}$	$y^{(3)}$
X^{p*}	3.790 8*** (0.479 4)	2.944 8*** (0.451 7)	1.132 6*** (0.226 1)	1.037 5*** (0.194 2)
X^{n*}	−4.850 6*** (0.624 7)	−4.331 8*** (0.588 5)	−0.599 6*** (0.102 0)	−0.589 4** (0.257 4)
B：OECD 基金（不包含美国）				
X^*	0.204 3 (0.674 4)	1.041 8 (0.679 7)	0.084 5 (0.190 8)	−0.165 0 (0.169 5)
X^{p*}	2.981 1*** (0.468 2)	1.920 4*** (0.483 2)	0.601 5*** (0.179 5)	0.803 9*** (0.176 4)
X^{n*}	−3.562 2*** (0.548 2)	−3.823 3*** (0.551 5)	−0.595 3*** (0.139 0)	−0.643 7*** (0.128 2)
C：非 OECD 基金				
X^*	0.402 7 (0.986 0)	−0.580 6 (0.700 6)	0.764 0** (0.317 8)	0.213 6 (0.296 5)
X^{p*}	−0.408 6 (0.766 3)	0.537 2 (0.561 7)	0.068 7 (0.126 2)	−0.059 2 (0.283 4)
X^{n*}	−1.999 4*** (0.622 5)	−0.466 3 (0.497 6)	−1.083 0*** (0.310 7)	−0.638 7*** (0.197 2)

注：表 5.7 总结了固定效应回归分析的结果，重点研究美国联邦政策公告对国内偏好和国外偏好的影响。面板 A 至面板 C 代表设在 OECD 国家、不包括美国的 OECD 国家以及非 OECD 经济体的基金。第 2 到第 4 列显示了响应变量 $y^{(0)}$、$y^{(1)}$、$y^{(2)}$ 和 $y^{(3)}$ 的结果。标有 *、** 和 *** 的系数表示在 10%、5% 和 1% 的水平上具有统计显著性，相应的标准误差显示在括号中。

　　面板 A 和 B 中的系数通常比面板 C 中的系数具有更大的幅度，这表明与非 OECD 基金相比，基于 OECD 的基金更加敏感于 FOMC 公告所传达的情绪。我们的分析主要集中在面板 A 和 B 中与响应变量 $y^{(2)}$ 相关的结果，这些结果捕捉到由于其他 OECD 持仓的调整而导致的美国资产持有变化。在面板 A 中，X^{p*} 的系数幅度持续超过了 X^{n*} 的系数。这表明 OECD 的基金（包括在美国设立的基金）在认为 FOMC 公告传达积极信号时，更倾向于将资金从非 OECD 国家转移到美国。相反，当 FOMC 公告传达负面情绪时，它们表现出从美国重新配置资金到 OECD 国家的倾向较弱。

　　在面板 B 中，当我们排除美国基金样本时，X^{p*} 和 X^{n*} 的系数幅度之间的差距变窄。这表明与其他基于 OECD 的基金相比，美国设立的基金可能存在本土偏好，导致投资向美国市场的不均匀配置。在附录 B.4 中，我们进行假设检验，以检验面板 A 和 B 中 X^{p*} 和 X^{n*} 系数幅度之间的差异。检验结果显示存在统计上显著的差异，为支持我们之前的论点面板 C 呈现了非 OECD 基金的结果。具体来说,在面板 C 的 $y^{(3)}$ 中,$\boldsymbol{X}^{p*}$ 的系数幅度较小且缺乏统计显著性。相比之下,$\boldsymbol{X}^{n*}$ 的系数幅度较大且具有统计显著性。这些发现表明,非 OECD 基金更倾向于在 FOMC 情绪日益负面时,将其投资从美国重新配置到非 OECD 国家的资产上。换句话说,对于非 OECD 基金而言,当面临 FOMC 的负面情绪时,其本土偏好似乎更为明显。

总体而言,美国和非 OECD 与 OECD 基金都表现出强烈的本土偏好,表明它们更偏好于将其投资组合的大部分资金分配给国内资产。这种偏好可能受到诸如对本地市场的熟悉、认为风险较低或者促进国内投资的监管限制等因素的影响。相反,OECD 基金(不包括美国)并没有表现出这种偏好。这表明这些基金采取了更加平衡的国际资产配置策略,充分利用了在国内和美国资产投资方面的优势。在这个群体中缺乏本土偏好可能归因于更好的信息获取途径、较少的监管限制以及更成熟的投资策略,这些策略考虑了全球市场的机遇。

5.8 结　　论

本文探讨了 FOMC 政策声明和会议纪要对基金层面美国资产重新配置的影响。利用 2004 年 1 月到 2020 年 8 月跨越的投资组合月度数据,我们集中研究了美国资产持有的三种重新配置渠道:资金渠道、OECD 渠道和非 OECD 渠道。我们在文献中的第一个贡献是通过采用随机森林预测和基金层面特征的数据插值技术来解决不确定的重新配置渠道的问题。

与先前依赖事件虚拟变量的研究相比,我们采用了一种先进的文本分析工具来衡量 FOMC 政策声明和会议纪要的影响。我们的方法包括将原始文本转换为简化文本并生成二元词组。然后,利用词频-逆文档频率度量对这些词组进行排名,以构建每个基金的预处理词典。为了确定最具预测性的词语,我们采用了基于 LASSO 方法的监督学习方法,这是由 Lima 和 Godeiro(2023)提出的建议。通过将得到的文本预测因子与基金层面特征结合起来,我们进行了固定效应回归分析,以检验每个重新配置渠道中美国头寸的变化。我们的模型考虑了个体和时间固定效应,以确保稳健性并控制潜在的混杂因素。

我们的结果表明,将来自 FOMC 政策声明的文本预测因子纳入回归模型显著增强了解释能力,突显了这些信息在国际资本再配置过程中的关键作用。具体来说,我们观察到,在 FOMC 政策声明中,正面信息的频率增加与未来持有美国资产的增加相对应,而负面信息的增加则抑制了未来的投资。此外,我们对不同重新配置渠道下文本预测因子系数的分析突显出,基金层面自身投资对 FOMC 政策声明传达的正面和负面信号表现出最高的响应水平。

此外,我们的分析拓展了研究文本预测因子在不同基金中的异质性效应,以及这些效应随时间的演变。我们发现,相较于规模较小的同类基金,规模较大的基金对 FOMC 公告表现出更敏感的态度。此外,在不同阶段,文本预测因子的系数出现显著波动,特别是在2008年金融危机期间出现了激增，随后虽有下降但仍高于危机前水平。这表明在危机期间及之后，对FOMC公告的关注发生了显著转变，可能影响了危机后国际资本流动的增加。此外，我们在美国国际资本重新配置的背景下考察了FOMC公告对本土偏好的影响。我们的发现表明，美国基金存在潜在的本土偏好，而非OECD基金在面对FOMC的负面信号时表现出更强的本土偏好。相反，OECD基金（不包括美国）并不表现出类似的偏好，暗示这些基金采取了更平衡的国际资产配置策略。这种策略性的方法使它们能够充分利用投资于国内和美国资产的好处，表明了一种更多元化的投资策略。

参考文献

[1] Albagli, E., Ceballos, L., Claro, S., Romero, D., 2019. Channels of US Monetary Policy Spillovers to International Bond Markets[J]. Journal of Financial Economics, 134: 447-473.

[2] Brandt, M.W., Gao, L., 2019. Macro Fundamentals or Geopolitical Events? A Textual Analysis of News Events for Crude Oil[J]. Journal of Empirical Finance, 51: 64-94.

[3] Breiman, L., 2001. Random Forests[J]. Machine Learning, 45: 5-32.

[4] Breiman, L., Friedman, J., Stone, C.J., 1984. Classification and Regression Trees [M]. Chapman and Hall/CRC.

[5] Cenedese, G., Elard, I., 2021. Unconventional Monetary Policy and the Portfolio Choice of International Mutual Funds[J]. Journal of International Money and Finance, 115: 102357.

[6] Coval, J.D., Moskowitz, T.J., 1999. Home Bias at Home: Local Equity Preference in Domestic Portfolios[J]. Journal of Finance, 54: 2045-2073.

[7] Doh, T., Kim, S., Yang, S.-K., 2021. How You Say it Matters: Text Analysis of FOMC Statements Using Natural Language Processing[J]. Federal Reserve Bank Kansas City Economic Review, 25-40.

[8] El-Shagi, M., Jung, A., 2015. Have Minutes Helped Markets to Predict the MPC's Monetary Policy Decisions? [J] European Journal of Political Economy, 39: 222-234.

[9] Frankel, R., Jennings, J., Lee, J., 2022. Disclosure Sentiment: Machine Learning vs. Dictionary Methods[J]. Management Science, 68: 5514-5532.

[10] Fratzscher, M., Straub, R., Lo Duca, M., 2013. On the International Spillovers of US Quantitative Easing[R]. Working Paper Series 1557, European Central Bank.

[11] French, K.R., Poterba, J.M., 1991. Investor Diversification and International Equity Markets[J]. American Economic Review, 81: 222.

[12] Gardner, B., Scotti, C., Vega, C., 2022. Words Speak as Loudly as Actions: Central Bank Communication and the Response of Equity Prices to

Macroeconomic Announcements[J]. Journal of Econometrics, 231: 387-409.

[13] Hamberg, M., Mavruk, T., Sjögren, S., 2013. Investment Allocation Decisions, Home Bias and the Mandatory IFRS Adoption[J]. Journal of International Money and Finance, 36: 107-130.

[14] Hansen, S., McMahon, M., 2016. Shocking Language: Understanding the Macroeconomic Effects of Central Bank Communication[J]. In: 38th Annual NBER International Seminar on Macroeconomics. Journal of International Economics, 99: S114-S133.

[15] Hansen, S., McMahon, M., Prat, A., 2017. Transparency and Deliberation within the FOMC: A Computational Linguistics Approach[J]. Quarterly Journal of Economics, 133: 801-870.

[16] Hau, H., Lai, S., 2016. Asset Allocation and Monetary Policy: Evidence from the Eurozone[J]. Journal of Financial Economics, 120: 309-329.

[17] Hau, H., Rey, H., 2008. Home Bias at the Fund Level[J]. American Economic Review, 98: 333-338.

[18] Hong, S., Lynn, H. S., 2020. Accuracy of Random-forest-based Imputation of Missing Data in the Presence of Non-normality, Non-linearity, and Interaction[J]. BMC Medical Research Methodol, 20: 199.

[19] Hu, M., Liu, B., 2004. Mining and Summarizing Customer Reviews[R]. In: Proceedings of the Tenth ACM SIGKDD International Conference on Knowledge Discovery and Data Mining. KDD '04. ACM, New York, NY, USA, 168-177.

[20] Izmailov, P., Kirichenko, P., Finzi, M., Wilson, A. G., 2020. Semi-supervised Learning with Normalizing Flows[R]. In: Daumé III, H., Singh, A. (Eds.), Proceedings of the 37th International Conference on Machine Learning[R]. In: Proceedings of Machine Learning Research, Vol. 119. PMLR, 4615-4630.

[21] Kamath, C. N., Bukhari, S. S., Dengel, A., 2018. Comparative Study between Traditional Machine Learning and Deep Learning Approaches for Text Classification[R]. In: Proceedings of the ACM Symposium on Document Engineering 2018. DocEng '18. Association for Computing Machinery, New York, NY, USA.

[22] Koepke, R., 2018. Fed Policy Expectations and Portfolio Flows to Emerging Markets[J]. Journal of International Financial Markets, Institutions and Money, 55, 170-194.

[23] Kwabi, F.O., Thapa, C., Paudyal, K., Adegbite, E., 2017. Biases in International Portfolio Allocation and Investor Protection Standards[J]. International Review of Financial Analysis, 53: 66-79.

[24] Kwabi, F. O., Boateng, A., Adegbite, E., 2019. International Equity Portfolio Investment and Enforcement of Insider Trading Laws: a Cross-Country Analysis[J]. Review of Quantitative Finance and Accounting, 53: 327-349.

[25] Lima, L.R., Godeiro, L.L., 2023. Equity-premium Prediction: Attention is All You

Need[J]. Journal of Applied Econometrics, 38: 105-122.

[26] Lima, L.R., Godeiro, L.L., Mohsin, M., 2021. Time-varying Dictionary and the Predictive Power of FED Minutes[J]. Computational Economics, 57: 149-181.

[27] Loughran, T., McDonald, B., 2011. When is a Liability not a Liability? Textual Analysis, Dictionaries, and 10-Ks[J]. Journal of Finance, 66: 35-65.

[28] Paternoster, R., Brame, R., Mazerolle, P., Piquero, A., 1998. Using the Correct Statistical Test for the Equality of Regression Coefficients[J]. Criminology, 36: 859-866.

[29] Reis, J.C.S., Correia, A., Murai, F., Veloso, A., Benevenuto, F., 2019. Supervised Learning for Fake News Detection[J]. IEEE Intelligent Systems, 34: 76-81.

[30] Rubin, D.B., 1977. Formalizing Subjective Notions about the Effect of Nonrespondents in Sample Surveys[J]. Journal of the American Statistical Association, 72: 538-543.

[31] Stock, J.H., Watson, M.W., 2002. Forecasting Using Principal Components from a Large Number of Predictors[J]. Journal of the American Statistical Association, 97: 1167-1179.

[32] Tibshirani, R., 1996. Regression Shrinkage and Selection via the Lasso[J]. Journal of the Royal Statistical Society, Series B 58: 267-288.

[33] Wickham, H., 2014. Tidy Data[J]. Journal of Statistical Software, 59: 1-23.

[34] Zheng, T., Fan, X., Jin, W., Fang, K., 2023. Words or Numbers? Macroeconomic Nowcasting with Textual and Macroeconomic Data[J]. International Journal of Forecasting.

附录A 随机森林与文本指标构建

在附录A,我们介绍随机森林算法与文本指标的构建过程。

A.1 随机森林

随机森林算法的基础组件被称为回归树(RT),最初由Breiman等人(1984)提出。值得注意的是,这种方法的完整名称是分类与回归树(CART)。在CART中,分类主要处理非数字符号和文本的分类响应,而回归树则专注于定量响应变量。由于我们的数据集具有数值特性,我们将只考虑CART的回归树组件。

使用回归树算法的关键在于确定最佳分割点。我们考虑一个样本集合$\{y_t, x_t\}_{t=1}^n$。在进行简单回归后,我们得到了残差平方和,记为SSR_0。如果我们能将原始样本分成两个子集,即$n = n_1 + n_2$,使用回归树算法寻求最佳分割点,使得两个子集的残差平方和(SSR)之和最小化。具体来说,从每个子集得到的SSR值应满足以下条件:$SSR_1 + SSR_2 \leqslant SSR_0$。我们可以重复这个分割过程,直到达到预先确定的停止点。由Breiman(2001)提出的随机森林算法将回归树作为预先确定的训练层面的基础。该算法概括如下:

(i) 随机选择一个样本数据,采用有放回抽样(Bootstrap)。

(ii) 构建一个回归树,在每个节点分割之前,从总共K个预测因子中选择一个由q个预测因子组成的随机样本(不放回抽样),其中 q 小于 K。

(iii) 使用回归树生成预测值 $\hat{f}$。重复步骤(i)到(iii),共 $b=1,\cdots,B$ 次,并得到每个 b 对应的 $\hat{f}^b$。

(iv) 对 B 个预测值求平均,得到 $\hat{f}_{RF} = \frac{1}{B}\sum_{b=1}^{B}\hat{f}^b$,并将 $\hat{f}_{RF}$ 视为最终的预测值。

在随机森林算法中,每棵树都是使用原始数据的子集进行训练的,通过在步骤(i)中随机选择带放回的样本来实现。在自助采样中未被选择的剩余数据被视为袋外观察值(OOB observations)。这些观察值对于衡量模型的预测准确性非常有用,因为它们提供了一个独立的评估集,这个集合并未用于模型训练。

通常观察到,在训练过程中使用更多的自助采样样本会导致更高的预测准确性。然而,这也会增加训练模型所需的计算时间。因此,重要的是在预测准确性和计算时间约束之间取得平衡。

A.2　文本数据清洗

首先,我们创建一个语料库(Corpus),其中包含联邦公开市场委员会(FOMC)的政策公告,根据其每月发布的日期对语料库中的每个文件进行组织。在政策声明和会议纪要在同一个月发布的情况下,我们将两者的文本合并到一个文件中。在语言学和自然语言处理中,语料库指的是一组大型和结构化的文本或口语语言数据,这些数据被用作语言分析、语言建模和其他与语言相关的任务的基础。

原始文本数据可能存在杂乱和噪声,在使用前需要进行清洗。遵循 Wickham(2014)所概述的简化数据原则对于实现有效的文本分析至关重要。文本清洗是本文讨论的所有文本挖掘技术的先决条件。我们整理文本数据的方法包括以下步骤:(1) 将文本词元为二元组;(2) 删除包含数字和介词的词元;(3) 删除过长或过短的词语;(4) 排除特定词语。

一个词元是文本的一个有意义的单位,比如一个单词或短语,用于分析的目的。词元化是将文本分割成词元的过程。在清洗后的文本中,表格中的每一行应该有一个词元。为了进行基于单词的文本分析,我们将文本分成二元组,即两个单词的组合,避免了语义歧义。为了保持一致性,所有单词都转换为小写形式,因为在官方文件中,大写字母并不具有特殊含义。

为了简化文本分析,我们从文本中删除数字和介词。特别是介词必须被移除,因为它们通常是语言中频繁出现但对文本意义贡献不大的常见词语。将我们的词元化数据与常见介词列表进行匹配,比如"the""of""to""are""is"等,可以有效地将这些词语从文本中移除。另外,删除包含数字的词元有助于消除与我们分析无关的任何数字信息。通过应用这些文本清洗技术,我们可以将混乱的原始数据转换为简洁的文本格式,更易于处理,并在分析中产生更准确的结果。

有时,文本数据可能包含非常长的词,比如网页链接、ID、特定标签等,在文本分析中毫无意义。为了解决这个问题,我们过滤掉包含超过 15 个字符的词。同样,数据中可能还包含像"jr""mr""ms""ii"等非常短的词,这些词对分析也是无关的。因此,我们还设置了单词长度的下限为三个字符,并删除那些字符较少的词。这些步骤可以帮助我们剔除对文本分析无关的词汇。

在大多数文本整理过程中,某些无用的词可能会保留下来,比如人名、日期或地点。在我们的文本数据中,有一些词可能对其他分析有用,但在我们的语境中毫无意义,我们希望跳过它们。这些词的例子包括"a.m.""benjamin""edwards""january""moscow""philadelphia""treasury"等。这些被特别跳过的词是基于个人在领域中的经验和专业知识选择的,这在实际操作中非常关键。我们的跳过词列表包含552个字符串,可根据请求提供。

A.3 词频-逆文档频率(TF‐IDF)

词频-逆文档频率(TF‐IDF)是一种用于确定语料库中单词重要性的数值统计量。它通常被用作信息检索、用户建模及相关领域的加权因子。虽然 TF‐IDF 作为一个有用的启发式方法,但其理论基础长期以来一直是争论的焦点,许多研究人员试图建立其信息论基础。

理解 TF‐IDF 的关键在于"逆文档频率"中的"逆"字。TF‐IDF 的值与单词在文档中出现的频率成正比(TF 部分),但这种增加会被语料库中包含该单词的文档数量所抵消(逆文档频率部分)。换句话说,TF‐IDF 奖励高词频但惩罚高文档出现频率。这种方法有助于解决一些不重要的词在语料库中出现频率较高的情况。

也许获得词频(TF)最流行的方法是通过以下方程式给出:

$$TF(t,d)=\frac{f_{t,d}}{\sum_{i\in d}f_{i,d}} \tag{A.1}$$

其中,$TF(t,d)$ 表示文档 d 中词项 t 的词频,$f_{t,d}$ 表示文档 d 中词项 t 的原始计数,t 代表文档 d 中的任何有效词项。

IDF(逆文档频率)衡量了一个词提供多少信息,即它在所有文档中是常见还是罕见。IDF 最直接的定义是特定词项的对数缩放的倒数文档比例:

$$IDF(t,D)=\log\frac{|D|_{\#}}{|d\in D:t\in d|_{\#}} \tag{A.2}$$

$|D|_{\#}$ 表示语料库 D 中的文档总数,$|d\in D:t\in d|_{\#}$ 表示包含词项 t 的文档数量。当记作 $N\equiv|D|_{\#}$ 且 $n(t)\equiv|d\in D:t\in d|_{\#}$ 时,方程(A.2)可以重写为:

$$IDF(t,D)=\log\frac{N}{n(t)}$$

很容易看出,$N/n(t)$ 表示语料库中包含词项 t 的文档比例,换句话说,即文档频率。上述定义是文档频率的(对数)倒数,因此称为逆文档频率(IDF)。

最后,TF‐IDF 加权计算为 TF 和 IDF 的乘积:

$$TF\text{-}IDF(t,d,D)=TF(t,d)\cdot IDF(t,D)$$

其中,$TF(t,d)$ 和 $IDF(t,D)$ 的估算器可以是上述提及的任何一种。当一个词在文档中频率很高而在整个语料库中频率很低时,就会得到较高的 TF‐IDF 权重,有效地滤除了常见的词项。如果一个词在所有文档中出现,其 IDF 接近于零,就导致 TF‐IDF 权重接近于零。

附录 B 补充的实证检验

B.1 不同分位数下的回归结果

在表 B.1 中,我们展示了固定效应回归分析的摘要,报告了各解释变量在不同净资产水平分位数的基金中的系数估计。第 2 到第 13 列分别展示了净资产水平在第一、第二、第三和第四四分位数的估计结果。标有 *、** 和 *** 的系数表示在 10%、5% 和 1% 的水平上具有统计显著性,相应的标准误差显示在括号中。

第五章 自然语言识别与国际资本流动分析

表 B.1 不同资产规模分位数下的固定效应回归

变量	第一四分位数 $y^{(0)}$	$y^{(1)}$	$y^{(2)}$	$y^{(3)}$	第二、第三四分位数 $y^{(0)}$	$y^{(1)}$	$y^{(2)}$	$y^{(3)}$	第四四分位数 $y^{(0)}$	$y^{(1)}$	$y^{(2)}$	$y^{(3)}$
A：文本因子												
X^*	0.039 3 (0.079 8)	0.074 9 (0.063 6)	0.013 1 (0.015 9)	0.092 8 (0.070 3)	0.104 9 (0.315 4)	0.414 7* (0.247 7)	0.095 9 (0.083 9)	−0.029 1 (0.136 4)	1.894 3 (1.755 8)	0.622 4 (1.628 9)	−0.223 4 (0.436 9)	−0.558 0 (0.614 8)
X^p	0.210 8*** (0.050 1)	0.153 1*** (0.049 3)	0.019 1** (0.009 3)	−0.037 6*** (0.052 0)	1.867 2*** (0.247 1)	1.560 2*** (0.198 5)	0.234 4*** (0.061 9)	0.369 6*** (0.121 3)	9.105 8*** (1.384 9)	7.663 6*** (1.373 5)	3.206 1*** (0.689 3)	2.159 4*** (0.474 6)
X^n	−0.234 5*** (0.060 6)	−0.227 1*** (0.064 5)	−0.060 7*** (0.022 4)	−0.109 6*** (0.022 4)	−1.901 8*** (0.232 9)	−1.721 5*** (0.209 7)	−0.355 7*** (0.057 2)	−0.365 9*** (0.098 6)	−12.810 4*** (1.733 8)	−9.685 9*** (1.565 9)	−1.802 6*** (0.337 3)	−1.468 6** (0.713 3)
B：控制变量												
$\mathbf{X}^{da}$	0.221 7*** (0.031 8)	0.222 7*** (0.031 9)	0.002 2** (0.001 0)	−0.001 1 (0.000 8)	0.039 7*** (0.031 3)	0.040 2*** (0.013 4)	0.000 5** (0.000 2)	−0.000 7 (0.000 7)	0.015 8*** (0.003 0)	0.016 7*** (0.003 0)	0.001 1*** (0.000 3)	−0.002 0*** (0.000 6)
$\mathbf{X}^a$	0.010 6*** (0.002 9)	0.010 5*** (0.002 8)	0.000 2 (0.000 2)	−0.000 0 (0.000 3)	0.003 3** (0.001 5)	0.003 3** (0.001 5)	0.000 1 (0.000 1)	−0.000 1 (0.000 1)	0.000 2 (0.000 2)	0.000 2 (0.000 2)	0.000 0 (0.000 0)	−0.000 0 (0.000 1)
$\mathbf{X}^{dtv}$	0.036 0*** (0.013 7)	0.035 5*** (0.010 3)	0.003 7 (0.003 5)	0.000 3 (0.003 1)	0.035 9 (0.053 2)	0.002 4 (0.052 4)	−0.001 1 (0.008 6)	0.019 6* (0.010 1)	−0.114 4 (0.198 5)	−0.137 7 (0.176 5)	−0.116 3* (0.061 5)	0.023 2 (0.072 1)
$\mathbf{X}^{cash}$	−0.028 2 (0.020 3)	−0.027 8 (0.021 2)	0.000 8 (0.001 5)	−0.001 7 (0.001 7)	0.172 7 (0.174 6)	0.162 8 (0.172 8)	0.026 6*** (0.009 8)	−0.009 1 (0.010 0)	1.868 1*** (0.341 8)	1.673 5*** (0.309 7)	0.177 4 (0.110 0)	00.193 5* (0.105 0)
$\mathbf{X}^{lev}$	−0.041 4 (0.067 7)	−0.059 9 (0.364 2)	−0.015 4 (0.014 7)	0.007 6 (0.025 0)	−0.030 2 (0.249 9)	0.067 0 (0.237 2)	0.061 7 (0.053 0)	−0.112 6 (0.082 6)	−0.072 1 (1.608 9)	−0.959 3 (1.498 7)	0.083 0 (0.442 7)	0.626 0 (0.541 8)
C：固定效应												
个体	是	是	是	是	是	是	是	是	是	是	是	是
时间	是	是	是	是	是	是	是	是	是	是	是	是
R^2	0.405 5	0.444 7	0.035 5	0.025 2	0.139 6	0.150 8	0.017 2	0.015 8	0.117 0	0.137 3	0.017 0	0.027 6

注：在表 B.1 中，我们呈现了一个固定效应回归分析的摘要，报告了各种净资产水平基金所有解释变量的系数估计值。第 2 到第 13 列分别展示了净资产处于第一、第二、第三和第四四分位数的基金的结果。标有 *、** 和 *** 的系数表示在 10%、5% 和 1% 的水平上具有统计显著性，相应的标准误差显示在括号中。

B.2 基于通用词典的回归结果

在本节中,我们使用两个知名的通用词汇表进行文本分析:Hu 和 Liu(2004)的 bing 词汇表与 Loughran 和 McDonald(2011)的 loughran 词汇表。这些词汇表通常用于基于无监督学习的文本分析,其中对文本中的单词或短语分配预定义的情感分数或类别。

bing 词汇表被广泛认可为传统文本分析中最流行的词汇表之一。然而,loughran 词汇表因其专门设计用于分析经济和金融文献而脱颖而出。其与众不同之处在于作者在构建适用于这一特定领域的词汇表时所具有的专业知识和专长。在进行经济和金融文本分析时,他们提供了充分的理由,说明为何偏好他们的词汇表而不是其他词汇表。

表 B.2 总结了使用替代固定情感词典进行的固定效应回归分析的结果。该表包括两个面板:面板 A 和面板 B。面板 A 展示了使用 bing 情感词典进行变量 X^*、X^{p*} 和 X^{n*} 分析的结果,面板 B 展示了使用 loughran 情感词典的结果,相应的标准误差用括号报告。

表 B.2 不同情感词典的固定效应回归

变　　量	$y^{(0)}$	$y^{(1)}$	$y^{(2)}$	$y^{(3)}$
A:bing 情感词典				
X^*	0.351 9 (0.411 1)	0.337 1 (0.392 0)	−0.015 0 (0.064 8)	0.078 0 (0.099 0)
X^{p*}	−0.193 2 (0.365 6)	−0.165 8 (0.340 9)	0.059 6 (0.082 9)	−0.081 2 (0.084 7)
X^{n*}	−1.356 4 (1.220 4)	−1.069 8 (1.152 3)	−0.246 3 (0.248 5)	0.040 9 (0.203 8)
B:loughran 情感词典				
X^*	0.046 3 (0.439 7)	0.033 0 (0.405 6)	0.072 2 (0.092 7)	0.075 1 (0.099 4)
X^{p*}	−0.343 0 (0.304 2)	−0.370 0 (0.287 4)	0.007 3 (0.063 1)	0.018 7 (0.100 0)
X^{n*}	0.170 1 (1.205 4)	0.216 7 (1.125 5)	−0.328 2 (0.302 8)	0.252 8 (0.301 4)

注:在表 B.2 中,我们提供了一个文本预测因子系数的摘要,这是使用替代的固定情感词典进行的固定效应回归分析结果。面板 A 和面板 B 分别报告了使用 bing 和 loughran 词典得到的结果,相应的标准误差报告在括号内。

经检验发现,两种词典产生的系数均不具有统计显著性。这种显著性缺失可以归因于词典的固定性质,未能捕捉到基金之间的异质性。不同基金可能偏爱不同的关键词,而固定的词典忽视了这种异质性。因此,使用固定的词典可能引入过多的噪声并忽视有价值的信息,导致表中呈现的高度不显著的结果。

这些发现突显了使用固定情感词典进行传统文本分析方法的局限性,并强调了主文中采用的以监督学习为基础的文本分析方法的优势。监督学习方法考虑了异质性,并且相比于固定词典方法,提供了更准确、更有意义的见解。

B.3 样本外预测

这项研究采用滚动窗口方法进行样本外预测。我们保持训练数据集的窗口长度为72个月,并使用下个月的观察结果进行样本外预测。针对预测任务,可以采用各种机器学习模型,每个模型更适用于不同的情况。在本次实验中,我们在每一轮中结合了五种流行的机器学习算法以及简单的汇总回归,并使用均方根预测误差(RMSFE)和平均绝对预测误差(MAFE)来评估它们的预测性能。需要注意的是,由于样本期间较长,新的基金可能在此期间进入我们的样本中。每次预测时记录预测误差,并在所有预测完成后计算总体样本的RMSFE或MAFE。以下是对这些方法的简要介绍:

1. 汇总(Pooling):该方法使用普通最小二乘回归。
2. 回归树(RT):决策树模型的变体,专门设计用于回归问题。回归树递归地将样本分成子集,并构建树来进行预测。
3. 随机森林(RF):一种集成学习方法,随机森林通过重新取样和变量选择生成弱预测器,然后将它们组合以进行最终预测。
4. SVR-L:带线性核的支持向量回归。SVR-L是一种参数方法,利用线性核来分析回归任务的数据。
5. SVR-G:带高斯核的支持向量回归。SVR-G是一种基于高斯核的非参数方法,相比于线性核,更适用于非线性关系。
6. NN:前馈全连接神经网络回归。这种人工神经网络用于回归任务,由多层神经元组成,每一层连接到后续层中的所有神经元。

表B.3显示了所有六种算法的性能评估,表B.4提供了主要调整参数的详细描述。美国资产持有量的变化和三个重新配置通道($y^{(0)}$到$y^{(3)}$)被报告为响应变量的第一行。面板A和面板B分别展示了每种算法的RMSFE和MAFE结果。

表B.3 样本外预测结果对比

算法	$y^{(0)}$	$y^{(1)}$	$y^{(2)}$	$y^{(3)}$
A：RMSFE				
Pool	60.209 0	54.212 2	16.238 7	15.670 5
RT	61.315 4	52.025 6	21.036 7	21.561 0
RF	**50.899 3**	**43.872 2**	**15.928 5**	**15.609 1**
SVR-L	899.997 6	562.124 9	439.459 1	350.494 1
SVR-G	61.366 2	55.548 7	16.270 3	15.685 9
NN	3 963.731 5	4 080.790 0	3 174.446 0	3 026.171 1
B：MAFE				
Pool	15.602 6	13.950 8	1.778 9	2.072 4

续 表

算 法	$y^{(0)}$	$y^{(1)}$	$y^{(2)}$	$y^{(3)}$
RT	15.920 7	12.697 2	2.295 1	2.902 2
RF	13.369 6	11.612 5	2.056 8	2.237 4
SVR－L	172.060 9	128.518 9	94.000 1	116.146 4
SVR－G	**13.392 8**	**11.608 9**	**1.388 2**	**1.498 7**
NN	541.307 1	573.600 0	430.877 2	425.001 1

注：每一组中最优的策略使用粗体标注。

在所有情况下，SVR—L 和 NN 的表现都不理想，而 RT 和汇总方法显示出平均的样本外精度。在所有响应变量下，RF 在 RMSFE 指标下始终表现优于其他方法。虽然在 $y^{(2)}$ 和 $y^{(3)}$ 的 MAFE 下，SVR－G 超过其他方法，但在 $y^{(0)}$ 和 $y^{(1)}$ 作为响应变量时，其在 RMSFE 下的表现明显逊色于 RF，在 MAFE 下则无法区分。综合比较来看，RF 通常表现出比其他方法更强的预测能力。

表 B.4　方法及关键可调参数

方法	可调参数	描　　述
RT	MNS, MLS, MBS	回归树：最大分裂数（MNS）设置为 1，最小叶子数量（MLS）设置为 1，最小节点数量设置为 10。
RF	MLS, NPV, B	随机森林：最小叶子数量（MLS）设置为 1，每次分裂时随机选取的变量比例（NPV）设置为 1/3，Bootstrap 的次数设置为 200。
SVR－L	BC, ϵ	支持向量回归（线性核）：边界约束（BC）设置为 1；ϵ 设置为 IQR/13.49，其中 IQR 为响应变量的四分位矩。
SVR－G	$BC, \epsilon, G(\cdot, \cdot)$	支持向量回归（高斯核）：边界约束（BC）设置为 1；ϵ 设置为 IQR/13.49；高斯核函数的形式如下：$G(x_j, x_i) = \exp(-\|x_j - x_i\|^2)$。
NN	$L, N, f(\cdot)$	前馈全连接神经网络：隐藏层层数（L）设置为 1；神经元数量（N）设置为 10；激活函数选择 ReLU：$f(x) = \begin{cases} x, & x \geq 0 \\ 0, & x < 0 \end{cases}$

B.4　对系数差异性的假设检验

这里我们对表 5.7 中响应变量为 $y^{(2)}$ 的结果进行假设检验，以检验 $\boldsymbol{X}^{p*}$ 和 $\boldsymbol{X}^{n*}$ 的系数大小之间的差异。我们用 $\Delta\beta$ 表示 $\boldsymbol{X}^{p*}$ 和 $\boldsymbol{X}^{n*}$ 的系数差异。我们考虑以下的零假设和备择假设：

$$H_0:\Delta\beta_A=\Delta\beta_B$$
$$H_A:\Delta\beta_A\neq\Delta\beta_B$$

其中,下标 A 和 B 对应于样本 A 和 B 的 $\Delta\beta$。根据 Paternoster 等人(1998)的方法,我们计算 z 统计量:

$$z=\frac{\Delta\beta_A-\Delta\beta_B}{\sqrt{se(\Delta\beta_A)^2+se(\Delta\beta_B)^2}}$$

其中,$se(\Delta\beta_A)$ 和 $se(\Delta\beta_B)$ 分别代表 $\Delta\beta_A$ 和 $\Delta\beta_B$ 的标准误差。

根据 $y^{(2)}$ 响应变量的结果进行检验,得到估计的 z—统计量为 1.609 1,p—值为 0.053 8。因此,在 10%的显著性水平下,我们拒绝了基于美国注册基金和其他 OECD 国家注册基金的国内偏好相同的零假设。

第六章

中文政策文本分析与国际资本流动

本章我们将介绍文本分析技术在中文环境下的应用。我们将借助前沿语言模型技术,深入解析中国货币政策在全球资本市场中的核心作用,并探讨其对国际资本流动逻辑的关键影响。在当前经济全球化的背景下,该研究对指导中国经济开放策略与政策制定至关重要。

我们从交叉学科的视角出发,特别是通过运用先进的文本分析技术,构建了一个针对国际资本流动的分析框架。这一框架考虑了中文政策文本的特点,提高了信息提取效率,精准捕捉政策变化。我们将这一框架应用于中国人民银行货币政策沟通的研究中,通过深入挖掘和分析,探索国际资本对央行沟通的微观反应及其动态变化。这一研究不仅有助于我们理解资本流动的内在机制,还能为政策制定者提供及时、准确的反馈。此外,本项目将比较中美央行沟通差异,并探究其对近二十年全球资本流动的影响。这一比较有助于全面理解各国央行策略对全球经济的影响。通过这一研究,我们期望能够为政策制定者提供有价值的参考,推动中国经济的持续健康发展,并为全球经济稳定做出积极贡献。

6.1 引　　言

货币政策沟通已经成为现代央行最重要的货币政策工具之一(Morris 和 Shin,2002;Bernanke,2020)。有效的沟通可以显著减少公众预期的分歧,从而最小化经济波动(Lin et al.,2023)。随着金融市场的发展和完善,中国人民银行逐渐意识到预期管理的重要性。在政府的工作文件中,关于预期管理等关键词被提及的频率正在增加。与此同时,中国稳定且快速的经济增长和日益开放的金融账户,在过去二十年间吸引了大量国际资本,特别是股权投资。短期资本的大规模流入流出加剧了市场的波动性,这可能使中国仍在发展的金融系统暴露于全球金融危机的风险中。在这种背景下,理解中国人民银行的货币政策沟通如何影响国际资本流动,对于管理预期和控制风险至关重要。本文旨在应用改进的无监督机器学习算法,从中国的货币政策文本中提取主题,并构建主题强度变化的时间序列,以研究中国人民银行的货币政策沟通如何影响国际投资组合的重新配置。

与其他主要经济体不同,中国人民银行没有独立制定和实施货币政策的权力,而是作为国务院的顾问。这大大降低了货币政策设计和实施的透明度。随着中国政府逐渐认识到管理预期的重要性,中国人民银行开始将沟通作为一种非常规的货币政策工具(Liu et al.，2022）。最近的研究发现，中国人民银行定期发布的货币政策执行报告和其他形式的沟通对市场和公众预期有显著影响（Lin et al.，2023；Xiong，2012；Armelius et al.，2020）。

中国人民银行的货币政策报告通常包括五个部分：货币和信贷政策、货币政策分析、金融市场分析、宏观经济分析和货币政策展望。作为官方文件，这些报告的撰写标准很高，这可能导致不同时期的报告之间存在相当大的相似性，从而在提取有用信息的过程中引入噪声。例如，Lin et al.（2023）试图通过仅提取货币政策报告的展望部分来最小化噪声。为了解决这一问题，我们在现有方法的基础上改进了算法，通过在传统 LDA 模型中加入两层 TF-IDF 算法来去除文本中的噪声。这个改进的算法使我们能够更准确地识别报告中的语言变化，并基于这些变化提取出中国人民银行沟通的七个主题，基于此检验国际资本对中国人民银行货币政策沟通的关注度。

我们的研究结果表明，中国人民银行的货币政策沟通对国际资本流动具有显著的影响：在国际基金的投资组合中，中国资产份额的变化显著地受到中国人民银行货币政策沟通中不同主题强度变化的影响。其中，中国人民银行关于通胀、监管以及宏观经济形势的沟通对基金持有的中国资产份额的变化的解释能力最大。在进一步的分析中，我们发现了国际资本对中国人民银行货币政策沟通的关注度具有显著的异质性和时变特征。我们根据国际基金的规模和投资策略对样本进行划分，基金之间的异质性主要体现在对中国人民银行不同沟通关注维度上的差异。具体而言，小型基金和集中型策略的基金更加关注人民银行对于公开市场操作和社会融资等主题的沟通，这通常涉及央行短期的操作计划。而中、大型基金与分散策略的基金则会同时关注央行沟通的多个主题。最后，我们通过计算样本滚动窗口下的 partial-R^2 发现了国际资本对中国人民银行沟通不同主题关注度存在非常明显的周期性，而这也能够解释样本其内中国短期国际资本流动的波动。

我们的研究主要与三类文献相关。首先是非正式货币政策工具或中央银行沟通相关的研究。2008 年金融危机之后，主要发达经济体面临零下限的问题（Liu et al.，2022）。由于传统货币政策失效，中央银行沟通作为一种非正式的货币政策工具开始受到越来越多的关注（Bernanke，2013；Armelius et al.，2020）。许多研究人员探讨了这一问题，证明中央银行沟通可以通过引导公众预期来影响宏观经济（Bernanke et al.，2004；Cieslak 和 Schrimpf，2019；Correa et al.，2021），从而使中央银行能够实现促进产出和稳定经济的双重目标。此外，在金融市场中，预期会微妙地影响国际投资组合的变动（Tille 和 Van Wincoop，2010）。中央银行沟通文件中的言辞和情感对国内金融市场和国际投资组合有显著影响（Picault 和 Renault，2017；Qiu et al.，2023；Lin et al.，2023）。

第二类文献涉及新兴市场的资本流动。Calvo et al.(1993)和 Fernandez-Arias(1996)引入了推拉因素框架，这被证明在解释危机期间及之后的资本流动时非常有用（Koepke，2019）。拉动因素是指吸引资本流入新兴市场的特征，推动因素则指驱动全球投资者投资新兴市场的条件。许多后续研究考察了主要发达经济体扩张性货币政策对新兴市场的影响，发现以美国利率为衡量标准的货币政策在影响资本流入新兴市场方面起着重要作用（Cerutti et al.，2019；Davis et al.，2021；Koepke，2019）。Koepke(2018)的研究强调了美国货币政策中意外因素的重要性，这是推动新兴市场投资组合流入的关键驱动因素。其他研究则从新兴市场的角度探讨了影响国际资本流动的因素，包括风险（Milesi-Ferretti 和

Tille,2011；Ananchotikul 和 Zhang,2014；Bruno 和 Shin,2015)、增长(Baek,2006；Ahmed 和 Zlate,2014)和回报(Chuhan et al.,1998；Fratzscher,2012)。

第三类文献涉及对中国货币政策的理解。随着金融系统日益开放,中国人民银行逐渐从基于数量控制的方式转向基于市场的方式(Lin et al.,2023)。在这一过程中,中国人民银行越来越意识到管理预期的重要性(Liu et al.,2022)。Lin et al.(2023)的研究发现,中国人民银行沟通的有效性随着时间的推移有所提高,通过沟通努力显著减少了通胀预期的分歧。Bennani(2019)通过计算中国人民银行公开演讲中的情感指标,并使用高频股票交易数据验证了中国人民银行沟通对股票价格的显著正面影响。

本章其余部分的结构如下：第二节介绍了研究中的数据来源以及数据处理过程,第三节为实证检验,第四节为进一步分析,第五节给出本章结论。

6.2 数据来源与处理

本节,我们介绍文章的数据来源以及文本数据的处理过程。我们的数据有三个主要来源。首先,我们收集了 EPFR 提供的月度频率的基金投资数据；其次,为了控制其他可能对资本流动产生影响的因素,我们收集了国家层面的宏观数据；最后,文章采用的文本数据来自中国人民银行网站公布的《货币政策执行报告》与货币政策例会的会议纪要。

6.2.1 基金数据

相比较为了更好地刻画微观层面的资本流动,我们使用了来自 EPFR 的数据集。这一份数据集在月度频率上提供了跨国基金在全球范围内投资的详细信息。具体而言,除了基金个体层面的一些特征,如基金的规模、持仓数量等,我们还可以获取到给定基金在样本期内对各个经济体的投资份额、金额及其变动情况。鉴于本文的研究问题,我们仅考虑在样本期内至少有一期持有过中国资产的基金。最终我们的样本涵盖了 2001 年第二季度至 2023 年第一季度期间超过 3 000 只基金的投资数据。为了与中国人民银行货币政策沟通的频率吻合,我们将基金数据汇总到了季度频率,并在图 6.1 中展示了基金的一些重要信息。

图 6.1 中,面板(a)—(f)分别表示样本期间持有中国资产的基金的平均规模、基金持有的中国资产占基金总资产的平均份额、基金对中国资产的净流入、基金持有中国资产的总金额、基金持有中国资产的平均金额以及基金对中国资产的累计净流入。其中,阴影区域分别用来表示次贷危机(2007 年第三季度—2009 年第一季度)与新冠疫情阶段(2020 年第一季度—2022 年第四季度)。

从图 6.1 我们可以发现,金融危机期间,中国资产在国际投资组合中的总金额、平均金额以及净流入均呈显著下降,但基金对中国资产的平均份额却依旧表现出相对稳定的上涨趋势。这意味着中国资产在危机期间的表现相对全球其他资产更具优势,具备一定的避险属性。而在新冠疫情期间,国际基金投资组合持有的中国资产在经过一轮快速攀升后迅速下滑,这一模式对应着中国与全球在疫情控制阶段的错位。中国在首轮新冠疫

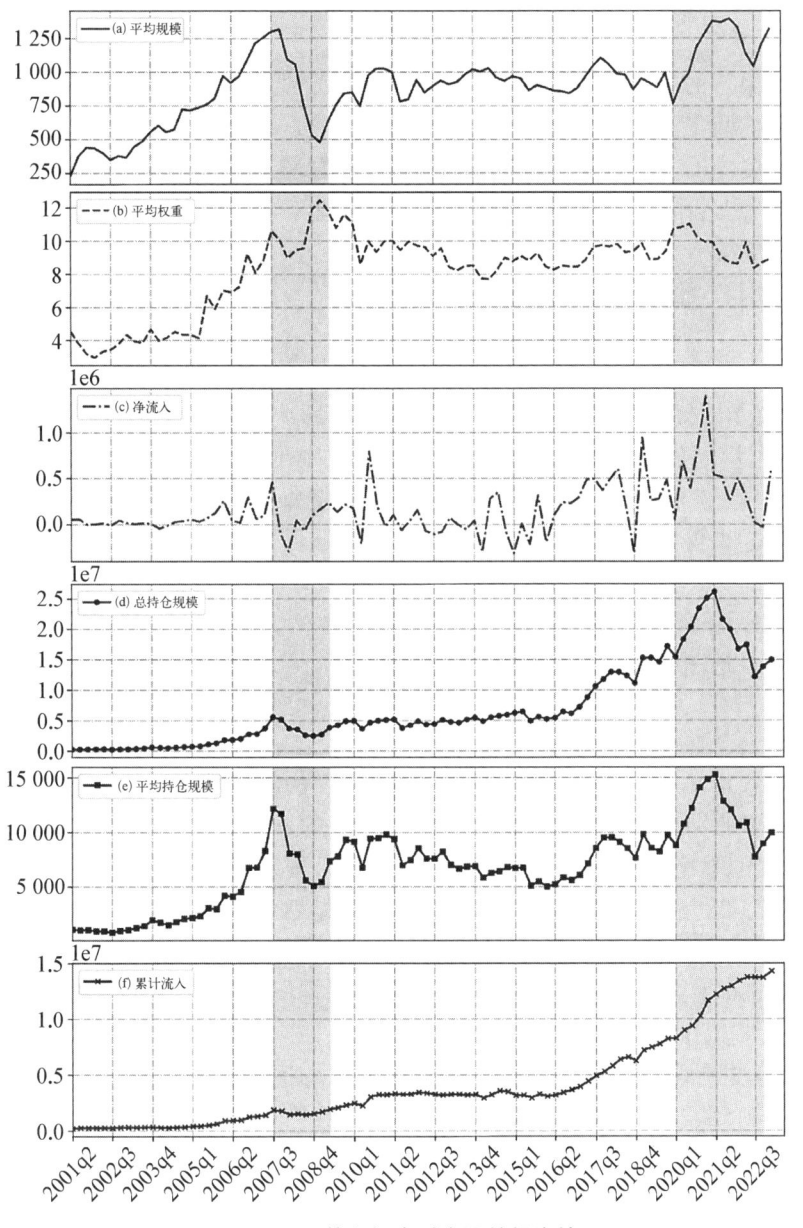

图 6.1 国际基金投资对中国的投资情况

情爆发后快速采取管控措施抑制疫情的进一步扩散并且在疫情得到控制后,率先恢复生产。而在第二轮疫情阶段,其他主要经济体采取了相对第一轮更加温和的管控措施,但中国依旧贯彻严格管控措施。这导致基金在中国第二轮管控期间将更多的资产配置到其他经济体。

6.2.2 文本数据

本节,我们介绍如何运用非监督的机器学习算法——LDA 模型,生成中国人民银行货币政策沟通文件中不同主题的强度指标。与传统的文本情感分析不同,LDA 作为一种非监督学习算法,需要大量的训练数据来保证模型的可靠性,这对我们的文本数据处理过程提出了更高的要求。

中国人民银行的主要沟通方式为在官方网站上定期公布货币政策执行报告与货币政策例会纪要。我们收集了2001年第二季度至2023年第一季度所有可获得的官方文本数据,并将同一个季度内的文本数据进行合并,作为当期的沟通内容。为了生成适用于主题模型的训练数据,我们遵循以下步骤对文本数据进行处理:

6.2.2.1 数据清洗

为了便于理解,我们将原始数据表示为:

$$D=\{d_t\},\ t=1,2,\cdots T,$$

其中,t 表示时间,d_t 表示对应时期的央行沟通内容。LDA作为一种非监督机器学习算法,需要大量的数据来保证计算的准确性。而中国人民银行的货币政策报告(MPR)发布频率相对较低,采用传统的文本处理办法,即将每个季度的报告视为单个样本,容易导致过拟合现象并降低结果的可信度。为规避上述问题,我们按照以下三个步骤对文本进行预处理:

首先,我们根据段落对原始的货币政策报告及会议纪要进行切分,将每个段落视为一条独立的样本。因此,报告 d_t 可以表示为:

$$d_t=\{p_k\},\ k=1,2,\cdots,K_t,$$

其中,p_k 表示 d_t 中的第 k 个段落。采取这种做法出于两个考虑:首先,分段处理可以使我们获得更多的训练样本,从而极大地提高训练的质量。LDA对于样本数量的要求较高,而样本长度的影响较小。其次,作为官方报告,中国人民银行的货币政策沟通文件通常遵循严格的标准,段落间具有相对清晰的语义和功能划分。一份常规报告通常包括五个章节:货币和信贷分析、货币政策操作、金融市场回顾、宏观经济回顾和货币政策展望,每个章节的各个段落也都有各自的功能和明确的主题。根据段落划分,我们可以得到更细粒度的训练样本,从而提高训练效率。

其次,我们改进了传统的文本清洗策略,使其更加适用于中文的文本分析环境,并通过以下步骤生成训练语料库:(1)去除标点符号、数字、功能字符和其他无意义的词汇。(2)使用目前主流的中文分词工具包jieba[1],将段落切分成词语向量,并表示为 $p_k=\{w_n\}$,$n=1,2,\cdots,N_{K_t}$,其中 w_n 代表相应段落中的第 n 个词。与英文写作环境中将词视为最小单位不同,中文语境下,字符(汉字)是最小单位,但单个字符通常不具备明确意义。因此,我们需要将它们组合成有意义的词汇。为了改进分词结果,我们还将sogou[2]提供的经济金融单词表添加进分词器中。(3)计算每个词的TF-IDF得分,并按得分降序删除最后1/3数量的词汇。清洗后的训练数据集可以表示为:

$$D_{train}=\{p_i\},\ i=1,2,\cdots,I$$

---

[1] https://github.com/fxsjy/jieba。
[2] 我们将经济学、金融和社会词典输入分词器,可以在 https://pinyin.sogou.com/dict/ 找到。

其中，I 表示所有段落的总和，p_i 包含相应段落的保留词向量①。这一步可以帮助我们一定程度上消除段落之间的相似性，保留有助于区分段落主题的词汇，提高训练样本的质量。

最后，我们将处理好的文本数据重新组成文档，并在文档层面重复一遍 TFIDF 的步骤，表示为 $D_{test}=\{d_t^*\}$，其中 d_t^* 表示由相应段落组成的词向量。这一步的目的在于消除文档层面的相似性。最终，D_{train} 和 D_{test} 用于分别训练 LDA 模型并生成最终输出。

6.2.2.2 LDA 模型与参数计算

LDA 模型是 Blei、Ng 和 Jordan(2003)提出的一种文本挖掘方式，通过将单词进行聚类来生成不同的主题词群。具体而言，我们认为每个文档中的主题以及每个主题中的词汇都遵循一个多项分布，而多项分布的参数被视为随机变量。我们令语料库 D 由 M 个长度为 N_i 的文档组成，LDA 模型假设文本的生成过程如下：

（1）令 $\theta_i \sim Dir(\alpha)$，其中 $i \in \{1,\cdots,M\}$，$Dir(\alpha)$ 表示一个具有对称参数 α 的狄利克雷分布（Dirichlet distribution），且 $\alpha(\alpha<1)$ 通常是稀疏的。

（2）令 $\varphi_k \sim Dir(\beta)$，其中 $k \in \{1,\cdots,K\}$，且 β 通常为稀疏的。

（3）对于每一个处于 i,j 的单词，其中 $i \in \{1,\cdots,M\}$，$j \in \{1,\cdots,K\}$，有：

a) 主题 $z_{i,j} \sim Multinominal(\theta_i)$

b) 单词 $w_{i,j} \sim Multinominal(\varphi_{z_{i,j}})$

LDA 模型的参数估计基于贝叶斯框架。简单起见，我们假设每一份文档的长度相等且等于 N（这并不影响在实际应用中面临不等长文档的情形）。此时，概率模型可以定义为：

$$P(\boldsymbol{W},\boldsymbol{Z},\boldsymbol{\theta},\boldsymbol{\varphi};\alpha,\beta)=\prod_{i=1}^{K}P(\varphi_i;\beta)\prod_{j=1}^{M}P(\theta_j;\alpha)\prod_{t=1}^{N}P(Z_{j,t}\mid\theta_j)P(W_{j,t}\mid\varphi_{Z_{j,t}})$$

其中加粗的符号表示向量。为了简化计算过程，我们将 $\boldsymbol{\varphi}$ 和 $\boldsymbol{\theta}$ 提出，并主要关注主题与单词的边缘分布函数：

$$P(\boldsymbol{Z},\boldsymbol{W};\alpha,\beta)=\int_{\boldsymbol{\theta}}\int_{\boldsymbol{\varphi}}P(\boldsymbol{W},\boldsymbol{Z},\boldsymbol{\theta},\boldsymbol{\varphi};\alpha,\beta)d\boldsymbol{\varphi}d\boldsymbol{\theta}$$

$$=\int_{\boldsymbol{\varphi}}\prod_{i=1}^{K}P(\varphi_i;\beta)\prod_{j=1}^{M}\prod_{t=1}^{N}P(W_{j,t}\mid\varphi_{Z_{j,t}})d\boldsymbol{\varphi}\int_{\boldsymbol{\theta}}\prod_{j=1}^{M}P(\theta_j;\alpha)\prod_{t=1}^{N}P(Z_{j,t}\mid\theta_j)d\boldsymbol{\theta}$$

考虑到 θ 和 φ 之间的独立性，单独处理 θ 和 φ 是可行的。这里我们主要关注 θ：

$$\int_{\boldsymbol{\theta}}\prod_{j=1}^{M}P(\theta_j;\alpha)\prod_{t=1}^{N}P(Z_{j,t}\mid\theta_j)d\boldsymbol{\theta}=\prod_{j=1}^{M}\int_{\theta_j}P(\theta_j;\alpha)\prod_{t=1}^{N}P(Z_{j,t}\mid\theta_j)d\theta_j$$

通过监视一个给定文档的 θ：

$$\int_{\theta_j}P(\theta_j;\alpha)\prod_{t=1}^{N}P(Z_{j,t}\mid\theta_j)d\theta_j$$

我们可以将实际的分布代入上述公式中，得到更加清晰的表达式：

---

① 上述步骤可视为样本增强。我们最终保留了 15 851 个句子以及包含 17 568 个单词的词典用于训练。我们也删除了词数少于 3 的段落。

$$\int_{\theta_j} P(\theta_j;\alpha) \prod_{t=1}^{N} P(Z_{j,t} \mid \theta_j) d\theta_j = \int_{\theta_j} \frac{\Gamma(\sum_{i=1}^{K} \alpha_i)}{\prod_{i=1}^{K} \Gamma(\alpha_i)} \prod_{i=1}^{K} \theta_{j,i}^{\alpha_i - 1} \prod_{t=1}^{N} P(Z_{j,t} \mid \theta_j) d\theta_j$$

定义 $n_{j,r}^{i}$ 为属于主题 i，且位于词典中的第 r 个单词在第 j 个文档中的计数。这种表示法引入了一个三维空间。如果某个维度没有被固定住，我们就用点（•）来表示。例如，$n_{j,(\cdot)}^{i}$ 表示文档 j 中属于主题 i 的词的总数。文档 j 中主题的概率的乘积可以表示为：

$$\prod_{t=1}^{N} P(Z_{j,t} \mid \theta_j) = \prod_{i=1}^{K} \theta_{j,i}^{n_{j,i}^{i}(\cdot)}$$

因此，我们可以得到 θ_j 的积分：

$$\int_{\theta_j} \frac{\Gamma(\sum_{i=1}^{K} \alpha_i)}{\prod_{i=1}^{K} \Gamma(\alpha_i)} \prod_{i=1}^{K} \theta_{j,i}^{\alpha_i - 1 + n_{j,(\cdot)}^{i}} d\theta_j$$

这与狄利克雷分布具有相同的结构。因此，这一积分也具有狄利克雷分布的性质，有：

$$\int_{\theta_j} P(\theta_j;\alpha) \prod_{t=1}^{N} P(Z_{j,t} \mid \theta_j) d\theta_j = \frac{\Gamma(\sum_{i=1}^{K} \alpha_i)}{\prod_{i=1}^{K} \Gamma(\alpha_i)} \frac{\prod_{i=1}^{K} \Gamma(n_{j,n(\cdot)}^{i} + \alpha_i)}{\Gamma(\sum_{i=1}^{K} n_{j,(\cdot)}^{i} + \alpha_i)}$$

φ 部分的处理与 θ 是类似的，这说明了主题-单词之间的对称关系。推导的过程可以表示为：

$$\int_{\boldsymbol{\varphi}} \prod_{i=1}^{K} P(\varphi_i;\beta) \prod_{j=1}^{M} \prod_{t=1}^{N} P(W_{j,t} \mid \varphi_{Z_{j,t}}) d\boldsymbol{\varphi} = \prod_{i=1}^{K} \frac{\Gamma(\sum_{r=1}^{V} \beta_r)}{\prod_{r=1}^{V} \Gamma(\beta_r)} \frac{\prod_{r=1}^{V} \Gamma(n_{(\cdot),r}^{i} + \beta_r)}{\Gamma(\sum_{r=1}^{V} n_{(\cdot),r}^{i} + \beta_r)}$$

为了更加直观地表示，我们将最终的表达式写为：

$$P(\boldsymbol{Z}, \boldsymbol{W};\alpha,\beta) = \prod_{j=1}^{M} \left\{ \frac{\Gamma(\sum_{i=1}^{K} \alpha_i)}{\prod_{i=1}^{K} \Gamma(\alpha_i)} \frac{\prod_{i=1}^{K} \Gamma(n_{j,(\cdot)}^{i} + \alpha_i)}{\Gamma(\sum_{i=1}^{K} n_{j,(\cdot)}^{i} + \alpha_i)} \right\}$$
$$\times \prod_{i=1}^{K} \left\{ \frac{\Gamma(\sum_{r=1}^{V} \beta_r)}{\prod_{r=1}^{V} \Gamma(\beta_r)} \frac{\prod_{r=1}^{V} \Gamma(n_{(\cdot),r}^{i} + \beta_r)}{\Gamma(\sum_{r=1}^{V} n_{(\cdot),r}^{i} + \beta_r)} \right\}$$

我们利用 Gibbs 采样来近似条件分布 $P(\boldsymbol{Z} \mid \boldsymbol{W};\alpha,\beta)$。由于 $P(\boldsymbol{W};\alpha,\beta)$ 对于任意 $\boldsymbol{Z}$ 均保持恒定，因此，我们可以直接通过 $P(\boldsymbol{Z} \mid \boldsymbol{W};\alpha,\beta)$ 推导出 Gibbs 采样函数。其中，最关键的一步是推导出如下的条件概率：

$$P(Z_{(m,n)} \mid \boldsymbol{Z}_{-(m,n)}, \boldsymbol{W};\alpha,\beta) = \frac{P(Z_{(m,n)}, \boldsymbol{Z}_{-(m,n)}, \boldsymbol{W};\alpha,\beta)}{P(\boldsymbol{Z}_{-(m,n)}, \boldsymbol{W};\alpha,\beta)}$$

其中，$Z_{(m,n)}$ 表示为第 m 个文档中第 n 个词所表示的主题，$\boldsymbol{Z}_{-(m,n)}$ 表示 $Z_{(m,n)}$ 以外的其他主题。在 Gibbs 采样中的重点是基于相对于其他主题的概率，采样获得新的 $Z_{(m,n)}$。因此，我们通过化简上述公式来强调这些相对概率：

$$P(Z_{(m,n)} = v \mid \boldsymbol{Z}_{-(m,n)}, \boldsymbol{W};\alpha,\beta) \propto (n_{m,(\cdot)}^{v,-(m,n)} + \alpha_v) \left(\frac{n_{(\cdot),v}^{v,-(m,n)} + \beta_v}{\sum_{r=1}^{V} n_{(\cdot),r}^{v,-(m,n)} + \beta_r} \right)$$

需要注意，$n_{j,r}^{i,-(m,n)}$ 的计算中不包含 $Z(m,n)$。这种化简方式利用了伽马函数的性质来将目标聚焦于**文档-主题**与**主题-词汇**的条件关系上，简化了 LDA 框架下的复杂计算。这种方式作为 Gibbs 采样的基础，使得我们可以迭代更新基于上下文的**词汇-主题**联系。

在获得 φ 和 θ 分布的积分后，我们的目标就转向对于模型参数的优化上。我们通过选择 α 和 β 来最大化样本数据的边缘对数似然函数：

$$l(\alpha,\beta) = \sum_{i,j \in M} \log P(w_{i,j} \mid \alpha,\beta)$$

由于模型本身的复杂性，直接计算 $P(w_{i,j} \mid \alpha,\beta)$ 是不现实的。然而，变分推理通过建立可优化的对数似然的下界为我们提供了一种可行的方法，从而使得我们可以近似 LDA 模型参数的经验贝叶斯估计。

优化过程使用了期望-最大化（Expectation-Maximization，EM）算法，该算法主要由两个步骤组成：

(1) E-step（Expectation step）。这一步的目的是基于当前对模型参数的估计推断数据的潜在结构。对于数据集中的每个文档：

a) 计算出最优的变分参数，γ_d^* 和 γ_d^*，使得关于文档的潜在主题分布和单个**词语-主题**分配的对数似然下界最大化；

b) 其中，γ 表示每个文档中的主题分布，ϕ 表示对单个词语所赋予的主题；

c) 迭代更新每个文档的这些变分参数，直到收敛，在当前模型参数下获得最佳的后验分布的近似值。

(2) M-step（Maximization step）。当我们通过 E-step 推断出潜在的结构后，我们在这一阶段重点关注模型的参数 α 和 β：

a) 基于 E-step 得到的下界进行优化，通过调整 α 和 β 来增强模型与观测数据的一致性；

b) 利用优化算法不断更新 α 和 β，分别优化全局主题分布以及单词层面的主题概率；

c) M-step 旨在确保模型参数以一种增加理论模型和观测数据之间一致性的方式更新。

这种以模拟为基础的迭代过程，在最终模型结果中引入了一定程度的随机性。这种随机性来自对初始条件的设定以及 E-step 和 M-step 中使用的优化方法的随机性。通过不断迭代直到对数似然值或参数 α 和 β 的变化减小到一定阈值以下，表明模型已经在 LDA 框架下收敛到最稳定的状态。

作为机器学习算法中的一种，LDA 模型对于超参数的选择是敏感的，其中最重要的参数为主题数量 k。确定主题数量的方式主要有两种：主观选择和算法选择。在本节中，我们首先基于 LDA 模型在不同主题数量下的一致性得分进行评估，以初步确定合理的主题数量范围；随后结合人工判读各主题的语义可读性，综合确定最终的主题数量。如图 6.2 所示，根据一致性得分，我们初步确定主题数为 7[①]。在 $k=7$ 的设定下，我们发现所得到的主题词分布具备很强的可读性。我们将主题词根据其概率分布绘制出词云图，并展示在图 6.3 中。很明显，每个主题由一些联系紧密的词语组成，这意味着当谈论某个特定主题时，这些词通常会一起出现。我们在表 6.1 中对每个主题做了一个简单的总结。

---

① 我们同样考察了当 $k=6,8,15$ 时的情况，$k=7$ 时主题的区分度和可阅读性依旧是最优的。

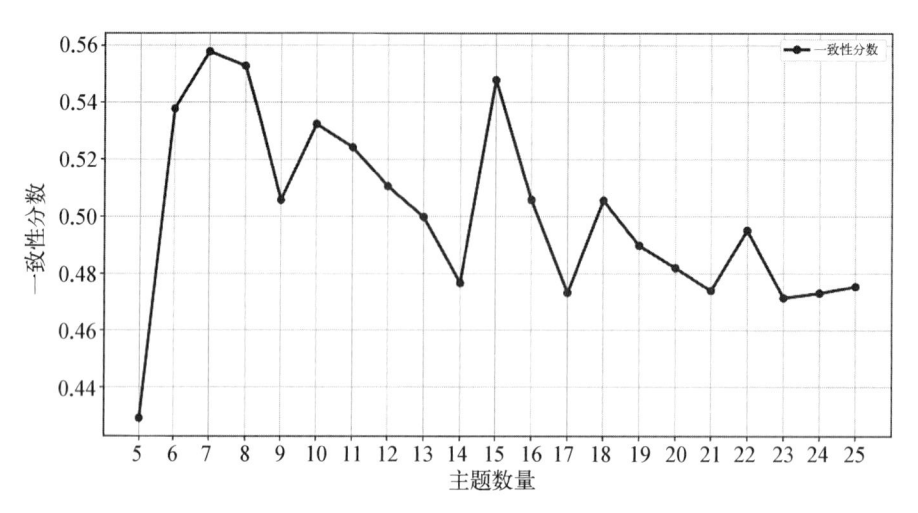

图 6.2　不同主题数量所对应的一致性得分

图 6.3　主题词云图

表 6.1 对不同主题的说明

主题 ID	描　　述
1	公开市场操作
2	社会融资
3	通胀
4	宏观经济形势与不确定性
5	金融发展与监管
6	汇率
7	银行系统

6.2.2.3 央行沟通的主题强度

为了考察国际资本对货币政策沟通中不同主题的关注度,我们需要将对应的主题生成可用于进一步分析的时间序列数据。具体而言,我们计算出每个主题中词语的权重并为每个主题保留排名前 200 的词汇,并计算在每个季度的货币政策沟通文件中主题词会出现的频率,作为对应主题的沟通强度。此外,我们发现不同时期的央行沟通文件的文本长度存在很大差异,为了避免对最终结果产生影响,我们使用一个固定权重 ω 来自适应地调整每个主题中需要保留的词汇数量[①]。我们将不同主题的生成的时间序列展示在图 6.4 中。

在图 6.4 中,面板(a)至面板(g)分别展示了中国人民银行货币政策报告中提取的 7 种货币政策主题强度的时间序列,即中国人民银行关于公开市场操作(OMO)、社会融资(Social Fin.)、通货膨胀(Inf.)、宏观经济形势(Macro Cond.)、监管(Regulation)、外汇(FX)和银行(Bank)主题的相关讨论。其中,阴影区域分别表示次贷危机和新冠疫情阶段。

面板(a)展示了中国人民银行货币政策沟通文件中关于公开市场操作相关主题的讨论随时间变化的趋势。整体来看,中国人民银行对公开市场操作的关注分为三个阶段。次贷危机之前,中国人民银行关于公开市场操作的谈论度相对较低;次贷危机之后,中国人民银行对公开市场操作讨论出现比较明显的提升,并在此后很长的一段时间内持续增加;在新冠疫情后期开始放缓。

面板(b)为中国人民银行关于社会融资等主题的讨论。次贷危机之前,关于社会融资的讨论波动相对较大;次贷危机之后,中国人民银行似乎逐渐降低了对社会融资情况的关注度;疫情过后,由于经济受疫情的影响仍呈现出一定程度的疲软,中国人民银行对社会融资的关注出现了一轮上升。

---

① ω 定义为 200 与最长的货币政策文件中的词汇数量的比值。在计算每一份文档的主题强度时,我们使用的主题词数量被调整为 $\omega \times 200$。

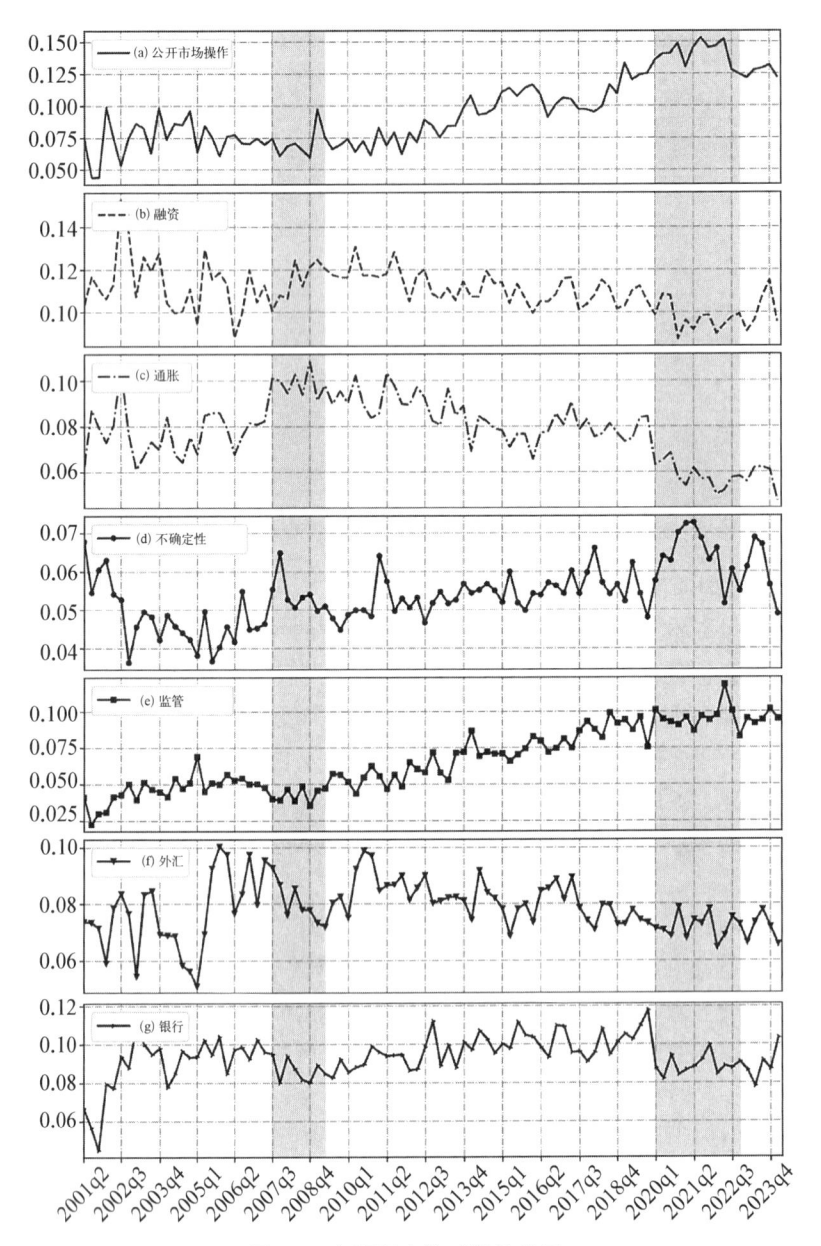

图 6.4 主题强度的时间趋势图

面板(c)展示了对通胀主题的讨论。中国人民银行关于通胀主题的讨论在次贷危机后呈现出明显的下降趋势。这也对应于次贷危机及欧债危机后,中国的通胀水平整体呈现出比较稳定的态势。

面板(d)为央行关于宏观经济不确定性的关注度。在样本初期、次贷危机、欧债危机以及新冠疫情期间表现出显著的上升趋势。

面板(e)涉及对金融业监管的相关主题。次贷危机后,央行对金融监管的重视程度不断提高。

面板(f)为汇率相关的主题。汇率相关主题的变动趋势与我国汇率制度的演变相呼应。2005 年第三季度,因人民币汇率制度改革和外汇储备的快速增加,强度上升。2010 年第二季度的另一次增加对应进一步改革以增强人民币灵活性和推动人民币国际化。2015 年第四季度的显著峰值,与人民币纳入 IMF 的 SDR 篮子和因经济放缓和资本外流引起的汇率波动显著增加相一致。2015 年 8 月的人民币汇率中间价机制改革也促成了这一强度的增加。

面板(g)为银行相关的主题,主要涉及对商业银行等金融中介机构以及债券市场的关注。这一部分在样本期内并没有呈现出较强的周期性质。

整体而言,图 6.4 展示了中国人民银行货币政策重点随时间变化的动态特征,这反映在这些关键主题的强度变化中。特别是围绕 2008 年次贷危机与 2020 年新冠疫情的趋势和波动,提供了关于中国人民银行沟通策略和优先事项如何响应不断变化的经济条件和政策目标的洞见。

6.3 实证设计与检验

在实证分析部分,我们探讨了国际资本对中国人民银行货币政策的关注度。我们认为,中国人民银行的货币政策沟通是多维度的,即通常涉及对多个宏观经济主题的讨论,因此,我们的实证模型设计如下:

$$Allocation_{it} = \sum_{j=1}^{n} \beta_j Topic_t^j + X_t + f_i + f_t + \epsilon_{it} \tag{1}$$

其中,其中 i,t 分别表示基金个体和时间标识;$Allocation_{it}$ 标识基金 i 在 t 期持有的中国资产占基金总资产的比重;$Topic_t^j$ 表示 t 时期央行沟通文本中主题 j 的强度;X_t 为控制变量;f_i,f_t 分别表示个体和时间固定效应;ϵ_{it} 为误差项。

在控制变量方面,我们从多个维度来控制宏观经济变化对资本流动的影响,包括:实际有效汇率、政策利率、CPI、经常账户余额、直接投资占 GDP 比重、GDP 增长率、生产者价格指数、政策不确定性指数以及 MSCI 指数收益率。此外,我们还控制了基金的资产规模。此外,需要注意的一点是,我们的模型没有对被解释变量进行一阶滞后处理。原因在于,中国人民银行通常在每个季度的第二个月发布上一季度的《货币政策执行报告》,而我们对基金数据的处理采样到每个季度的最后一个月。

6.3.1 基准结果

中国人民银行货币政策的主题强度数据与基金资本流动数据共同构成了我们实证所需的数据集。我们在表 6.2 汇报了基于模型(1)得到的估计结果。其中,模型(1)至模型(6)分别表示是否添加控制变量与固定效应。可以发现,模型之间的估计结果存在较大差异。这意味着模型存在很强的内生性问题,因此我们以模型(6)作为基准结论,并在后续的进一步分析中始终考虑控制变量以及固定效应。

表 6.2 基准结果

	合并回归			固定效应		
	(1)	(2)	(3)	(4)	(5)	(6)
OMO	0.2480*** (0.0502)	−0.0609 (0.0608)	0.6013*** (0.0296)	0.0361 (0.0222)	−11.4869*** (0.6500)	1.0242*** (0.0575)
Social Fin.	−0.3487*** (0.0755)	−0.1644* (0.0850)	−0.2865*** (0.0391)	−0.1628*** (0.0305)	51.0425 (2.8436)	0.4154*** (0.0475)
Inflation	1.1476*** (0.0758)	0.8643*** (0.0903)	1.2613*** (0.0788)	0.8506*** (0.0551)	−43.6330*** (2.4941)	−0.1908* (0.1097)
Macro Cond.	0.3993*** (0.1021)	0.2308* (0.1339)	1.2471*** (0.0748)	0.9289*** (0.0545)	13.6649*** (0.7769)	0.6969*** (0.1694)
Reg. Dev.	0.3892*** (0.0526)	0.3520*** (0.0712)	1.1895*** (0.0770)	0.7092*** (0.0440)	8.2884*** (0.4524)	−0.0353 (0.0590)
FX	0.1442* (0.0751)	−0.0633 (0.0836)	0.0400 (0.0436)	0.0102 (0.0402)	−28.1225*** (1.5338)	0.4444*** (0.1703)
Bank	−0.4309*** (0.0718)	−0.4804*** (0.0799)	0.1153** (0.0458)	−0.1691*** (0.0366)	20.1154*** (1.1104)	0.1422 (0.1147)
EER		0.0011*** (0.0001)		0.0018*** (0.0001)		0.0017*** (0.0005)
PolicyRate		−0.0009 (0.0014)		−0.0100*** (0.0009)		−0.0361*** (0.0095)
CPI		0.0016*** (0.0005)		0.0041*** (0.0002)		0.0057*** (0.0004)
CA		0.0022*** (0.0003)		0.0012*** (0.0002)		−0.0078*** (0.0008)
FDI		0.0037*** (0.0008)		−0.0005 (0.0003)		−0.0086*** (0.0024)
GDP		−0.0003 (0.0003)		−0.0000 (0.0001)		0.0018*** (0.0002)
PPI		−0.0004** (0.0002)		−0.0005*** (0.0001)		−0.0021*** (0.0002)

续　表

	合并回归			固定效应		
	(1)	(2)	(3)	(4)	(5)	(6)
TA		−0.000 0*** (0.000 0)		0.000 0 (0.000 0)		0.000 0 (0.000 0)
RETURN		0.024 8*** (0.005 2)		0.038 7*** (0.002 0)		0.023 6*** (0.006 1)
EPU		0.000 0*** (0.000 0)		0.000 0*** (0.000 0)		0.000 0*** (0.000 0)
Fund F.E.	N	N	Y	Y	Y	Y
Time F.E.	N	N	N	N	Y	Y
Observations	69 531	69 531	69 531	69 531	69 531	69 531
Adjusted R^2	0.005 3	0.007 9	0.199 0	0.249 5	0.279 8	0.279 9

注：系数上的 *、** 和 *** 分别表示在 10%、5% 和 1% 显著性水平下具有统计显著性。对应的标准误差列在括号中。

我们的结论表明，中国人民银行的货币政策沟通对国际资本流动的影响是显著存在的。具体来看，国际资本主要关注中国人民银行在公开市场操作、社会融资情况、通胀、宏观经济形式以及汇率方面的沟通主题。其中，中国人民银行关于公开市场操作的沟通强度增加一个单位，平均会导致国际投资组合中中国资产的份额增加 1.02 个百分点。中国人民银行的公开市场操作通常对应着对市场流动性的干预，央行关于公开市场操作更加详尽的沟通有助于帮助投资者形成更加明确的市场预期，增强投资者的信心。

同样，央行对关于社会融资（Social Fin.）的讨论也显示出显著的正面影响，在模型（6）中，社会融资主题的估计结果为 0.42。据我们了解，中国人民银行很少在公开文件中表明对社会融资数据的担忧，因此，社会融资主题沟通的强度增加，通常会被解读为强健的金融基础设施和支持性社会融资政策的标志。同样，央行对宏观经济形势以及汇率主题的沟通也都能够对国际资本流动产生显著的积极影响。

进一步地，当中国人民银行关于通胀主题的沟通增加时，会显著地导致国际投资组合减少对中国资产的持仓份额。其原因在于，中央银行通常是通胀厌恶型的。因此，沟通中关于通胀的表述增加，往往预示着央行将会采取紧缩的政策。最后，我们发现在模型（6）中，当货币政策中关于监管的讨论增加时，会导致国际资本的净流出，而关于银行、债券与金融中介讨论的增加会促进资本流动，尽管他们在统计上是不显著的。这一点是符合直觉的，金融是厌恶监管的，监管强度的增加在短时间内会抑制金融创新，降低市场活力，从而导致资本流出。而银行与金融中介的主题通常对应着中国人民银行在讨论如何促进金融系统的建设，即金融发展，反而能够吸引国际资本的流入。

总体而言,我们发现中国人民银行的货币政策沟通能够对国际资本流动产生显著的影响。并且,当我们将货币政策沟通的内容根据主题进行拆解后,我们进一步发现不同主题的沟通对国际资本流动的影响存在明显的差异。但需要注意的一点是,我们构建出来的货币政策沟通主题在某种意义上是中性的,我们并没有按照传统的文本分析范式计算出对应的情感指数,它只涉及中国人民银行对相关内容的沟通频率或者说强度,而不是态度。因此,我们只是给出了国际资本对中国人民银行沟通关注的证据,所给出的解释也仅仅通过对中国人民银行货币政策观察而得到的推论。

6.3.2 异质性分析

实证分析结果揭示了国际资本对中国人民银行货币政策沟通的关注度。值得注意的是,我们的结论也发现,不同类型的沟通内容对国际资本流动的影响存在显著差异。本节,我们将从异质性基金的角度来尝试解释这一差异的来源。

首先,我们考虑不同规模的基金对央行沟通关注度的差异。我们根据基金在样本中的资产规模对基金进行分组,其中总资产小于25%分位数的基金被标记为小型基金,总资产大于75%分位数的基金被标记为大型基金,其他的被归为中型基金。我们将根据该规则进行分组后的样本重新估计模型,结果展示在表6.3中,第(1)列至第(3)列分别表示小型基金、大型基金与中型基金各自的估计结果。

表6.3 不同规模基金的异质性分析

	小型	大型	中型
	(1)	(2)	(3)
OMO	0.956 4***	1.160 3***	0.759 8***
	(0.151 8)	(0.080 9)	(0.116 8)
Social Fin.	0.246 9**	0.285 0***	0.605 1***
	(0.114 4)	(0.066 3)	(0.094 7)
Inflation	−0.293 7	−0.636 4***	0.313 9
	(0.275 3)	(0.168 8)	(0.227 0)
Macro Cond.	0.710 9	1.378 4***	0.105 7
	(0.448 8)	(0.249 9)	(0.346 4)
Reg. Dev.	−0.030 5	−0.209 2***	0.272 2**
	(0.178 1)	(0.077 5)	(0.134 6)
FX	0.350 9	−0.463 4*	1.347 1***
	(0.429 4)	(0.272 8)	(0.353 7)
Bank	0.271 9	0.447 8***	−0.196 5
	(0.301 0)	(0.164 6)	(0.237 1)

续 表

	小型	大型	中型
	(1)	(2)	(3)
Control	Y	Y	Y
Fund F.E.	Y	Y	Y
Time F.E.	Y	Y	Y
Observations	17 244	30 034	22 253
Adjusted R^2	0.182 0	0.287 0	0.275 2

注：系数上的 * 、** 和 *** 分别表示在 10%、5% 和 1% 显著性水平下具有统计显著性。对应的标准误差列在括号中。

表 6.3 的估计结果得到了非常有趣的结论。整体来看，我们发现小型基金对货币政策沟通不同主题的关注度相对大型基金而言表现出非常大的差异。具体而言，我们发现：小型基金对中国的资本流动主要受到公开市场操作与社会融资相关主题的影响，而不关注其他类型的沟通主题；大型基金对沟通中的所有主题都体现出显著的关注度；中型基金的估计结果介于二者之间。

我们认为，小型基金和大型基金对中国人民银行沟通主题反应的差异主要体现在其不同的操作风格上。小型基金所关注的公开市场操作与社会融资相关主题，从性质上看都涉及中国人民银行在短期内的货币政策目标或者宏观经济目标。而且，小型基金由于资金实力有限，其短期行为很难对市场带来扰动，因此操作相对灵活。通过对央行短期目标沟通的关注，能够帮助其更好地调整短期投资策略，获取短期收益。大型基金通常难以在不对市场产生冲击的前提下快速调整投资策略，因此通常需要关注中国人民银行货币政策沟通中更多维度的信息。

总体而言，这些发现突显了中国人民银行精细沟通策略的重要性。大型基金由于其复杂的投资策略和分析能力，对详细的宏观经济和监管信息表现出更高的敏感性。相比之下，小型基金和中型基金更容易受到直接影响流动性和市场稳定性的明确政策信号的影响，如与 OMO 和社会融资相关的信号。

其次，我们考察不同策略的基金对央行沟通关注度的差异。我们根据基金持有的资产的数量对基金进行分组。其中，在样本期内，平均持有的资产数量小于等于 10 的基金被标记为集中型基金，而持有资产数量大于 10 的基金被标记为分散型基金。我们将根据上述规则进行分组后的样本重新估计模型，结果展示在表 6.4 中。

整体上看，表 6.4 的估计结果表明不同投资策略的基金对中国人民银行沟通内容的关注度呈现出显著的差异。具体而言，集中型基金的资本流动主要受到中国人民银行关于公开市场操作、社会融资以及汇率等内容沟通的影响。当中国人民银行对这三类主题的沟通强度上升时，集中型基金倾向增加对中国资产的持有。其原因在于集中型基金通常更加注重短期收益，因此，当央行沟通中透露出关于短中期政策或预期变化时，集中型基金往往会迅速调整其资产配置。而分散型基金通常更加关注风险管理与长期收益,因此更加关注央行沟通中的多维度信息,并基于这些信息调整在不同地区的资产配置来分散风险。

表 6.4 不同规模基金的异质性分析

	集中型	分散型
	(1)	(2)
OMO	0.979 7*** (0.143 5)	1.034 6*** (0.058 8)
Social Fin.	0.414 4*** (0.099 5)	0.413 5*** (0.048 8)
Inflation	0.072 9 (0.224 1)	−0.295 2** (0.117 2)
Macro Cond.	0.013 4 (0.358 7)	0.898 8*** (0.184 6)
Reg. Dev.	−0.131 5 (0.155 7)	−0.022 5 (0.061 7)
FX	0.724 8** (0.343 6)	0.319 8* (0.181 7)
Bank	−0.217 7 (0.259 2)	0.248 6** (0.121 5)
Control	Y	Y
Fund F.E.	Y	Y
Time F.E.	Y	Y
Observations	21 302	48 229
Adjusted R^2	0.259 3	0.313 3

注:系数上的 *、** 和 *** 分别表示在 10%、5% 和 1% 显著性水平下具有统计显著性。对应的标准误差列在括号中。

综上所述,我们发现不同类型的国际资本对中国人民银行沟通内容的关注度存在显著的差异。具体而言,小型基金与集中型基金受其操作风格和投资策略的影响,更加关注央行沟通中关于短期目标的主题,如公开市场操作以及社会融资情况。大型基金与分散型基金由于其投资策略的多样化以及风险控制的要求,通常需要多维度地关注央行对不同经济主题的沟通内容。

6.4 进一步检验

前面的分析与结果向我们证明了中国人民银行的货币政策沟通对国际资本流动具有显著的影响,通过对中国人民银行货币政策沟通的内容进一步分解,我们发现不同的沟通主题对国际资本流动的影响存在显著差异。并且,我们通过异质性检验一定程度上解释了这一差异的来源。此外,我们也注意到,我们的样本区间不仅对应着中国改革不断推进的时期,同时也包含了全球范围内几次重大的经济变革。因此,本节我们主要探讨在全球范围内两次重大危机前后,即2008年次贷危机与2020年新冠疫情,国际资本对中国人民银行货币政策沟通关注度的变化。

6.4.1 次贷危机的影响

我们根据2008年次贷危机的时间节点对样本进行划分:2007年第三季度以前的样本被标记为危机前,2009年第一季度以后的样本被标记为危机后。我们主要观察国际资本对中国人民银行沟通不同主题的关注度在危机前后是否出现显著的变化。此外,考虑到不同类型与不同策略的基金在危机前后也可能体现出模式的变化,我们在结果中也汇报了根据基金规模和基金持仓数量进行分组后的估计结果。

表6.5汇报了金融危机前与金融危机后估计结果的对比。其中,第(1)列、第(2)列为全样本下金融危机前后的结果对比。第(3)列至第(8)列分别汇报了小型基金、大型基金与中型基金对央行沟通关注度在危机前后的结果对比。

表6.5 2008年次贷危机影响分析(基金规模异质性)

	全样本		小型基金		大型基金		中型基金	
	危机前	危机后	危机前	危机后	危机前	危机后	危机前	危机后
	(1)	(2)	(3)	(4)	(5)	(6)	(7)	(8)
OMO	0.489 8*** (0.177 7)	0.704 5*** (0.052 6)	0.463 6 (0.415 9)	0.663 3*** (0.152 9)	0.622 8** (0.293 0)	0.923 1*** (0.075 6)	−0.072 0 (0.296 8)	0.424 6*** (0.108 9)
Social Fin.	−1.556 2*** (0.381 3)	−0.096 2** (0.039 0)	−1.701 1* (0.909 0)	−0.247 8** (0.112 0)	−1.750 0** (0.749 0)	−0.086 6* (0.051 1)	−0.586 0 (0.635 4)	0.006 5 (0.078 6)
Inflation	1.742 3*** (0.559 5)	−1.374 3*** (0.102 1)	1.622 3 (1.305 1)	−1.500 1*** (0.258 0)	1.992 5* (1.135 2)	−1.487 0*** (0.147 0)	0.291 0 (0.950 5)	−1.091 1*** (0.210 7)
Macro Cond.	−0.076 3 (0.256 0)	2.339 6*** (0.166 9)	0.236 7 (0.576 5)	2.350 8*** (0.449 6)	−0.232 5 (0.403 2)	2.556 4*** (0.226 7)	0.621 0 (0.420 2)	2.013 8*** (0.333 5)
Reg. Dev.	−0.258 8*** (0.099 5)	−0.006 8 (0.057 6)	−0.366 8 (0.225 8)	−0.006 0 (0.175 8)	−0.318 0** (0.153 9)	−0.196 7*** (0.076 1)	−0.134 5 (0.163 2)	0.289 4** (0.131 7)

续 表

	全样本		小型基金		大型基金		中型基金	
	危机前	危机后	危机前	危机后	危机前	危机后	危机前	危机后
	(1)	(2)	(3)	(4)	(5)	(6)	(7)	(8)
FX	−1.047 5*** (0.200 2)	−1.538 5*** (0.139 3)	−1.093 0** (0.486 4)	−1.621 0*** (0.356 9)	−1.074 4*** (0.388 6)	−1.906 9*** (0.208 6)	−0.678 6** (0.332 1)	−0.970 6*** (0.288 3)
Bank	−1.024 2*** (0.303 4)	1.232 8*** (0.112 5)	−0.980 8 (0.723 1)	1.371 6*** (0.308 7)	−1.167 1** (0.565 2)	1.237 3*** (0.151 5)	−0.126 8 (0.490 7)	1.063 7*** (0.230 7)
Control	Y	Y	Y	Y	Y	Y	Y	Y
Fund F.E.	Y	Y	Y	Y	Y	Y	Y	Y
Time F.E.	Y	Y	Y	Y	Y	Y	Y	Y
Observations	8 528	59 660	2 651	14 434	2 732	26 575	3 145	18 651
Adjusted R^2	0.199 8	0.182 2	0.166 6	0.098 7	0.169 6	0.228 7	0.178 1	0.170 2

注：系数上的 *、** 和 *** 分别表示在 10%、5% 和 1% 显著性水平下具有统计显著性。对应的标准误差列在括号中。

第(1)列、第(2)列的结果表明，次贷危机前后国际资本对中国人民银行沟通关注的模式发生了比较明显的变化。具体而言，次贷危机后国际资本对央行涉及宏观经济形式沟通的关注度显著提升了，而降低了对监管的关注。并且，通胀和银行相关的沟通主题对国际资本流动的影响发生了逆转。为了对这一现象做出解释，我们在第(3)列至第(8)列汇报了将基金根据规模进行分组后的估计结果。

第(3)列、第(4)列的估计结果表明，小型基金对中国人民银行沟通的关注度在金融危机前后发生了明显的转变。在危机后，小型基金显著提高了对中国人民银行关于公开市场操作、通胀、宏观经济形势以及银行等主题的沟通的关注度，并持续关注社会融资情况与汇率相关的沟通内容。大型基金在危机前后始终保持着对央行沟通多维度信息的关注度，并且在危机后期增加了对宏观经济形势的关注。中型基金在危机前后呈现出更明显的变化。总体而言，次贷危机的发生使得国际资本对风险的厌恶程度大幅上升，国际资本对风险相关话题的关注度在危机后显著提高，其中主要涉及央行沟通中关于宏观经济形势的主题。对小型基金和中型基金而言，危机也提高了其对央行沟通关注的维度。

我们同样考虑到不同投资策略的基金在金融危机前后对央行沟通关注度的转变，我们将结果展示在表 6.6 中。其中，表 6.6 的第(1)列、第(2)列与表 6.7 中一致，汇报了全样本下次贷危机前后的估计结果对比。第(3)列、第(4)列与第(5)列、第(6)列分别为集中型基金与分散型基金在次贷危机前后的结果对比。

表 6.6　2008 年次贷危机影响分析(基金投资策略异质性)

	全样本		集中型		分散型	
	危机前	危机后	危机前	危机后	危机前	危机后
	(1)	(2)	(3)	(4)	(5)	(6)
OMO	0.489 8*** (0.177 7)	0.704 5*** (0.052 6)	0.915 2*** (0.346 6)	0.661 5*** (0.131 8)	0.125 1 (0.177 1)	0.717 6*** (0.055 3)
Social Fin.	−1.556 2*** (0.381 3)	−0.096 2** (0.039 0)	−2.482 2*** (0.658 5)	−0.078 1 (0.087 3)	−0.574 2 (0.397 9)	−0.099 1** (0.041 0)
Inflation	1.742 3*** (0.559 5)	−1.374 3*** (0.102 1)	3.459 5*** (1.006 7)	−1.094 4*** (0.222 0)	0.068 1 (0.588 0)	−1.471 7*** (0.110 2)
Macro Cond.	−0.076 3 (0.256 0)	2.339 6*** (0.166 9)	−0.707 1 (0.541 6)	1.708 0*** (0.372 3)	0.419 5* (0.215 7)	2.517 9*** (0.181 3)
Reg. Dev.	−0.258 8*** (0.099 5)	−0.006 8 (0.057 6)	−0.298 8* (0.180 6)	−0.060 9 (0.146 3)	−0.150 4 (0.103 6)	−0.003 3 (0.061 3)
FX	−1.047 5*** (0.200 2)	−1.538 5*** (0.139 3)	−1.528 0*** (0.341 7)	−1.154 8*** (0.298 6)	−0.507 9** (0.210 5)	−1.671 4*** (0.148 3)
Bank	−1.024 2*** (0.303 4)	1.232 8*** (0.112 5)	−1.845 4*** (0.533 5)	0.912 7*** (0.262 3)	−0.190 9 (0.311 2)	1.321 4*** (0.120 2)
Control	Y	Y	Y	Y	Y	Y
Fund F.E.	Y	Y	Y	Y	Y	Y
Time F.E.	Y	Y	Y	Y	Y	Y
Observations	8 528	59 660	4 175	16 576	4 353	43 084
Adjusted R^2	0.199 8	0.182 2	0.196 5	0.194 8	0.250 0	0.186 0

注：系数上的 *、** 和 *** 分别表示在 10%、5% 和 1% 显著性水平下具有统计显著性。对应的标准误差列在括号中。

表 6.7　2008 年次贷危机影响分析(基金规模异质性)——重构基金样本

	全样本		小型基金		大型基金		中型基金	
	危机前	危机后	危机前	危机后	危机前	危机后	危机前	危机后
	(1)	(2)	(3)	(4)	(5)	(6)	(7)	(8)
OMO	0.660 4** (0.266 7)	1.869 0*** (0.235 3)	0.463 7 (0.620 8)	3.264 8** (1.255 6)	0.841 1** (0.392 9)	2.056 7*** (0.310 2)	0.091 8 (0.490 8)	1.768 6*** (0.568 1)

续 表

	全样本		小型基金		大型基金		中型基金	
	危机前	危机后	危机前	危机后	危机前	危机后	危机前	危机后
	(1)	(2)	(3)	(4)	(5)	(6)	(7)	(8)
Social Fin.	−2.081 9*** (0.561 0)	−0.341 0* (0.175 5)	−1.827 4 (1.357 9)	0.364 4 (0.557 1)	−2.143 0** (0.913 7)	−0.561 7** (0.230 3)	−0.985 4 (1.008 9)	−0.083 5 (0.504 7)
Inflation	2.457 8*** (0.839 2)	−4.093 4*** (0.503 8)	1.444 5 (1.967 8)	−3.004 2* (1.684 9)	2.622 1* (1.433 7)	−4.634 5*** (0.644 4)	0.807 7 (1.534 4)	−2.969 9** (1.206 7)
Macro Cond.	−0.192 6 (0.386 1)	6.824 8*** (0.840 4)	0.467 4 (0.859 4)	3.396 2 (2.602 6)	−0.504 3 (0.571 6)	7.994 3*** (1.025 4)	0.717 4 (0.687 7)	4.121 1** (1.847 5)
Reg. Dev.	−0.336 7** (0.148 3)	−0.199 8 (0.305 0)	−0.496 5 (0.353 1)	−1.055 0 (1.586 3)	−0.363 1* (0.196 9)	−0.400 8 (0.387 6)	−0.093 5 (0.260 6)	−0.264 9 (0.718 7)
FX	−1.382 9*** (0.289 5)	−5.109 0*** (0.642 5)	−1.062 3 (0.715 8)	−3.442 7** (1.354 3)	−1.322 4*** (0.482 1)	−6.174 0*** (0.726 2)	−0.989 7** (0.501 6)	−3.764 4** (1.492 0)
Bank	−1.359 1*** (0.447 1)	3.481 0*** (0.581 1)	−0.856 3 (1.095 1)	1.363 6 (2.042 9)	−1.500 7** (0.716 1)	4.071 7*** (0.730 5)	−0.344 6 (0.780 0)	1.972 8 (1.354 9)
Control	Y	Y	Y	Y	Y	Y	Y	Y
Fund F.E.	Y	Y	Y	Y	Y	Y	Y	Y
Time F.E.	Y	Y	Y	Y	Y	Y	Y	Y
Observations	5 638	9 091	1 539	1 383	1 989	5 095	2 110	2 613
Adjusted R^2	0.299 4	0.397 3	0.260 8	0.215 6	0.234 5	0.446 6	0.273 8	0.402 9

注：系数上的*、**和***分别表示在10%、5%和1%显著性水平下具有统计显著性。对应的标准误差列在括号中。

可以发现，除了对社会融资主题的关注度有所不同，集中型基金和分散型基金在次贷危机后呈现出一样的模式，而危机前却呈现出很大的差异。具体而言，集中型基金在次贷危机以前会多维度地关注中国人民银行货币政策的沟通内容，而分散型基金仅受到宏观经济环境与汇率主题的影响。我们或许能够从图6.1中得到一些解释：面板(c)中描述了基金对中国资产的平均净流入，这一净流入在次贷危机以前基本围绕在0上下，仅在危机前几期有小幅的波动。分散型投资策略的国际资本对风险是高度重视的，中国资产的投资价值由于尚未完善的金融系统而没有被凸显出来，因此受到的来自该类型资本的关注度较低。

进一步地，次贷危机后可能有大量新基金进入中国市场，为了避免这些新进入的样本对估计结果产生影响，我们重新设计了分组。我们标记出那些在危机前至少有一期持有过中国资产的基金，然后用这些基金重新组建我们的样本，重新估计后的结果展示在表6.7和表

6.8中。可以发现,虽然重新分组后的估计结果由于样本减少损失了统计的显著性,但我们仍然发现不同类型的基金在次贷危机前后对央行沟通关注度的变化与我们前面的分析一致。

表6.8 2008年次贷危机影响分析(基金投资策略异质性)——重构基金样本

	全样本		集中型		分散型	
	危机前	危机后	危机前	危机后	危机前	危机后
	(1)	(2)	(3)	(4)	(5)	(6)
OMO	0.660 4** (0.266 7)	1.869 0*** (0.235 3)	1.431 0** (0.578 4)	2.105 5*** (0.640 0)	0.143 9 (0.222 9)	1.779 3*** (0.240 1)
Social Fin.	−2.081 9*** (0.561 0)	−0.341 0* (0.175 5)	−4.597 5*** (1.193 8)	0.127 7 (0.442 2)	−0.484 9 (0.484 5)	−0.514 6*** (0.175 3)
Inflation	2.457 8*** (0.839 2)	−4.093 4*** (0.503 8)	6.108 0*** (1.779 8)	−1.970 3 (1.295 1)	0.093 1 (0.729 4)	−4.818 1*** (0.500 6)
Macro Cond.	−0.192 6 (0.386 1)	6.824 8*** (0.840 4)	−0.582 5 (0.868 3)	3.997 5** (1.934 7)	0.236 1 (0.281 5)	7.806 1*** (0.874 4)
Reg. Dev.	−0.336 7** (0.148 3)	−0.199 8 (0.305 0)	−0.548 9 (0.341 8)	0.043 8 (0.806 1)	−0.139 6 (0.117 9)	−0.243 9 (0.301 8)
FX	−1.382 9*** (0.289 5)	−5.109 0*** (0.642 5)	−2.983 4*** (0.607 8)	−2.856 6 (1.853 2)	−0.385 0 (0.243 2)	−5.789 7*** (0.579 8)
Bank	−1.359 1*** (0.447 1)	3.481 0*** (0.581 1)	−3.196 4*** (0.951 7)	0.970 3 (1.321 5)	−0.123 3 (0.383 0)	4.358 1*** (0.604 2)
Control	Y	Y	Y	Y	Y	Y
Fund F.E.	Y	Y	Y	Y	Y	Y
Time F.E.	Y	Y	Y	Y	Y	Y
Observations	5 638	9 091	2 052	2 801	3 586	6 290
Adjusted R^2	0.299 4	0.397 3	0.406 1	0.435 8	0.292 0	0.441 4

注:系数上的*、**和***分别表示在10%、5%和1%显著性水平下具有统计显著性。对应的标准误差列在括号中。

总体而言,表6.7与表6.8展示了中国人民银行货币政策沟通在2008年次贷危机前后两个阶段对国际资本的影响,但整体上并没有发现非常明显的结构性转变,即危机前后国际资本对不同沟通主题的关注度是相似的。我们通过根据基金规模与投资策略进行的分组检验一定程度上解释了这一现象。不同类型的基金在危机前后对沟通的关注度存在较大的差异：小型基金和中型基金在危机前期仅关注沟通中的少数主题，而危机后，随着全球投资风险厌恶程度的提高，国际资本对央行沟通的多维度的信息提高了关注度。而分散型策略的基金出于风险控制的考虑，以及中国在次贷危机期间的优异表现，在危机后大幅提高了对中国人民银行货币政策沟通的关注度。这一结论在我们剔除危机后新进入基金带来的影响后，依旧是稳健的。

6.4.2 新冠疫情的影响

我们样本中所包含的另一个重要的全球性事件为2020年初暴发的新冠疫情，中国作为此次事件最早受到影响同时也受到最大影响的经济体之一，得到了来自全球投资者的关注。我们以中国新冠疫情发生的时间节点对样本进行重新划分。其中，2019年及以前的样本被划分为疫情前阶段，2020年及之后的样本被标记为疫情防控期间及以后。我们同样考察不同类型与不同策略的基金在疫情前后呈现出的模式变化，表6.9与表6.10分别汇报了根据基金规模和基金持仓数量进行分组后的估计结果。

表6.9 2020新冠疫情影响分析（基金规模异质性）

	全样本		小型基金		大型基金		中型基金	
	疫情前	疫情后	疫情前	疫情后	疫情前	疫情后	疫情前	疫情后
	(1)	(2)	(3)	(4)	(5)	(6)	(7)	(8)
OMO	0.7080*** (0.1679)	−0.3158*** (0.0225)	0.3305 (0.3832)	−0.2937*** (0.0531)	0.6740*** (0.2138)	−0.3768*** (0.0326)	1.1599*** (0.3342)	−0.3009*** (0.0476)
Social Fin.	0.9684*** (0.1305)	0.7587*** (0.0845)	0.7594** (0.3001)	0.5908*** (0.2176)	0.9873*** (0.1759)	0.7856*** (0.1098)	1.2224*** (0.2732)	0.7403*** (0.1722)
Inflation	−1.0874 (0.6834)	2.8721*** (0.1674)	0.6098 (1.5319)	2.4909*** (0.4677)	−1.1770 (0.8662)	3.6295*** (0.2431)	−2.6703** (1.3554)	2.2242*** (0.3109)
Macro Cond.	−2.7307** (1.0837)	−0.7435*** (0.1150)	−5.7084** (2.4032)	−0.6197* (0.3619)	−2.4668* (1.3962)	−1.3221*** (0.1722)	−0.9489 (2.1419)	−0.1933 (0.2474)
Reg. Dev.	−2.3472*** (0.4547)	1.1601*** (0.0668)	−3.6330*** (1.0053)	0.9880*** (0.1484)	−2.1026*** (0.5903)	1.1228*** (0.0880)	−1.8106** (0.9052)	1.3516*** (0.1408)
FX	−0.9203* (0.4769)	1.5717*** (0.1299)	−2.4306** (1.0658)	1.2565*** (0.2913)	−0.7133 (0.6084)	1.4665*** (0.1770)	0.0869 (0.9477)	1.8735*** (0.2831)
Bank	−3.1860*** (0.5611)	−1.0662*** (0.1111)	−4.6201*** (1.2264)	−0.9040** (0.3678)	−2.9919*** (0.7344)	−1.6017*** (0.1574)	−2.5541** (1.1134)	−0.5226** (0.2245)
Control	Y	Y	Y	Y	Y	Y	Y	Y
Fund F.E.	Y	Y	Y	Y	Y	Y	Y	Y
Time F.E.	Y	Y	Y	Y	Y	Y	Y	Y

续　表

	全样本		小型基金		大型基金		中型基金	
	疫情前	疫情后	疫情前	疫情后	疫情前	疫情后	疫情前	疫情后
	(1)	(2)	(3)	(4)	(5)	(6)	(7)	(8)
Observations	48 989	20 982	12 876	4 617	19 981	10 095	16 132	6 270
Adjusted R^2	0.276 9	0.107 1	0.201 5	0.070 5	0.270 6	0.151 1	0.289 3	0.100 3

注：系数上的*、**和***分别表示在10%、5%和1%显著性水平下具有统计显著性。对应的标准误差列在括号中。

表6.10　2020新冠疫情影响分析（基金投资策略异质性）

	全样本		集中型		分散型	
	疫情前	疫情后	疫情前	疫情后	疫情前	疫情后
	(1)	(2)	(3)	(4)	(5)	(6)
OMO	0.708 0*** (0.167 9)	−0.315 8*** (0.022 5)	1.231 5*** (0.463 7)	−0.320 6*** (0.046 6)	0.536 4*** (0.156 1)	−0.315 6*** (0.025 7)
Social Fin.	0.968 4*** (0.130 5)	0.758 7*** (0.084 5)	1.163 0*** (0.335 3)	0.792 5*** (0.194 1)	0.904 0*** (0.131 7)	0.741 3*** (0.093 6)
Inflation	−1.087 4 (0.683 4)	2.872 1*** (0.167 4)	−3.280 6* (1.872 4)	2.660 5*** (0.360 3)	−0.380 4 (0.645 9)	2.926 4*** (0.189 3)
Macro Cond.	−2.730 7** (1.083 7)	−0.743 5*** (0.115 0)	1.322 3 (2.962 1)	−0.408 0 (0.287 1)	−4.009 5*** (1.036 4)	−0.846 7*** (0.125 8)
Reg. Dev.	−2.347 2*** (0.454 7)	1.160 1*** (0.066 8)	−0.790 6 (1.218 0)	1.328 3*** (0.155 3)	−2.831 4*** (0.443 4)	1.107 0*** (0.074 4)
FX	−0.920 3* (0.476 9)	1.571 7*** (0.129 9)	0.740 1 (1.295 7)	2.008 8*** (0.300 2)	−1.448 1*** (0.458 3)	1.433 5*** (0.144 4)
Bank	−3.186 0*** (0.561 1)	−1.066 2*** (0.111 1)	−1.272 9 (1.501 8)	−0.684 6** (0.288 9)	−3.775 3*** (0.545 9)	−1.172 2*** (0.118 6)
Control	Y	Y	Y	Y	Y	Y
Fund F.E.	Y	Y	Y	Y	Y	Y
Time F.E.	Y	Y	Y	Y	Y	Y
Observations	48 989	20 982	16 874	4 680	32 115	16 302
Adjusted R^2	0.276 9	0.107 1	0.245 2	0.078 6	0.344 0	0.116 4

注：系数上的*、**和***分别表示在10%、5%和1%显著性水平下具有统计显著性。对应的标准误差列在括号中。

表6.9汇报了次贷危机前后国际资本对中国人民银行沟通不同主题关注度的估计结果。其中,第(1)列、第(2)列为全样本下次贷危机前后的结果对比。第(3)列至第(8)列分别汇报了小型基金、大型基金与中型基金对央行沟通关注度在危机前后的结果对比。

整体来看,我们发现不同类型基金对中国人民银行货币政策沟通中所关注的信息在疫情后有了一定程度的提高。小型基金在疫情后对央行关于公开市场操作与通胀主题沟通的关注度显著提高了,大型基金则提高了对通胀和汇率主题的关注,中型基金则介于二者之间。

值得注意的是,相比较次贷危机阶段的分析结果,国际资本对中国人民银行沟通主题的关注度并没有非常明显的转移,但是不同主题的沟通对国际资本流向的影响发生了非常显著的变化。例如,疫情之前,当中国人民银行关于公开市场操作的沟通强度增加时,能够促进国际基金追加对中国资产的投资,而在疫情之后,这一影响出现了反转。类似的反转还体现在关于监管和汇率的沟通上,以及中国人民银行关于监管和汇率的沟通在疫情之前通常是导致资本流出的因素,在疫情之后反而有助于激励国际资本增加对中国资产的配置。对此,我们认为导致这一结果的原因在于中国所经历的疫情管控阶段相较于其他经济体更久。2020年下半年,在全球主要经济体已经逐步放松对疫情严格管控的情况下,中国依旧保持严格的管控措施,这导致国际资本对中国政策预期的不确定性大幅上升。而疫情的后半段,中国人民银行在之前已经利用公开市场操作投放了大量的流动性,因此后续关于公开市场操作实质上是中性偏紧的,这或许也能够解释在疫情后期中国出现的资本净流出的现象。

表6.10汇报了根据基金的持仓分散度进行分组检验的结果。其中第(1)列、第(2)列为全样本在疫情前后的结果对比,第(2)列至第(6)列分别为集中型基金和分散型基金在疫情前后的结果对比。整体来看,集中型基金在疫情前后对中国人民银行货币政策沟通的关注度发生了比较显著的变化。具体而言,集中型基金在疫情后对央行沟通中关于监管、汇率以及银行相关主题的关注度显著增加。分散型基金在疫情前后对央行沟通的多维度信息始终保持着高度关注。在疫情防控期间以及疫情后期,中国整体宏观经济的不确定性大幅上升,因此,许多小型经济体对央行沟通中多维度的信息保持高度关注。

我们标记出那些疫情前至少有一期持有过中国资产的基金,然后用这些基金重新组建我们的样本,重新估计后的结果展示在表6.11和表6.12中。结果表明,疫情前后国际资本对中国人民银行货币政策沟通不同主题的关注度依旧符合我们前面的描述。

表6.11　2020新冠疫情影响分析(基金规模异质性)——重构基金样本

	全样本		小型基金		大型基金		中型基金	
	疫情前	疫情后	疫情前	疫情后	疫情前	疫情后	疫情前	疫情后
	(1)	(2)	(3)	(4)	(5)	(6)	(7)	(8)
OMO	1.6029*** (0.2838)	−0.5800*** (0.0400)	0.9134 (0.7859)	−0.5793*** (0.1033)	1.4130*** (0.3273)	−0.6387*** (0.0519)	2.6886*** (0.6270)	−0.6078*** (0.0852)
Social Fin.	2.0188*** (0.2251)	1.2700*** (0.1576)	1.7830*** (0.5949)	0.9287** (0.4664)	1.9149*** (0.2832)	1.3160*** (0.1877)	3.0023*** (0.5074)	1.3110*** (0.3492)

续表

	全样本		小型基金		大型基金		中型基金	
	疫情前	疫情后	疫情前	疫情后	疫情前	疫情后	疫情前	疫情后
	(1)	(2)	(3)	(4)	(5)	(6)	(7)	(8)
Inflation	−3.655 5*** (1.138 5)	5.244 9*** (0.298 3)	0.349 5 (3.117 1)	5.095 0*** (0.959 1)	−3.186 5** (1.312 0)	6.136 7*** (0.381 5)	−7.757 4*** (2.463 8)	4.364 6*** (0.578 3)
Macro Cond.	−1.908 9 (1.781 6)	−1.562 1*** (0.214 7)	−10.372 0** (4.851 9)	−1.607 1** (0.742 1)	−1.473 7 (2.033 9)	−2.324 4*** (0.276 9)	2.852 3 (3.787 0)	−0.681 0 (0.471 2)
Reg. Dev.	−2.899 5*** (0.731 3)	1.992 6*** (0.118 2)	−6.978 1*** (1.968 9)	1.771 2*** (0.295 5)	−2.425 9*** (0.859 0)	1.840 1*** (0.148 4)	−1.423 1 (1.529 9)	2.437 0*** (0.260 5)
FX	−0.329 0 (0.781 1)	2.595 0*** (0.237 2)	−4.233 5** (2.140 4)	2.097 8*** (0.610 9)	−0.329 6 (0.898 7)	2.371 6*** (0.303 3)	2.082 2 (1.683 4)	3.234 0*** (0.548 6)
Bank	−4.082 3*** (0.895 8)	−2.058 7*** (0.209 2)	−9.038 7*** (2.388 7)	−1.896 3*** (0.786 6)	−3.589 1*** (1.054 8)	−2.799 2*** (0.254 7)	−2.460 9 (1.878 7)	−1.311 1*** (0.425 9)
Control	Y	Y	Y	Y	Y	Y	Y	Y
Fund F.E.	Y	Y	Y	Y	Y	Y	Y	Y
Time F.E.	Y	Y	Y	Y	Y	Y	Y	Y
Observations	18 786	10 354	3 299	2 068	9 722	5 376	5 765	2 910
Adjusted R^2	0.472 8	0.200 5	0.348 2	0.135 8	0.439 9	0.268 8	0.528 1	0.195 0

注：系数上的 *、** 和 *** 分别表示在 10%、5% 和 1% 显著性水平下具有统计显著性。对应的标准误差列在括号中。

表6.12 2020新冠疫情影响分析(基金投资策略异质性)——重构基金样本

	全样本		集中型		分散型	
	疫情前	疫情后	疫情前	疫情后	疫情前	疫情后
	(1)	(2)	(3)	(4)	(5)	(6)
OMO	1.602 9*** (0.283 8)	−0.580 0*** (0.040 0)	3.484 5*** (1.239 6)	−0.902 7*** (0.133 4)	1.201 5*** (0.236 0)	−0.528 9*** (0.041 2)
Social Fin.	2.018 8*** (0.225 1)	1.270 0*** (0.157 6)	3.557 9*** (0.866 6)	2.208 8*** (0.604 1)	1.715 7*** (0.207 5)	1.110 9*** (0.156 1)
Inflation	−3.655 5*** (1.138 5)	5.244 9*** (0.298 3)	−11.727 6** (4.928 9)	7.952 1*** (1.000 7)	−2.120 4** (0.960 2)	4.800 5*** (0.307 2)
Macro Cond.	−1.908 9 (1.781 6)	−1.562 1*** (0.214 7)	10.665 4 (7.679 1)	−1.801 9** (0.897 9)	−3.703 0** (1.526 9)	−1.523 0*** (0.207 6)

续　表

	全样本		集中型		分散型	
	疫情前	疫情后	疫情前	疫情后	疫情前	疫情后
	(1)	(2)	(3)	(4)	(5)	(6)
Reg. Dev.	−2.899 5*** (0.731 3)	1.992 6*** (0.118 2)	1.782 5 (3.041 9)	3.507 2*** (0.409 3)	−3.430 0*** (0.652 0)	1.748 9*** (0.120 6)
FX	−0.329 0 (0.781 1)	2.595 0*** (0.237 2)	5.396 1 (3.355 8)	5.265 0*** (0.882 1)	−1.274 1* (0.670 9)	2.161 1*** (0.236 3)
Bank	−4.082 3*** (0.895 8)	−2.058 7*** (0.209 2)	1.202 8 (3.701 6)	−2.598 6*** (0.902 6)	−4.612 6*** (0.799 8)	−1.962 4*** (0.199 6)
Control	Y	Y	Y	Y	Y	Y
Fund F.E.	Y	Y	Y	Y	Y	Y
Time F.E.	Y	Y	Y	Y	Y	Y
Observations	18 786	10 354	3 515	1 375	15 271	8 979
Adjusted R^2	0.472 8	0.200 5	0.665 6	0.230 7	0.432 0	0.198 7

注：系数上的 *、** 和 *** 分别表示在 10%、5% 和 1% 显著性水平下具有统计显著性。对应的标准误差列在括号中。

6.4.3　额外的检验

通过前面的分析，我们证明了中国人民银行的货币政策能够影响国际基金的投资行为，进而影响中国市场的资本流动与流出。并且，我们也证明了不同类型的基金在不同时期对中国人民银行货币政策沟通的不同主题也会表现出不同的关注度。但需要注意的一点是，我们所涉及的沟通主题是中性的，而非传统文本分析研究中通过计算文本情绪来解释货币政策沟通对金融市场的影响。因此，我们需要更多的背景知识来验证我们所发现的结果。即便如此，我们也会想要知道究竟哪一些主题对国际投资者的判断更加重要。为了解决这一问题，我们引入了新的指标——partial-R^2——用于衡量不同主题对国际资本流动影响的重要性。

partial-R^2 被广泛用于量化全球股票市场一体化（Bekaert 和 Harvey，1995；Carrieri et al.，2007；Pukthuanthong 和 Roll，2009；Eun et al.，2015）。在 Qiu et al.(2022)的研究中，将 partial-R^2 作为全球因子对资产收益增量解释性的测量。这意味着我们也可以使用中国人民银行货币政策沟通的增量解释性来衡量基金对不同主题的关注度。参照 Qiu et al.(2022)，partial-R^2 的计算公式如下：

$$\bar{R}^2_{\text{partial}, i} = \frac{SSR_{\text{reduced}, i} - SSR_{\text{full}}}{SSR_{\text{reduced}, i}} \in [0, 1)$$

其中，SSR_{full}代表纳入全部主题变量在内的模型的残差平方和，$SSR_{\text{reduced},i}$代表剔除主题i后的简化模型的残差平方和。我们依次剔除主题1到主题7，并计算出各自的partial-R^2作为对基金关注度的替代，结果展示在图6.5中。

图6.5展示了不同主题对基金决策行为的重要性，横轴分别表示我们从中国人民银行货币政策沟通文本中提取出的主题，纵轴表示基金对各主题的关注度。我们可以直观地发现，对于国际基金而言，中国人民银行货币政策沟通中关于通胀、监管、宏观经济形势、社会融资、银行、汇率与公开市场操作的重要性是依次递减的。这一定程度上说明了我们的观点，即前面的估计结果只能够证明基金对货币政策沟通是关注的，但无法具体说明哪一个最重要。

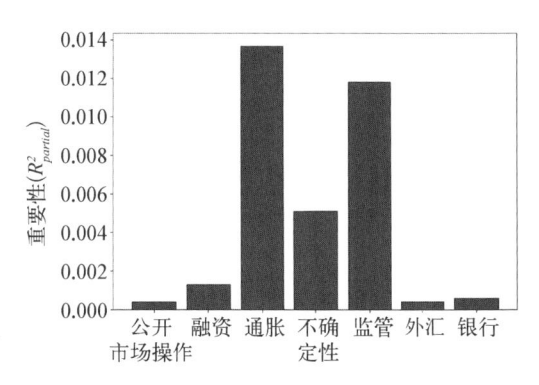

图 6.5 不同主题的 partial-R^2

图6.5展示的结论也非常符合我们的直觉。对于国际资本而言，中央银行关于通胀和宏观经济形式的讨论通常应对着未来宽松或紧缩的政策预期，而监管更直接地影响市场的短期活力，这些方面的变化都会对国际资本的投资行为产生较大的影响，进而影响中国的短期资本流动水平。我们同样好奇这种模式对不同类型的国际资本是否有差异，因此，我们根据基金的规模对样本进行分组后进行重新检验，并将结果展示在图6.6中。

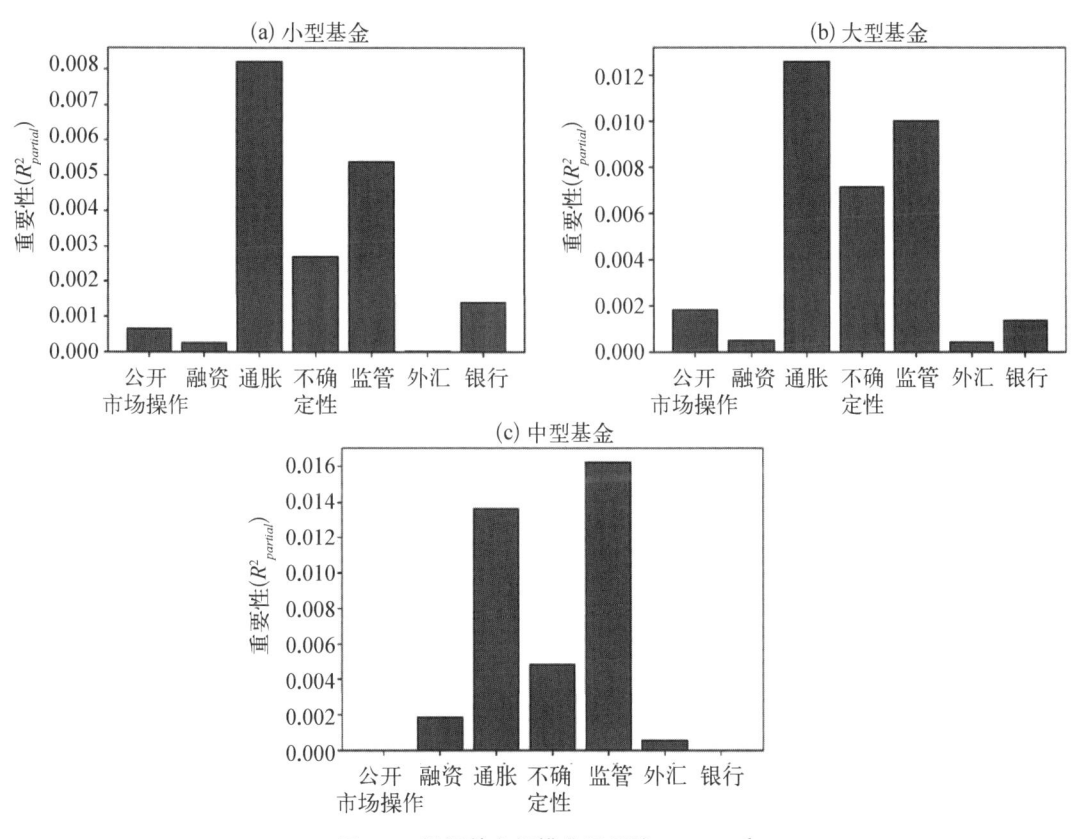

图 6.6 根据基金规模分组后的 partial-R^2

图 6.6 的结论表明,虽然不同类型的基金对各主题的关注度存在量级上的差异,但整体模式上保持一致,即中国人民银行沟通中关于通胀、监管以及宏观经济形势方面的主题对国际资本的投资决策影响最明显。

此外,我们也可以利用 partial-R^2 来检验国际资本对不同沟通主题关注度的时变特征。我们利用三年的滚动窗口估计计算出基金对各个主题的关注度,并绘制在时间轴上,结果展示在图 6.7 中。此外,我们用阴影区域分别表示次贷危机与新冠疫情时期。

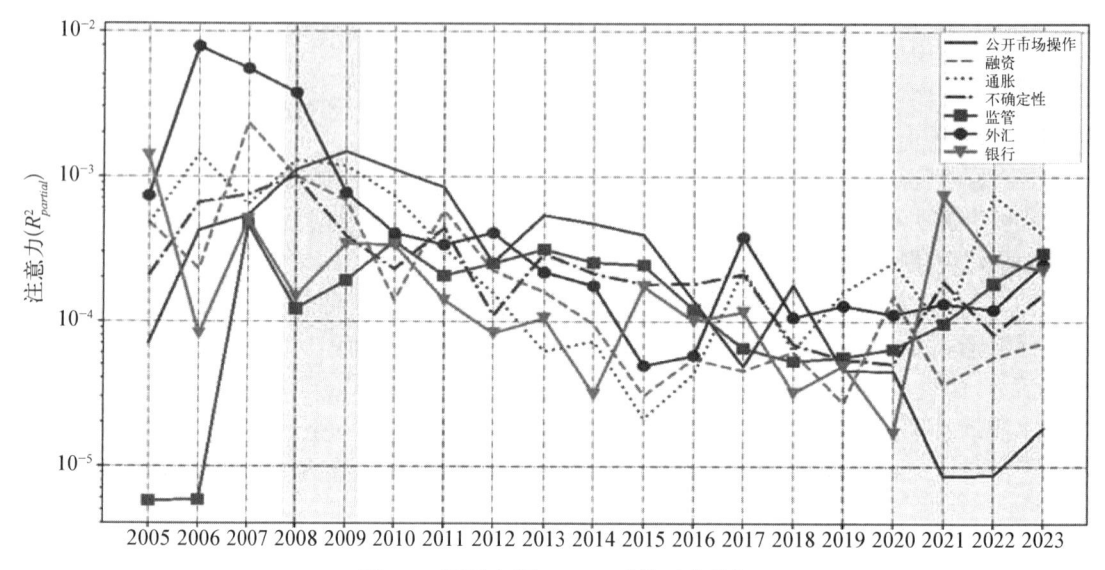

图 6.7　不同主题 partial-R^2 的时变特征

图 6.7 的结果表明,从整体上看,国际资本对中国人民银行沟通各主题的关注度具有非常明显的时变特征。例如,次贷危机之前,汇率相关的主题受到国际资本最多的关注。这或许可以对应到中国在加入世贸组织后对外汇需求猛增,从而促成了后续人民币汇率的一系列改革。次贷危机之后,关于公开市场操作以及监管的相关主题也开始得到国际资本的重视。国际基金对其他类型的主题也整体上表现出非常明显的周期性,这或许能够说明过去中国短期资本流动的波动一定程度上是由于国际资本对中国人民银行货币政策沟通不同主题的切换导致的。

6.5　结　论

本文在中国人民银行货币政策沟通文本数据的基础上,利用主题模型提取出中国人民银行沟通的七个主题,并基于此检验国际资本对中国人民银行货币政策沟通的关注度。

我们的研究结果表明,中国人民银行的货币政策沟通对国际资本流动具有显著的影响:在国际基金的投资组合中,中国资产份额的变化显著地受到中国人民银行货币政策沟通中不同主题强度变化的影响。其中,中国人民银行关于通胀、监管以及宏观经济形势的沟通对基金持有的中国资产份额的变化的解释能力最大。在进一步的分析中,我们发现国际资本对中国人民银行货币政策沟通的关注度具有显著的异质性和时变特征。我们根据国际基金的规模和投资策略对样本进行划分,基金之间的异质性主要体现在对中国人民银行不同沟通关注维度上的差异。具体而言,小型基金和集中型策略的基金更加关注中国人民银行对公开市场操作和社会融资等主题的沟通,这通常涉及央行短期的操作计划。而中型、大型基金与分散策略的基金则会同时关注央行沟通的多个主题。最后,我们通过计算样本滚动窗口下的 partial-R^2 发现国际资本对中国人民银行沟通不同主题关注度存在非常明显的周期性,这也能够解释样本期内中国短期国际资本流动的波动。

我们的研究具有一定的政策启示:中国人民银行在保证货币政策沟通有效性的同时也应当保持对不同宏观经济主题沟通的平衡性,充分考虑到不同类型的市场参与者对货币政策沟通的反应。中国的金融市场必定会走向进一步开放,充分利用好货币政策沟通的潜力,对改革的平稳推进和经济稳定具有至关重要的作用。

参考文献

[1] Shaghil Ahmed and Andrei Zlate, 2014. Capital Flows to Emerging Market Economies: A Brave New World? [J]. Journal of International Money and Finance, 48: 221-248.

[2] Nasha Ananchotikul and Ms Longmei Zhang, 2014. Portfolio Flows, Global Risk Aversion and Asset Prices in Emerging Markets[J]. International Monetary Fund.

[3] Hanna Armelius, Christoph Bertsch, Isaiah Hull, and Xin Zhang, 2020. Spread the Word: International Spillovers from Central Bank Communication[J]. Journal of International Money and Finance, 103: 102-116.

[4] In-Mee Baek, 2006. Portfolio Investment Flows to Asia and Latin America: Pull, Push or Market Sentiment? [J]. Journal of Asian Economics, 17(2): 363-373.

[5] Geert Bekaert and Campbell R Harvey, 1995. Time-varying World Market Integration[J]. The Journal of Finance, 50(2): 403-444.

[6] Hamza Bennani, 2019. Does People's Bank of China Communication Matter? Evidence from Stock Market Reaction[J]. Emerging Markets Review, 40: 100617.

[7] Ben Bernanke, Vincent Reinhart, and Brian Sack, 2004. Monetary Policy Alternatives at the Zero Bound: An Empirical Assessment[R]. Brookings Papers on Economic Activity, 2004(2): 1-100.

[8] Ben S. Bernanke, 2013. Communication and Monetary Policy: A Speech at the National Economists Club Annual Dinner, Herbert Stein Memorial Lecture[R]. Washington, DC, November 19, 2013. Technical Report.

[9] Ben S. Bernanke, 2020. The New Tools of Monetary Policy [J]. American Economic Review, 110(4): 943-983.

[10] Valentina Bruno and Hyun Song Shin, 2015. Capital Flows and the Risk-taking Channel of Monetary Policy[J]. Journal of Monetary Economics, 71: 119-132.

[11] Guillermo A. Calvo, Leonardo Leiderman, and Carmen M. Reinhart, 1993. Capital Inflows and Real Exchange Rate Appreciation in Latin America: the Role of External

Factors[R]. Staff Papers, 40(1): 108 – 151.

[12] Francesca Carrieri, Vihang Errunza, and Ked Hogan, 2007. Characterizing World Market Integration through Time[J]. Journal of Financial and Quantitative Analysis, 42(4): 915 –940.

[13] Eugenio Cerutti, Stijn Claessens, and Damien Puy, 2019. Push Factors and Capital Flows to Emerging Markets: Why Knowing Your Lender Matters more than Fundamentals[J]. Journal of International Economics, 119: 133 – 149.

[14] Punam Chuhan, Stijn Claessens, and Nlandu Mamingi, 1998. Equity and Bond Flows to Latin America and Asia: the Role of Global and Country Factors[J]. Journal of Development Economics, 55(2): 439 – 463.

[15] Anna Cieslak and Andreas Schrimpf, 2019. Non-monetary News in Central Bank Communication[J]. Journal of International Economics, 118: 293 – 315.

[16] Ricardo Correa, Keshav Garud, Juan M. Londono, and Nathan Mislang, 2021. Sentiment in Central Banks' Financial Stability Reports[J]. Review of Finance, 25(1): 85 – 120.

[17] J. Scott Davis, Giorgio Valente, and Eric Van Wincoop, 2021. Global Drivers of Gross and Net Capital Flows[J]. Journal of International Economics, 128: 103397.

[18] Cheol S. Eun, Lingling Wang, and Steven C. Xiao, 2015. Culture and γ^2[J]. Journal of Financial Economics, 115(2): 283 – 303.

[19] Eduardo Fernandez-Arias, 1996. The New Wave of Private Capital Inflows: Push or Pull? Journal of Development Economics, 48(2): 389 – 418.

[20] Marcel Fratzscher, 2012. Capital Flows, Push Versus Pull Factors and the Global Financial Crisis[J]. Journal of International Economics, 88(2): 341 – 356.

[21] Robin Koepke, 2018. Fed Policy Expectations and Portfolio Flows to Emerging Markets[J]. Journal of International Financial Markets, Institutions and Money, 55: 170 – 194.

[22] Robin Koepke, 2019. What Drives Capital Flows to Emerging Markets? A Survey of the Empirical Literature[J]. Journal of Economic Surveys, 33(2): 516 – 540.

[23] Jianhao Lin, Ziwei Mei, Liangyuan Chen, and Chuanqi Zhu, 2023. Is the People's Bank of China Consistent in Words and Deeds? [J]. China Economic Review, 78: 101919.

[24] Jianguo Liu, Liya Liu, Min Min, Shuying Tan, and Fanqing Zhao, 2022. Can Central Bank Communication Effectively Guide the Monetary Policy Expectation of the Public? [J]. China Economic Review, 75: 101833.

[25] Gian-Maria, Milesi-Ferretti and Ćedric Tille, 2011. The Great Retrenchment: International Capital Flows during the Global Financial Crisis[J]. Economic policy, 26(66): 289 – 346.

[26] Stephen Morris and Hyun Song Shin, 2002. Social Value of Public Information[J]. American Economic Review, 92(5): 1521 – 1534.

［27］Matthieu Picault and Thomas Renault，2017. Words are not All Created Equal：A New Measure of ECB Communication［J］. Journal of International Money and Finance，79：136-156.

［28］Kuntara Pukthuanthong and Richard Roll，2009. Global Market Integration：An Alternative Measure and Its Application［J］. Journal of Financial Economics，94(2)：214-232.

［29］Yue Qiu，Yu Ren，and Tian Xie，2022. Global Factors and Stock Market Integration［J］. International Review of Economics & Finance，80：526-551.

［30］Yue Qiu，Tian Xie，Wenjing Xie，and Xiangzhong Zheng，2023. Federal Policy Announcements and Capital Reallocation：Insights from Inflow and Outflow Trends in the US［J］. Journal of International Money and Finance，139：102936.

［31］Cedric Tille and Eric Van Wincoop，2010. International Capital Flows［J］. Journal of International Economics，80(2)：157-175.

［32］Weibo Xiong，2012. Measuring the Monetary Policy Stance of the People's Bank of China：An Ordered Probit Analysis［J］. China Economic Review，23(3)：512-533.

附 录

MATLAB 介绍与应用

A. MATLAB 简介

A.1 基础知识

A.1.1 命令窗口

与主流编程语言一样，MATLAB 也可以执行计算功能，普通数学运算如＋，－，*，/。尝试

```
>> 1 + 1
ans =
    2
```

由于我们没有将变量分配给刚刚输入的数据，因此 MATLAB 会**自动**分配一个名为 ans 的变量。同时，这个变量值可以很容易地**被覆盖掉**。现在输入：

```
>> sqrt(2)
ans =
    1.4142
```

我们注意到 ans 被重写，并且结果显示到小数点后 4 位。当然，我们也可以通过下述命令来更改显示的模式：

```
>> format long, sqrt(2)
>> format bank, sqrt(2)
>> format short, sqrt(2)
```

重新输入之前的命令，你发现了什么？当然我们有其他方式来实现上述功能，只不过我们现在只是了解我们需要什么。**默认情况下**，MATLAB 将显示小数点后 4 位。

A.1.2 分配变量

在实践中，用变量来存储一些数据以供将来使用是非常方便的。你可以用你喜欢的任

何变量来命名你的估计变量。但请记住，MATLAB 对某些变量名**非常敏感**。例如，现在键入：

```
>> pi
ans =
    3.1416
```

命令 pi 是 π 的内置函数，如果你将变量命名为 pi，它可能会给未来的计算带来麻烦。注意，这种情况比你想象的更频繁，因为在经济学中，π 通常代表**通货膨胀率**。现在，试试这个：

```
>> pi = 100
pi =
    100
```

你现在重新定义了 pi。如果假设圆的半径 r=5，并计算 2*pi*r。你的结果是什么?

```
>> r = 5
r =
    5
>> 2 * pi * r
ans =
    1000
```

这显然是错误的！MATLAB 有许多预先定义好的变量名，因此在分配任何变量名之前，请确保首先检查它们是否已被占用。你可以使用 help 命令。例如，尝试 help someonesname

```
>> help someonesname
    someonesname not found.
```

注意到，someonename 不存在，因此可以自由使用。

备注：以下是一些你可以遵循的技巧：

(1) MATLAB 区分大小写，**大多数**内置命令都是小写。因此，用大写字母命名变量名或文件名是安全的，例如 Pi、PI。

(2) **变量名不要以数字开头**。MATLAB 无法读取。禁止使用 2pr、20150525_PI 等变量。

现在，假设你已经犯了这个错误。如何解决这个问题？看看你的工作区，应该有很多变

量,而这个糟糕的 pi 就在那里。你可以 **clear** 特定的变量,通过

```
>> clear pi
```

变量 pi 现在已清除。现在尝试 2 * pi * r,你会发现一切都回归正常了。

```
>> 2 * pi * r
ans =
    31.4159
```

A.1.3 常用符号

事实上,2 * pi * r 是你想要的,你不需要展示 r 值,你可以用分号(;),告诉 MATLAB 不要显示过程中的所有内容,但仍将结果保存在工作区中。现在试试:

```
>> r = sqrt(10);
>> result = 2 * pi * r
result =
    19.8692
```

你可以在清除多个变量时使用它来作为分隔符,或者你可以使用 clear all 来清除它们。你的屏幕现在应该很乱,尝试用 clc 来清空输出内容。

A.1.4 创建矩阵

MATLAB 擅长矩阵操作。事实上,MATLAB 中的 MAT 是矩阵的缩写。我们可以使用[]来构造一个向量,例如:

```
>> a = [1 2 3]
a =
  1 2 3
```

我们也可以用分号来构造矩阵中的每一行:

```
>> a = [1 2 3; 4 5 6; 7 8 9]
a =
    1  2  3
    4  5  6
    7  8  9
```

我们可以使用圆括号(row，column)来访问矩阵中的某些元素，例如：

```
>> a(3,2)
ans =
    8
```

问题：我们可以使用 a(index number)吗？如果可以，这意味着什么？

使用()，我们还可以重新定义矩阵中的某些元素。例如，我们想要将第三行第二列的元素设为5，我们只需输入：

```
>> a(3,2) = 5
a =
    1   2   3
    4   5   6
    7   5   9
```

在实践中，更常见的情况是我们想要检查矩阵的特定行或向量，在这种情况下，我们需要使用冒号(:)，试试：

```
>> a(:,1)
ans =
    1
    4
    7
```

问题：a([2 3],2)代表什么？

练习1：用从1到9的数字创建一个3×3矩阵。现在用0替换上下三角形。然后，把对角线上的项换成1。这个矩阵是什么？我们也可以用:来创建一系列的数字。试一试：

```
>> 1:5
ans =
    1 2 3 4 5
```

练习2：现在试试1：0.5：5和5：-1：1。

MATLAB有许多内置函数来创建各种类型的矩阵。下面是一些常用的方法。使用help命令来获取帮助文档，并尝试在实际中使用它们：
zeros, ones, rand, randn, eye, repmat, chol, ff2n

A.1.5　矩阵运算

矩阵的加法和减法就像整数一样,只要它们在同一个维度上,我们就可以使用＋和－。要检查矩阵的维数,可以使用 size 命令。例如:

```
>> x = randn(10,5);
>> size(x)
ans =
    10 5
```

问题:size(x, 1)和 size(x, 2)是什么?那么 length(x)是多少?

矩阵乘法有点复杂,因为第一个矩阵的列数应该与第二个矩阵的行数相等。

练习 3:从 N(0, 0.01)创建一个 $5\times10\,000$ 矩阵,称其为 **A**。然后,创建一个 $10\,000\times1$ 矩阵,每个元素都是 1/10 000,称其为 **b**。现在试试 A * b?这代表着什么?

矩阵 **A** 的转置就是 **A**′。方阵的逆可以使用 inv()计算,但要小心,这可能需要相当长的时间。

练习 4:从 N(0, 1)创建一个 $n\times n$ 矩阵,$n=1\,000$,并称其为 **A**。然后,计算 inv(A)或简单的 A^(−1)。现在,设置 $n=5\,000$ 并重复检查 MATLAB 的时间成本。如果上述过程耗时太长,请使用 Ctrl+C 来中止计算。

练习 5:使用 magic 创建一个 3×3 矩阵,称其为 **A**。然后计算 inv(**A**),并将结果与 A^(−1)进行比较。

如果我们在每个操作符(如 *、/)前面加入英文句号(.),我们就是在矩阵中执行元素对元素的操作。

练习 6:从 U(0, 10)创建一个 5×4 矩阵 **A**。然后,从 U(0, 1)创建一个 5×4 矩阵 **B**。试着找出 **A**+**B**,**A**−**B** 与 **A**.+**B** 和 **A**.−**B** 之间的区别。然后,试试 **A**.* **B**,**A**./**B** 与 **A*B** 和 **A/B**。最后,试试 **A**.^**B** 和 **A**^**B**。

A.1.6　脚本文件

使用命令窗口执行所有编码任务的效率非常低,特别是你需要同时执行多个任务的时候。像其他编程语言一样,MATLAB 配备了用户友好的脚本编辑功能。

有许多方法可以启动脚本编辑模式,但请记住 MATLAB 有太多版本,并且版本之间的差异很大。也就是说,在所有版本的 MATLAB 中,通过命令窗口启动脚本编辑模式的方式是相当一致的。执行此操作的命令称为 edit:

```
>> edit yourfilename
```

如果弹出警告信息,并说:

```
yourfilename does not exist. Do you want to create it?
```

这意味着,你选择的文件名不会被任何现有函数和脚本使用。因此,使用它是相当安全的。但是,如果 MATLAB 在没有警告的情况下直接引导你进入编辑界面,这只意味着你选择的名称被其他函数或脚本使用,你必须更改名称。例如,试试:

```
>> edit randn
```

你得到了什么?

脚本界面更像是一个文本编辑器,你可以在其中编写和编辑代码。这是命令窗口所不具备的功能。脚本中的代码完全遵循我们刚刚在命令窗口中经历的相同的编码框架。由于我们的代码通常很长,习惯上使用分号(;)隐藏所有中间结果。例如:

```
...
TT = [100:100:1000];
k = 4;
N = 25;
vf = 6.944e - 5;        % variance of factor
SNR = 1;
ve = vf./SNR;           % variance of e
level = [0.01 0.05 0.1];    % level of rejection
Reject1 = [];
Reject2 = [];
im = [ones(m,1) ff2n(k - 1)];
...
```

注意,你总是可以使用百分号(%)在编写的每个代码上添加注释。事实上,强烈建议你在编写的所有代码上添加注释、日期和解释,以便将来使用。

现在,在脚本中执行以下操作。

练习 7:创建一个 $n \times k$ 矩阵 $\boldsymbol{X}$,$n = 10\,000$,$k = 5$,其中 $\boldsymbol{X}$ 的第一列是 1,第二至第四列是从 $N(5, 10)$ 中随机抽取,最后一列从 $U(0, \pi)$ 中随机抽取。然后,从 $N(0, 1)$ 创建一个 $n \times 1$ 向量 $\boldsymbol{u}$。现在,构造一个 $k \times 1$ 向量 b,其中第一个元素是 1,最后一个元素是 k[①]。现在,构造一个 $n \times 1$ 向量 $\boldsymbol{y} = \boldsymbol{Xb} + \boldsymbol{u}$。然后,使用 OLS 估计系数 $\hat{\boldsymbol{b}}$:

$$\hat{\boldsymbol{b}} = (\boldsymbol{X}^{\mathrm{T}}\boldsymbol{X})^{-1}\boldsymbol{X}^{\mathrm{T}}\boldsymbol{y}$$

你的 $\hat{\boldsymbol{b}}$ 与真值 $\boldsymbol{b}$ 相同吗? 现在,不用上面的 OLS 方程,只需使用 $X \backslash y$ 并比较结果。$y \backslash X$ 是什么意思?

---

① 注意,b 的其余元素可以取任何值,即 1、0 或标准正态分布的随机抽取。

A.2 数据的加载和导出

将数据导入 MATLAB 非常简单。对于不同类型的文件，我们可以使用 import 和 xlsread 命令。如果要将结果导出到文件中，可以使用 save 和 xlswrite 命令。使用 help 命令学习如何使用这些方法。

A.3 循环语句

循环语句可以重复执行我们预先设计好的代码。MATLAB 中 for 循环的语法结构为：

```
for i = 1:N
  some_process_depend_on_i;
end
```

例如，在任务 1 中，我们希望为 10 个不同的样本大小生成一个随机变量 x：$n = 100$, $200, 300, \cdots, 1\,000$，其中 $x \sim N(0, 1)$。计算 x 的平均值，即 $\bar{x}$。我们可以在 MATLAB 中执行以下操作：

```
N = 100:100:1000;
for i = 1:length(N)
  n = N(i);
  x = randn(n,1);
  xbar(i,1) = mean(x);
end
```

练习 8：我们的模型是简单的经典线性模型：$y = X\beta + u$，其中 $u \sim N(0, 1)$，X 维度是 100×2，第一列是常数，第二列跟随 $N(0, 1)$，$\beta = [\beta_1, \beta_2]^T = [1, 1/2]^T$。生成 X 和 y。然后，计算 $\widehat{\beta_2}$。重复整个过程 10 000 次，并算出 $\widehat{\beta_2}$ 的平均值。它的中位数是多少？

for 循环的一个重要特点是它可以处理迭代的数据生成过程（DGP）。例如，如果我们的误差项遵循一个 AR(1) 过程：

$$u_t = \rho u_{t-1} + \epsilon_t$$

令 $\epsilon_t \sim N(0, 1)$，$\rho = 0.9$，我们设定 $u_0 = 0$。我们可以用下面的代码生成一个 100×1 的 u 向量：

```
u0 = 0;
n = 100;
e = randn(n,1);
ut = u0;
```

```
for i = 1:n
  ut = 0.9 * ut + e(i);
  u(i,1) = ut;
end
```

请注意,循环语句的内部可以嵌套其它循环。当然,我们需要注意改变循环指标,否则会得到错误的结果。例如,我们可以用模拟数据估计 $\hat{\rho}$,并记录偏差。我们将整个过程重复 1 000 次,估计出样本 MSE:

```
for j = 1:1000
  % put previous_code here;
  % compute b and bias
  b = [u0;u(1:end - 1)]\u;
  BIAS(j) = abs(b - 0.9);
end
mse(BIAS)
```

现在,让我们把到目前为止所学到的所有知识,做以下模拟实验。

练习 9:考虑以下模型:

$$y_t = X_t \beta + \gamma z_t + \delta y_{t-1} + u_t, \quad u_t \sim N(0, \sigma^2)$$

其中 X_t 维度是 1×3,X_t 的第一列是常数,其余的服从 $N(0, \Sigma)$,并且

$$\Sigma = \begin{bmatrix} 1 & 0.5 \\ 0.5 & 1 \end{bmatrix}$$

变量 z_t 服从 $\chi^2(1)$ 分布。我们设置 $T = 100$,$y_0 = 0$,$\sigma = 0.5$,$\beta = [1, 1/2, 1/3]^T$,$\gamma = 0.01$,$\delta = 0.9$。生成模型并获取因变量和自变量。估计你的 $\hat{\gamma}$ 并估计检验 $\hat{\gamma} = 0$ 时的 t 统计量。检查你的测试统计数据是否在 5% 的显著水平上被拒绝。重复整个过程 10 000 次,并计算拒绝率。

提示:你可能希望按照接下来的几个步骤来编写你的代码:

1. 定义你的系数和参数。
2. 我们先做一个循环,而不是多次循环。
3. 生成模型,获取 y 和自变量。你可能要用到 mvnrnd 和 chi2rnd。
4. 运行 OLS 并获得系数和残差。
5. 计算 t 统计量并将其与临界值进行比较。你可能要用到 tinv。
6. 使用我们刚学过的 loop 命令多次重复步骤 3 到 5。记录你对每个循环的拒绝结果。
7. 最后,计算拒绝率。

我们可以使用 tic、toc 来计算特定代码消耗的时间。例如:

```
tic
your programs;
toc
```

练习 10：对你刚写的程序尝试使用 tic、toc。记住它花费的时间。

备注：当前版本的 MATLAB 内置了并行估计功能。它可以获取未使用的 CPU 内核并同时进行并行估计，可以大大提高估计效率。

我们使用 parpool 开始并行估计，并使用 parpool close 结束它。请注意，一旦关闭 MATLAB 主程序，并行估计功能也会自动关闭。例如：

```
>> parpool
Starting matlabpool using the 'local' profile...
connected to 4 workers.
>> parpool close
Sending a stop signal to all the workers ... stopped.
```

一旦并行估计功能打开，我们可以使用 parfor 而不是 for 命令来告诉 MATLAB 使用多个 CPU 内核来进行估计。

练习 11：现在，使用 parpool 启动并行估计功能。将外部循环更改为 parfor 并在你刚刚执行的程序上尝试 tic、toc。是不是越来越快了？

备注：

1. for 循环中的循环，将一个循环 for 改成 parfor 就可以了。

2. 并行估计是指估计是同时进行的，也就是说 parfor 不能做**迭代**过程。

A.4　function 文件

MATLAB 提供通过脚本存储预定好的程序的功能。MATLAB 程序以纯文本形式存储在名称以扩展名".m"结尾的文件中（就像脚本文件一样）。毫不奇怪，这些文件被称为 m 文件。每个 m 文件只包含一个 MATLAB 函数。因此，一组 MATLAB 函数可能会产生大量相对较小的文件。

与脚本文件不同，函数文件以 function 开始，以 end（可选）结束。例如：

```
function your_function
  % some comments
end
```

请注意，如果不包含嵌套函数，则 end 命令是可选的，但在包含嵌套函数时是必需的。

your_function 的命令可以采用多种形式。最常分配的形式是 [Output1, Output2, ...] =

function name(Input1，Input2，...)，其中：
    output1，...：输出，可以是整数、矩阵、文本等。
    input1，...：输入变量，可以是整数、矩阵、文本等。
    function_name：这可以是任何东西，但要确保这个名字是唯一的。
    现在，让我们创建一个可以为我们生成 OLS 系数的简单函数文件。

```
function b = ols(y, X)
  % your comments
  b = X\y;
end
```

将此文件另存为 ols.m。通过创建 ols.m，命令/函数 ols 现在被 MATLAB 识别并且可以在未来的代码中使用，就像任何其他内置命令一样。尝试在接下来的练习中使用它。

练习 12：创建一个名为 X 的 $n \times k$ 矩阵，其中 $n=100$，$k=5$，其中 X 的第一列是常量，其他列由 $N(\mathbf{0}, \mathbf{I})$ 生成。然后，从 $N(0, 0.01)$ 创建一个 $n \times 1$ 向量 u。创建一个 5×1 向量 $\boldsymbol{\beta} = [1, 1/2, 1/3, 1/4, 1/5]^T$。生成 $y = X\boldsymbol{\beta} + u$。试试用你的 ols.m 来获得 OLS 系数 $\hat{\boldsymbol{\beta}}$。它应该非常接近真实的 $\boldsymbol{\beta}$。

现在，让我们把 ols.m 变得稍微复杂一点。我们允许它报告系数和 t 检验统计量，以进行检验。

```
function [b tstat] = ols(y, X)
  % your comments
  b = X\y;
  [n k] = size(X);
  u = y - X *b;         % get residual
  s2 = u' *u/(n - k);    % get sigma square
  se = sqrt(diag(s2 * inv(X' * X)));% get standard errors for b
  tstat = b./se;        % compute t - statistics
end
```

练习 13：修改 ols.m 并报告除系数和 t 统计量外的 p 值。你可能需要使用 tcdf。

练习 14：重新考虑我们以前做过的练习：

$$y_t = X_t\boldsymbol{\beta} + \gamma z_t + \delta y_{t-1} + u_t, \quad u_t \sim N(0, \sigma^2) \tag{1.1}$$

其中 X_t 是 1×3 维度，X_t 的第一列是常数，其余的服从 $N(\mathbf{0}, \boldsymbol{\Sigma})$，并且

$$\boldsymbol{\Sigma} = \begin{bmatrix} 1 & 0.5 \\ 0.5 & 1 \end{bmatrix}$$

变量 z_t 服从 $\chi^2(1)$ 分布。我们设置 $T=100$，$y_0=0$，$\sigma=0.5$，$\boldsymbol{\beta} = [1, 1/2, 1/3]^T$，$\gamma=0.01$，

$\delta=0.9$。生成所需要的数据,并计算初你的 $\hat{\gamma}$,同时估计检验 $\hat{\gamma}=0$ 时的 t 统计量,检查你的测试统计数据是否在 5% 的显著水平上被拒绝。重复整个过程 10 000 次,并计算拒绝率。请尝试以下操作:

1. 使用你的 ols.m 来估计测试时的 $\hat{\gamma}$、$\hat{\gamma}=0$ 时的 t 统计量和 p 值。检查你的测试统计数据是否以 5% 的水平被拒绝(如果你的 p 值小于 5%,它将被拒绝)。

2. 创建一个可以生成(1.1)中定义的 AR(1) 过程的新函数。当然,你的代码应该包含一个预先确定的名称。

创建上面的两个函数的 m 文件,并在循环中使用它们。你的脚本代码现在应该更短。看看你是否能像上次一样得到类似的结果。

A.5 条件语句

MATLAB 中使用 if 来定义条件语句,if 语句通常有三种结构:

1. if...end,结构:只判断一次条件

例如,我们想使用 randn 生成一个 10×1 的向量,并且我们想用 0 替换所有负值。

```
x = [];
for i = 1:10
    xt = randn(1);
    if xt < 0
        xt = 0;
    end
    x(i,1) = xt;
end
```

2. if...else...end,结构:带有分支条件的判断语句

例如,使用上面的练习,我们想用 0 替换所有负值,用 1 替换所有正值。

```
x = [];
for i = 1:10
    xt = randn(1);
    if xt < 0
        xt = 0;
    else
        xt = 1;
    end
    x(i,1) = xt;
end
```

3. if...elseif(s)...else...end 结构：多个分支条件

此外，MATLAB 理论上支持使用"&"和"|"符号来连接多个条件,但在使用的时候需要多加注意。

练习 15：例如，使用上面的练习,我们想替换

$$\begin{cases} x < -0.5 \text{ or } x \geqslant 0.5 & \text{to} \quad 0 \\ -0.5 \leqslant x < 0 & \text{to} \quad -1 \\ 0 \leqslant x < 0.5 & \text{to} \quad 1 \end{cases}$$

```
x = [];
for i = 1:10
    xt = randn(1);
    xr(i,1) = xt;
    if xt < - 0.5 | xt > = 0.5
        xt = 0;
    elseif xt > = - 0.5 & xt < 0
        xt = - 1;
    else
        xt = 1;
    end
        x(i,1) = xt;
end
[xr x]
```

备注：对于带有＝的条件,我们需要写＝＝来表示这是一个逻辑条件,例如

```
a = 1;
b = 1;
if a + b = = 2
    disp('I am right!!!')
end
```

MATLAB 支持的另一种条件语句为 while：

```
while condition_is_true
    statements;
end
```

这意味着,继续做 statements 中描述的事情,直到条件不成立。例如,我们从 $x=-100$ 开始,每一轮我们将 $e \sim U(0,1)$ 添加到 x。我们希望停止,直到 x 变为正。

```
x = - 100;
i = 0;
while x < 0
    i = i + 1;
    e = rand(1);
    x = x + e;
```

请注意,上面的 i 像计数器一样工作。它统计执行了多少个循环以获得上面的结果。假设 $\mathbb{E}(e)=0.5$,我们预计 i 约为 200。

练习 16: 给出简单的非线性回归模型

$$y = x(\beta) + u$$
$$= \beta z + \frac{s}{\beta} + u$$

其中 z 是 100×1 的全为 1 的向量,$s = [1, 2, \cdots, 100]^{\mathrm{T}}$,$u \sim N(0,1)$,$\beta = 2$ 为真值。经典的高斯-牛顿方法是:

$$\beta_{(j+1)} = \beta_{(j)} + (\boldsymbol{X}_{(j)}^{\mathrm{T}} \boldsymbol{X}_{(j)})^{-1} \boldsymbol{X}_{(j)}^{\mathrm{T}} (\boldsymbol{y} - \boldsymbol{x}(\beta_{(j)}))$$

其中,$\boldsymbol{X}_{(j)}$ 是第 j 轮估计的 $\boldsymbol{X}(\beta) = \partial x(\beta)/\partial \beta$。我们从 $\beta_{(0)} = 1$ 的一些初始猜测开始,每次我们使用上面的公式更新 β。一旦 $\beta_{(j+1)}$ 和 $\beta_{(j)}$ 之间的差异相对较小($<10^{-6}$),我们就停止。

A.6 图像绘制

在 MATLAB 中绘制图形非常简单。这一切都涉及命令 plot。考虑以下示例,其中我们生成一个随机变量 y 并绘制其值。

```
y = randn(100,1);
plot(y)
```

现在应该会弹出一个数字,其中一条线在平均值 0 附近变化。

A.6.1 图像标号

注意,MATLAB 自动将序号 1 分配给该图。现在,让变量 y 加上 1。

```
y = randn(100,1) + 1;
plot(y)
```

我们注意到图 1 已经更新。平均值现在约为 1。如果我们想保留这两张图用于对比,我们应该为每个图指定数字编号。

```
figure (1)
y = randn(100,1);
plot(y)
figure (2)
y = randn(100,1) + 1;
plot(y)
```

现在,应该会出现两个图片。

图片的默认设置为蓝色实线。要改变这一点,我们可以使用 plot(y,"option")。例如:

A.6.2　图形颜色与线条样式

```
figure (1)
y = randn(100,1);
plot(y,'- - r')
```

现在,图 1 是红色虚线。使用 help plot 查看其他选项。

附表1　图　表　选　项

颜色	含义	标记	含义	线形	含义
b	blue	.	point	—	solid
g	green	o	circle	:	dotted
r	red	x	x—mark	—.	dashdot
c	cyan	+	plus	— —	dashed
m	magenta	*	star	(none)	no line
y	yellow	s	square		
k	black	d	diamond		
w	white	v	triangle(down)		
		^	triangle(up)		
		<	triangle(left)		
		>	triangle(right)		
		p	pentagram		
		h	hexagram		

练习 17：尝试按顺序绘制三个数字：

1. 图 1 包括 100 个来自 $N(10, 100)$ 的 y 观测值。用洋红色虚线绘制 y。
2. 图 2 包括 100 个来自 $\chi^2(10)$ 的 y 观测值。用蓝色虚线绘制 y。
3. 图 3 包括 100 个来自柯西分布的 y 观测值。用红色虚线绘制 y。

A.6.3 坐标轴设置

现在,我们只在 plot 中输入了一个变量 y。plot 函数默认需要两个输入,一个用于水平轴,另一个用于垂直轴。尝试以下代码,并比较图 1 和图 2。

```
n = 100;
y = randn(n,1);
x = 1:n;
figure (1)
plot(y)
figure (2)
plot(x,y)
```

如果我们只输入一个变量 y,则 MATLAB 会自动将该变量视为纵轴,横轴指定为 $x = 1$:length(y)。现在,让我们指定垂直轴和水平轴。

```
n = 100;
x = randn(n, 1);
y = randn(n, 1);
figure (1)
plot(x,y)
```

它看起来像什么?

练习 18：现在,让我们尝试以下步骤:(1) 将 n 改为 10 000。它看起来像什么?(2) 现在,将线条改为黑色圆圈。现在看起来好些了吗?(3) 创建一个新的图 2。重复上述练习。这一次,从 $N(0, \Sigma)$ 同时生成 x 和 y,其中

$$\Sigma = \begin{bmatrix} 1 & 0.5 \\ 0.5 & 1 \end{bmatrix}$$

(4) 创建一个新的图 3,并重复(3),且

$$\Sigma = \begin{bmatrix} 1 & -0.5 \\ -0.5 & 1 \end{bmatrix}$$

比较图 1、图 2 和图 3。

A.6.4 多坐标轴设置

在前面的例子中,我们只考虑了一幅图的情况。假设我们有几个变量共享一个公共水

平轴。绘制它们的方法不止一种。

1. hold on：我们可以使用 hold on 命令逐个添加绘图。例如，我们生成三个变量 a、b 和 c，并将它们绘制在一个图中：

```
n = 100;
a = randn(n,1);
b = randn(n,1) + 5;
c = randn(n,1) + 10;
figure (1)
hold on
plot(a,'- - b')
plot(b,'- .m')
plot(c,'- r')
hold off
```

2. 矩阵图：使用上面的相同示例，我们可以构造一个矩阵 $M=[abc]$ 并绘制矩阵。通过这种方式，我们同时绘制矩阵中的每一行，MATLAB 将自动为我们更改颜色。

```
n = 100;
a = randn(n,1);
b = randn(n,1) + 5;
c = randn(n,1) + 10;
M = [a b c];
figure (1)
plot(M)
```

这种方法的一个缺点是我们不能改变绘图中的颜色或线条。

3. 同时绘制：这可能是绘制图形最复杂的方法。我们需将 a、b、c 的绘图命令放在一个绘图命令中，为此我们必须定义水平轴。

```
n = 100;
a = randn(n,1);
b = randn(n,1) + 5;
c = randn(n,1) + 10;
x = 1:100;
figure (1)
plot(x,a,'- - b',x,b,'- .m',x,c,'- r')
```

A.6.5 标题、刻度与图例

我们可以为图形添加标题和轴标签。如果图形包含多行,也习惯于在图形中为每行添加图例。例如

```
n = 100;
a = randn(n,1);
b = randn(n,1) + 5;
c = randn(n,1) + 10;
x = 1:100;
figure (1)
plot(x,a,'- - b',x,b,'- .m',x,c,'- r')
xlabel('Observation Index')
ylabel('Variable Value')
title('Compare Three Variables')
legend('variable a','variable b','variable c')
```

练习 19:考虑以下模型:

$$y_t = \rho y_{t-1} + u_t, \quad u_t \sim N(0, \sigma^2)$$

其中 $\sigma=0.5$, $T=100$, $y_0=10$。让我们使用 $\rho=0.9$, 1, 1.5 生成 3 个 y_t 序列。在一个图中绘制三个序列。在图中添加标签、标题和图例。

A.6.6 绘制子图

为了便于比较,我们可以把一个大图分成几个子图。这涉及命令 subplot:

subplot(number of rows, number of columns, index number)。

例如,我们想创建一个 1×2 的子图。在第一个子图中,我们从 $N(\mathbf{0}, \mathbf{\Sigma}_1)$ 中生成 x 和 y。然后,在 x 上绘制 y。在第二个子图中,x 和 y 来自 $N(\mathbf{0}, \mathbf{\Sigma}_2)$,其中

$$\mathbf{\Sigma}_1 = \begin{bmatrix} 1 & 0.5 \\ 0.5 & 1 \end{bmatrix}, \quad \mathbf{\Sigma}_2 = \begin{bmatrix} 1 & -0.5 \\ -0.5 & 1 \end{bmatrix}$$

```
SIG1 = [1 0.5; 0.5 1];
SIG2 = [1 - 0.5; - 0.5 1];
MU = [0 0];
n = 1000;
X1 = mvnrnd(MU,SIG1,n);
X2 = mvnrnd(MU,SIG2,n);
figure (1)
subplot(1,2,1)
x = X1(:,1);
```

```
y = X1(:,2);
plot(x,y,'ko')
subplot(1,2,2)
x = X2(:,1);
y = X2(:,2);
plot(x,y,'ko')
```

练习 20：重复练习 19，只是这次我们令 $\sigma = [0.01, 0.5, 1, 5]$。 对于 σ 的每个值，我们将其绘制为 2×2 子图。将标签、标题和图例放置到每个子图中。

练习 19 的答案：

```
n = 100;
x = [1:n]';
u = randn(n,1) * 0.5;
y0 = 10;
y1 = hw5_ar1(0.9,y0,u);
y2 = hw5_ar1(1,y0,u);
y3 = hw5_ar1(1.01,y0,u);
figure (1)
plot(x,y1,'- - b',x,y2,'- m',x,y3,'- .r')
xlabel('Observation Index')
ylabel('Value of y')
title('Comparing y_1, y_2, and y_3')
legend('y_1','y_2','y_3')
```

练习 20 的答案：

```
n = 100;
x = [1:n]';
S = [0.01, 0.5, 1, 5];
for i = 1:length(S)
s = S(i);
u = randn(n,1) * s;
y0 = 10;
y1 = hw5_ar1(0.9,y0,u);
y2 = hw5_ar1(1,y0,u);
y3 = hw5_ar1(1.01,y0,u);
```

```
subplot(2,2,i)
plot(x,y1,'- - b',x,y2,'- m',x,y3,'- .r')
xlabel('Observation Index')
ylabel('Value of y')
if i = = 1
    title('\sigma = 0.01')
elseif i = = 2
    title('\sigma = 0.5')
elseif i = = 3
    title('\sigma = 1')
else
    title('\sigma = 5')
end
    legend('y_1','y_2','y_3')
end
```

B. 样条与平滑

B.1 样条回归

给定以下回归模型：

$$y = f(X) + \epsilon$$

其中 y 是响应变量，X 是一组观测值，ϵ 是误差项，$f(\cdot)$ 尚未指定。回归样条是根据观测值拟合出 $f(X)$ 的一种算法方法。有多种基函数[①]可供选择。

B.1.1 分段线性基函数

对于分段线性基函数[②]，目标是用虚线(或超平面)拟合数据，以便在每个断点处的左右两端相接。考虑附图 2.1 所示的 2010 年 1 月 27 日至 2010 年 8 月 17 日的以下 CBOE VIX 数据[③]。数

[①] 在数学中，基函数是函数空间的特定基的元素。函数空间中的每个连续函数都可以表示为基函数的线性组合，正如向量空间中的每一个向量都可以表示成基向量的线性组合一样。考虑一个 $n\times 2$ 矩阵 X，其中第一列为 1，第二列是 y 的唯一预测因子。矩阵 X 被称为二元回归模型的基础。该基础可以线性扩展：

$$f(X) = \sum_{m=1}^{M} \beta_m h_m(X) \tag{2.1}$$

其中 $h_m(\cdot)$ 是 X 的第 m 次变换，β_m 是 m 次变换的权重。因此，$f(X)$ 是 X 的变换值的线性组合。一个常见的变换使用多项式项，例如 $1, x, x^2, x^3$。

[②] 当有一个预测因子时，拟合是一组直线段，首尾相连，此后称为"分段线性"。

[③] 芝加哥期权交易所波动性指数(CBOE V volatility Index)，以其股票代号 VIX 而闻名，是衡量股市对标准普尔 500 指数期权所隐含的波动性预期的一种流行指标，由芝加哥期权交易所(CBOE)计算并发布。它被通俗地称为恐惧指数或恐惧指数。

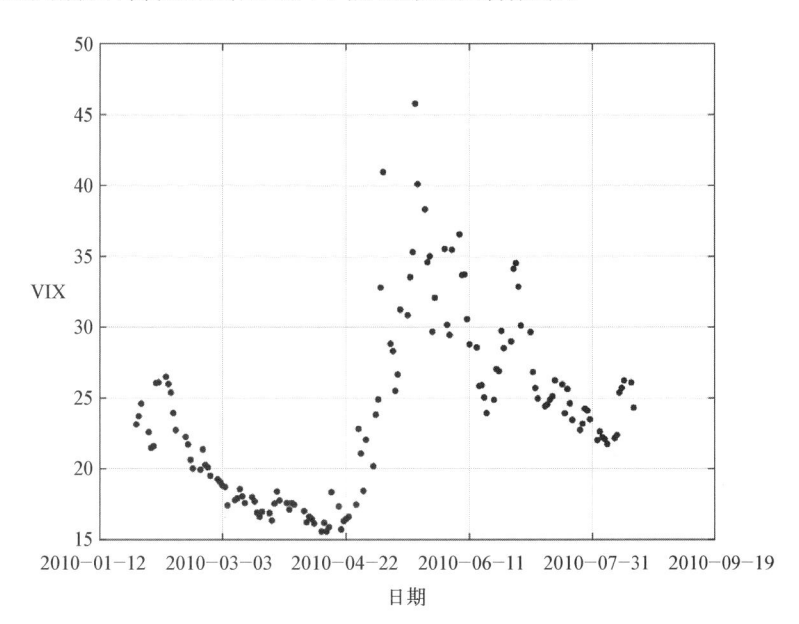

据具有一定的周期性,传统的线性回归不能很好地拟合数据。

附图 2.1　CBOE 波动指数

然而,如果我们观察数据的模式,并将数据分成三部分,我们可以很好地用线性回归拟合每个分量。一个关键步骤是确定 x 上的断点在哪里。这些断点通常被称为节点(knots)[①]。为了使数学形式化,我们定义了两个表示断点的指标:

$$\mathbb{I}_a = \begin{cases} 1 & \text{if } x > a \\ 0 & \text{otherwise} \end{cases} \text{ and } \mathbb{I}_b = \begin{cases} 1 & \text{if } x > b \\ 0 & \text{otherwise} \end{cases}$$

那么,考虑斜率和截距变化的平均函数为:

$$f(x_i) = \beta_0 + \beta_1 x_i + \beta_2 (x_i - x_a) \mathbb{I}_a + \beta_3 (x_i - x_b) \mathbb{I}_b \tag{2.2}$$

方程(2.2)可分解为三个组成线段。

$$f(x_i) = \begin{cases} \beta_0 + \beta_1 x_i & \text{for } x < a \\ (\beta_0 - \beta_2 x_a) + (\beta_1 + \beta_2) x_i & \text{for } x \in [a, b] \\ (\beta_0 - \beta_2 x_a - \beta_3 x_b) + (\beta_1 + \beta_2 + \beta_3) x_i & \text{for } x > b \end{cases} \tag{2.3}$$

其中每个分段是线性回归模型[②]。对于分段线性基函数,可以使用 OLS 简单地计算平均函数,如方程(2.2)。有了回归系数,拟合值很容易构建。

在 VIX 练习中,我们让日期对应于从 1 到 141 的数字。我们设置 $a=52$ 和 $b=82$,分别对应于 2010-04-12 和 2010-05-24。使用 John D'Errico 的 SLMtools 包,我们估计了分段线性模型。相关的 MATLAB 代码如下所示。请注意,你需要首先正确安装 SLMtools 包

---

① 第一次和最后一次观测通常算作边界节点。
② 注意,当有两个节点时,方程(2.2)和(2.3)起作用。如果有多个节点,则需要更一般的形式。通过增加节点的数量,可以近似非常复杂的关系。

并下载数据 vix2010.mat。

```
% 1. piecewise linear
load vix2010.mat
n = length(VIX);
IN = [1,52,82,n]';% define knots
x = 1:n;
y = VIX;
slm = slmengine(x,y,'knots',IN,'degree',1,'plot','on');
```

结果如附图 2.2 所示。点、实线和虚线分别对应 VIX 数据、使用 OLS 分段拟合的直线和节点(包括第一次和最后一次观察)。很明显,线段之间的端到端连接可以很好地处理随时间推移而展开的过程。在本例中,表示**日期**的生成数据的唯一预测因子。当然,线性回归样条曲线并不要求日期或时间作为预测因子。可以使用其他预测因素,如股市情绪、油价或汇率。

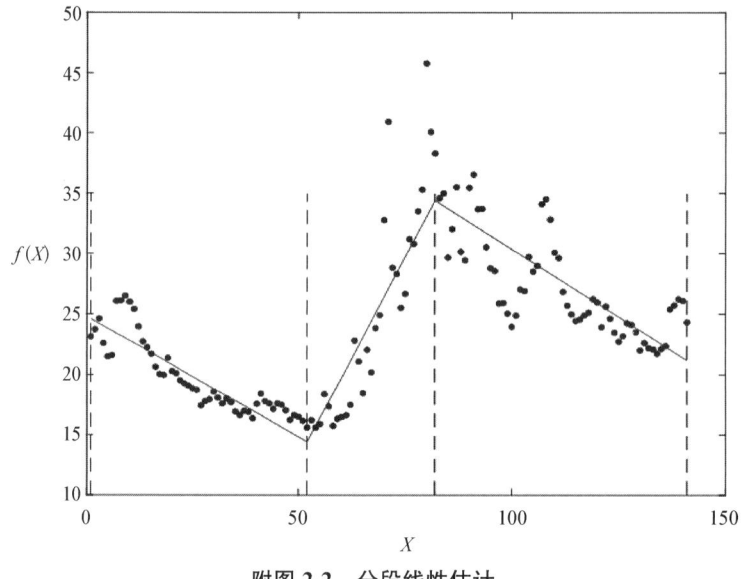

附图 2.2 分段线性估计

B.1.2 分段三次基函数

用分段直线拟合数据起到了对散点图的平滑作用,这在操作和理解上都是直观且简单的。然而,我们也有充分的理由相信,数据之间潜在的真实联系很难简单地使用一组直线段来表示。

通过对每个线段使用 x 中的多项式,可以实现线段之间更大的连续性。x 的三次函数是一个主流的选择,因为它们在灵活性和复杂性之间取得了很好的平衡。这种拟合称为三次函数分段拟合。然而,简单地将多项式首尾相接的地方通过平滑处理来产生符合直觉的拟合。通过将每个断点两侧的一阶导数和二阶导数约束为相同,通常可以实现更好的视觉连续性。这通常称为连续性约束。

我们推广了分段线性方法并施加了这些连续性要求。假设有 K 个内部断点,通常称为

内部节点。它们位于 $\xi_1 < \cdots < \xi_K$，在 ξ_0 和 ξ_{K+1} 处添加了两个边界节点。我们可以在以下均值函数中使用分段三次多项式，利用 **X** 的线性基函数展开：

$$f(x_i) = \beta_0 + \beta_1 x_i + \beta_2 x_i^2 + \beta_3 x_i^3 + \sum_{j=1}^{K} \theta_j (x_i - x_j)_+^3, \tag{2.4}$$

其中 $(\cdot)_+$ 表示括号内表达式的正值，需要计算 $K+4$ 个参数。这形成了一个传统的回归模型，其中包含一个具有 $K+4$ 列和 N 行的预测项矩阵。注意，仍然只有一个预测变量，但现在有 $K+4$ 个基函数。

我们重新审视 VIX 练习，只是这一次，我们应用分段立方基础来拟合数据。相关的 MATLAB 代码如下所示：

```
% 2. piecewise cubic
load vix2010.mat
n = length(VIX);
IN = [1,52,82,n]';% define knots
x = 1:n;
y = VIX;
slm = slmengine(x,y,'knots',IN,'degree',3,'plot','on');
```

结果如附图 2.3 所示。点、实线和虚线对应于 VIX 数据、分段三次拟合和内部节点（包括边界节点）。附图 2.3 显示了良好的视觉拟合。与附图 2.2 相比，我们注意到分段立方基在第三段上特别有效，因为它捕捉到了 VIX 的上升趋势。

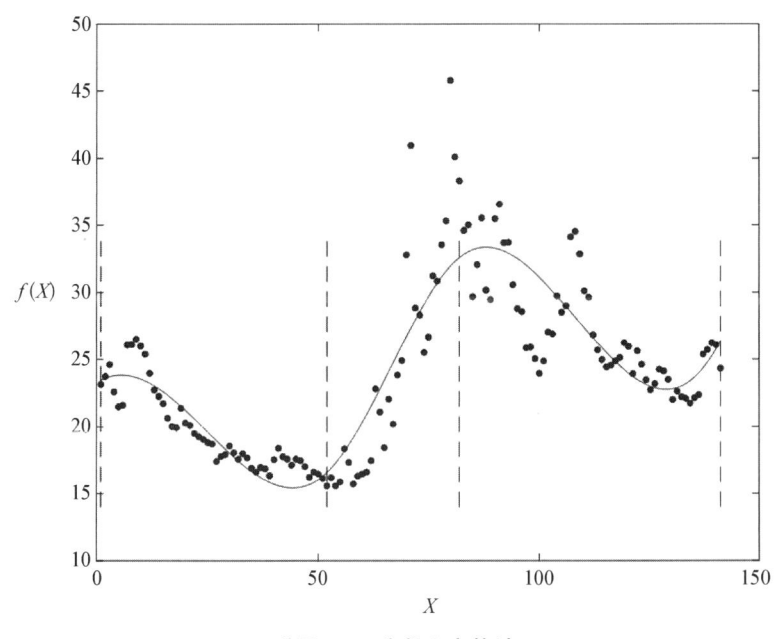

附图 2.3 分段立方估计

然而,由于两个连续性约束,对于前两段,使用三次基而不是简单的线性基没有明显的优势。为了对两种方法的总体性能进行总体评估,我们可以比较它们的估计 R^2,计算并存储 *.stat.R2。结果分别为 0.781 5 和 0.764 1。分段线性基具有更好的整体拟合效果。

其中一个关键是,很难找到一个可以证明是最好的模型。此外,依靠统计总结来选择最有指导意义的响应面近似值可能会有风险。相关知识、潜在应用和良好判断需要发挥重要作用。

B.1.3 平滑立方样条

x 边界附近的分段三次多项式的拟合值可能不稳定,因为没有连续性约束,并且数据可能稀疏。一种常见的解决方案是对 x 边界以外的拟合值施加线性,就好像边界以外的数据是可用的一样,其结果就是约束下的自然三次方样条曲线。MATLAB 代码与估计结果如下所示:

```
% 3. piecewise cubic - natural
load vix2010.mat
n = length(VIX);
IN = [1,52,82,n]';    % define knots
slm = slmengine(1:n,VIX,'knots',IN,'degree',3,'plot','on',...
    'endconditions','natural');
```

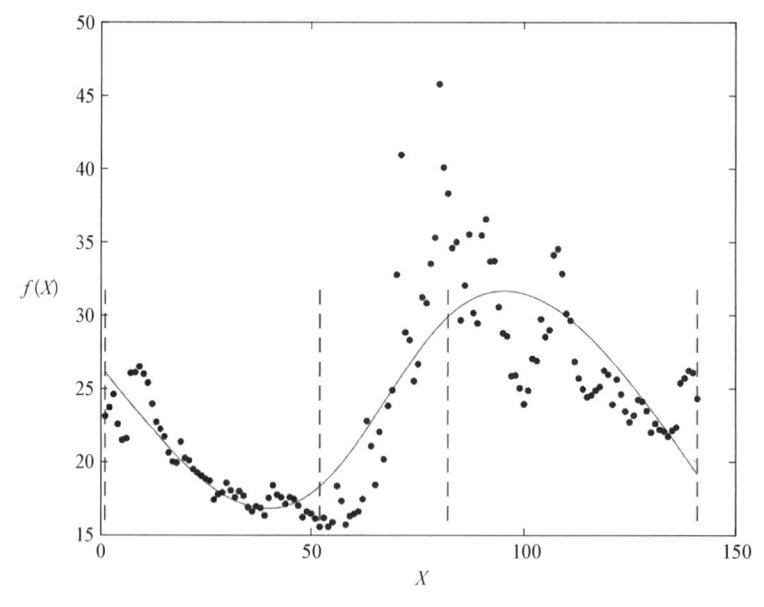

附图 2.4　自然立方估计

B.2　惩罚平滑

节点的位置、节点的数量和多项式的阶数可以被视为可调参数,这些参数可以由数据分析人员选择。调参的过程可能非常复杂,因为其中至少有三个必须同时调整。此外,几乎没有或根本没有正式的理论来证明调整的合理性。

有一种符合直觉的方式是改变拟合过程本身,以便在明确的统计推理的指导下自动完成调整。一种流行的方法是将数学惩罚①与待优化的损失函数相结合。这导致了一种非常流行的方法,称为惩罚回归。

考虑使用指标变量作为唯一回归变量的传统回归分析。当回归系数的绝对值增加时,得到的阶跃函数将增大,当指示符为 0 时 Y 的条件平均值与当指示符为 1 时 Y 的条件均值之间的差异更大。回归系数越大,拟合值越粗糙。

设计用于控制系数大小的策略,称为收缩或正则化。对于如何控制拟合值的复杂性,提出两个流行的建议:

(i) 将回归系数的绝对值之和限制为小于某个常数 C(有时称为 L_1-惩罚);

(ii) 将平方回归系数的总和限制为小于某个常数 C(有时称为 L_2-惩罚)

B.2.1 岭回归

假设对于传统的固定 X 回归,采用 p 平方回归系数之和小于 C 的约束。该约束形成了**岭回归**②。其任务是获得回归系数的值:

$$\widehat{\boldsymbol{\beta}} = \min_{\beta}\Big[\sum_{i=1}^{n}\big(y_i - \beta_0 - \sum_{j=1}^{p}x_{ij}\beta_j\big)^2 + \lambda\sum_{j=1}^{p}\beta_j^2\Big] \quad (2.5)$$

其中 $\boldsymbol{\beta} = [\beta_1, \cdots, \beta_p]^T$ 不包括 β_0。在方程(2.5)中,SSR 的常用表达式有一个新的分量——平方回归系数之和乘以常数 λ。这是 L_2 惩罚。注意,λ 是一个调整参数,它决定了惩罚的权重。

因此,岭回归估计量为:

$$\widehat{\boldsymbol{\beta}} = (\boldsymbol{X}^T\boldsymbol{X} + \lambda\boldsymbol{I})^{-1}\boldsymbol{X}^T\boldsymbol{y} \quad (2.6)$$

其中 $\boldsymbol{I}$ 是 $p \times p$ 单位矩阵。注意,截距的 1 列从 X 中删除,β_0 单独估计③。在方程(2.6)中,λ 的值被添加到叉积矩阵 $\boldsymbol{X}^T\boldsymbol{X}$ 的主对角线上,这决定了估计回归系数**向零收缩**的程度。λ 不为零时,收缩成为新的偏差来源。然而,尽管有偏差,但与最小二乘估计相比,岭估计的方差减小通常会导致较小的均方误差。

我们再次回顾 VIX 练习。我们使用 VIX 的一个周期滞后作为唯一的预测因子。我们考虑一个 $\lambda = e^L$,$L = 0.1, 0.2, \cdots, 10$。使用内置的命令 ridge,我们估计了与 VIX 滞后相关的系数,**无论是否有截距**。注意,ridge 函数能够处理多个 λ 值,你可以通过将 scaled 输入设置为 0 或 1(默认情况下 scaled=1)来选择是否包含截距。还要注意,当 scaled=0 时,将估计两个系数,一个用于预测变量,另一个用于截距。我们分别通过 λ 的对数绘制了具有和不具有截距的系数的路径。MATLAB 代码如下所示:

```
% 4. ridge regression
load vix2010.mat
x = [0;VIX(1:end - 1)];
```

---

① 随着模型的复杂度提高,惩罚项对损失的影响也会增加。因此,为了提高模型的复杂度,模型的优化方向必须能够使得其带来的收益超过因复杂度提升而带来的损失,这时复杂模型才是可接受的。

② 在机器学习文献中,它有时被称为权重衰减。

③ 默认情况下,β 是在对预测值进行中心化、标准化后,使变量的平均值为 0,标准差为 1,之后再计算的。模型不包含常量项,X 不应包含 1 列。

```
y = VIX;
L = 0.1:0.1:10;
b1 = ridge(y,x,exp(L));
b2 = ridge(y,x,exp(L),0);% with intercept
figure (5)
subplot(1,2,1)
plot(L,b1,'b - ','LineWidth',2)
xlabel('Log of \lambda')
ylabel('Ridge Coefficient')
title('(a) Without Intercept')
subplot(1,2,2)
plot(L,b2(2,:),'r - ','LineWidth',2)
xlabel('Log of \lambda')
ylabel('Ridge Coefficient')
title('(b) With Intercept')
```

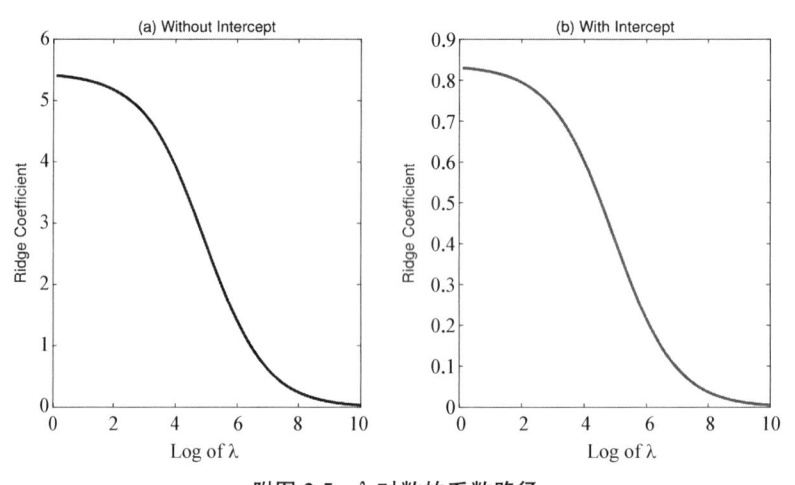

附图 2.5 λ 对数的系数路径

结果如附图 2.5 所示。(a)和(b)中的曲线形状完全相同,但数值不同。由于模型中是否包含截距项会影响标准化后的变量处理方式,因此引发了数值上的差异。事实上,我们可以很容易地将(a)转换为(b),方法是用(a)中的值除以唯一预测变量的标准差(VIX 的滞后)。

B.2.2 LASSO

假设按照岭回归进行,但现在采用回归系数的绝对值之和(L_1 惩罚)小于某个常数的约束。这形成了 LASSO 回归(Tibshirani,1996),其估计回归系数定义如下:

$$\widehat{\boldsymbol{\beta}} = \min_{\boldsymbol{\beta}} \Big[\sum_{i=1}^{n} (y_i - \beta_0 - \sum_{j=1}^{p} x_{ij}\beta_j)^2 + \lambda \sum_{j=1}^{p} | \beta_j | \Big] \tag{2.7}$$

与岭惩罚不同,LASSO 惩罚导致非线性估计,需要二次规划解决方案。如前所述,λ 的值是一个可调参数,λ 为零产生普通最小二乘结果,并且随着 λ 的值增加,回归系数向零收缩。

再次,我们使用 VIX 的一个周期滞后作为唯一的预测因素,再次回到 VIX 练习。我们考虑序列 $\lambda = e^L$,$L = 0.1, 0.2, \cdots, 10$。使用内置命令 lasso,我们估计与 VIX 滞后相关的系数。为了说明 Ridge 和 LASSO 估计变量之间的差异,我们重复了图 2.5 中的练习,并将 Ridge 和 LASSO 的估计系数进行了比较[①]。使用 LASSO 进行 VIX 练习的 MATLAB 代码如下所示。估计结果如附图 2.6 所示,其中实线和虚线分别对应于 LASSO 和 Ridge 估计变量的系数路径。在相同的惩罚权重(λ)下,LASSO 以比 Ridge 更快的速度将系数缩小到 0。

```
% 5. LASSO
load vix2010.mat
x = [0;VIX(1:end - 1)];
y = VIX;
L = 0.1:0.1:10;
[b1,FitInfo] = lasso(x,y,'Lambda',exp(L));
b2 = ridge(y,x,exp(L),0);% ridge with intercept
figure (6)
plot(L,b1,'b - ',L,b2(2,:),'r - - ','LineWidth',2)
xlabel('Log of \lambda')
ylabel('Coefficient')
legend('LASSO','Ridge')
```

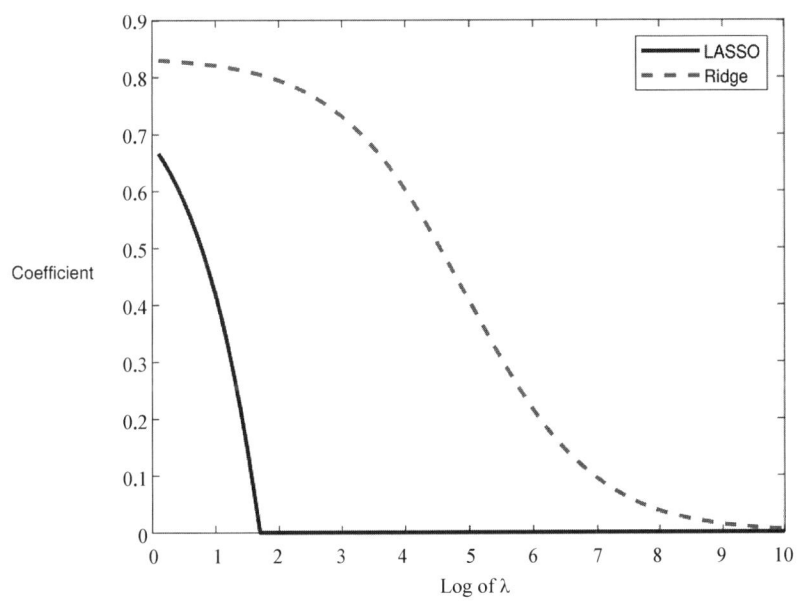

附图 2.6 LASSO 和 Ridge 的系数路径

---

① 与 ridge 函数不同,lasso 默认包含截距项,而不论 **X** 中是否包含常数列(一个全部为 1 的列向量)。例如,[b, FitInfo] = lasso(…),估计的截距将在 FitInfo 结构中输出。lasso 命令提供许多丰富的信息,使用 help lasso 了解更多详细的使用说明。

B.2.3 利用交叉验证选择 λ

如果 λ 的值是通过数据窥探来确定的,则会有很大的复杂性。理想情况下,如果有训练数据和评估数据,一种解决方案是反复试验。在 k 折交叉验证中,原始样本被随机分成 k 个大小相等的子样本。对一个子集(训练数据)尝试不同的 λ 值,直到通过某种度量(例如均方误差)在另一子集(评估数据)中达到令人满意的拟合。

对于 VIX 练习,我们对 LASSO 中的 λ 应用 5 折交叉验证。MATLAB 代码如下所示。使用 lassoPlot 命令根据附图 2.7 中的 λ 值绘制 LASSO 拟合的交叉验证 MSE。FitInfo.LambdaMinMSE 报告了最小化 MSE 的最佳 λ。请尝试几次代码,最佳 λ 是否相同?为什么?

```
% 6. LASSO cross - validation
load vix2010.mat
x = [0;VIX(1:end - 1)];
y = VIX;
[B,FitInfo] = lasso(x,y,'CV',5);
lassoPlot(B,FitInfo,'PlotType','CV');
legend('show')
FitInfo.LambdaMinMSE
```

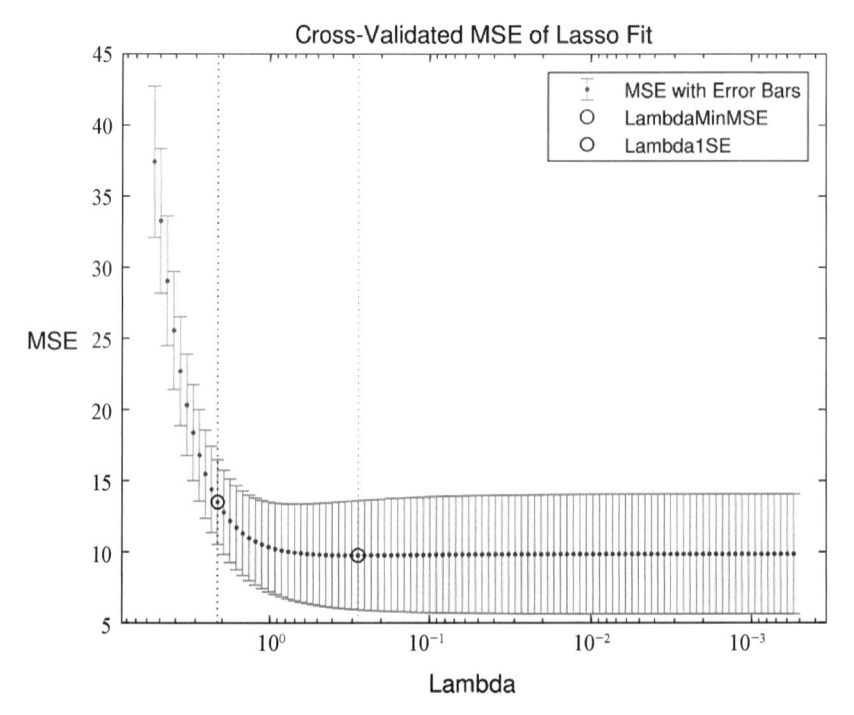

附图 2.7　5 折交叉验证的 LASSO

B.3 平滑样条

对于前面考虑的基于样条曲线的程序,必须先验地或通过某种拟合度量来确定节点的数量和位置。我们现在正在以与岭回归和 LASSO 相同的思想进行,但我们允许 X 和 y 之间的非线性关联,并引入了不同类型的惩罚函数。

对于一个预测变量和一个定量响应变量,有一个函数 $f(\boldsymbol{X})$ 在其整个表面上具有两个导数。目标是最小化公式的平方惩罚误差和[①]:

$$C(f,\lambda) = \lambda \sum_{i=1}^{n}[y_i - f(x_i)]^2 + (1-\lambda)\int [f''(t)]^2 dt \tag{2.8}$$

其中 $\lambda \in [0,1]$ 如前所述,是一个调整参数,积分量化了粗糙度惩罚。随着 λ 向 0 减小,拟合值接近最小二乘线。由于不允许二阶导数,所以拟合值尽可能平滑。在另一个极端,当 λ 增加到 1 时,拟合值接近响应变量值的插值。在给定 λ 值的情况下,方程(2.8)可以相对于 $f(\boldsymbol{X})$ 最小化。

B.3.1 三次平滑样条

我们从简单的线性基函数开始。例如,基于三次平滑样条,我们可以使用内置命令 csaps 平滑 VIX 时间序列。我们尝试三个值 $\lambda = 0, 0.5, 1$。MATLAB 代码如下所示:

```
% 7. cubic smoothing splines
load vix2010.mat
x = [1:length(VIX)]';
y1 = csaps(x,VIX,0,x);
y2 = csaps(x,VIX,0.5,x);
y3 = csaps(x,VIX,1,x);
figure (8)
plot(x,VIX,'b.','markersize',10)
hold on
plot(x,y1,'- - k',x,y2,'r',x,y3,':m')
xlabel('Date')
ylabel('VIX')
legend('VIX Data','\lambda = 0','\lambda = 0.5','\lambda = 1')
```

估计的平滑结果如附图 2.8 所示,其中点、虚线、实线和虚线分别对应于 VIX 数据,$\lambda = 0, 0.5, 1$。当 $\lambda = 0$ 时,平滑曲线是与 OLS 相同的直线;当 $\lambda = 1$ 时,平滑曲线到达每个数据点。这两种极端情况分别代表了最节俭和最过度拟合的情况。

[①] 注意,我们的标准与教科书略有不同。

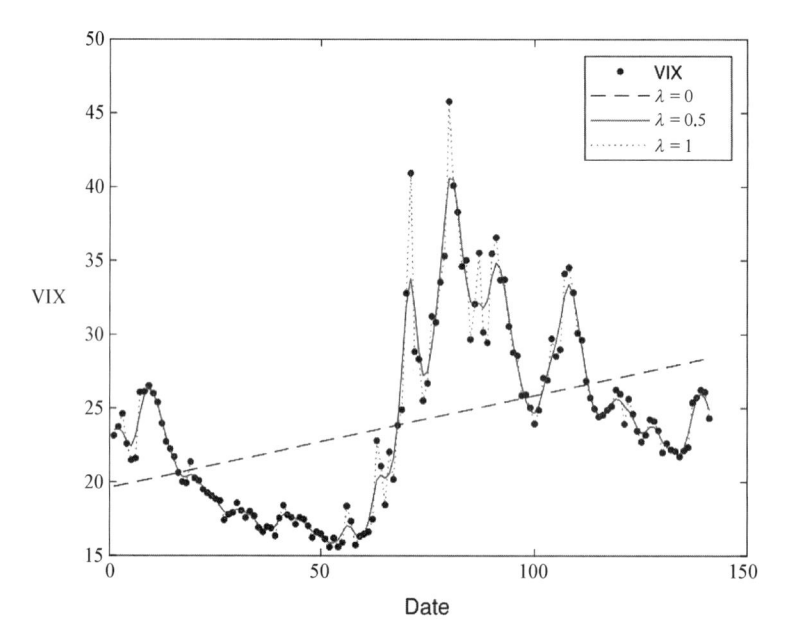

附图 2.8　不同惩罚权重的平滑结果

B.3.2　局部回归平滑

局部回归是移动平均和多项式回归的推广。最初为散射图平滑而开发的最常用的方法是 LOESS（Locally estimated scatterplot smoothing）和 LOWESS（Locally weighted scatterplot smoothing）。他们将简单的模型拟合到数据的局部子集，以建立一个函数，逐点描述数据变化的确定部分。

我们考虑一个预测变量 x 的简单情况。对于任何给定的 x_0 值，多项式回归仅根据 x 值为 x_0 最近邻居的观测值构建。其中，x 值接近 x_0 的观测值权重更大。然后，从拟合回归计算出 y_0，并将其用作 x_0 处响应 y 的平滑值。每个观测值的精确权重取决于所采用的加权函数[①]。对所有其它 x 值重复此过程。

局部回归平滑的一个重要调整参数是跨度参数 f，一个介于 0 和 1 之间的数字，它决定了每个 x_0 包含的观测值的比例。包含的观测值比例越大，拟合值越平滑。跨度与回归样条曲线中的节点数或平滑样条曲线的 λ 起着相同的作用。

我们再次回顾 VIX 练习，并使用局部回归平滑 VIX。我们使用内置命令 smooth。请注意，可以使用多种方法。我们尝试各种跨度参数 $f = 0.1, 0.5, 0.9$。MATLAB 代码如下所示：

```
% 8. local regression smoothing
load vix2010.mat
x = [1:length(VIX)]';
y1 = smooth(VIX,0.1,'lowess');
```

[①]　正态分布是一种选择，tricube 是另一种选择。x_0 与窗口中 x 的每个值之间的差异除以窗口沿 x 的长度。这将使差异标准化。然后将差值转换为 $(1-|z|^3)^3$，其中 z 是标准化差值。窗口外的 x 值的权重为 0。

```
y2 = smooth(VIX,0.5,'lowess');
y3 = smooth(VIX,0.9,'lowess');
figure (9)
plot(VIX,'b.','markersize',10)
hold on
plot(x,y1,'- - k',x,y2,'r',x,y3,':m')
xlabel('Date')
ylabel('VIX')
legend('VIX Data','f = 0.1','f = 0.5','f = 0.9')
```

估计的平滑结果如附图 2.9 所示，其中点、虚线、实线和虚线分别对应于 VIX 数据，$f = 0.1, 0.5, 0.9$。当 f 变大时，平滑值变得更平坦。

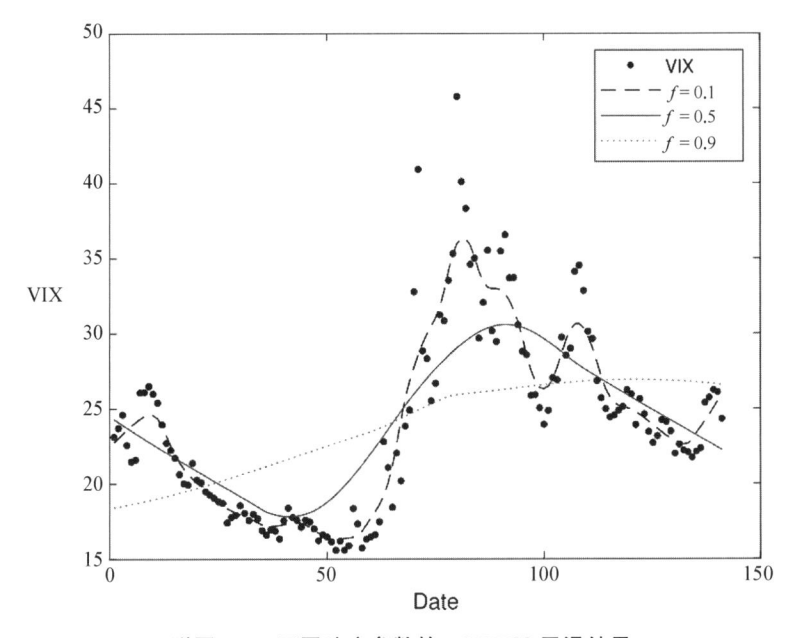

附图 2.9 不同跨度参数的 LOWESS 平滑结果

MATLAB 还提供了一个 LOWESS 的稳定版本，它为回归中的异常值分配了较低的权重。该方法为六个平均绝对偏差以外的数据分配零权重。我们重复附图 2.9 中的练习，并将 LOWESS 与 $f = 0.5$ 的稳健 LOWESS 进行比较。MATLAB 代码如下所示。结果如附图 2.10 所示，其中虚线和实线分别表示 LOWESS 和 RLOWESS 结果。很明显，RLOWESS 受异常值的影响较小。

```
% 9. local regression smoothing - robust
load vix2010.mat
x = [1:length(VIX)]';
```

```
y1 = smooth(VIX,0.5,'lowess');
y2 = smooth(VIX,0.5,'rlowess');
figure (10)
plot(VIX,'b.','markersize',10)
hold on
plot(x,y1,'- - k',x,y2,'r')
xlabel('Date')
ylabel('VIX')
legend('VIX Data','LOWESS','RLOWESS')
```

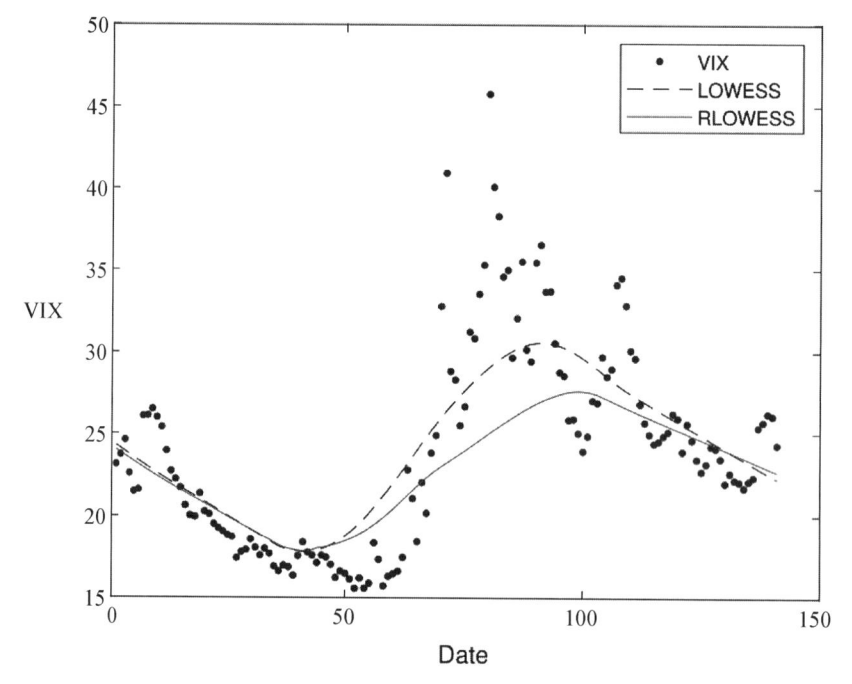

附图 2.10　比较 LOWESS 平滑与稳健 LOWESS 平滑

C. 分类树与回归树

　　Breiman、Friedman 和 Stone(1984)引入传统的分类和回归树(CART)[1]是一种阶段性回归形式,预测因子是指标变量。CART 输出通常以树状结构显示,这也是算法名字的由来。

---

[1]　在计算机科学文献中,CART 也被称为**决策树**。

CART 使用快速遍历贪婪算法①,该算法将数据递归地划分为更小的子集。顾名思义,CART 包含两种(单独的)策略:分类树和回归树(RT)。分类树对应响应变量是有限离散型变量,即类别,如真或假;回归树给出数值型的响应变量。

为观测值赋予分类标签的模型,有时称为分类器。当 CART 与类别响应变量一起使用时,就是分类器的一个例子。当应用于实数作为响应变量的问题时,CART 与经济计量策略的显著不同之处在于没有假设数据生成过程是线形的。CART 旨在估计 $y=f(x)$,同时避免过度拟合。此外,与计量经济学中的许多非参数方法相比,CART 不需要平滑条件。由于经济数据以实数型变量为主,我们更加关注 RT 策略。基于树的回归模型的工作可以追溯到 Morgan 和 Sonquist(1963),在机器学习中,大多数研究工作集中于分类(或决策)树(Hunt、Martin 和 Stone,1966;Quinlan,1986),回归树的工作始于 RETIS(Karalic 和 Cestnik,1991)和 M5(Quinlan,1986)。

C.1 基本概念

假设我们有一个响应变量与几个预测因子,我们或许会对 $\hat{Y}|X$ 感兴趣。当前的任务是从一组预测器中找出一个最佳的二元预测器,所有这些预测值都可能是数值的。为此,需要进行两种搜索。

(i) 首先,对于每个预测变量,考虑预测变量值的所有可能的二元分割,并确定最佳分割。对于响应变量,我们的基准是响应变量的平方和②。

(ii) 在确定了每个预测器的最佳分割后,作为第二步确定总体最佳分割。也就是说,通过平方和的减少来比较每个预测器的最佳分割。减少幅度最大的预测因子为最后的胜者,当我们抛弃它时,我们的平方和下降的最多。

两步搜索完成后,最佳分割用于数据子集。现在原始数据有两个分区,由预测变量内部和预测变量之间的最佳分割来定义。接下来,对每个分区分别应用相同的两步过程。递归划分过程可以继续,直到响应变量的平方和不再减少。最终,我们得到的结果通常显示为一棵倒悬的树:顶部是根,底部是树冠。

附图 3.1 是树的简单示意图。完整的数据集包含在根节点中,随后将数据切分为互斥的两个子集。如果 X>C1,程序向右;如果 X≤C1,则程序向左。后者最终进入终端节点 1 中,该节点之后不再有更多的分叉。若程序进入前者,则可以进入下一轮的分叉中。如果 Z>C2,则程序向右进入终端节点 3;如果 Z≤C2,则程序向左进入终端节点 2。此时程序终止。

C.2 分割节点

CART 算法需要解决的第一个问题是如何预测变量中所包含的信息来对变量进行切分。对于具有 m 个不同取值的预测变量,存在 $m-1$ 种保持元素顺序不变的切分方式。因

---

① CART 的算法被称为"贪婪"。这是因为它在寻找最优结果的过程中,既不关注之前的拆分也不考虑后续的拆分,而关注当前。

② 响应变量平方和在每个分区内分别计算并相加。该总和将等于或小于分区前响应变量的平方和。每个预测变量的**最佳分割**定义为最大限度地减少平方和的分割。

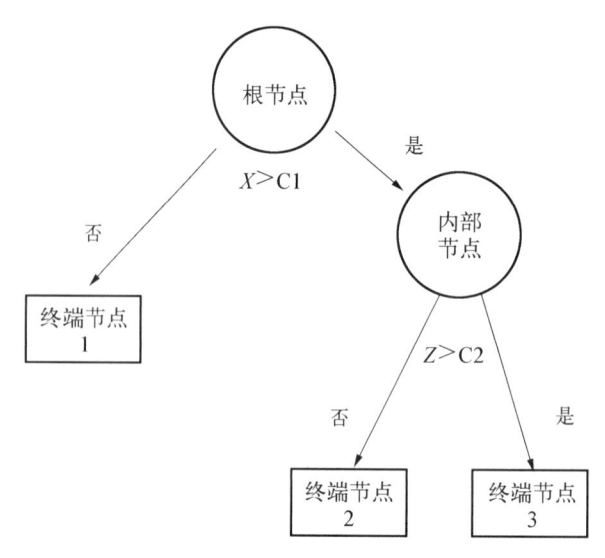

附图 3.1　简单的 CART 树结构

此,我们需要对所有的 $m-1$ 种切分方式进行评估。此外,通常存在提高计算效率的算法捷径。如果我们放弃元素的顺序,那么这对分类预测因子依然是可行的,但我们需要搜索 k 个类别的 $2^{k-1}-1$ 个可能的分割。因此,即使存在一些看似搞笑的算法,但它的使用也可能会带来巨大的计算负担。

一个包含 n_τ 个观测值的节点 τ,其平均结果为 $\bar{y}(\tau)$,只能被一个选定的变量分割成两个叶片,分别表示为 τ_L 和 τ_R。在选定的变量处进行拆分,其中

$$\Delta = \text{SSR}(\tau) - \text{SSR}(\tau_L) - \text{SSR}(\tau_R)$$

达到其全局最大值①;其中节点内平方和为:

$$\text{SSR}(\tau) = \sum_{i}^{n_\tau} (y_i - \bar{y}_\tau)^2$$

随后我们对每个新的节点继续进行变量拆分,直到节点处的 $\bar{y}(\tau)$ 不再可分,因为它不会为预测带来任何额外的贡献。

为了更好地说明如何分割节点,我们考虑以下电影预测练习。这是最初在 Lehrer 和 Xie(2017)的电影预测练习中使用的数据的子集。主要的响应变量是 94 部电影的每周票房。我们总共有 6 个预测变量,其中包括:3 个分别代表卡通、犯罪、爱情题材的虚拟变量,以及 3 个主要的预测变量,包括电影预算(Budget)、电影工作室预测的特定电影将在影院上映的预定周数(Weeks)和排片数(Screens),这些数据可以在电影上映前大约 6 周获得。

我们加载 moviedata.mat,它以表格的形式存储②。我们使用内置命令 fitrtree 来生成树,并使用 view 命令绘制结果。MATLAB 代码如下所示。我们所生成的树如附图 3.2 所示。

---

① 这里隐含的假设是没有与估计相关的不可观测值,即回归树的标准方法是基于平方误差的最小化。
② MATLAB table 数组存储面向列或表格数据,如文本文件或电子表格中的列。表将每个面向列的数据存储在一个变量中。只要所有变量具有相同的行数,表变量可以具有不同的数据类型和大小。以 table 格式保存数据非常省空间。

附图 3.2 简单回归树结构

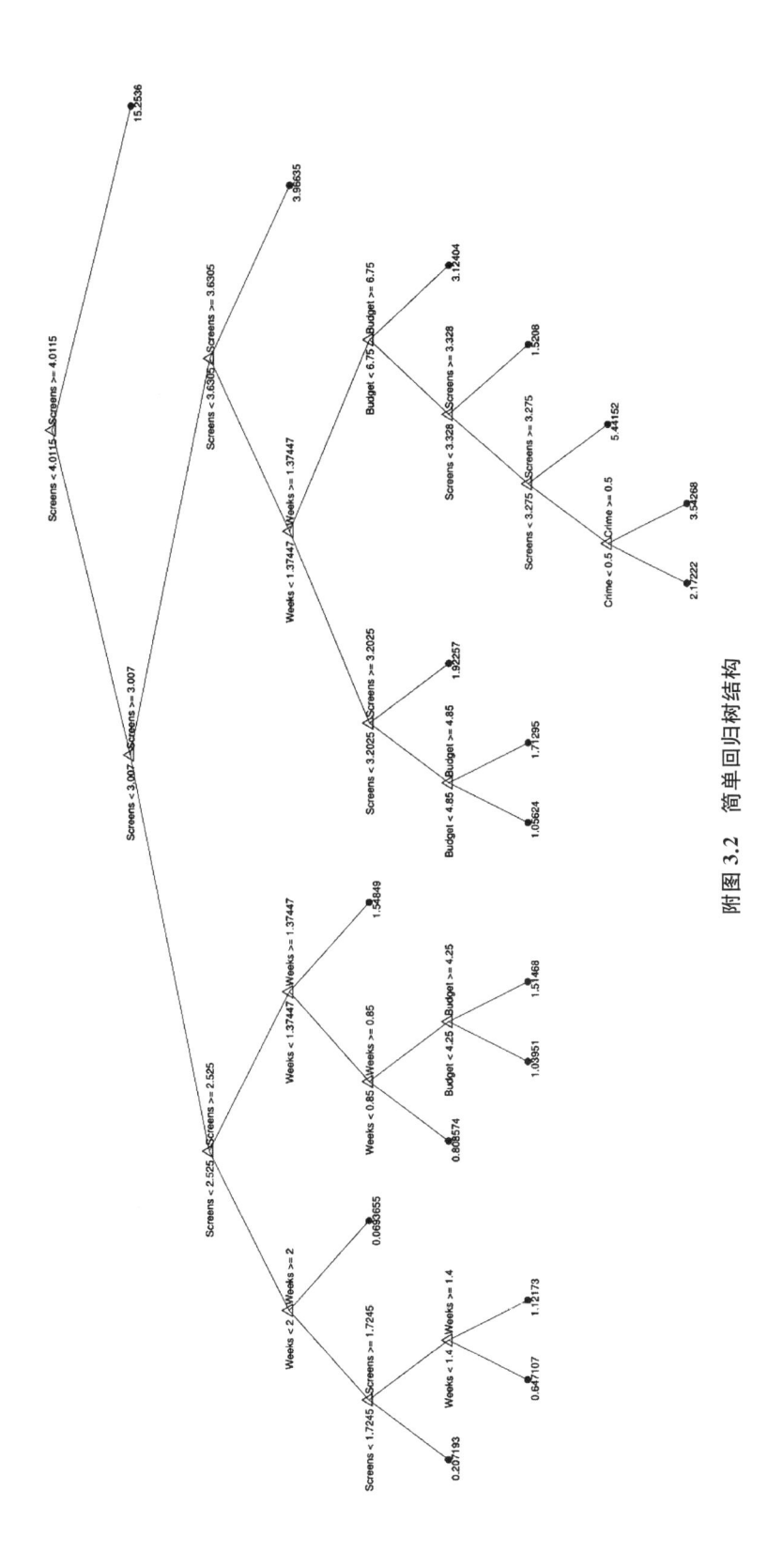

```
% 1. plot a simple regression tree
load moviedata.mat
y = DATA.OpenBox;
X = table2array(DATA(:,2:end));
NAMES = DATA.Properties.VariableNames(2:end);
Tree = fitrtree(X,y,'PredictorNames',NAMES);
view(Tree,'Mode','graph')
```

需要注意的是,我们生成了一棵非常巨大的树。这棵树的节点分割高度依赖3个连续型变量:Budget、Weeks和Screens,这也符合我们的预期。如果我们对这份数据进行OLS估计,我们也会发现这3个变量是预测电影票房最重要的因素。

```
% 2. OLS estimation
load moviedata.mat
y = TABLE.OpenBox;
X = table2array(TABLE(:,2:end));
NAMES = TABLE.Properties.VariableNames(2:end);
[b,~ ,~ ,V] = mvregress(X,y);
TSTAT = b./sqrt(diag(V));
cell2table([NAMES' num2cell(TSTAT)],...
    'VariableNames',{'Variable','t_stat'})
```

C.3 基于树算法的预测

你可能会注意到在附图3.2中,每个终端节点(或者叶片)下都有一个数字。这些数字对应的是每个叶片中响应变量的均值,即 $l : \bar{y}_{i \in l}$。我们选择这种方式主要是基于两个考虑:(1)计算效率;(2)我们认为不存在组内的异质性。

CART本质上就是一种分类器。在理想的情况下,我们将数据集划分为多个叶子终端节点后,组内的观测值应当是不存在显著的差异,而组间差异已经通过叶片标识出来了。在这种情形下,使用均值就可以完美地表示组内特征。

在我们生成了一棵树之后,就可以使用它来进行预测。假设有一部爱情题材的电影即将上映,我们已知对应的预测变量Budget、Weeks和Screens分别取值为4、1和3。因此,我们的输入矩阵表示为 $\boldsymbol{X}_p = [1, 0, 0, 1, 4, 1, 3]$。随后,我们从根节点开始,根据附图3.2中的结构执行预测:

步骤1:根节点中的拆分规则是:如果 $Screen < 4.0115$,则向左移动,否则向右移动。在 $\boldsymbol{X}_p$ 中给定 $Screen = 3$,我们**向左移动**。

步骤2:类似地,我们在下一个内部节点**向左移动**,然后在下一内部节点**向右移动**。

步骤 3：根节点中的下一个拆分规则是：如果 $Weeks < 1.374\,47$，则向左移动，否则向右移动。在 $\boldsymbol{X}_p$ 中给定 $Weeks = 1$，我们**向左移动**。同样，我们在下一个节点**向右移动**。

步骤 4：现在，我们离内部节点只有一步之遥。最后的拆分规则是：如果 $Budget < 4.25$，则向左移动，否则向右移动。在 $\boldsymbol{X}_p$ 中给定 $Budget = 4$，我们**向左移动**。

根据上述过程，我们最终走到取值为 1.039 51 的终端节点。这看起来有些乏味，但实际的预测流程可以非常高效地完成。例如，在 MATLAB 中，我们可以使用 predict 命令来瞬间获得预测结果，而我们只需要输入预测数据。

```
% 3. predict with RT
load moviedata.mat
y = TABLE.OpenBox;
X = table2array(TABLE(:,2:end));
Tree = fitrtree(X,y);
Xp = [1 1 1 1 4 1 3];
predict(Tree,Xp)
```

C.3.1 R^2

我们的模型可以同时应用于样本内预测与样本外预测。如果我们使用原始的数据集 $\boldsymbol{X}$ 替换之前的 $\boldsymbol{X}_p$，这时样本内预测实际上就是在 $\boldsymbol{X}$ 的基础上寻找 y 的条件均值。或者，我们可以理解为使用树类算法对样本数据进行拟合。我们可以直接计算出残差和 R^2：

$$\boldsymbol{e} = \boldsymbol{y} - \widehat{\boldsymbol{y}}$$
$$R_c^2 = 1 - \frac{\boldsymbol{e}^\mathrm{T}\boldsymbol{e}}{(\boldsymbol{y}-\overline{\boldsymbol{y}})^\mathrm{T}(\boldsymbol{y}-\overline{\boldsymbol{y}})}$$

注意，所有这些估计都基于高度非线性的假设。我们再次回顾电影预测练习，并使用 fitrtree 计算 R^2。MATLAB 代码如下所示：

```
% 4. estimate R - square
load moviedata.mat
y = TABLE.OpenBox;
X = table2array(TABLE(:,2:end));
Tree = fitrtree(X,y);
yhat = predict(Tree,X);
e = y - yhat;
TSS = (y - mean(y))' * (y - mean(y));
Rsquare = 1 - e' * e/TSS
```

注意，估计的树 R^2 是 0.885 5，这远远高于 OLS 的 R^2。

C.4 枝剪

生成一棵复杂的树通常需要耗费大量的计算资源,并且这很可能会带来过拟合的问题。然而我们有许多种方式来控制树的复杂度,例如对一棵树进行枝剪。接下来我们介绍一些主流的枝剪方式。

C.4.1 设置最大分割数

一种简单的方法是在分割总数上设置边界。在 MATLAB 中,这可以通过 MaxNumSplits 参数实现。在以下练习中,我们将 MaxNumSplits 指定为 5。MATLAB 代码如下所示。枝剪后的树如附图 3.3 所示。

```
% 5. pruning:set max on splits
load moviedata.mat
y = TABLE.OpenBox;
X = table2array(TABLE(:,2:end));
NAMES = TABLE.Properties.VariableNames(2:end);
Tree = fitrtree(X,y,'MaxNumSplits',5);
view(Tree,'Mode','graph')
yhat = predict(Tree,X);
e = y - yhat;
TSS = (y - mean(y))' * (y - mean(y));
Rsquare = 1 - e' *e/TSS
```

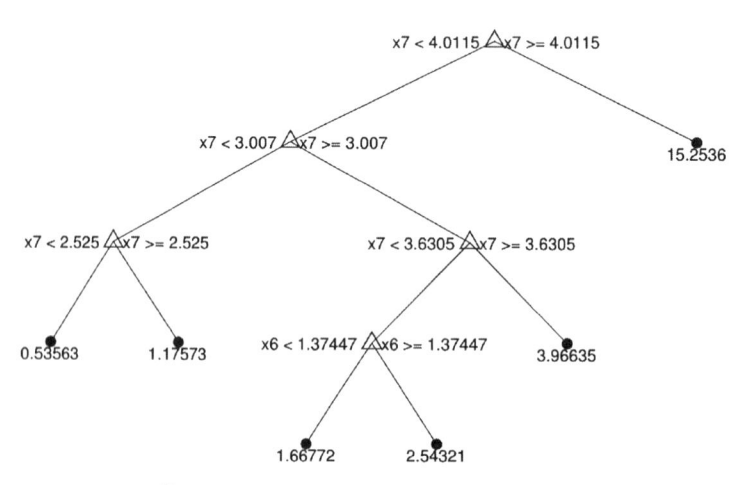

附图 3.3 通过调整 **MaxNumSplits** 修剪的树

正如预期的那样,附图 3.2 中的树比修剪后的树复杂得多,修剪后的树正好有 5 个节点。需要注意的是,枝剪会导致我们的模型损失掉一些样本内的拟合度。在我们的练习中,枝剪后的树产生 $R^2 = 0.7996$。但良好的样本内拟合并不能保证良好的样本外表现。

C.4.2 设置叶子节点大小

另一种有效的方式是为每一个终端节点规定最小样本容量。随着样本容量的增加,最终生成的终端节点数量是递减的,树的复杂度随之简化。在 MATLAB 中,我们可以利用参数 MinLeafSize 来实现这一操作。默认情况下 MinLeafSize＝1。接下来的练习中,我们将 MinLeafSize 设置为 15。示例代码如下,同时我们枝剪后的树展示在附图 3.4 中。

```
% 6. pruning:set boundary on node obs.
load moviedata.mat
y = TABLE.OpenBox;
X = table2array(TABLE(:,2:end));
NAMES = TABLE.Properties.VariableNames(2:end);
Tree = fitrtree(X,y,'PredictorNames',NAMES,...
    'MinLeafSize',15);
view(Tree,'Mode','graph')
yhat = predict(Tree,X);
e = y - yhat;
TSS = (y - mean(y))' * (y - mean(y));
Rsquare = 1 - e' * e/TSS
```

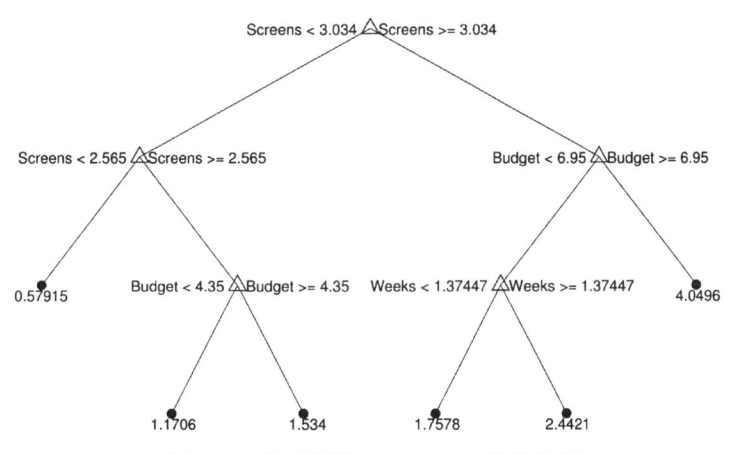

附图 3.4　通过调整 **MinLeafSize** 修剪的树

经过枝剪,树的结构得到简化。此时 $R^2=0.3539$,相比附图 3.2 和附图 3.3 得到的结果下降得非常多。这意味着调整终端节点的大小对于样本内拟合的效果影响更加明显。

C.4.3 权衡误差与方差

树类算法在误差与方差之间的权衡与我们在第 2 节中所探讨的内容一致。即,同一个样本下生成的树的复杂度越高,其所产生的样本内偏差越小。但越大的树意味着终端节点的规模越小,这会增加模型的不稳定性,从而导致较大的方差。

为了在误差与方差的权衡中寻找到一个合理的平衡点,我们需要在枝剪的过程中考虑

对模型的复杂度施加惩罚。这里的惩罚并不是基于模型参数的数量,而是基于终端节点的数量。为此,我们的目标函数设定为:

$$C_\alpha(T) = \mathrm{SSR}(T) + \alpha_0 |T| \tag{3.1}$$

其中标准的 $C_\alpha(T)$ 由两个部分组成:树 T 的总 SSR 和终端节点的数量 $|T|$。惩罚参数 α_0 起到的作用与平滑样条曲线中的 λ 相同。α_0 的值量化了每个附加终端节点的惩罚。α_0 的值越大,对复杂度的惩罚就越重。当 $\alpha_0 = 0$ 时,没有惩罚[①]。通常 α_0 的设定是不受约束的,因此我们可以将等式(3.1)转换为:

$$C_\alpha(T) = (1-\alpha)\mathrm{SSR}(T) + \alpha |T| \tag{3.2}$$

其中 $\alpha \in [0, 1]$。当 $\alpha = 0$ 时,不进行修剪;如果 $\alpha = 1$,则将树枝剪为只含有一个节点。

我们通过 $\alpha = 0.1$ 的标准(3.2)修剪附图 3.2 中的树。MATLAB 代码如下所示。修剪后的树木如附图 3.5 所示。

```
% 7. pruning:bias - variance trade - off
load moviedata.mat
y = TABLE.OpenBox;
X = table2array(TABLE(:,2:end));
NAMES = TABLE.Properties.VariableNames(2:end);
Tree = fitrtree(X,y,'PredictorNames',NAMES);
Tree1 = prune(Tree,'Alpha',0.1);
view(Tree1,'Mode','graph')
```

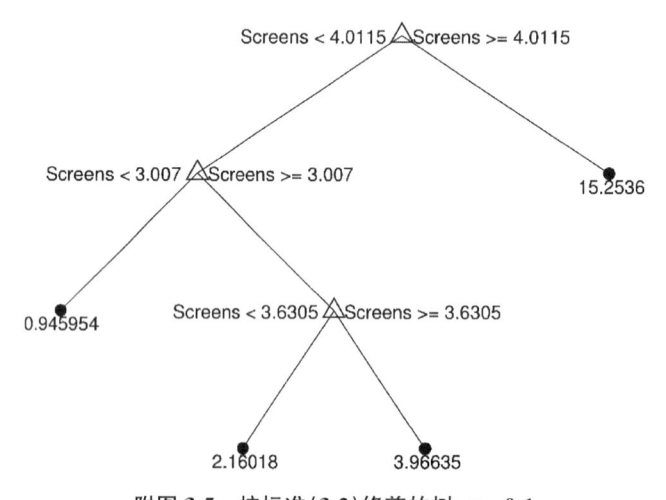

附图 3.5 按标准(3.2)修剪的树,$\alpha = 0.1$

[①] Breiman 等人(1984)证明,对于复杂度参数 α_0 的任何值,存在一个唯一的、最小的子树,T,能够最小化复杂度成本。因此,不可能有两个大小相同、成本复杂度相同的子树。给定 α_0,有一个唯一的解。

C.5 树的优化

在前几节中,我们介绍了许多调整参数。在树相关的文献中,这些调整参数也称为**超参数**。如第 2.2.3 节所示,LASSO 的调整参数可以通过交叉验证来估计。在相同的意义上,树中的超参数也可以通过 k 折交叉验证(默认情况下 $k=5$)来估计。

在 MATLAB 中,fitrtree 的优化过程是通过参数 OptimizeHyperparameters 进行的,该参数对应于可以分配的三个值:(i) none,不进行优化;(ii) auto,主要关注 MinLeafSize 的选择;(iii) all,同时优化 MaxNumSplits 和 MinLeafSize。

我们再次回顾电影预测练习。这一次,在树生成过程中,我们为超参数指定了优化选项,同时优化 MaxNumSplits 和 MinLeafSize。MATLAB 代码如下所示。

```
% 8. optimization process
load moviedata.mat
y = TABLE.OpenBox;
X = table2array(TABLE(:,2:end));
NAMES = TABLE.Properties.VariableNames(2:end);
Tree = fitrtree(X,y,'PredictorNames',NAMES,...
    'OptimizeHyperparameters','all');
view(Tree,'Mode','graph')
```

运行上述代码可能需要一段时间。在执行过程中,你会注意到优化过程的每个步骤都显示在一个图中。每个功能评估步骤的最终优化过程如附图 3.6 所示。深色线代表最小化 SSR,浅色线代表估计的最小化 SSR。包含的函数越多,最终估计的 SSR 越小。

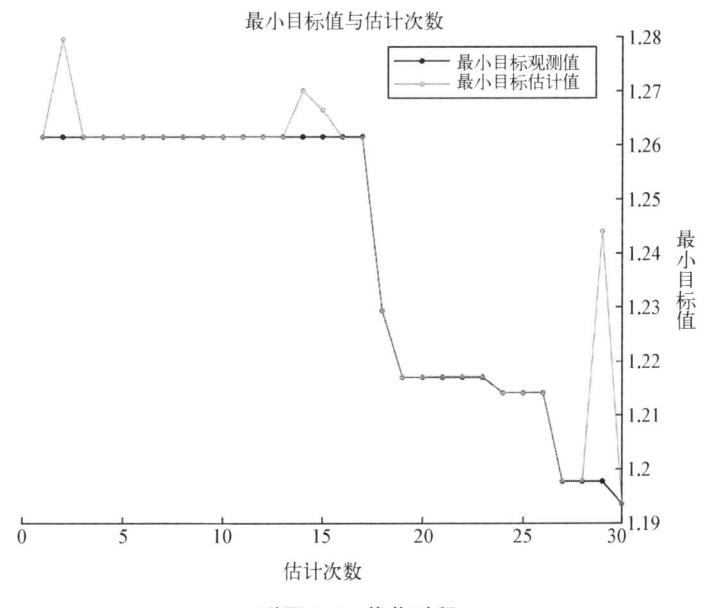

附图 3.6 优化过程

MaxNumSplit 和 MinLeafSize 的最终优化参数显示在 MATLAB 命令窗口和树结构中。优化的树如附图 3.7 所示，最佳的 MaxNumSplits 和 MinLeafSize 分别为 1 和 6。注意，交叉验证引入了随机性，因此每次执行代码时，这些数字可能会发生变化。

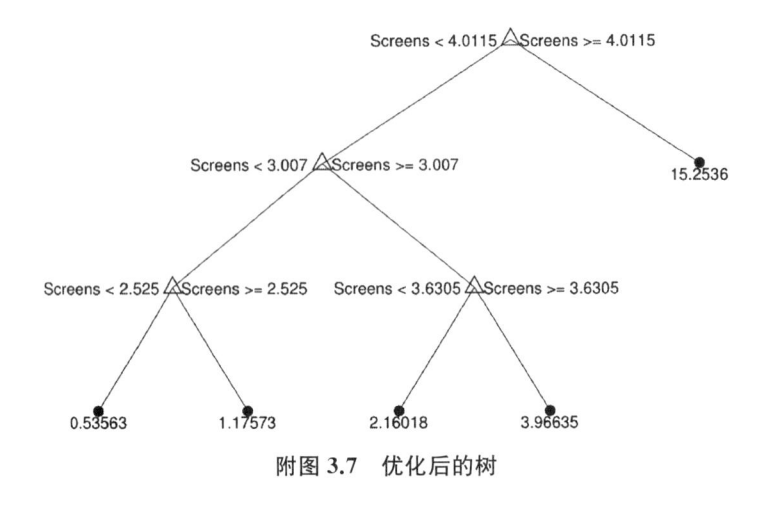

附图 3.7　优化后的树

D. Bootstrap 与 Bagging Tree

根据 Merriam-Webster，学习的定义可以解释为通过经验改变行为倾向。到目前为止，我们专注于产生一组结果的统计程序：回归系数、拟合度量、残差、分类等，只有一个回归方程、一组平滑值或一个分类树。显然，仅仅通过一组结果，你不会学到很多东西。

在本节中，我们将转向统计学习，该学习建立在许多集合的输出上，以产生最终结果。这种算法对数据进行多次传递。在每次传递中，输入与输出的链接与之前一样。但最终感兴趣的结果是收集所有数据传递的所有结果。

Bagging，即 Bootstrap Aggregation，可能是利用随机数据样本上的拟合值集的最早程序。Breiman(1996)发明了 Bagging，这种算法可以改进既定估计程序的性能。理论上，它可以用于许多估计量或算法。在本节中，我们首先介绍 Bagging 的概念，然后将 Bagging 与第 3 节中的回归树结合起来。

D.1　Bootstrap

"Bootstrap"一词由 Efron(1979)引入统计学，源于"靠自己的力量提升自己"的说法。该方法通过从样本近似分布中重复抽样，用于估计诸如方差等统计量的性质。Bagging 在很大程度上依赖于又放回的随机抽样[①]。Bagging 最终生成的样本始终是原始样本的子集。

---

　① 简单随机抽样的原理是每个物体被选择的概率相同。在小总体中或通常在大总体中，这种抽样通常是在**没有替换**的情况下进行的，也就是说，人们故意避免多次选择总体中的任何成员。尽管可以用替换进行简单的随机抽样，但这不太常见，通常可以更全面地描述为简单的**替换**随机抽样，其中随机抽样表现出独立性。请注意，在没有替换的情况下进行的采样不再是独立的，但仍然满足可交换性，因此许多结果仍然有效。

D.1.1 基本概念

俄罗斯套娃是一堆木制人偶,通常每个人偶上都画有稍微不同的特征。将最外部的人物玩偶称为 0 号娃娃,下一层的玩偶称为 1 号娃娃,依次类推,见附图 4.1。假设我们不允许观察 0 号娃娃——它代表抽样方案中的总体。我们希望估计她脸上红色脸颊[①]的面积 n_0。让 n_i 表示 i 号娃娃脸上的红色脸颊区域。由于 1 号娃娃小于 0 号娃娃,n_1 很可能低估了 n_0,但假设 n_1 与 n_2 的比大约等于 n_0 与 n_1 的比。即 $n_1/n_2 \approx n_0/n_1$,也即 $\hat{n_0} = n_1^2/n_2$,是对 n_0 的合理估计。

附图 4.1 俄罗斯套娃

这一论点的关键在我们的假设,即 n_2 和 n_1 之间的关系应该与 n_1 和未知的 n_0 之间的关系非常相似。在关系相同的假设下,我们认为这两对变量之间的关系是等价的,因此得到我们的估计值 $\hat{n_0}$。当然,我们可以通过更深入地研究这一组玩偶来完善这个论点,向 n_0 添加矫正项,以便考虑在 $i \geqslant 2$ 时 i 号娃娃和 $i+1$ 号娃娃之间的关系。

上述直觉表明,可以通过对样本数据进行重采样并根据重采样数据(重采样→样本)对样本数据进行推断来对来自样本数据(样本→总体)的总体进行建模。由于总体是未知的,因此样本统计数据相对于其总体值的真实误差是未知的。在 bootstrap 样本中,总体实际上是样本数据,这是已知的;因此,从重采样数据(重采样→样本)推断真实样本的质量是可测量的。

D.1.2 生成 Bootstrap 样本

在本节中,我们练习生成 bootstrap 样本。由于 bootstrap 样本中的每个观察值都被视为独立的,因此它们被选中的概率相等。我们重温第 3 节中的电影预测练习。我们使用内置的 bootstrp 命令生成 1 000 个 bootstrap 样本。此外,我们计算每个生成样本的平均首日票房,并将 1 000 个平均值与直方图中的实际样本平均值进行比较。MATLAB 代码如下所示:

---

① 这实际上是雀斑的艺术表现。

```
% 1. plot a simple regression tree
load moviedata.mat
y = TABLE.OpenBox;
ybar = mean(y)% actual mean
B = 100;
[STAT,IN] = bootstrp(B,@ mean,y);% save the sample index
figure (1)
h = histogram(STAT);
hold on
plot([ybar,ybar],[0 140],'r','LineWidth',2)
legend('Bootstrap Sample Mean','Actual Sample Mean')
hold off
```

附图 4.2 显示了将 bootstrap 样本均值与实际样本均值进行比较的直方图。条形图和实线分别表示 bootstrap 样本均值直方图和实际样本均值。1 000 个 bootstrap 样本均值组合其自身的经验分布,直方图模拟其经验分布函数(EDF)。EDF 以实际样本均值为中心,即 1.911 0。

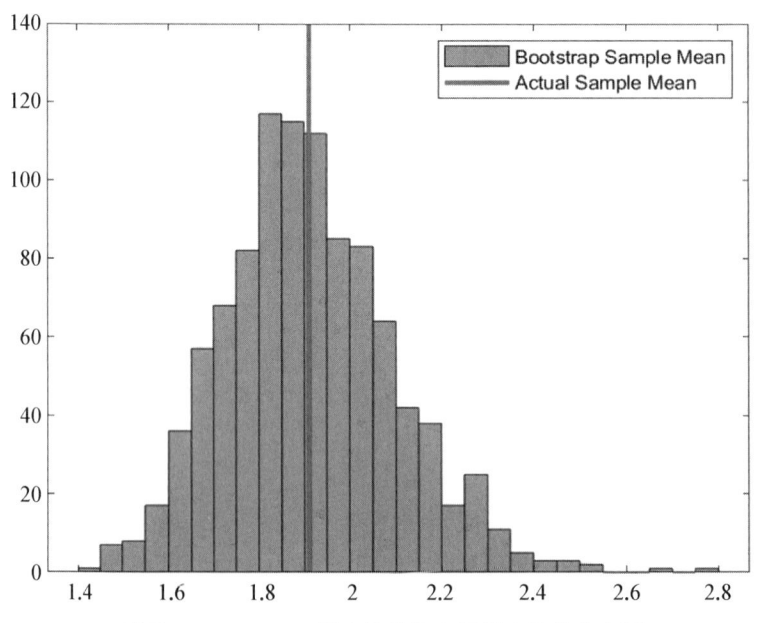

附图 4.2 Bootstrap 样本均值和实际样本均值直方图

在前面的代码中,我们将样本索引保存在参数 IN 中,这是一个 $n \times B$ 矩阵。每一列对应一组 bootstrap,其中的数字代表对应于实际样本的样本索引。

在任何样本数据中,特定的相关观测值 y_i 总是与独立观测值 X_i 的向量相关联,就像它们是一对一样。尽管我们在前面的示例中主要关注因变量 y,但描述 bootstrap 样本的索引

IN 也应用于自变量 $\boldsymbol{X}$。以这种方式,每个 bootstrap 样本由一对 $\{\boldsymbol{y}^{(b)}, \boldsymbol{X}^{(b)}\}$ 组成,其中 $b = 1, \cdots, B$。上述 bootstrap 过程也称为 pairs-bootstrap。

D.1.3 基于 bootstrap 的回归树

尽管所有 B 个 bootstrap 样本都是原始数据样本的子集,但每个 bootstrap 样本都不同,因此包含了接近真实 DGP 的不同信息。将这些信息纳入分析就像从过去的经验中学习。此外,在不使用任何额外数据的情况下,从原始数据生成 bootstrap 样本,并且 bootstrap 样本的数量由参数 B 确定。B 的值越大,意味着需要学习的信息越多。

我们遵循第 4.1.2 节中的练习,生成 $B = 1\,000$ 的 bootstrap 样本。注意,我们使用索引参数 IN,并将其应用于 $\boldsymbol{X}$ 和 y 以生成 bootstrap 样本。然后,我们将回归树应用于每个 bootstrap 样本。作为一个示例,我们选择了附图 4.3 中的前 6 棵树。MATLAB 代码如下所示:

```
% 2. plot a simple regression tree
load moviedata.mat
B = 100;
y = TABLE.OpenBox;
X = table2array(TABLE(:,2:end));
[STAT,IN] = bootstrp(B,@ mean,y);
TREE = cell(B,1);
for i = 1:B
    Xb = X(IN(:,i),:);
    yb = y(IN(:,i),:);
    TREE{i} = fitrtree(Xb,yb);
end
for i = 1:6        % plot 6 figures
    view(TREE{i},'Mode','graph')
end
```

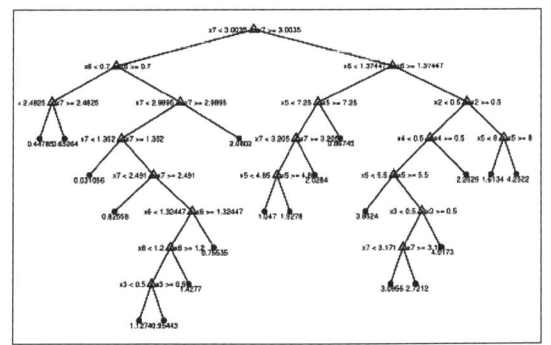

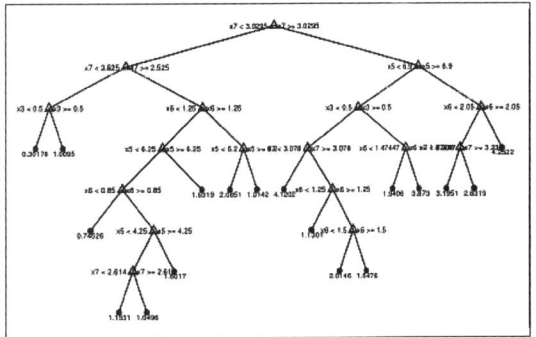

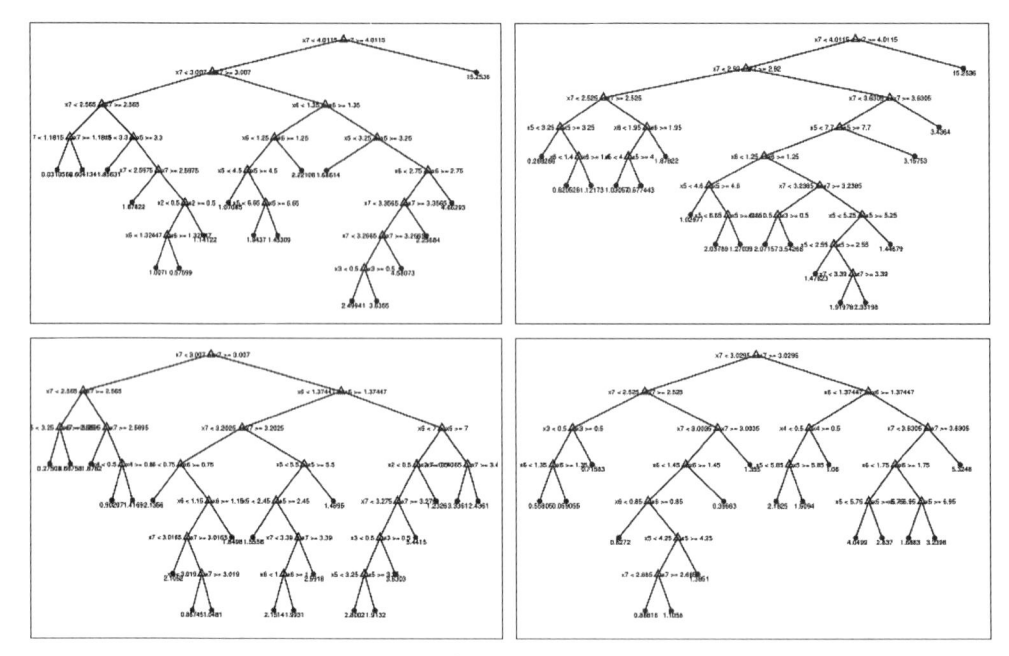

附图 4.3　所选 Bootstrap 样本的绘图树

我们发现所有的 6 棵树都是不同的,这是因为它们是基于不同的样本构建的。但它们也具有一定程度的相似性。此外,我们注意到,在每个拆分节点内的拆分规则中使用的预测变量在树中非常相似(如 x7)。尽管使用了 bootstrap 样本,但预测变量的重要性似乎没有发生变化。我们将在第 4.4 节中继续探讨这一现象。

D.2　Bagging Tree

在第 4.1.3 节中,我们将 RT 方法应用于每个 bootstrap 样本,并比较每个 bootstrap 样本所生成的树。在本节中,我们将汇总所有树(或者说,一个森林)的结果,以生成一个通用的最终输出。在预测练习中,这涉及对来自每个树的预测进行平均(**学习过程**)以获得最终预测。对于具有 n 个观测值的原始数据,Bagging Tree 采用以下形式:

步骤 1:从数据中随机抽取大小为 n 的样本并进行替换(bootstrapping)。
步骤 2:基于 bootstrap 样本构建回归树。
步骤 3:使用所构建的回归树获得预测,表示为 $\widehat{y}^{(1)}$。
步骤 4:重复步骤 1 至步骤 3 共 B 次,并收集 $\{\widehat{y}^{(1)},\widehat{y}^{(2)},\cdots,\widehat{y}^{(B)}\}$。
步骤 5:计算最终预测。

$$\widehat{y}_{BAG}=\frac{1}{B}\sum_{b=1}^{B}\widehat{y}^{(b)} \tag{4.1}$$

由于每个 bootstrap 样本都是独立的,因此它们具备同等的重要性,并且渐近地携带相同的信息。因此,公式(4.1)中我们使用均值作为最终输出。

在 MATLAB 中,我们可以简单地使用内置命令 TreeBagger[①] 来执行 Bagging Tree。注意,在

---

① 注意,大写的 T 和 B 对于 TreeTagger 是必要的。

fitrtree 上可用的大部分枝剪选项同样适用于 TreeTagger。使用 help TreeBagger 了解更多详细信息。TreeBagger 的默认设置是分类,因此我们需要将 Method 设置为 regression,以便在每个 bootstrap 样本上使用回归树。此外,我们必须将 NumPredictorsToSample 设置为 all[①]。我们将 TreeTagger 应用于电影预测练习,并绘制前 6 棵树。MATLAB 代码如下所示,树的结构如附图 4.4 所示。

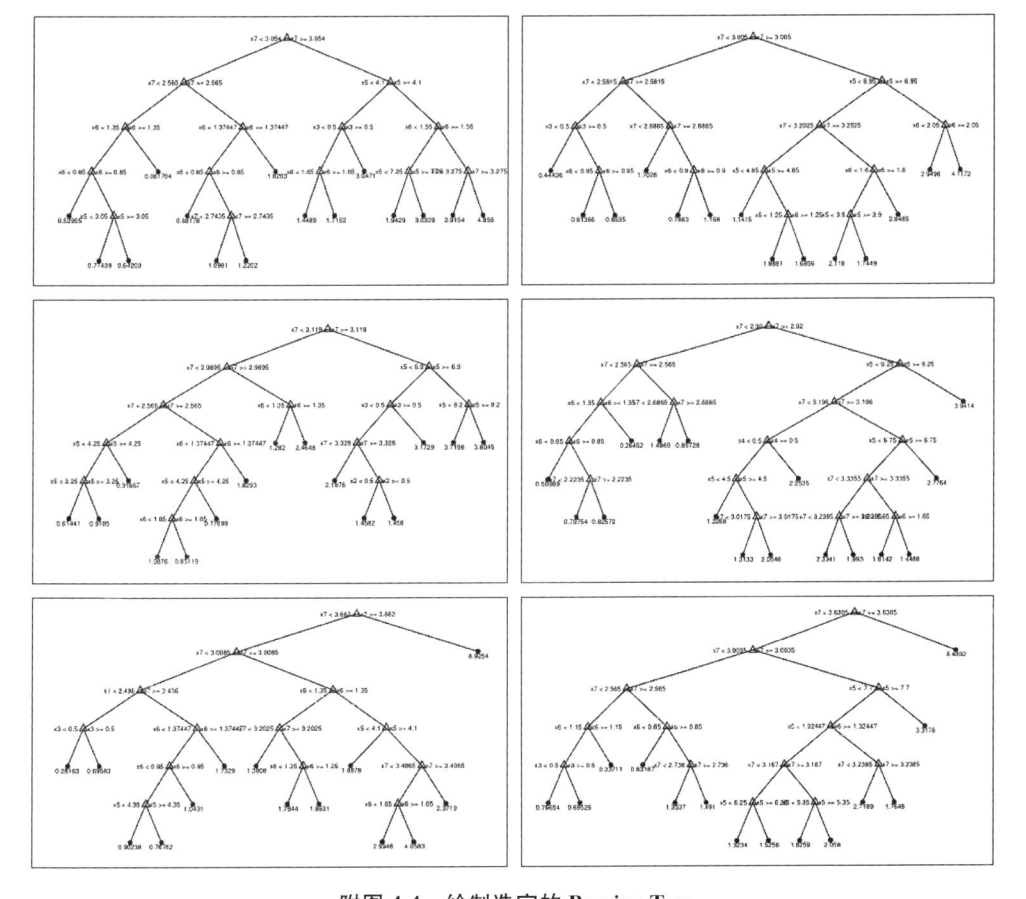

```
% 3. bagging tree
load moviedata.mat
y = TABLE.OpenBox;
X = table2array(TABLE(:,2:end));
B = 100;
BAG = TreeBagger(B,X,y,'Method','regression',...
    'NumPredictorsToSample','all');
for i = 1:6
    view(BAG.Trees{i},'Mode','graph')
end
```

附图 4.4 绘制选定的 Bagging Tree

---

① 任何有效值除了 all,都调用 Breiman 的**随机森林**算法,我们将在第 5 节中介绍。

我们现在在预测练习中考虑 Bagging Tree。在电影数据中,我们有 $n=94$ 个观测数据。我们将前 90 个观测值设置为**训练集** $\{y^{tr}, X^{tr}\}$,其余 4 个观测值作为测试集 $\{y^{ev}, X^{ev}\}$。我们首先将 Bagging Tree 算法应用于训练集并构建树集合。然后,我们使用构建的 Bagging Tree 和 X^{ev} 作为输入变量来预测 y^{ev}。为了评估 y^{ev} 的预测精度,我们计算均方预测误差(MSFE)如下:

$$\text{MSFE} = \frac{1}{4}\sum_{i=1}^{4}(y_i^{ev} - \widehat{y_i^{ev}})^2$$

其中 y_i^{ev} 是评估集合中的实际观测值,而 $\widehat{y_i^{ev}}$ 是预测值。最后,我们比较了 Bagging Tree 的 MSFE 和回归树的 MSFE。MATLAB 代码如下所示:

```
% 4. bagging tree - prediction exercise
load moviedata.mat
y = TABLE.OpenBox;
X = table2array(TABLE(:,2:end));
nt = 90;
yt = y(1:nt,:);
Xt = X(1:nt,:);
ye = y(nt + 1:end,:);
Xe = X(nt + 1:end,:);
B = 100;
% 4.1 prediction by bagging and RT
BAG = TreeBagger(B,Xt,yt,'Method','regression',...
    'NumPredictorsToSample','all');
yBAG = predict(BAG,Xe);
TREE = fitrtree(Xt,yt);
yRT = predict(TREE,Xe);
% 4.2 compare prediction results by MSFE
mean((repmat(ye,1,2) - [yBAG yRT]).^2)
```

如果我们多次尝试以上代码,你会发现 Bagging Tree 的结果每次都会发生变化,而回归树的结果保持不变(始终为 1.255 4)。这是因为在 Bagging Tree 的 bootstrapping 过程中引入了**随机性**。此外,如果我们将 B 设置为非常大的数字[①],Bagging Tree 的结果会变得稳定一点。

总的来说,不管你用的是什么电脑,你给 B 设置了什么值(只要是合理的),我们发现 Bagging Tree 的 MSFE 总是比回归树的 MSFE 小。这意味着 Bagging Tree 算法在这一练习中是更具优势的,因为学习过程是有用的。

---

① 尽管它因计算机而异,但对于较大的 B,计算成本通常会增加。

D.3 Out of Bag Error

在前面的示例中,我们使用训练数据来生成树,同时训练数据又会被再次用于计算终端节点并进行预测。然而,当我们想要评估模型在其他数据集上的表现时,我们需要一些额外的数据。

每次我们生成 bootstrap 样本时,我们只使用 63% 的观测值。其余的观察被称为 OOB (out of bag) 观察值,它们是评估所生成的树的理想的测试集。

对于每个输入观测值 X_i,我们找出所有不包含在 X_i 中的 bootstrap 样本 b 的预测值 $\widehat{y}_i^{(b)}$。理论上,OOB 样本约占 B 的 37%。我们计算基于 OOB 样本得到的预测值的均值 = $\widehat{y}_i^{oob}$。OOB **误差**为 $y_i - \widehat{y}_i^{oob}$,我们通常以均方误差表示:

$$MSE = \frac{1}{n} \sum_{i=1}^{n} (y_i - \widehat{y}_i^{oob})^2$$

以评估模型预测结果的优良性。在 TreeBagger 中,想要使用 OOB 估计,我们必须将 OOBPred 设置为 on[①]。启用 OOB 估计后,我们可以使用命令 oobError 训练 Bagging Tree 并计算 OOB MSE[②]。oobError 命令在生成的 Bagging Tree 上发挥作用,并生成一个 $B \times 1$ 向量,表示每个 bootstrap 样本的 OOB MSE。

以下 MATLAB 示例代码使用电影预测数据生成 OOB MSE。结果如附图 4.5 所示。

```
% 5. bagging tree - OOB MSE
load moviedata.mat
y = TABLE.OpenBox;
X = table2array(TABLE(:,2:end));
B = 200;
BAG = TreeBagger(B,X,y,'Method','R','OOBPred','On',...
    'NumPredictorsToSample','all');
P = oobError(BAG);
figure (2)
plot(P,'LineWidth',2)
xlabel('Number of Grown Trees')
ylabel('Mean Squared Error')
```

正如我们所看到的,OOB MSE 随着树的数量增加而变小。事实上,它在第 20 棵树之后变得稳定。

D.3.1 选择最优叶子大小

在第 3.4.2 节中,我们通过任意设置每个终端节点的最小叶片大小来修剪树。在

[①] OOBPred 的默认值为 off。
[②] 注意,oobError 仅在 TreeTagger 的 OOBPred 为 on 时有效。

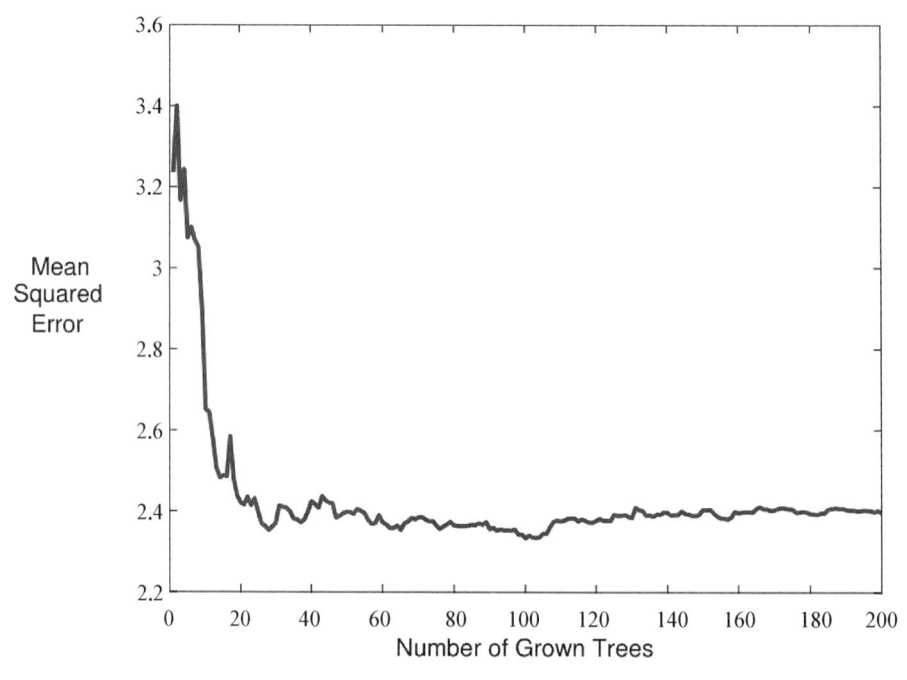

附图 4.5 OOB MSE 对已生长树数量的影响

Bagging Tree 中,我们可以使用 OOB MSE 来评估不同数量的最小叶片大小,从而找到最佳叶片大小。

我们考虑电影预测练习。我们设置了四种最小叶片尺寸:10、20、30 和 40。我们通过使用可选的命令 MinLeafSize 顺序地对不同尺寸的叶片大小来训练 Bagging Tree。然后,我们计算每个叶片的 OOB MSE。

由于 4 个不同叶片设置的是相互独立的,因此现在最好使用命令 parpool 进行并行计算而不是常规循环计算命令 pool[①]。由于 B 个 bootstrapping 过程也是独立进行的,因此我们也可以通过 statset 将 UseParallel 设置为 true 来调用 TreeBagger 中的并行估计模块。当然,UseParallel 和 parpool 不会同时工作。即使我们一起使用它们(如在下面的代码中),但仍只有一种并行估计的方式是起作用的[②]。MATLAB 代码如下所示。我们在附图 4.6 中根据已生长树的数量绘制 MSE。

```
% 6. bagging tree - OOB leaf
load moviedata.mat
y = TABLE.OpenBox;
X = table2array(TABLE(:,2:end));
```

---

① 请注意,parpool 仅在循环内估计独立时起作用,当它们相互依赖时它不起作用,如迭代或递归估计。

② 问题:哪个更好?

```
B = 200;
LEAF = [10 20 30 40];
SET = statset('UseParallel',true);   % < = = parallel 1
tic
parfor i = 1:length(LEAF)        % < = = parallel 2
    BAG = TreeBagger(B,X,y,'Method','R','OOBPred','On',...
    'NumPredictorsToSample','all','MinLeafSize',...
    LEAF(i),'Options',SET);
    P(:,i) = oobError(BAG);
end
toc
figure (3)
plot(P,'LineWidth',2)
xlabel('Number of Grown Trees')
ylabel('Mean Squared Error')
legend('LeafSize 10','LeafSize 20','LeafSize 30','LeafSize 40')
```

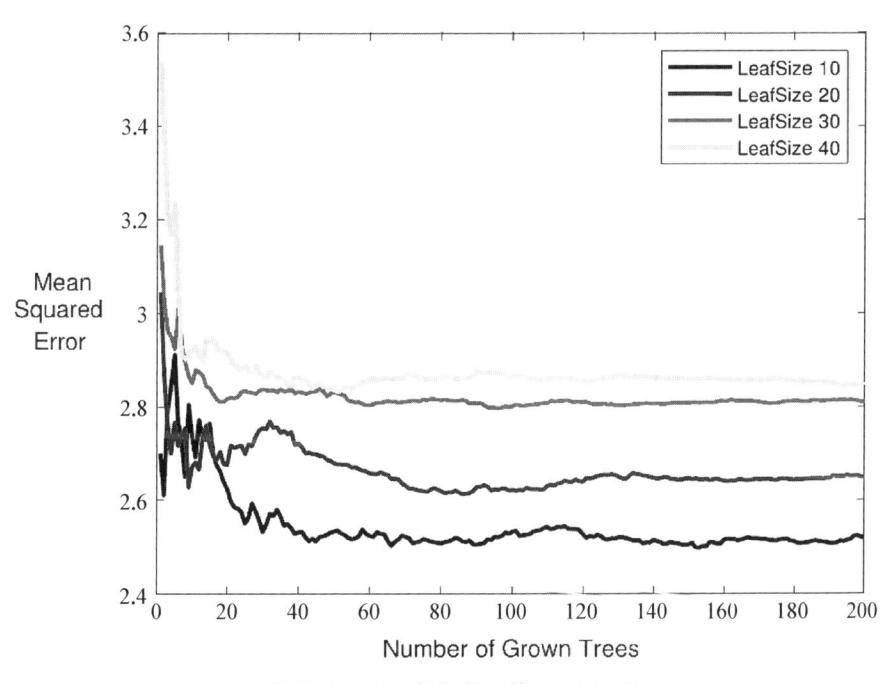

附图 4.6 已生长树数量的 OOB MSE

D.4 变量的重要性

从图 3.2 中,我们注意到某些变量比其他变量更频繁地出现在分裂节点中。这意味着我们可以通过回归树来衡量预测变量的重要性。在 MATLAB 中，我们使用 predictorImportance 来计算树的预测变量重要性的估计值，方法是将由于每个预测变量的分裂引起的 SSR 变化相加，并将总和除以分支节点的数量。此输出包含以完全相同的顺序与 k 个预测变量关联的 k 个值。更高的值意味着更大的预测变量重要性。

我们重新审视电影预测练习，并使用回归树上的 predictorImportance 测量预测变量的重要性。MATLAB 代码如下所示。结果如附图 4.7 中的条形图所示。

```
% 7. bagging tree - predictor importance (RT)
load moviedata.mat
y = TABLE.OpenBox;
X = table2array(TABLE(:,2:end));
NAMES = TABLE.Properties.VariableNames(2:end);
TREE = fitrtree(X,y);
P = predictorImportance(TREE);
figure (4)
bar(P);
ylabel('Importance Estimates');
h = gca;
h.XTickLabel = NAMES;
h.XTickLabelRotation = 45;
```

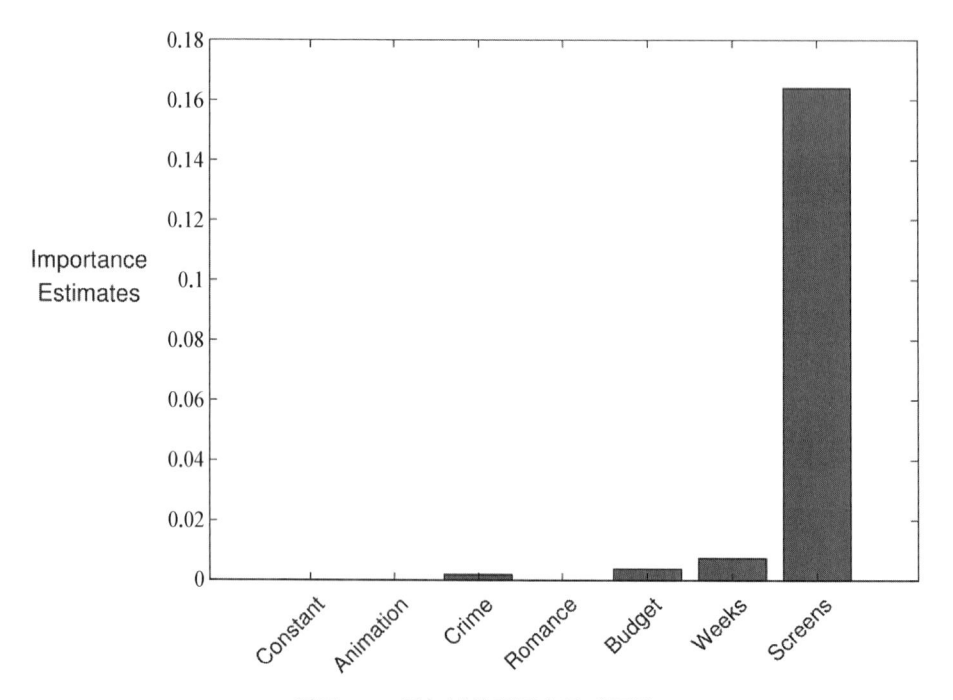

附图 4.7　回归树的预测变量重要性

毫不奇怪,变量 Screens 是最重要的预测变量。另一方面,预测变量 Animation 和 Romance 的权重为零,它们对降低 SSR 没有用。

我们可以很容易地将上述概念应用于 Bagging Tree。我们可以记录由于给定预测变量上的分裂而导致 SSR 减少的总量,然后对所有 B 棵树取平均值,而不是只看一棵树。值越大,表示预测变量越重要。注意,由于我们在所有树上求平均值,因此该值可能变为负值,因为某些树的 SSR 可能会增加。平均值需要通过除以所有测量的标准偏差进行标准化。

虽然开发递归分区算法是为了进行预测,但我们不了解预测因素是如何影响结果的,所以我们制定了策略来确定哪些预测变量在预测中最重要。首先在树层面上计算每个预测变量的重要性,然后对所有树的得分进行平均,以获得该变量的最终全局重要性得分[①]。最重要的变量就是导致精度损失最大的变量。

在 MATLAB 中,要使用 TreeBagger 测量预测变量重要性,我们需要首先打开 OOBPredictorImportance 选项。然后计算预测变量重要性,并将其存储在输出属性 *.OOBPermutedPredictorDeltaError中[②]。此输出包含以完全相同的顺序与 k 个预测变量关联的 k 个值。值越大,表示预测变量越重要。我们在电影数据上进行尝试,MATLAB 代码如下所示。结果如附图 4.8 所示。

```
% 8. bagging tree - predictor importance (BAG)
load moviedata.mat
y = TABLE.OpenBox;
X = table2array(TABLE(:,2:end));
NAMES = TABLE.Properties.VariableNames(2:end);
B = 200;
BAG = TreeBagger(B,X,y,'Method','R','PredictorNames',NAMES,...
    'OOBPredictorImportance','on','NumPredictorsToSample','all');
P = BAG.OOBPermutedPredictorDeltaError;
figure (5)
bar(P);
ylabel('OOB Importance Estimates');
h = gca;
```

[①] 在 Bagging 和随机森林中,每棵树都使用其各自随机抽取的 Bootstrap 样本和该树的袋外样本(OOB)中排除的数据进行训练。OOB 样本可用于评估树,而不会有过度拟合的风险,因为观察结果没有用于构建树。为了确定重要性,在 OOB 样本中随机排列给定的预测变量,并将树在修改的 OOB 样本上的预测误差与树在未接触的 OOB 采样中的预测误差进行比较。对每个树和每个预测变量都重复此过程。所有 OOB 样本的预测误差中的这一差值的平均值提供了去除特定预测变量的排列引起的精度总体降低的估计。

[②] 注意,MATLAB 提供了其他度量,包括: *.OOBPermutedPrecdictorDeltaMeanMargin 和 *.OOBPtermutedPrecectorCountRaiseMargin。有关详细信息,请参阅 TreeBagger。

```
h.XTickLabel = BAG.PredictorNames;
h.XTickLabelRotation = 45;
```

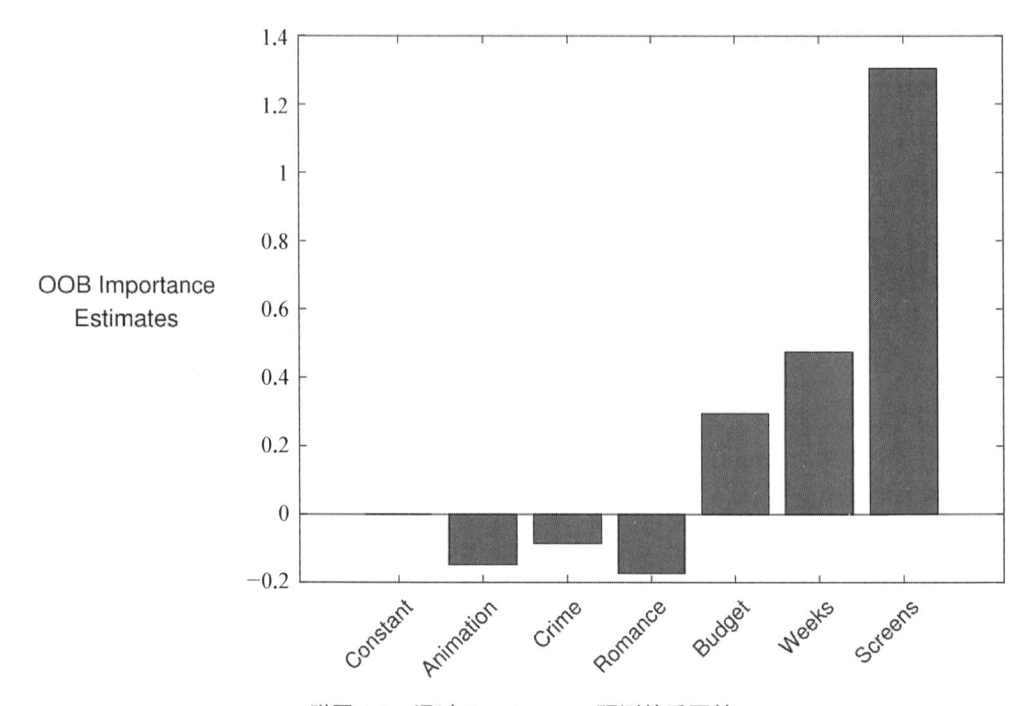

附图 4.8　通过 Bagging Tree 预测的重要性

　　OOB 重要性估计还表明预测变量 Screens 是最重要的变量。我们还注意到，对于某些预测变量，OOB 重要性估计可能是负的。此外，这些估计值与回归树的估计值**大小不同**，因为前者经过标准化，后者没有标准化。

E. 随机森林与提升树

　　就像 bagging 一样，想象一下用训练数据中的 bootstrap 样本训练大量回归树。但是现在，随着每棵树的生长，在每个节点被拆分之前，对预测因子进行随机抽样。对每个可能的拆分重复此过程，并且不进行任何枝剪。因此，每棵树都是从一个随机样本中产生的，并且在每个样本中能够生成一个预测变量的随机样本。最后，在 bagging 的情况下，对树进行平均，但仅当我们设置了 OOB 时才可以这样做。Breiman(2001)将这一过程称为随机森林。

E.1　随机森林

　　随机森林算法与 Bagging 算法非常相似。事实上，Bagging Tree 可以看作是随机森林的一个**特例**。对于具有 n 个观测值的原始数据，随机森林采用以下形式：

　　步骤 1：从原始数据中进行有放回的抽样，并生成大小为 n 的样本。

步骤 2：基于 bootstrap 样本构建回归树。
（ⅰ）每次对数据进行切分时，只是用全部预测变量的一个随机子集。
（ⅱ）不进行任何枝剪。
步骤 3：使用构建的回归树获得预测结果，表示为 $\widehat{y}^{(1)}$。①
步骤 4：重复步骤 1 至步骤 3 共 B 次，并收集 $\{\widehat{y}^{(1)},\widehat{y}^{(2)},\cdots,\widehat{y}^{(B)}\}$。
步骤 5：计算最终预测。

$$\widehat{y}_{RF} = \frac{1}{B}\sum_{b=1}^{B}\widehat{y}^{(b)} \tag{5.1}$$

尽管我们可以确定在步骤 2 的第（ⅰ）步中实际使用的预测变量的数量，但我们通常使用预测变量总数的大约三分之一②，这使得随机森林比 Bagging Tree 更有效。此外，OOB 预测可用于估计粗略模型 R^2。

在 MATLAB 中，随机森林也依赖于命令 TreeBagger，但现在我们需要将 NumPredictorToSample 设置为 all。我们可以设置任何小于预测变量总数的值，也可以忽略它，使用默认设置。我们以电影预测练习为例。MATLAB 代码如下所示。我们在附图 5.1 中绘制了选定的树。

```
% 1. random forest
load moviedata.mat
y = TABLE.OpenBox;
X = table2array(TABLE(:,2:end));
B = 100;
RF = TreeBagger(B,X,y,'Method','regression');
for i = 1:6
    view(RF.Trees{i},'Mode','graph')
end
```

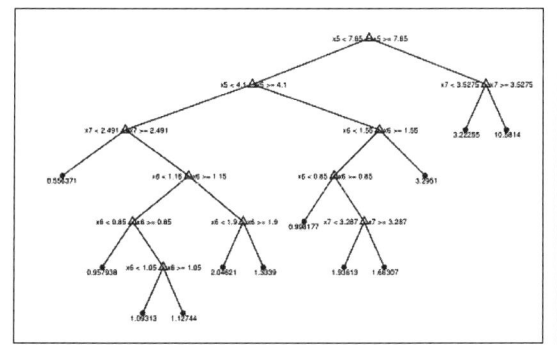

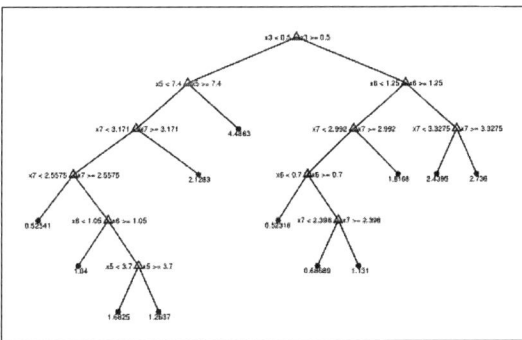

---

① 对于给定的观测值，仅使用没有使用该观测值来生成的树的预测值来作为预测值的估计。
② 这也是 TreeBagger 中的默认设置。

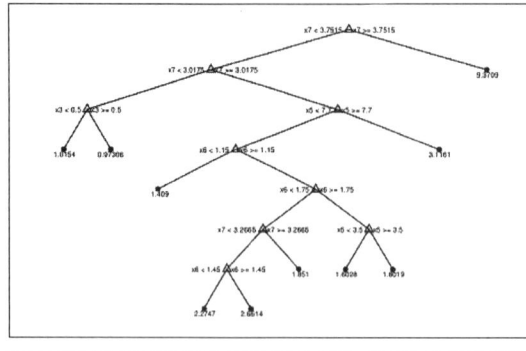

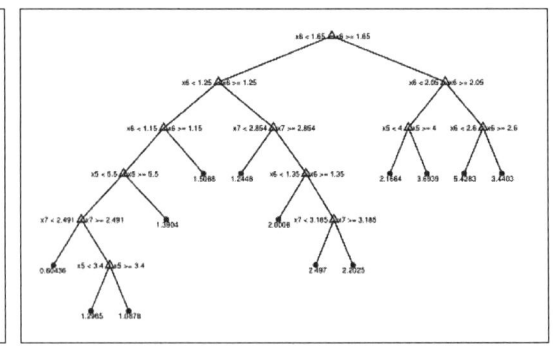

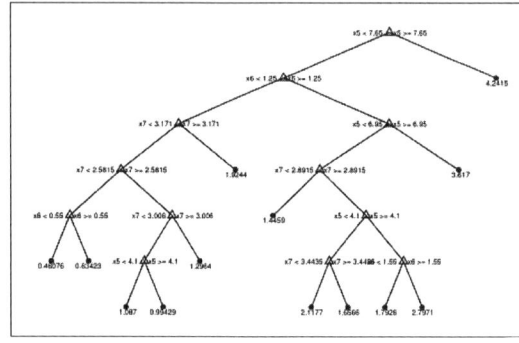

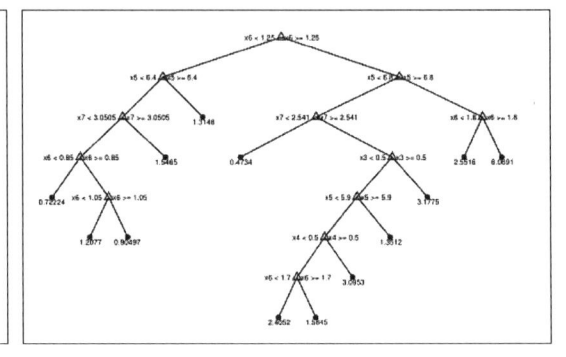

附图 5.1　随机森林的部分树木

我们注意到,附图 5.1 中的树比附图 4.4 中的 Bagging Tree 更不稳定。在 Bagging Tree 中,x7(Screens)在分割节点中起主要作用。然而,在附图 5.1 中,我们看到其他预测变量更频繁地在分裂节点中起主要作用。这是因为每个预测变量现在都有三分之一的可能在切分的过程中被选择。

E.2　使用随机森林进行预测

我们在第 4.2 节中重新讨论了预测工作。我们使用前 90 个观察值作为训练集,并在其余评估集上计算 MSFE。我们对比了随机森林、Bagging Tree 和回归树的 MSFE。MATLAB 代码如下所示:

```
% 2. RF:prediction
load moviedata.mat
y = TABLE.OpenBox;
X = table2array(TABLE(:,2:end));
nt = 90;
yt = y(1:nt,:); Xt = X(1:nt,:);
ye = y(nt + 1:end,:);
Xe = X(nt + 1:end,:);
B = 100;
```

```
% 2.1 prediction by RF, BAG, and RT
RF = TreeBagger(B,Xt,yt,'Method','regression');
yRF = predict(RF,Xe);
BAG = TreeBagger(B,Xt,yt,'Method','regression',...
    'NumPredictorsToSample','all');
yBAG = predict(BAG,Xe);
TREE = fitrtree(Xt,yt);
yRT = predict(TREE,Xe);
% 2.2 compare prediction results by MSFE
mean((repmat(ye,1,3) - [yRF yBAG yRT]).^2)
```

结果表明,随机森林总体上比其他算法具有更好的预测精度。除了从 bootstrap 样本中学习外,随机森林还考虑了**模型的不确定性**。第 4 节中的许多练习表明,我们发现样本中存在一些弱预测因子。因此,排除这些预测因子可以提高预测效率。

注意,当预测因子的数量很大时,随机森林尤其有效。与 Bagging Tree 相比,随机森林总是具有更好的计算效率,因为在计算过程中总会有一些因子被随机舍弃掉,当预测因子的数量较大时,许多预测因子是冗余的,排除它们可以提高预测精度。

我们现在考虑一个简单的蒙特卡罗模拟,以比较随机森林、Bagging Tree 和回归树的表现:

(i) 设 DGP 为 $y = X\beta + u$。

(ii) X_1 是全为 1 的向量,$X_i \sim N(0,1)$,$i = 2,\cdots,k$。

(iii) 误差项 u 也遵循标准正态分布。

(iv) 我们设定 $k = 10$,系数 $\beta_i = 0.1/i$,$i = 1,\cdots,k$。 就是说,i 越大,系数越小,相应的预测因子就越不显著。

(v) 我们设定 $n = 100$,让前 90 个观测值作为训练集,最后 10 个观测值作为测试集。

(vi) 我们按照第 4.2 节中的练习,通过随机森林、Bagging Tree 和回归树计算 MSFE。

(vii) 我们将整个过程重复 100 次,并报告三个算法各自的 MSFE。

下面是 MATLAB 代码。由于一些预测因子真的很弱(尤其是那些具有较大 i 的预测因子),随机森林在一般情况下产生较小的 MSFE,从而具有更好的预测准确性。此外,与回归树相比,随机森林和 Bagging Tree 都有明显更好的准确性。这一结果意味着学习过程是非常有用的,考虑模型(预测者)的不确定性可以使结果更好。

```
% 3. RF:simulation
n = 100;
nt = 90;
B = 100;
k = 10;      % number of predictors
```

```
b = 0.1 * [1:k].^( - 1);   % coefficients
parfor i = 1:B
% 3.1 generate data
X = [ones(n,1) randn(n,k - 1)];
y = X * b' + randn(n,1);
yt = y(1:nt,:);
Xt = X(1:nt,:);
ye = y(nt + 1:n,:);
Xe = X(nt + 1:n,:);
% 3.2 prediction by RF, BAG, and RT
RF = TreeBagger(B,Xt,yt,'Method','regression');
yRF = predict(RF,Xe);
BAG = TreeBagger(B,Xt,yt,'Method','regression',...
    'NumPredictorsToSample','all');
yBAG = predict(BAG,Xe);
TREE = fitrtree(Xt,yt);
yRT = predict(TREE,Xe);
% 3.3 compare prediction results by MSFE
MSFE(i,:) = mean(repmat(ye,1,3) - [yRF yBAG yRT]).^2;
end
mean(MSFE)
```

当然,随机森林在 k 相对较大,并且存在一些预测因子干扰的情形下具有优势,就像我们之前的情形一样。但如果所有的预测因子都很重要,那么这种随机丢弃预测因子反而会带来问题。我们修改了设计步骤(iv),同时保持所有其他设置不变。

(iv) 我们设定 $k=3$,系数 $\beta_i=0.1/i$, $i=1, \cdots, k$。

在这种情况下,所有的系数都很大,这使得预测因素很重要。

我们重新进行了模拟,发现不仅随机森林的表现比 Bagging Tree 差,也比回归树差很多。这是因为随机森林抛弃了一些明显具备预测能力的因子。总之,这些结果意味着我们在实践中使用随机森林方法时需要谨慎行事。

E.3　OOB Error 与 R^2

与 Bagging Tree 类似,我们可以使用 OOB 误差来估计变量的重要性并计算 R^2 [①]。我们使用不同的内置命令 fitrensembel 来启动随机森林学习。命令 fitrensemble 包含各种学

---

① 请注意,我们在本节中介绍的方法与第 4 节中的方法有些不同。我们在这里介绍的是进行相同估计的替代方法,因此,也可以应用于 Bagging Tree。

习算法,因此,为了使用随机森林,我们需要将 Method 设置为 bag①。我们还可以通过 templateTree 评估随机森林估计过程中使用的各种属性。例如,我们可以给 MinLeafSize 或 NumVariablesToSample 指定数值。与 TreeBagger 不同,在 TreeBagger 中,OOB 估计是一个选项,fitrensemble 总是计算 OOB 误差。一旦森林构建完成,我们就可以使用 oobPermutedPredictorImportance 命令获得预测变量的重要性。注意,这个结果与 TreeBagger 中 *.OOBPermutedPredictorDeltaError 的结果相同。最后,bootstraping 的次数由 NumLearningCycles 决定。

下面是 MATLAB 代码,预测变量的重要性如附图 5.2 所示。我们可以看到,随机森林的预测因子的重要性与 Bagging Tree 的预测因子非常相似。Budget、Weeks 和 Screens 比其他预测因子重要得多。在所有预测因子中,Screens 是最重要的。估计的 R^2 应该是 0.30 左右。

```
% 4. random forest - predictor importance and R^2
load moviedata.mat
y = TABLE.OpenBox;
X = table2array(TABLE(:,2:end));
NAMES = TABLE.Properties.VariableNames(2:end);
B = 100;
t = templateTree('NumVariablesToSample',round(size(X,2)/3));
RF = fitrensemble(X,y,'Method','bag','learner',t,...
    'PredictorNames',NAMES,'NumLearningCycles',B);
% 4.1 determine predictor importance
IMP = oobPermutedPredictorImportance(RF);
figure (1)
bar(IMP);
xlabel('Predictor Variable');
ylabel('Predictor Importance');
h = gca;
h.XTickLabel = RF.PredictorNames;
h.XTickLabelRotation = 45;
% 4.2 estimate R^2
yhat = oobPredict(RF);
R2 = corr(RF.Y,yhat)^2
```

---

① 别担心,虽然名字叫 bagging,但默认是随机森林。

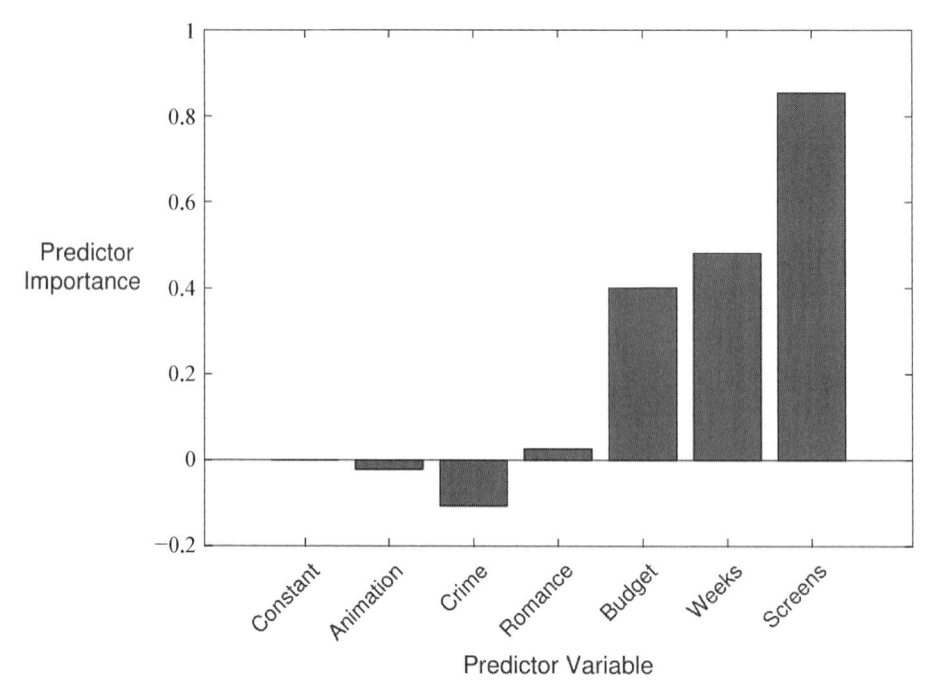

附图 5.2　随机森林的预测变量重要性

请注意，使用 TreeBagger 也可以得到非常类似的结果。我们可以简单地使用第 4.4.1 节中介绍的 MATLAB 代码，但要做一个修改：我们需要将 TreeBagger 中的 NumPredictorsToSample 属性设置为任何数值，而不是 all。

E.4　分位数预测

在之前的预测练习中，我们关注的重点都在于预测结果的均值，即我们在给定预测变量观测值的情况下获得的响应变量的条件均值。而在实际应用，特别是风险管理中，我们对极端情形下的预测结果更加感兴趣（尾部事件）。

在统计学和概率学中，通常使用分位数来将概率分布的范围划分为概率相等的连续区间，或者以同样的方式划分样本中的观测值。q-分位数是将一个有限实数集划分为（几乎）大小相等的 q 个子集。分位数也可以应用于连续分布，它提供了一种将顺序统计推广到连续变量的方法。当随机变量的累积分布函数已知时，q 分位数是分位数函数（累积分布函数的逆函数）对值 $\{1/q, 2/q, \cdots, (q-1)/q\}$ 的应用。

分位数预测实际上就是为了获得响应变量的条件中位数，或者其他条件分位数。本质上是条件均值的扩展。在接下来的练习中，我们使用最重要的预测变量 Screens 作为开放票房的唯一预测变量，并预测平均值、25%、50% 和 75% 分位数。

MATLAB 代码如下所示。简单起见，我们将 Screens 最大值与最小值所围成的区间划分为 10 分等长区间。随后，我们计算响应变量的条件均值与条件 25%、50%、75% 分位数。结果如附图 5.3 所示。我们注意到，预测的平均值和中值并不接近。不同值的 Screens 的 25% 至 75% 预测区间差异很大。进一步说，随机森林的预测明显是非线性的。

```matlab
% 5. RF:quantile prediction
load moviedata.mat
y = TABLE.OpenBox;
X = table2array(TABLE(:,end));
RF = TreeBagger(100,X,y,'Method','regression');
predX = linspace(min(X),max(X),10)';
MEAN = predict(RF,predX);
QUANT = quantilePredict(RF, predX,'Quantile',[0.25,0.5,0.75]) ;
figure (2)
plot(X,y,'o');
ylim([0 8])
hold on
plot(predX,MEAN,'LineWidth',2);
plot(predX,QUANT(:,1),'b - - ',predX,QUANT(:,2),'k - ',...
    predX,QUANT(:,3),'m - - ','LineWidth',2);
hold off
ylabel('Open Box Office');
xlabel('Screens');
legend('Data','Mean Response','First quartile',...
    'Median','Third quartile','Location','NorthWest');
```

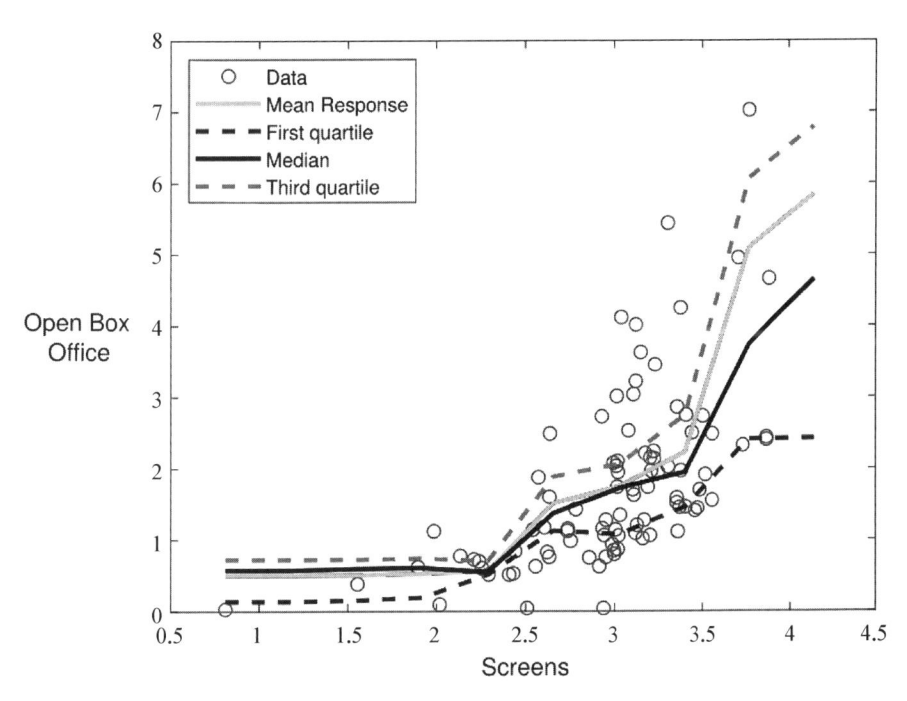

附图 **5.3** 分位数预测结果

E.5 提升树(Boosting Tree)

随机森林能够有效逼近复杂未知函数 $f(x)$,部分归因于其基于插值的建模机制,使得模型在提取数据局部特征时具备较强的稳健性,从而显著降低了拟合偏差。然而,这种高度灵活性也带来了潜在的过拟合风险。为缓解这一问题,随机森林引入了袋外(OOB)观测用于拟合评估,同时通过树结构的平均化过程实现正则化:前者提供了天然的验证样本,后者有效抑制了模型复杂度。实证研究表明,这种策略在多数应用中具有良好的泛化表现。

然而,这种广义上的两步法也可以通过其他方式实现。有些人认为,另一种适应数据高度局部特征的方法是在拟合过程中对引起局部变化的观测值给予更大的权重。在二分类问题中,例如,当一个拟合函数错误分类了一些观测值时,可以再次应用该函数,但需要对错误分类的观测值赋予额外的权重。然后,经过大量的拟合尝试,每次都对难以分类的观测值给予相对较大的权重,如果将不同拟合尝试的拟合值以合理的方式进行平均,过拟合现象可以得到减少。

这样的想法催生了非常强大的统计学习程序,可以与随机森林竞争,这些程序称为**增强(Boosting)**。目前已经有许多增强算法被开发出来。在教科书中,AdaBoost 被详细讨论。注意,Adaboost 适用于分类变量,而不适用于连续响应变量。在本节中,我们主要关注**梯度增强算法**。

E.5.1 阶段提升

增强法是一种在一组初等基函数中拟合加法展开的方法。更一般地,基函数展开形式如下:

$$f(\boldsymbol{X}) = \sum_{m=1}^{M} \beta_m b(\boldsymbol{X}; \gamma_m)$$

其中 β_m,$m = 1, 2, \cdots, M$ 是展开系数,$b(\boldsymbol{X}; \gamma) \in \mathbb{R}$ 通常是多元自变量 $\boldsymbol{X}$ 的简单函数,由一组参数 γ 表征。通常,这些模型通过最小化训练数据的平均损失函数来拟合,例如平方误差:

$$\min_{\{\beta_m, \gamma_m\}_1^M} \sum_{i=1}^{n} L\left(y_i, \sum_{m=1}^{M} \beta_m b(\boldsymbol{X}_i; \gamma_m)\right) \tag{5.2}$$

在建模过程中通过添加新的基函数而不调整已经添加的基函数的参数和系数,从而近似于(5.2)式的解。以下算法概述了这一点:

算法 5.1:前向阶段增强
1. 初始化 $f_0(\boldsymbol{X}) = 0$。
2. 对于 $m = 1$ 至 M:
   (a) 计算 $(\beta_m, \gamma_m) = \underset{\beta, \gamma}{\operatorname{argmin}} \sum_{i=1}^{n} L(y_i, f_{m-1}(\boldsymbol{X}_i) + \beta b(\boldsymbol{X}_i; \gamma))$
   (b) 设 $f_m(\boldsymbol{X}) = f_{m-1}(\boldsymbol{X}) + \beta_m b(\boldsymbol{X}; \gamma_m)$

在每一次迭代 m 中,求解最优基函数 $b(\boldsymbol{X}; \gamma_m)$ 和相应的系数 β_m,以添加到当前展开 $f_{m-1}(\boldsymbol{X})$ 中。这会产生 $f_m(\boldsymbol{X})$,并重复该过程。之前添加的部分不会被修改。

对于平方损失函数:

$$L(\boldsymbol{y}, f(\boldsymbol{X})) = (\boldsymbol{y} - f(\boldsymbol{X}))^2 \tag{5.3}$$

其中有：
$$L(y_i, f_{m-1}(\boldsymbol{X}_i) + \beta b(\boldsymbol{X}_i, \gamma)) = (\boldsymbol{y}_i - f_{m-1}(\boldsymbol{X}_i) - \beta b(\boldsymbol{X}_i; \gamma))^2$$
$$= (r_{im} - \beta b(\boldsymbol{X}_i; \gamma))^2$$

其中 $r_{im} = \boldsymbol{y}_i - f_{m-1}(\boldsymbol{X}_i)$ 只是当前模型在第 i 个观测值上的残差。因此，对于平方误差损失，最适合当前残差的项 $\beta_m b(\boldsymbol{X}; \gamma_m)$ 被添加到每个步骤的展开中，这具有**最小二乘估计**的意义。

E.5.2 梯度提升树

回归树将所有联合预测变量值的空间划分为不相交区域 $R_j, j = 1, 2, \cdots, J$，就像树的终端节点所表示的那样。将常数 j 分配给每个这样的区域，并且预测规则为

$$\boldsymbol{X} \in R_j \Rightarrow f(\boldsymbol{X}) = \gamma_j$$

因此，树可以正式表示为

$$T(\boldsymbol{X}, \Theta) = \sum_{j=1}^{J} \gamma_j \mathbb{I}(\boldsymbol{X} \in R_j)$$

其中参数 $\Theta = \{R_j, \gamma_j\}_{j=1}^{J}$。通过最小化风险找到参数

$$\widehat{\Theta} = \underset{\Theta}{\operatorname{argmin}} \sum_{j=1}^{J} \sum_{X_i \in R_j} L(y_i, \gamma_j)$$

增强树模型是所有树的总和：

$$f_M(\boldsymbol{X}) = \sum_{m=1}^{M} T(\boldsymbol{X}; \Theta_m)$$

如算法 5.1 所示逐步地添加新的函数。在向前的每个步骤中，必须求解

$$\widehat{\Theta}_m = \underset{\Theta_m}{\operatorname{argmin}} \sum_{i=1}^{n} L(y_i, f_{m-1}(\boldsymbol{X}_i) + T(\boldsymbol{X}_i; \Theta_m)) \tag{5.4}$$

给定当前模型 $f_{m-1}(\boldsymbol{X})$，下一棵树的区域集和常数 $\Theta = \{R_{jm}, \gamma_{jm}\}_1^{J_m}$。给定区域 R_{jm}，找到每个区域中的最佳常数 γ_{jm} 通常很简单：

$$\widehat{\gamma}_{jm} = \underset{\Theta_m}{\operatorname{argmin}} \sum_{i=1}^{n} L(y_i, f_{m-1}(\boldsymbol{X}_i) + \gamma_{jm})$$

但是，找到这些区域很困难，甚至比找一棵树更困难。然而，对于平方误差损失而言，解决方案非常简单。简单地说，回归树**最能预测当前残差** $y_i - f_{m-1}(\boldsymbol{X}_i)$，$\gamma_{jm}$ 是每个相应区域中这些残差的平均值。通过与数值优化的类比，可以导出用任何**可微损失准则**求解(5.4)的快速近似算法。

$$\widehat{f} = \underset{f}{\operatorname{argmin}} L(f)$$

其中，"参数" $f \in \mathbb{R}^n$ 是 n 个数据点 $\boldsymbol{X}_i$ 处近似函数 $f(\boldsymbol{X}_i)$ 的值。其解是分量向量的和：

$$\boldsymbol{f}_M = \sum_{m=0}^{M} \boldsymbol{h}_m, \boldsymbol{h}_m \in \mathbb{R}^n,$$

其中 $f_0=h_0$ 是初始假设，并且每个连续的 f_m 都是基于当前参数向量 f_{m-1} 导出的。每个**增量向量** $h_m=-\rho_m r_m$，其中 ρ_m 是标量，$r_m \in \mathbb{R}^n$ 是在 $f=f_{m-1}$ 时计算的 $L(f)$ 的梯度。**梯度的组成部分** r_m 为：

$$r_{im}=-\left[\frac{\partial L(y_i,f(X_i))}{\partial f(X_i)}\right]_{f=f_{m-1}}$$

步长 ρ_m 为：

$$\rho_m=\underset{\rho}{\arg\min}L(f_{m-1}-\rho r_m)$$

然后更新当前的解法：

$$f_m=f_{m-1}-\rho_m r_m$$

并且在下一次迭代时重复该过程。

下面的算法 5.2 给出了适用于回归问题的通用梯度树增强算法。具体的算法是通过插入不同的损失函数 $L(y,f(X))$ 来执行的。算法中的第一行初始化为常数模型，这只是一个单终端节点树。在第(a)中计算的负梯度分量称为普通或伪残差，r。

算法 5.2：梯度树增强算法

1. 初始化 $f_0(X)=\underset{\gamma}{\arg\min}\sum_{i=1}^n L(y_i,\gamma)$。
2. 对于 $m=1$ 到 M：
   (a) 对于 $i=1,2,\cdots,n$，计算 $r_{im}=-\left[\dfrac{\partial L(y_i,f(X_i))}{\partial f(X_i)}\right]_{f=f_{m-1}}$。
   (b) 将回归树拟合到目标 g_{im}，给出终端区域 R_{jm}，$j=1,2,\cdots,J_m$。
   (c) 对于 $j=1,2,\cdots,J_m$，计算
   $$\widehat{\gamma}_{jm}=\underset{\gamma}{\arg\min}\sum_{X_i\in R_{jm}}L(y_i,f_{m-1}(X_i)+\gamma)$$
   (d) 更新 $f_m(X)=f_{m-1}(X)+\sum_{j=1}^{J_m}\widehat{\gamma}_{jm}\mathbb{I}(X\in R_{jm})$。
3. 输出 $\widehat{f}(X)=f_M(X)$。

E.5.3 在 MATLAB 中实现 LSBoost

我们可以将许多不同的损失函数应用于算法 5.2。其中最简单的可能是平方误差损失：

$$L(y,f(X))=\frac{1}{2}\sum_{i=1}^n[y_i-f(X_i)]^2$$

这类似于最小二乘估计，或者说，最小二乘增强（LSBoost）。对于 LSBoost，算法 5.2 第 2(a)行中的伪残差 r_{im} 变为实际残差。然后，我们找到最适合每次迭代的残差的树，并将其合并到我们的估计中。

我们现在尝试对电影数据使用 LSBoost。在 MATLAB 中，我们可以使用内置命令 fitrensemble 进行 LSBoost 估计[①]。我们使用 LSBoost 对数据集进行 100 轮学习。MATLAB 代码如下所示。然后，我们选择前 6 棵树，并在附图 5.4 中展示它们。

---

① LSBoost 中 fitrensemble 的默认参数是对样本学习 100 轮。

```
% 6.LSBoost
load moviedata.mat
y = TABLE.OpenBox;
X = table2array(TABLE(:,2:end));
M = 100;
BT = fitrensemble(X,y,'NumLearningCycles',M);
for i = 1:6
    view(BT.Trained{i},'Mode','graph');
end
yhat = predict(BT,X);
corr(y,yhat)^2
```

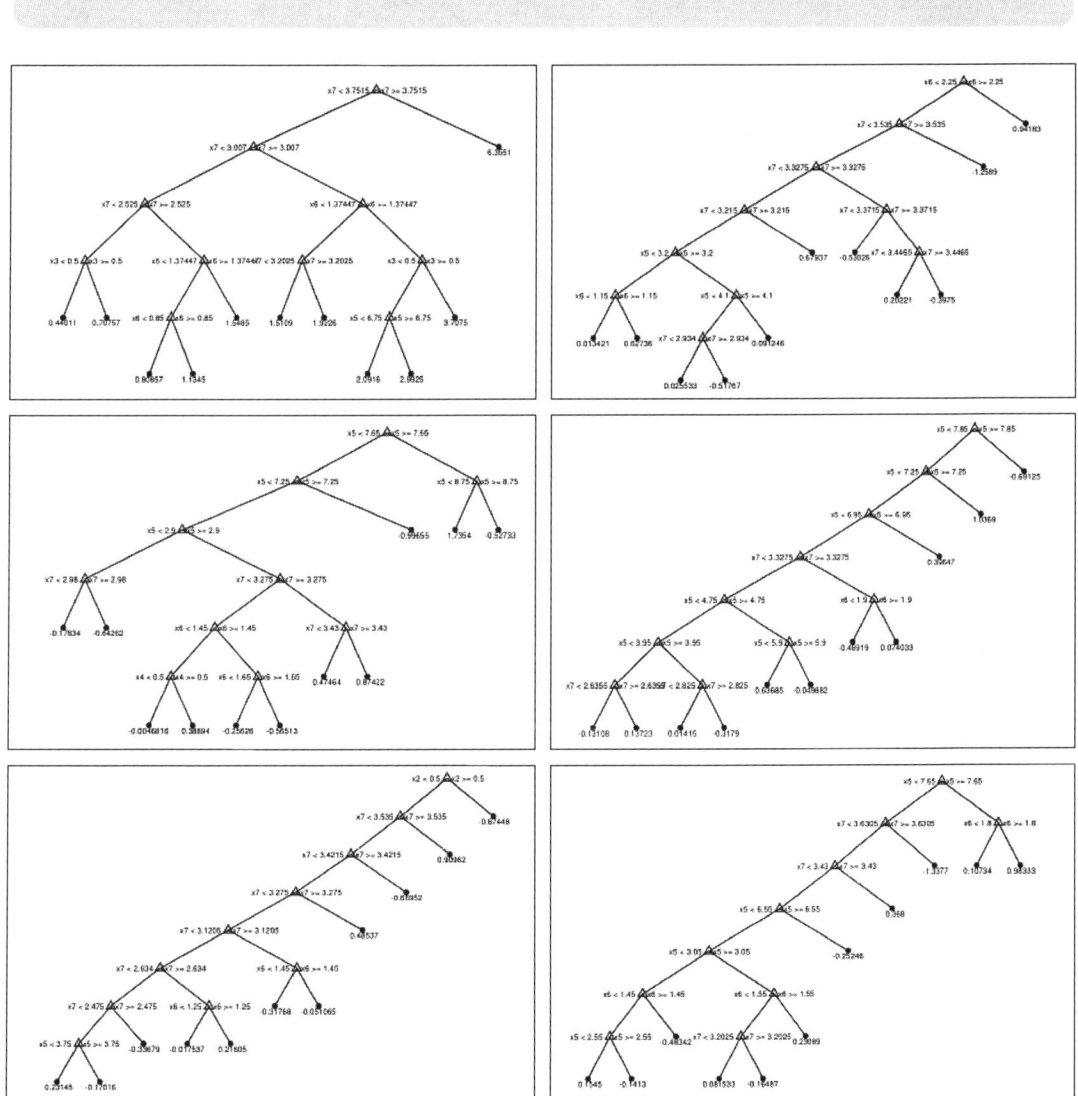

附图 5.4 部分增强树

需要注意的是算法中没有引入随机性,因此无论我们重新运行代码多少次,前 6 棵树总是相同的。我们还检查了估计的 R^2。令人惊讶的是,经过 100 个学习周期后,估计的 R^2 等于 1,这明显是**过拟合**的迹象。这意味着我们不能将对样本的学习次数设置得太高。否则,每次迭代,我们都会使残差变小,最终完全消失。在 MATLAB 中,我们可以自动优化增强过程。我们使用 OptimizeHyperparameters 选项,并考虑通过交叉验证优化树的 NumLearningCycles 和 MaxNumSplits 的值。要关注 LSBoost,我们需要将 Method 设置为 LSBoost。

MATLAB 代码如下所示:

```
% 7. LSBoost - Optimize
load moviedata.mat
y = TABLE.OpenBox;
X = table2array(TABLE(:,2:end));
OPTION = {'NumLearningCycles','MaxNumSplits'};
BT = fitrensemble(X,y,'Method','LSBoost',...
    'OptimizeHyperparameters',OPTION);
yhat = predict(BT,X);
corr(y,yhat)^2
```

完成整个估计可能需要一段时间,因为搜索过程可能很长。搜索过程如附图 5.5 所示。其中一个子图是两个调整参数的目标函数。另一个子图描述了函数评估数量上的最小目标函数。由于交叉验证带来了随机性,所以每次运行代码时,结果都可能不同。在我们的估计中,最佳超参数为:NumLearningCycles=54,MaxNumSplits=1。估计 $R^2=0.836\,2$。

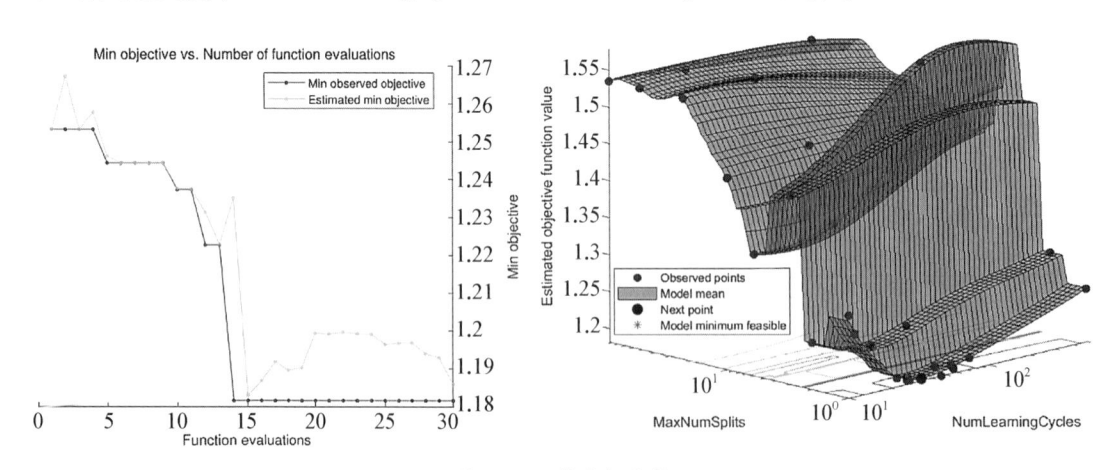

附图 5.5 优化超参数

E.6 总体对比

作为最后的总体比较,我们再次回顾了第 4.2 节中的预测工作。我们使用前 90 个观察值作为训练集,并在其余评估集上计算 MSFE。我们通过随机森林、Bagging Tree 和回归树来比较 MSFE。我们比较了五种方法:(i) 优化增强法;(ii) 增强法;(iii) 随机森林;(iv) Bagging Tree;(v) 回归树。注意,除了(ii)和(v)之外,所有其他方法都受到随机性的影响,因此,每次运行代码时都会生成不同的结果。有一种缓解随机性带来的麻烦的方法是,多次运行代码并计算平均值作为最终输出。

MATLAB 代码如下所示。我们发现,优化增强法有时会比增强法更糟。一般来说,回归树是最差的方法,而随机森林是最好的方法。

```
% 8. overall prediction
load moviedata.mat
y = TABLE.OpenBox;
X = table2array(TABLE(:,2:end));
nt = 90;
yt = y(1:nt,:);
Xt = X(1:nt,:);
ye = y(nt + 1:end,:);
Xe = X(nt + 1:end,:);
B = 100;
% 8.1 prediction by BOOST, RF, BAG, and RT
BT = fitrensemble(Xt,yt);
yBT = predict(BT,Xe);
OPTION = {'NumLearningCycles','MaxNumSplits'};
BTopt = fitrensemble(X,y,'Method','LSBoost',...
    'OptimizeHyperparameters',OPTION,...
    'HyperparameterOptimizationOptions',...
    struct('ShowPlots',false,'Verbose',0));
yBTopt = predict(BTopt,Xe);
RF = TreeBagger(B,Xt,yt,'Method','regression');
yRF = predict(RF,Xe);
BAG = TreeBagger(B,Xt,yt,'Method','regression',...
    'NumPredictorsToSample','all');
yBAG = predict(BAG,Xe);
TREE = fitrtree(Xt,yt);
yRT = predict(TREE,Xe);
% 8.2 compare prediction results by MSFE
mean((repmat(ye,1,5) - [yBTopt yBT yRF yBAG yRT]).^2)
```

F. 支持向量机与混合树

F.1 支持向量机

在机器学习中,支持向量机(SVM)是具有相关学习算法的有监督学习模型,适用于分析用于分类和回归分析的数据。支持向量机背后的理论源于 Vapnik,并在 Vapnik(1996)中进行了描述。SVM 构造最优超平面作为决策边界,使得数据中两个类之间的距离最大化。支持向量指的是训练观察的一小部分,它们被用作决策边界的最佳位置的支持。

经典的 SVM 是为分类而设计的,Drucker、Burges、Kaufman、Smola 和 Vapnik(1996)提出了一种用于回归的 SVM 版本,后来称为支持向量回归(SVR)。SVR 的目标是找到一个函数 $f(\boldsymbol{X}_t)$,该函数对于每个观测值 $\boldsymbol{X}_t$ 偏离 y_t 的值不大于预定的 ϵ,同时尽可能平坦。

F.1.1 基本概念

附图 6.1(a)为散点图。有两个预测器(X 和 Z)和一个二元响应变量 Y,采用圆形或方型区分不同的值。在该图中,圆形和方形的散点分别位于二维空间的不同区域。事实上,可以绘制一个线性分离超平面来产生两个类之间的分离。

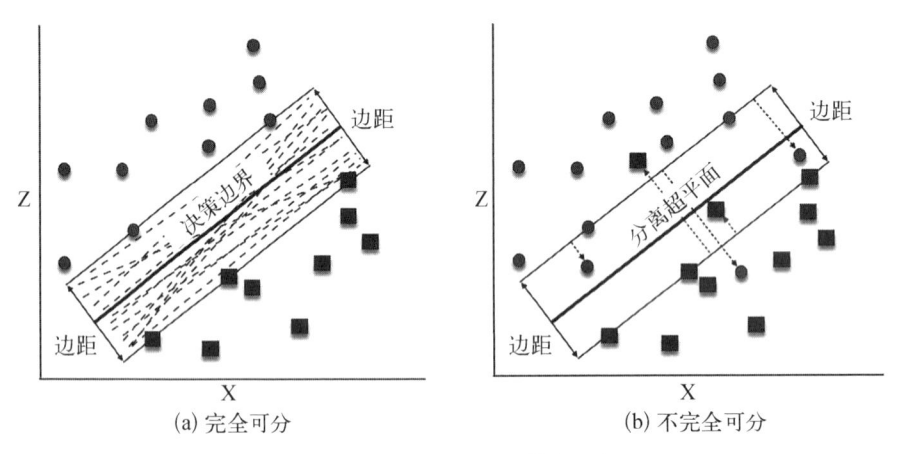

附图 6.1 支持向量机的基本概念

显然,有无限数量的线性决策边界可以对样本进行分割。这些由附图 6.1(a)中的虚线表示。SVM 寻求两个使其与决策边界的垂直距离最大化的平行围栏,并且只有一条直线与围栏平行,并位于两个平行围栏中间,决策边界以黑色实线显示。落在围栏之上的观测值被称为支持向量,因为它们直接决定边界将位于何处,从而寻找最佳决策边界。决策边界与任一围栏之间的距离,称为间距(margin)。①

落在决策边界一侧的样本被标记为一个类,反之亦然。在确定了决策边界之后,我们对新样本赋予的类别属性取决于其落在决策边界的哪一边。以决策边界作为分类准则的规则,有时被称为硬阈值,这一决策边界也被称为分离超平面。与之对应的两个平行围墙,也

---

① 有些人可能会将边界定义为两个围墙之间的距离。距离越宽,两个类别之间的差距越大。

被称为间距边界(margin boundary)。

附图 6.1(b)所示的曲线与附图 6.1(a)非常相似,但两组值不再是线性可分的。一种可能的解决办法是允许跨越缓冲区,即允许一些观测值被错误分类,我们称之为松弛变量。但这还不够,一些变量刚好落在它们的间距边界上,而一些则落在很远的地方。因此,可以考虑相关边界与松弛变量位置之间的距离。这些距离的总和可以被视为当边际最大化时一个人宽容程度的度量。如果通过允许更大的距离总和而要求更宽松,则可能在更大的边界内定位分离超平面。这里再次出现了一种形式的偏差-方差权衡。因此,当 SVM 应用于数据时,距离之和可以是调整参数。用松弛变量拟合 SVM,有时被称为软阈值。

F.1.2 线性核支持向量回归

我们首先考虑线性回归模型($\mathbf{SVR}_L$)的 SVR:

$$y_t = f(\mathbf{X}_t) + e_t = \mathbf{X}_t \boldsymbol{\beta} + e_t = \beta_0 + \widetilde{\mathbf{X}}_t \boldsymbol{\beta}_1 + e_t$$

其中 $\mathbf{X}_t = [1, \widetilde{\mathbf{X}}_t]$, $\boldsymbol{\beta} = [\beta_0, \boldsymbol{\beta}_1^T]^T$。我们通过最小化估计 $\boldsymbol{\beta}$:

$$H(\boldsymbol{\beta}) = \sum_{t=1}^{n} V_\epsilon(y_t - f(\mathbf{X}_t)) + \frac{\lambda}{2} \|\boldsymbol{\beta}_1\|^2 \tag{6.1}$$

其中损失函数

$$V_\epsilon(r) = \begin{cases} 0 & \text{如果 } |r| < \epsilon \\ |r| - \epsilon & \text{其他} \end{cases}$$

被称为 ϵ — 不敏感误差量,它忽略小于 ϵ 的误差。作为损失函数 V_ϵ 的一部分,参数 ϵ 通常是预先确定的。另一方面,λ 是可以通过交叉验证来估计的更传统的正则化参数。令 $\widehat{\boldsymbol{\beta}} = [\widehat{\beta}_0, \widehat{\boldsymbol{\beta}}_1^T]^T$ 作为函数(6.1)的最小值,则解的形式如下:

$$\widehat{\boldsymbol{\beta}}_1 = \sum_{t=1}^{n} (\widehat{\alpha}_t^* - \widehat{\alpha}_t) \widetilde{\mathbf{X}}_t^T$$

$$\widehat{f}(\mathbf{X}) = \sum_{t=1}^{n} (\widehat{\alpha}_t^* - \widehat{\alpha}_t) \mathbf{X} \mathbf{X}_t^T + \widehat{\beta}_0 \boldsymbol{\iota}_n$$

其中 $\boldsymbol{\iota}_n$ 是一个 $n \times 1$ 的 1 向量,并且参数 $\widehat{\alpha}_t$ 和 $\widehat{\alpha}_t^*$ 是以下拉格朗日方程的非负乘数:

$$\min_{\widehat{\alpha}_t, \widehat{\alpha}_t^*} \epsilon \sum_{t=1}^{n} (\widehat{\alpha}_t^* + \widehat{\alpha}_t) - \sum_{t=1}^{n} y_i (\widehat{\alpha}_t^* - \widehat{\alpha}_t) + \frac{1}{2} \sum_{t=1}^{n} \sum_{t'=1}^{n} (\widehat{\alpha}_t^* - \widehat{\alpha}_t)(\widehat{\alpha}_{t'}^* - \widehat{\alpha}_{t'}) \mathbf{X}_t \mathbf{X}_{t'}^T$$

对所有满足 $t = 1, \cdots, n$ 的,限制 $0 \leqslant \widehat{\alpha}_t^*, \widehat{\alpha}_t \leqslant 1/\lambda$,$\sum_{t=1}^{n}(\widehat{\alpha}_t^* - \widehat{\alpha}_t) = 0$,$\widehat{\alpha}_t \widehat{\alpha}_t^* = 0$。我们通常称满足 $t = 1, \cdots, n$ 的 $\widehat{\alpha}_t^* - \widehat{\alpha}_t$ 为支持向量。

在 MATLAB 中,我们使用 fitrsvm 来训练模型,并使用 predict 进行预测。我们可以在 fitrsvm 中指定 KernelFunction,默认情况下该值是线性的。我们再次回顾电影预测练习:在电影数据中,我们有 $n = 94$ 个观察结果。我们将前 90 个观测值设置为**训练集** $\{\mathbf{y}^{tr}, \mathbf{X}^{tr}\}$,其余 4 个观测值作为**测试集** $\{\mathbf{y}^{ev}, \mathbf{X}^{ev}\}$。我们首先将 $\mathbf{SVR}_L$ 应用于训练集。然后,我们使用构建的 Bagging Tree 和 $\mathbf{X}^{ev}$ 作为输入变量来预测 $\mathbf{y}^{ev}$。为了评估预测精度,我们计算了 MSFE。MATLAB 代码如下:

```
% 1. SVR:linear
load moviedata.mat
y = TABLE.OpenBox;
X = table2array(TABLE(:,2:end));
nt = 90;
yt = y(1:nt,:);
Xt = X(1:nt,:);
ye = y(nt + 1:end,:);
Xe = X(nt + 1:end,:);
SVRL = fitrsvm(Xt,yt);
yhat = predict(SVRL,Xe);
MSFE = mean((ye - yhat).^2)
```

由于目前模型中尚未引入随机性，因此你的估计结果应该是 1.080 4。所选的不敏感误差度量为 $\hat{\epsilon}=0.105\,1$，可使用 SVRL.Epsilon 获得。

F.1.3 非线性核支持向量回归

我们现在将上述线性回归的 SVR 框架扩展到非线性回归（SVR_N）。我们用一组基函数 $\{h_m(\widetilde{\boldsymbol{X}}_t)\}$，$m=1,\cdots,M$ 来近似非线性回归函数 $f(\boldsymbol{X}_t)$：

$$y_t = f(\boldsymbol{X}_t) + e_t = \beta_0 + \sum_{m=1}^{M}\beta_m h_m(\widetilde{\boldsymbol{X}}_t) + e_t$$

通过最小化下式，估计系数 $\boldsymbol{\beta}=[\beta_0, \beta_1, \cdots, \beta_M]^T$：

$$H(\boldsymbol{\beta}) = \sum_{t=1}^{n} V_\epsilon(y_t - f(\boldsymbol{X}_t)) + \frac{\lambda}{2}\sum_{m=1}^{M}\beta_m^2 \quad (6.2)$$

式（6.2）的解具有以下形式：

$$\hat{f}(\boldsymbol{X}) = \sum_{t=1}^{n}(\hat{\alpha}_t^* - \hat{\alpha}_t)K(\boldsymbol{X}, \boldsymbol{X}_t) + \hat{\beta}_0 \iota_n$$

其中 $\hat{\alpha}_t^*$ 和 $\hat{\alpha}_t$ 是以下拉格朗日方程的非负乘数：

$$\min_{\alpha_t,\alpha_t^*} \epsilon\sum_{t=1}^{n}(\hat{\alpha}_t^* + \hat{\alpha}_t) - \sum_{t=1}^{n} y_i(\hat{\alpha}_t^* - \hat{\alpha}_t) + \frac{1}{2}\sum_{t=1}^{n}\sum_{t'=1}^{n}(\hat{\alpha}_t^* - \hat{\alpha}_t)(\hat{\alpha}_{t'}^* - \hat{\alpha}_{t'})K(X_t, X_{t'})$$

类似于 SVR_L 情况。在 SVR_N 的情况下，核函数：

$$K(\boldsymbol{X}_t, \boldsymbol{X}_{t'}) = \sum_{m=1}^{M} h_m(\boldsymbol{X}_t) h_m(\boldsymbol{X}_{t'})$$

与 SVR_L 情况一样，$K(\boldsymbol{X}_t, \boldsymbol{X}_{t'})$ 用于替换预测因子 $X_t X_t^T$ 的内积。主流的核函数有如下形式：

$$K(\boldsymbol{X}_t, \boldsymbol{X}_{t'}) = \exp(-\parallel \boldsymbol{X}_t - \boldsymbol{X}_{t'}^{\mathrm{T}} \parallel^2) \tag{6.3}$$

$$K(\boldsymbol{X}_t, \boldsymbol{X}_{t'}) = (1 + \boldsymbol{X}_t \boldsymbol{X}_{t'}^{\mathrm{T}})^p \text{ with } p \in \{2, 3, \cdots\} \tag{6.4}$$

其中方程(6.3)表示高斯核,方程(6.4)表示 p 阶多项式核。注意,如果我们设置 $K(\boldsymbol{X}_t, \boldsymbol{X}_{t'}) = \boldsymbol{X}_t \boldsymbol{X}_{t'}^{\mathrm{T}}$,则 SVR_N 变得与 SVR_L 相同。

我们重复电影预测练习。这一次,我们将非线性 SVR 应用于数据集。通过将 KernelFunction 设置为 Gaussian 和 Polynomial[①] 来让我们分别使用高斯核和多项式核。

```
% 2. SVR:nonlinear
load moviedata.mat
y = TABLE.OpenBox;
X = table2array(TABLE(:,2:end));
nt = 90;
yt = y(1:nt,:);
Xt = X(1:nt,:);
ye = y(nt + 1:end,:);
Xe = X(nt + 1:end,:);
SVRG = fitrsvm(Xt,yt,'KernelFunction','Gaussian');
yhatG = predict(SVRG,Xe);
SVRP = fitrsvm(Xt,yt,'KernelFunction','Polynomial');
yhatP = predict(SVRP,Xe);
MSFE = mean(([ye ye] - [yhatG yhatP]).^2)
```

高斯核和多项式核的估计结果分别为 0.651 9 和 1.543 0。显然,为多项式核设置 $p = 3$ 不是一个好的选择。我们可以通过将 OptimizeHyperparameters 设置为{'PolynomialOrder'} 来优化 p 的值。请注意,我们可以优化许多超参数,包括不敏感的误差度量 ϵ。MATLAB 代码如下所示。请注意,此优化过程可能有点耗时。

```
% 3. SVR:optimization
load moviedata.mat
y = TABLE.OpenBox;
X = table2array(TABLE(:,2:end));
nt = 90;
yt = y(1:nt,:);
```

---

① 默认情况下,对于 Polynomial,$p = 3$。但是,我们可以将 p 设置为任意整数。

```
Xt = X(1:nt,:);
ye = y(nt + 1:end,:);
Xe = X(nt + 1:end,:);
SVRO = fitrsvm(Xt,yt,'KernelFunction','Polynomial',...
    'OptimizeHyperparameters',{'PolynomialOrder'});
yhatO = predict(SVRO,Xe);
MSFE = mean((ye - yhatO).^2)
```

优化后 $p=2$，估计的 MSFE 为 0.925 1。

F.2 混合树

在树类算法中，每个最终叶片 l（终端节点）的预测是每个叶片上响应变量的简单平均值，相当于回归模型的拟合值：

$$y_i = a + u_i, i \in l \tag{6.5}$$

其中 u_i 是误差项，a 代表常数项。$\hat{a}$ 的最小二乘估计为 $\bar{y}_{i\in l}$。换句话说，在将数据集划分为多个最终叶片节点之后，预测假设每个子组中结果的任何异质性都是**随机的**。从计量经济学家的角度来看，这似乎令人**不满意**。

F.2.1 模型平均的 Bagging Tree 与随机森林

我们建议，在森林中的每一片树叶上，可能存在 $m=1,\cdots,M$ 个线性候选模型，其中每个模型 m 的回归函数是属于该树叶的回归函数的子集。每个树叶内每个候选模型的回归函数 $\boldsymbol{X}_{i\in l}^m$ 被构造为使得回归函数的数量 $k_l^m \ll n_l$（对任意 m）的形式。使用这些候选模型，我们能计算模型平均估计，并获得：

$$\underset{(K\times 1)}{\hat{\boldsymbol{\beta}}_l(\boldsymbol{w})} = \sum_{m=1}^{M} w^m \underset{(K\times 1)}{\widetilde{\boldsymbol{\beta}}_l^m} \tag{6.6}$$

它是每个候选模型 m 的"拉伸"估计系数 $\widetilde{\boldsymbol{\beta}}_l^m$ 的加权平均值。注意，$K\times 1$ 维度的稀疏系数 $\widetilde{\boldsymbol{\beta}}_l^m$ 是由 $k_l^m \times 1$ 维的最小二乘系数 $\hat{\boldsymbol{\beta}}_l^m$ 通过填充 $K-k_l^m$ 个 0 元素构建而来的。所有观测的预测结果可以写成：

$$\hat{y}_{i\in l} = \boldsymbol{X}_{i\in l}^p \hat{\boldsymbol{\beta}}_l(\boldsymbol{w}) \tag{6.7}$$

该策略保留了原始的分类过程，并且在每个叶片中允许不同特征的观测值生成不同的预测 $\hat{y}_{i\in l}$。

MAB(Model averaging bagging)将此过程应用于构建 Bagging Tree 的 B 个样品中的每一个。最终的 MAB 预测仍然是 B 个模型平均预测的等权平均值。模型平均随机森林（MARF）的操作与此类似，只是在每个节点的分裂中只考虑了全部 K 个预测因子的一个子集。由于预测因子较少，每个叶片的候选模型集不可能像 MAB 中那样考虑全部 K 个回归因子，而是使用用于分割生成该叶片 l 的节点的 k 个回归因子来构建。① 由于仅在随机选择的叶片上对其进行平均,因此这个限制影响了如何计算 $\widehat{\boldsymbol{\beta}}_l(w)$。

F.2.2 模型平均

计量经济学中的模型平均文献假设 M 个线性候选模型的加权平均值可以近似 DGP②:

$$y_i = \mu_i + e_i, \quad \mu_i = \sum_{j=1}^{\infty} \beta_j x_{ij}, \quad \mathbb{E}(e_i \mid x_i) = 0 \tag{6.8}$$

对于 $i=1, \cdots, n$ 和 μ_i 可被视为以均方收敛的条件平均值 $\mu_i = \mu(x_i) = \mathbb{E}(y_i \mid x_i)$。当我们不能确定模型的设定是否正确时,由于 M 个模型近似于 $\boldsymbol{y} = \boldsymbol{\mu} + \boldsymbol{e}$ 给出的 DGP,其中 $\boldsymbol{y} = [y_1, \cdots, y_M]^\mathrm{T}$, $\boldsymbol{\mu} = [\mu_1, \cdots, \mu_M]^\mathrm{T}$, $\boldsymbol{e} = [e_1, \cdots, e_M]^\mathrm{T}$,并且我们将变量 $\boldsymbol{w} = [w_1, w_2, \cdots, w_M]^\mathrm{T}$ 定义为 $\mathbb{R}^M$ 中的单位权重向量,

$$\mathcal{H} \equiv \left\{ w_m \in [0, 1]^M : \sum_{m=1}^{M} w_m = 1 \right\} \tag{6.9}$$

有许多优化算法可以用于估计这些权重,每个算法都试图在模型性能和单个模型的复杂性之间取得平衡。一旦获得最佳权重,$\boldsymbol{\mu}$ 的模型平均估计量的预测值为:

$$\widehat{\boldsymbol{\mu}}(\boldsymbol{w}) = \sum_{m=1}^{M} w_m \widehat{\boldsymbol{\mu}}^m = \sum_{m=1}^{M} w_m \boldsymbol{P}^m \boldsymbol{y} = \boldsymbol{P}(\boldsymbol{w}) \boldsymbol{y} \tag{6.10}$$

该预测是单个候选模型预测的加权平均值。

在机器学习中,Breiman(1996)提出的自举聚合决策树(也称 Bagging)和 Breiman (2001)开发的随机森林是基于随机的集成方法,与模型平均化并行。在 Bagging 法中,每一棵树是由原始样本的随机抽样生成的,因此会产生许多不同的树。Bagging 法与随机森林的区别仅在于每棵树所考虑的一组解释因素。也就是说,随机森林只考虑预测变量的一个随机子集,而不是考虑全套解释变量中的哪一个在树的某个节点处导致最佳分割。使用这两种策略,最终预测作为单个树预测的等权平均值获得。

在预测问题中应用上述方式都需要耗费大量的计算资源,但他们也有各自的差异。第一个差异与方程(6.8)中的 DGP 是如何近似的有关,Bagging 和随机森林都没有对数据的概率结构进行任何假设。剩下的两个差异与如何在不同模型/树中对预测进行加权有关。通过使用全样本模型平均策略的预测,使用等式(6.9)计算模型之间的最优权重。树预测中每片叶子的权重简单地由每片叶子中的样本比例决定。其次,回归树的最终预测排除了树的每个最终叶 $\bar{y}(\tau)$ 中的任何模型不确定性。

F.2.3 估计最优权重向量

有许多不同的方法来计算权重向量。这里,我们介绍一些流行的算法。

---

① 在预测练习中,X_l^p, $t = 1, 2, \cdots, T$ 从回归树中删除。对于每个 X_l^p,经过几个分类步骤后,我们最终得到一个特定的树叶 l。我们将在树叶 l 中分类的预测观测值表示为 $X_{l \in l}^p$。 如果全样本包含 n 个观测值,则树叶 l 包含 y 的全样本的子集 $n_l < n$,表示为 y_i, $i \in l$。同时,每个树叶的所有 n_l 之和等于 n。计算 $y_{i \in l}$ 的平均值,表示为 $\bar{y}_{i \in l}$。值 $\bar{y}_{i \in l}$ 是 $X_{l \in l}^p$ 的预测估计。很有可能,不同的预测观测值 X_l^p 和 X_s^p ($t \neq s$) 将以相同的树叶结束,因此,生成相同的预测。

② 也就是说,将第 m 个体模型的估计量定义为:$\widehat{\boldsymbol{\mu}}^m = \boldsymbol{X}^m (\boldsymbol{X}^{m\mathrm{T}} \boldsymbol{X}^m)^{-1} \boldsymbol{X}^{m\mathrm{T}} \boldsymbol{y} = \boldsymbol{P}^m \boldsymbol{y}$,其中 $\boldsymbol{X}^m$ 是独立变量的满秩 $n \times k^m$ 维矩阵,第 (i, j) 个元素为 x_{ij}^m,$\boldsymbol{P}^m = \boldsymbol{X}^m (\boldsymbol{X}^{m\mathrm{T}} \boldsymbol{X}^m)^{-1} \boldsymbol{X}^{m\mathrm{T}}$。 类似地,对于所有 m,残差均为 $\widehat{\boldsymbol{e}}^m = \boldsymbol{y} - \widehat{\boldsymbol{\mu}}^m = (\boldsymbol{I}_n - \boldsymbol{P}^m) \boldsymbol{y}$。

(1) Jackknife 模型平均(JMA)

Hansen 和 Racine(2012)为线性回归模型提出了一种 jackknife 模型平均(JMA)估计量。Hansen 和 Racine(2012)证明了在存在异方差的情况下 JMA 估计量的渐近最优性,并建议通过最小化遗漏交叉验证标准来选择权重。

$$\mathrm{JMA}(w) = \frac{1}{n} w^\mathrm{T} \widetilde{\boldsymbol{E}}^\mathrm{T} \widetilde{\boldsymbol{E}} w \tag{6.11}$$

其中 $\hat{w} = \underset{w \in \boldsymbol{H}^*}{\mathrm{argmin}} \mathrm{JMA}(w)$,$\widetilde{\boldsymbol{E}} = [\widetilde{\boldsymbol{e}}^1, \cdots, \widetilde{\boldsymbol{e}}^M]^\mathrm{T}$ 是一个 $n \times M$ 维的 jackknife 残差矩阵,$\widetilde{\boldsymbol{e}}^M$ 代表模型 m 的 jackknife 残差。

模型 m 的 jackknife 残差向量 $\widetilde{\boldsymbol{e}}^m = \boldsymbol{y} - \widetilde{\boldsymbol{\mu}}^m$ 需要 $\widetilde{\boldsymbol{\mu}}^m$ 的估计值,其中其第 i 个元素 $\widetilde{\mu}_i^m$ 是删除第 i 个观测值后计算的最小二乘估计值。在实践中,$\widetilde{\boldsymbol{e}}^m$ 可以方便地写为 $\widetilde{\boldsymbol{e}}^m = \boldsymbol{D}^m \hat{\boldsymbol{e}}^m$,其中,$\hat{\boldsymbol{e}}^m$ 是最小二乘残差向量,$\boldsymbol{D}^m$ 是 $n \times n$ 维对角矩阵,其中第 i 个对角元素等于 $(1 - h_i^m)^{-1}$。h_i^m 是投影矩阵 $\boldsymbol{P}^m$ 的第 i 个对角元素。

Hansen 和 Racine(2012)假设 $\boldsymbol{H}^*$ 是一个离散的集合 $\left\{0, \frac{1}{N}, \frac{2}{N}, \cdots, 1\right\}$,N 为某些正整数。在条件为 $w \in \boldsymbol{H}^*$ 的情况下,根据方程(6.11)获得 w 是一个二次优化过程。注意,虽然方程(6.9)中定义的连续 H 集与 $\mathcal{H}^*$ 之间存在差异,但这在实践中应该可以忽略,因为 N 可以取任何值。

(2) 异方差稳健 C_p 模型平均(HRC_p)

Liu 和 Okui(2013)也使用相同的模型设置来提出异方差稳健 C_p 模型平均(HRC_p)估计量来解决具有异方差误差的线性回归模型。当误差项呈现异方差时,他们证明了 HRC_p 估计的渐近最优性。Liu 和 Okui(2013)建议通过以下可行的 HRC_p 标准计算权重:

$$\mathrm{HRC}_p(\boldsymbol{w}) = \| \boldsymbol{y} - \boldsymbol{P}(\boldsymbol{w})\boldsymbol{y} \|^2 + 2 \sum_{i=1}^{n} \hat{e}_i^2 p_{ii}(\boldsymbol{w}) \tag{6.12}$$

其中:

$$\hat{\boldsymbol{w}} = \underset{\boldsymbol{w} \in \mathcal{H}}{\mathrm{argmin}} \mathrm{HRC}_p(\boldsymbol{w})$$

在条件为 $w \in \mathcal{H}$ 的情况下,得到 w (6.12)是一个二次优化过程。

方程(6.12)包括在估计之前必须获得的初步估计 $\hat{e}_i$。Liu 和 Okui(2013)讨论了在实践中获得 $\hat{e}_i$ 的几种方法。当模型嵌套时,Liu 和 Okui(2013)建议使用最大模型的残差。当模型是非嵌套时,他们建议构建一个包含潜在模型中所有回归变量的模型,并使用估计模型中的预测残差。此外,他们还提出了一个关于 $\hat{e}_i$ 的自由度修正,以改善有限样本特性的方法。例如,当使用第 m 个模型来获得 $\hat{e}_i$ 时,我们可以使用 $\hat{\boldsymbol{e}} = \sqrt{n/(n-k^m)}(\boldsymbol{I} - \boldsymbol{P}^m)\boldsymbol{y}$ 而不是 $(\boldsymbol{I} - \boldsymbol{P}^m)\boldsymbol{y}$ 来生成初步估计值 $\hat{e}_i$。

(3) 异方差稳健预测模型平均(HPMA)

HPMA 方法类似于 C_p,但以更复杂的方式处理初步估计 $\hat{e}_i$。

$$\mathrm{HPMA}(\boldsymbol{w}) = \| \boldsymbol{y} - \boldsymbol{P}(\boldsymbol{w})\boldsymbol{y} \|^2 + 2 \sum_{i=1}^{n} (\hat{e}_i(\boldsymbol{w}))^2 p_{ii}(\boldsymbol{w}) \tag{6.13}$$

其中，$P(w)$ 在(6.10)中定义，其中，$\widehat{e}_i(w)$ 是 $\widehat{e}(w)$ 中的第 i 个元素，使得

$$\widehat{e}(w) = \sum_{m=1}^{M} w^m \widehat{e}^m = (I - P(w))y \tag{6.14}$$

并且 $p_{ii}(w)$ 是 $P(w)$ 中的第 i 个对角项。我们估计加权向量如下：

$$\widehat{w} = \underset{w \in \mathcal{H}}{\arg\min} \text{HPMA}(w)$$

从具有约束 $w \in \mathcal{H}$ 的 HPMA 中获得 $\widehat{w}$ 是一个凸优化过程。

F.3 练习

在本练习中，我们将重新讨论电影预测示例。我们现在对混合法、Bagging 和随机森林进行了**稳健性比较**。我们通过从原始数据中随机采样并**替换**来生成 101 个伪样本。对于每个样本，我们使用前 90 个观察作为训练集，其余 4 个观察作为测试集。我们考虑以下 4 种算法：Bagging Tree、模型平均 Bagging Tree、随机森林、模型平均随机森林。我们使用训练集训练 4 种算法，并使用评估集通过 MSFE 评估它们的性能。最后，我们汇报每个算法的 101 个 MSFE 的均值。

MATLAB 代码如下所示。需要注意的是，程序需要相当长的时间才能完成。为了节省时间，我们将 Bagging(包括随机森林)的数量设置为 B=20。当然我们也可以将生成的随机样本(BB)的总数设置为更大的数字，并且这会得到更加稳健的结果。

```
% 4. Hybrid Method
load moviedata.mat
y = TABLE.OpenBox;
X = table2array(TABLE(:,2:end));
n = length(y);
nt = n - 4;
BB = 101;      % odd number, easy to get median
MSFE = zeros(BB,4);
tic
for i = 1:BB
   IN = datasample(1:n,n);
   yt = y(IN(1:nt),:);
   Xt = X(IN(1:nt),:);
   ye = y(IN(nt + 1:end),:);
   Xe = X(IN(nt + 1:end),:);
   B = 20;% set to 20 to save time
   [ybag, ymab] = hybridtree(B,Xt,yt,Xe,'bag');
   [yrf, ymarf] = hybridtree(B,Xt,yt,Xe,'rf');
```

```
    MSFE(i,:) = mean((repmat(ye,1,4) - [ybag ymab yrfymarf]).^2);
end
toc
median(MSFE)
```

我们预期混合法得到的 MSFES 应该比它的同类方法更小。

参考文献

[1] Breiman, L., 1996. Bagging Predictors[J]. Machine Learning, 26: 123-140.

[2] Breiman, L., 2001. Random Forests[J]. Machine Learning, 45: 5-32.

[3] Breiman, L., J. Friedman, and C. J. Stone, 1984. Classification and Regression Trees[M]. Chapman and Hall/CRC.

[4] Drucker, H., C. J. C. Burges, L. Kaufman, A. J. Smola, and V. Vapnik, 1996. Support Vector Regression Machines[M]. in Advances in Neural Information Processing Systems 9, ed. by M. C. Mozer, M. I. Jordan, and T. Petsche, MIT Press, 155-161.

[5] Efron, B., 1979. Bootstrap Methods: Another Look at the Jackknife[J]. The Annals of Statistics, 7: 1-26.

[6] Hansen, B. E. and J. S. Racine, 2012. Jackknife Model Averaging[J]. Journal of Econometrics, 167: 38-46.

[7] Hunt, E., J. Martin, and P. Stone, 1966. Experiments in Induction[M]. Academic Press, New York.

[8] Karalic, A. and B. Cestnik, 1991. The Bayesian Approach to Tree-structured Regression[R]. Proceedings of Information Technology Interfaces, 091.

[9] Lehrer, S. F. and T. Xie, 2017. Box Office Buzz: Does Social Media Data Steal the Show from Model Uncertainty When Forecasting for Hollywood?[J]. The Review of Economics and Statistics, 99: 749-755.

[10] Liu, Q. and R. Okui, 2013. Heteroskedasticity-robust Cp Model Averaging[J]. The Econometrics Journal, 16: 463-472.

[11] Morgan, J. N. and J. A. Sonquist, 1963. Problems in the Analysis of Survey Data, and a Proposal[J]. Journal of the American Statistical Association, 58: 415-434.

[12] Quinlan, J. R., 1986. Induction of Decision Trees[J]. Machine Learning, 1: 81-106.

[13] Quinlan, J. R., 1992. Learning With Continuous Classes[J]. World Scientific: 343-348.

[14] Tibshirani, R., 1996. Regression Shrinkage and Selection Via the Lasso[J]. Journal of the Royal Statistical Society, Series B, 58: 267-288.

[15] Vapnik, V. N., 1996. The Nature of Statistical Learning Theory[M]. New York, NY, USA: Springer-Verlag New York, Inc.